Joan Oates

BABYLON

Joan Oates

BABYLON

Stadt und Reich im
Brennpunkt des Alten Orient

Deutsch von
Doris und Hans Georg Niemeyer

Lizenzausgabe 1986 für
Manfred Pawlak Verlagsgesellschaft mbH, Herrsching

Foto des Schutzumschlags: Ingrid Stüben
Frontispiz: Pieter Brueghel d. Ä., Turm zu Babel
Gedruckt in Jugoslawien
ISBN: 3-88199-289-8

Inhalt

Vorwort zur deutschsprachigen Ausgabe

Seit dieses Buch geschrieben wurde, hat die staatliche Antikenverwaltung des Irak unter der Leitung von Dr. Muayad Sa'id Damerji ein umfangreiches Programm für die Erforschung, Wiederfreilegung und Rekonstruktion des antiken Babylon in Gang gesetzt. Von 1978 an haben zahlreiche irakische Archäologen und andere Fachleute, zusammen mit ausländischen Beratern, an diesem Platz gearbeitet. Ein Bericht über den Beginn dieser Untersuchungen erschien in der Zeitschrift Sumer, Band 35, 1979. Experten für wasserwirtschaftliche und geophysikalische Probleme helfen bei der Entwicklung von Methoden gegen die Versalzung des Bodens, die verantwortlich ist für den Verfall des offenliegenden Lehmziegelmauerwerks, sowie gegen den hohen Grundwasserspiegel, der die Ausgrabung der Stadt Hammurabis und der älteren Schichten blockiert und zugleich die Ursache ist für Versalzung und Zerfall. Weiterhin sind konservierende Maßnahmen und die Rekonstruktion der imposanten neubabylonischen Tempelruine von Kisch (vgl. Abb. 115) geplant.

Bereits in vollem Gange sind in Babylon die Arbeiten zur Wiederfreilegung und Rekonstruktion des Süd-Palastes, des Sommer-Palastes, des akkadischen Ischtar-Tempels, des Ninurta-Tores, des Kisch-Tores, der Prozessionsstraße, von Teilen der inneren Mauer am Ischtar-Tor, des Griechischen Theaters, der Euphrat-Brücke und einer Anzahl von Wohnhäusern. Es ist vorgesehen, daß entlang des nördlichen Teils der Prozessionsstraße die originalen Türme sowie der Löwen-Fries aus glasierten Ziegeln (vgl. Abb. 104 und 112) restauriert werden und ebenso das obere Stockwerk des Ischtar-Tores mit seinen glasierten Ziegeln. Eher strittig ist dagegen der Plan, die unteren beiden Stockwerke der berühmten Zikkurat wieder aufzubauen, von der nur Bruchteile des inneren Kerns aus Lehmziegeln erhalten sind. Schließlich sollen mehrere neue Museen sowie andere Anlagen für Besucher errichtet werden, und man hat sogar vorgeschlagen, das deutsche Grabungshaus wiederherzurichten.

Unter den neuen Entdeckungen ist die Identifizierung und Ausgrabung des Tempels des Gottes Nabu Schakhari sicherlich von besonderer Bedeutung. Dieser Tempel, nahe dem südlichen Teil der Prozessionsstraße, nördlich des Etemenanki und in der Nachbarschaft des Tempels der Ischtar von Akkad gelegen, hat sich als eines der größten und am besten erhaltenen Bauwerke am Platz erwiesen, mit noch bis zu 4,50 m Höhe anstehenden Mauern. Hier sind zahlreiche Keilschrift-Texte gefunden worden, darunter viele Schul-Texte. Neue Ausgrabungen sind auch nördlich des Süd-Palastes begonnen worden, im Osten von jenem Platz, wo das Deutsche Archäologische Institut vor einigen Jahren das seleukidische *Bit Akitu* untersucht hatte, das während des jährlichen Neujahrsfestes eine wichtige Rolle spielte (vgl. S. 184). Unter den herausragenden Ergebnissen an dieser Stelle ist ein besonders aufwendiges Grab aus der Partherzeit zu nennen; ausgedehnte parthische und islamische Ruinen wurden in der unmittelbaren Nachbarschaft freigelegt. Freilegungsarbeiten am Ischtar-Tor (Abb. 105) haben schließlich zur Entdeckung eines weiteren (tieferen) Stockwerks mit Tier-Reliefs aus unglasierten Lehmziegeln geführt.

Es besteht kein Zweifel, daß von diesen Aktivitäten der staatlichen Verwaltung weitere Entdeckungen zu erwarten sind; wenn es erst einmal gelingt, das Problem des zu hohen Wasserspiegels zu lösen, werden wir nicht nur unser Wissen über das Babylon Nebukadnezars vertiefen können, sondern auch endlich das Babylon Hammurabis kennenlernen, das uns bislang völlig verschlossen geblieben ist. Wir alle sind uns bewußt, daß die Probleme archäologischer Forschung und die damit verbundenen wissenschaftlichen Aufgaben nur durch internationale Zusammenarbeit gelöst werden können. Die arabischen Länder haben hierzu jetzt einen wichtigen Anstoß gegeben.

September 1980 — Joan Oates

Vorwort

Die textlichen und archäologischen Zeugnisse, die wir heute für das alte Babylon zur Verfügung haben, sind zugleich umfangreicher und vielschichtiger, als es in diesem Buch zum Ausdruck kommt. In dem Bemühen, dem Leser ein an Informationen reiches, aber doch auch lesbares Buch in die Hand zu geben, mußte ich manches Interessante übergehen, hier und da eine Kontroverse beschönigen und glätten. Die Aufgabe, dem allgemein interessierten Benutzer den Zugang zu tiefergehender wissenschaftlicher Kenntnis zu öffnen und zugleich dem ernsthaft forschenden Kollegen die kritische Quellenliteratur zu erschließen, mußte so den Anmerkungen zufallen, die gleichwohl nur eine Auswahl darstellen.

Zweitausend Jahre Geschichte und Kultur Babyloniens in einem einzigen Band zusammenfassen zu müssen, war eine Verpflichtung, die mich oft mutlos gemacht hat. Wenn man dieser Überblicksdarstellung ihren eigenen Wert zumessen wird, so wird das zu einem guten Teil den zahllosen und deswegen hier nicht namentlich genannten Fachkollegen verdankt, die durch Jahre hindurch mich an ihren Gesprächen beteiligten und mir die Ergebnisse ihrer Forschungen mitteilten. Gleichermaßen herzlich ist mein Dank an Fräulein J. M. Munn-Rankin sowie an die Herren J. V. Kinnier Wilson und Nicholas Postgate, die Teile des Manuskriptes gelesen und mir mit Anregungen und Hinweisen geholfen haben. Für die verbliebenen Fehler übernehme ich allein die Verantwortung.

Zu danken habe ich auch allen denen, die mich mit Auskünften und der Beschaffung der Bildvorlagen unterstützt haben: Bay Ercüment Atabay, Prof. Taha Baqir, Prof. R. J. Braidwood, Dr. Muayad Damerji, Prof. R. H. Dyson Jr., Sayid Antran Evan, Dr. T. Holland, Prof. Dr. B. Hrouda, Prof. Dr. H. Lenzen (†), Larry Majewski, Dr. G. R. Meyer, T. A. Oates, André Parrot, Prof. E. Porada, Prof, Fuad Safar (†), Dr. Isa Salman, Dr. E. Sollberger, C. K. Wilkinson, Prof. D. J. Wiseman und Dr. Charlotte Ziegler. Prof Dr. E. Kühnel (†) bin ich für die im Namen der Deutschen Orient-Gesellschaft gewährte Erlaubnis verpflichtet, Material aus den Grabungen in Babylon zu veröffentlichen. Mein besonders herzlicher Dank geht schließlich an Prof. Glyn Daniel für Geduld und Ermutigung während der langen Entstehungszeit dieses Buches, und allen voran an meinen Mann, ohne dessen praktische Hilfe es nie vollendet worden wäre. Viele seiner Ideen sind in dieses Werk eingeflossen, ohne daß dies immer eigens vermerkt werden konnte.

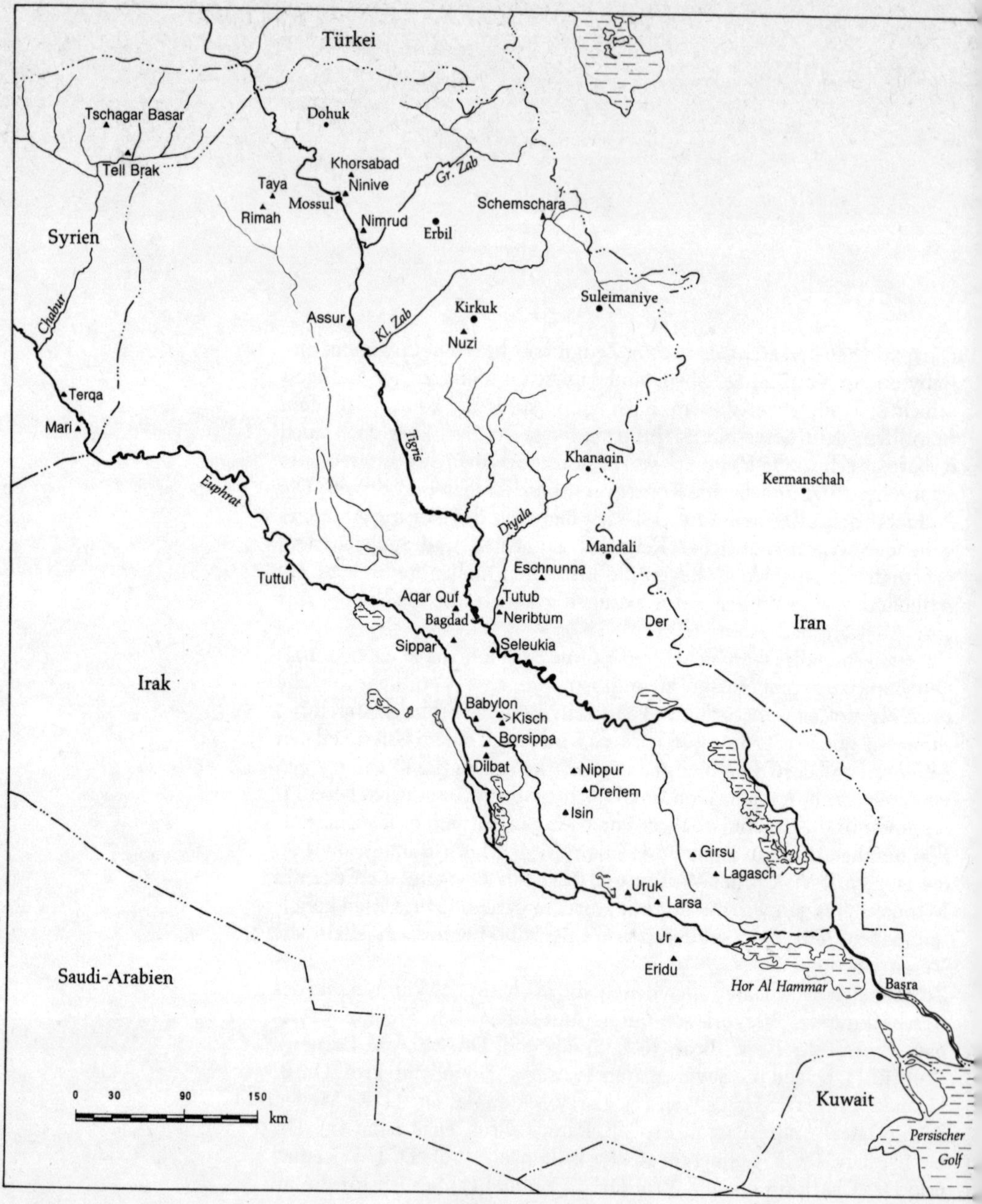

1 Karte des Zweistromlandes mit den im Text erwähnten antiken Stätten.

1. Einleitung

Welche Stadt ist wie diese große Stadt ...
Die große Stadt, die angetan war mit
Linnen und Purpur und Scharlach
und übergoldet mit Gold und Edelsteinen
und Perlen! ... Das große Babylon,
die Mutter der Buhlerinnen und der
Greuel der Erde.
(Geheime Offenbarung)

So schreibt ein Evangelist des Neuen Testaments und, obwohl sich die Anspielungen auf Rom beziehen, war dies genau die Meinung, die die antike Welt von Babylon besaß. Noch heute, 2000 Jahre nachdem die Stadt »niedergeworfen und nicht mehr gefunden ward«, läßt ihr Name eine Vision von Üppigkeit und Pracht vor unserem geistigen Auge entstehen, eine Vision anrüchig von der Fama heidnischer Dekadenz, auf die gerade die Autoren der hebräischen Welt mit einer gewissen Begeisterung ihren Sinn gerichtet haben. Es besteht kein Zweifel daran, daß Babylon seinerzeit die eindrucksvollste Stadt war, doch hatte sie weder ein besonders ehrwürdiges Alter, noch war sie von großer Bedeutung bis lange nach der Zeit, als die mesopotamische Zivilisation ihre ganz und gar eigene und dauernde Ausdrucksform gewonnen hatte. Es war nicht Babylon, über das »zuerst die Königswürde herabkam«, vor der Zeit der legendären Sintflut, auch ist sein Name nicht unter jenen Städten, die aus ihrer weit entlegenen Vergangenheit von den emsigen babylonischen Schreibern überliefert wurden. Während die Stadtstaaten Sumers (im südlichen Mesopotamien) bereits miteinander um Macht und Ansehen wetteiferten, war Babylon bestenfalls ein unbedeutendes Dorf. Tatsächlich blieb sein Name bis zum Ende des 3. Jahrtausends v. Chr. unbekannt (die in diesem Buch angegebenen Daten fallen durchweg in die Zeit vor Christi Geburt; andernfalls tragen sie die Kennzeichnung ›n. Chr.‹). 1000 Jahre zuvor war die Schrift erfunden worden, und mehrere Jahrtausende waren vergangen, seit die ersten bäuerlichen Siedlungen im späteren Babylonien gegründet worden waren.

Im Gegensatz dazu konnte Ninive, Babylons stärkster Rivale in der alten Welt Mesopotamiens, seine Spuren bis in die graue Vorzeit zurückverfolgen: Hier läßt sich die erste Besiedlung in den Beginn des 6. Jahrtausends datieren. Und im Süden wiesen das Ur der Chaldäer und das nahe gelegene Eridu bereits gegen Ende des 6. Jahrtausends

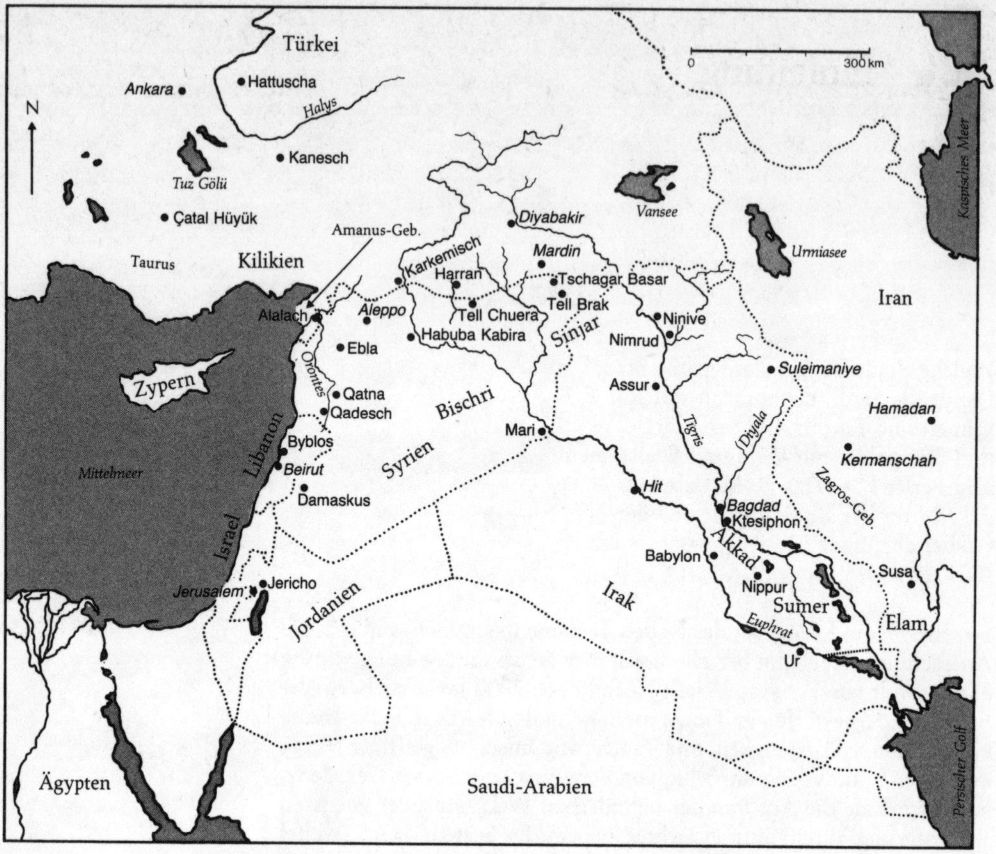

2 Karte Vorderasiens mit Angabe der antiken Fundstätten, der modernen Städte und der politischen Grenzen.

bäuerliche Gemeinschaften mit ihren eigenen lokalen Heiligtümern auf, und gut 2000 Jahre später waren sie, mit Beginn der Geschichte, bereits Sitz von etablierten Dynastien. Die herausragende Stellung Babylons lag also nicht in Ansprüchen begründet, die sich aus der eigenen Geschichte herleiten ließen, sondern vielmehr in einem glücklichen Zusammentreffen geschichtlicher Entwicklung und geographischer Lage. Denn, wie wir später noch im einzelnen sehen werden, eine lokale Dynastie in Babylon brachte genau zu der Zeit eine Reihe besonders fähiger Herrscher hervor, als die traditionsreichen Zentren in Sumer schwere Einbußen zu erleiden hatten: Durch die Versalzung ihrer Böden (eine unglückliche Nebenerscheinung der intensiv betriebenen Bewässerungswirtschaft) wurde ihr Ackerland zunehmend wertlos, und damit nicht genug, verloren sie auch die lebenswichtigen und hohe Gewinne bringenden Seehandelswege. Aus der erwähnten Dynastie ist es vor allem Hammurabi gewesen, der unsere Aufmerksamkeit verdient. Mit Geschick und Entschlossenheit verstand er es, eine politische Situation auszunutzen, in der keiner der kleinen Stadtstaaten eine eigentliche Vormachtstellung besaß; die Großlage Babylons, ein auch für die spätere babylonische Geschichte äußerst bedeutsamer Faktor, begünstigte seine Bemühungen. War doch diese Stadt in

jenem schmalen Gebiet gelegen, wo die Entfernung zwischen den beiden großen Flüssen Mesopotamiens – Euphrat und Tigris – am geringsten ist; darüber hinaus gab ihr die Lage am Nordrand der Schwemmlandebene die potentielle Kontrolle über zwei der wichtigsten Handelswege der Alten Welt. Die Hauptlandroute von Westanatolien durch Assyrien in den südwestlichen Iran – die spätere Königsstraße der achämenidischen Könige Persiens von Sardis nach Susa, wahrscheinlich schon seit dem 7. Jahrtausend genutzt – führte am Rande der Ebene östlich des Tigris entlang. Außerdem aber bildete Babylon den natürlichen Endpunkt der Khorasan-Straße – später die Lebensader des parthischen und sassanidischen Reiches von ihrer Winterresidenz Ktesiphon das Diyala-Tal aufwärts nach Hamadan (Ekbatana) und darüber hinaus. Die Vorteile, die diese Lage sowohl in kommerzieller als auch in militärischer Hinsicht bot, wurden von den meisten der mesopotamischen Dynastien klar erkannt und erfolgreich genutzt. Und so brauchen wir auch nicht nach weiteren Erklärungen für die Tatsache zu suchen, daß gerade hier, in einer maximalen Entfernung von 80 km voneinander, die Gründung »der in der Welt bedeutungsvollsten Abfolge historischer Hauptstädte« erfolgte[1].
Die erste dieser Städte war Kisch, einer der ältesten »Stammsitze der Königswürde«. Anschließend kam Akkad, die Stadt Sargons und seiner Nachfolger, dann Babylon selbst und später Seleukia am Tigris, Ktesiphon und schließlich Bagdad. Es ist dieser geographische Hintergrund, dem wir uns als dem wesentlichen Faktor der babylonischen Geschichte zuerst zuwenden müssen, wenn wir die Geschichte ihrer größten Stadt erzählen wollen.

Geographie und Wirtschaft

Geographisch gesehen, ist Babylonien der südliche Teil des heutigen Irak, das alte Mesopotamien, das in etwa das Gebiet zwischen Bagdad im Norden und dem Persischen Golf im Süden umfaßt. Historisch gesehen aber bedeutet der Begriff Babylonien eine relativ späte Vereinigung des Landes unter der ersten babylonischen Dynastie im frühen 2. Jahrtausend, obwohl der Name selbst noch späteren Ursprungs ist. Schon in sehr frühen Zeiten bezeichnete man den nördlichen Teil dieses Landes als Akkad (auf sumerisch *Ki-uri* oder einfach *Uri*) und den südlichen als Sumer *(Ki-en-gi/Kengir)*. Der Teil, den man später Assyrien nannte und der den Babyloniern als *Subartu* bekannt war, lag im Norden, vor allem im oberen Tigris-Tal in der Region von Mossul, dem antiken Ninive.
Babylonien besteht im großen und ganzen aus einer flachen Alluvialebene, die von den Flüssen Tigris und Euphrat aufgeschwemmt wurde. Die Fluten dieser beiden Ströme waren heftig und unberechenbar, ganz unähnlich den jährlichen Nilüberschwemmungen Ägyptens. In den alten Zeiten war Regen selten, und die Bebauung des Bodens hing wie auch heute fast ausschließlich von der künstlichen Bewässerung ab. Weite Regionen sind und waren Wüstengebiet, niedriges Gestrüpp wuchs nur an den Flußufern, an temporären Wasserläufen und an den Stellen, wo das Wasser sich dicht unter der Oberfläche sammelte und

nicht abfließen konnte. Diese Vegetation bot zusammen mit den gegen Dürre unempfindlichen Trockenpflanzen, die sich nach dem Winterregen üppig zu entwickeln pflegen, eine wertvolle Weide für Kamele und Schafe. Einmal bewässert aber, machte der fruchtbare Schwemmlandboden Babylonien zu einer der reichsten Kornkammern der Alten Welt. Die in der Hauptsache angebauten Kulturpflanzen waren damals wie heute Gerste und Dattelpalme, die beide im Lande heimisch sind.

So war Babylonien zwar ein potentiell reiches Agrarland, doch verfügte es nicht über so wichtige Rohstoffe wie Stein, Holz und Metalle. Das Land war tatsächlich bar jeglicher natürlichen Rohstoffquellen, mit Ausnahme des allgegenwärtigen, alluvialen Lehms, der als Baumaterial für Häuser dienen konnte und den Ton für die Herstellung von Tongeschirr lieferte. Aus diesem Grunde mußte der Handel schon früh entscheidende Bedeutung erlangen, und alsbald entstand ein engmaschiges Wegenetz, das Babylonien mit den übrigen Teilen des Nahen Ostens verband. Die Flüsse, vor allem der Euphrat, und ihre Nebenflüsse bildeten durch die ganze Geschichte Mesopotamiens hindurch die Hauptverkehrsadern zu und von allen Teilen des Landes; Menschen, Waren und in späteren Zeiten auch der militärische Nachschub wurden auf ihnen befördert.

In den ausgedehnten Wüstengebieten, vor allem im südlichsten Teil des Landes, gab es Lagunen und Sumpfgebiete mit hohem Wildbestand. Man hat angenommen, daß einst, entlang den Flußufern, ausgedehnte Moore oder Sümpfe die Landschaft abwechslungsreicher gestalteten als sie heute ist; jedenfalls suchen wir heutzutage im nördlichen, akkadischen Teil der Ebene solche Sümpfe vergeblich. Die ersten Menschen, deren Existenz wir im späten 6. Jahrtausend in

3 Die Sumpflandschaft des südlichen Babylonien ist dargestellt auf einer Serie von Alabaster-Reliefs im Britischen Museum, London. Sie schmückten einst die Wände des Palastes von Sanherib in Ninive. Der Bildausschnitt zeigt die assyrischen Truppen im Angriff auf die dort ansässigen Chaldäer in ihren Schilfbooten (nach King).

Sumer nachweisen können, waren Ackerbauern, welche in Gebieten siedelten, die heute Wüstenland sind; damals aber könnten sie durchaus am Rand von Marschen und Lagunen gelegen haben, die ihre Lebensbedingungen sicherlich verbessert haben dürften. Archäologische Untersuchungen, vor allem im benachbarten Saudi-Arabien, haben wahrscheinlich gemacht, daß hier in sogar noch früherer Zeit Menschen existierten, die wir zu den Sammlern und Jägern rechnen müssen. Für sie muß das Marschland ein wahres Paradies gewesen sein[2]. Diese ausgedehnten und wie ein nasser Schwamm mit Wasser vollgesogenen Gebiete verändern ihre Gestalt und ihr Aussehen je nach dem Grad der Überflutung und der periodisch erfolgenden Absenkung des Grundwasserspiegels, die von den tektonischen Bewegungen im nahe gelegenen Zagros-Gebirge bzw. im arabischen Schild im Süden und Westen hervorgerufen werden[3]. Gelegentlich haben durch schwere Überschwemmungen ganze Gebiete ein völlig neues Gesicht erhalten. Eines der bestbezeugten Beispiele dafür ist die Bildung des Hor al Hammar zur Zeit der Sassaniden im frühen 7. Jahrhundert n. Chr. Diese wechselvollen landschaftlichen Rahmenbedingungen haben dazu geführt, daß viele der archäologischen Überreste völlig im Verborgenen verschwunden sind. So findet man z. B. in den gegenwärtig existierenden Marschlanden keine *sichtbaren* Siedlungsspuren aus der Zeit vor dem 2. Jahrtausend.

Außerhalb des Sumpflandes vollzog sich die Besiedlung in Babylonien notwendigerweise entlang der Flußläufe. Diese Ansiedlungen ballten sich in bestimmten Gegenden, in denen künstliche Bewässerungssysteme leichter angelegt werden konnten, oftmals dicht zusammen. Dann gab es auch wieder lange Strecken, wo der Fluß durch Wüstengebiet oder Sümpfe floß. Sie blieben menschenleer. Dieses Siedlungsmuster schuf im alten Sumer zwei Gruppen von Städten, die durch ein offenes Wüstengebiet (auf sumerisch *Edin*) voneinander getrennt waren. Es wird in den folgenden Kapiteln noch deutlich gemacht werden, welch einen Hemmschuh diese geographisch bedingte Isolierung für die Bemühungen darstellte, das Land zu einigen. Im Gegenteil, sie mußte die separatistischen Bestrebungen der Stadtstaaten geradezu begünstigen, die in der politischen Geschichte Babyloniens ein dauerndes und machtvolles Leitmotiv darstellen.

Der träge Euphrat mit seinem ziemlich hoch gelegenen Flußbett stellte für die künstliche Bewässerung eine einfacher anzuzapfende Quelle dar als der schneller fließende Tigris; so finden wir an seinen Ufern die frühesten Siedlungen, die wir bis jetzt in Sumer kennen: Ur, Eridu und Uruk (Warka). Nur wenig wissen wir über das Siedlungsmuster im prähistorischen Akkad, das dazu ausersehen war, den Aufstieg der semitisch sprechenden Dynastien des Sargon von Akkad und des Hammurabi von Babylon zu erleben[4]. Teilweise beruht dieses Unwissen auf der Zufälligkeit archäologischer Entdeckungen, doch in der Hauptsache ist es wohl der Verlagerung der Flußläufe und den starken Versandungen zuzuschreiben und nicht zuletzt dem Umstand, daß die Ruinenhügel einer großen Zahl späterer Städte nicht anders als der alluviale Schlamm selbst die Spuren früherer Besiedlung überdeckt haben. Freilich, es gibt mittelbare Zeugnisse, die den Schluß zulassen, daß es auch hier in prähistorischer Zeit und sogar schon etwa in der

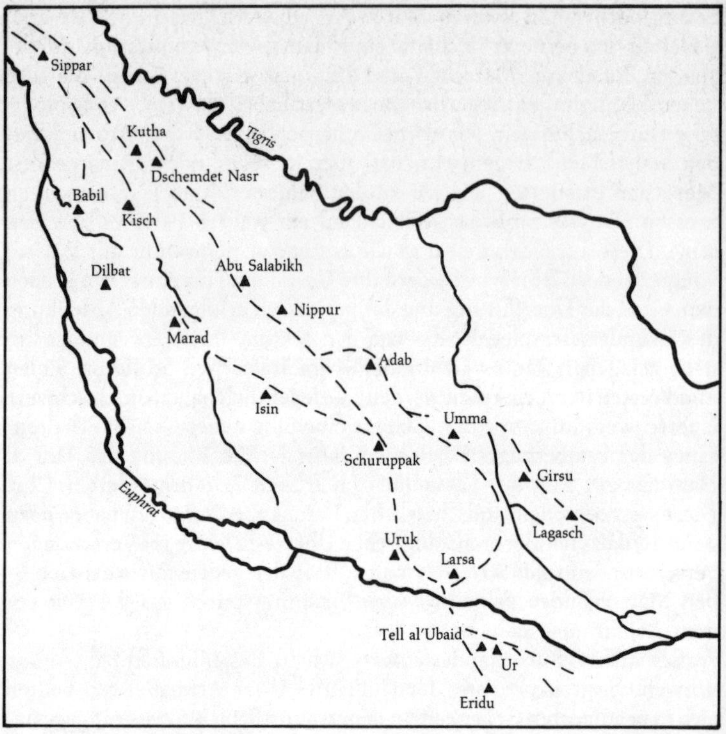

4 Karte des südlichen Irak, mit den wahrscheinlichen Flußläufen des Euphrat im 3. Jt. v. Chr. (gestrichelte Linien); die modernen, kanalisierten Bettungen des Flusses sind in durchgezogener Linie wiedergegeben (nach Adams und Gibson).

gleichen Zeit wie in Sumer ackerbautreibende Siedlungsgemeinschaften gab. Am Ostrand der Alluvialebene weisen einige dieser Spuren sogar schon ins 6. Jahrtausend.

Sowohl archäologische Surveys als auch historische Quellen bestätigen das Bild von ständig sich verlagernden Wasserläufen und entsprechend wechselnden ›Ballungsräumen‹. Sie beweisen auch, daß in späterer Zeit einige der ursprünglich natürlichen Wasserläufe als künstliche ›Kanäle‹ offengehalten wurden. Weiter steht es ohne Zweifel fest, daß sich der Euphrat zu keiner Zeit nur auf ein einziges Flußbett beschränkte. In der frühesten Periode, für die wir konkrete Belege haben, scheint er sich in drei Hauptarme geteilt zu haben, die dann jeweils durch die Städte Kisch, Kutha oder Dschemdet Nasr flossen; am östlichen Arm war die Besiedlung offenbar besonders dicht[5]. Im 3. Jahrtausend war der wichtigste Arm zweifelsfrei der von Kisch, so wie diese Stadt auch in jener Zeit besondere Bedeutung hatte. Die frühesten Zeugnisse über den damals offenbar kleineren Babylon-Arm stammen aus dem späteren 3. Jahrtausend, und erst gegen Ende des 2. Jahrtausends wurde dieser Arm das wichtigste aller Euphratbetten. Auch heute bietet er noch den Anblick eines eindrucksvollen Flusses, obwohl der Hauptlauf sich inzwischen weiter nach Westen verlagert hat.

Wenn wir in dieser gedrängten Zusammenfassung die verschiedenen Umweltbedingungen auflisten und die denkbare Rolle zu umreißen versuchen, die sie als gestalterische Kraft bei der Entwicklung des mesopotamischen Gesellschaftsgefüges gespielt haben können, dann müssen wir uns zugleich auch der Gefahr bewußt sein, die in der Raffung und Vereinfachung liegt. Jeglicher Erklärungsversuch bleibt bis zu einem gewissen Grade spekulativ, weil die zu beobachtenden Prozesse in ihrer Vielfalt lange vor dem Aufkommen der Schrift begonnen haben. Gleichwohl ist es ganz unstrittig, daß es gerade die besonderen Gegebenheiten der Umwelt im südlichen Mesopotamien waren, nicht zuletzt das ungeheure landwirtschaftliche Potential und auf der anderen Seite der Mangel an natürlichen Rohstoffquellen, die als ein wichtiges, wenn auch vielleicht nicht das einzige Stimulans zum ersten Mal in der Welt Städte entstehen ließen. Dabei ist es nur zu bekannt, daß eine ganze Reihe der frühesten, landwirtschaftbetreibenden Populationen im Norden von Babylonien lebten, in den hügeligen Regionen des Iran, des Irak, der mittelmeerischen Levante und der Türkei sowie in den angrenzenden regenreichen Grasländern. Jene Tiere und Pflanzen, die sich zur frühen und erfolgreichen Domestizierung eigneten wie Schaf, Ziege, Rind, Schwein, Emmer (*Triticum dicoccum*) und Einkorn (*Triticum monococcum*) existierten hier bereits in ihren Wildarten. Aber obwohl es als unumstößliche Tatsache gelten kann, daß die Entwicklung von Ackerbau und Viehzucht für das Wachstum von Städten notwendige Voraussetzung war, so ist es auf der anderen Seite bezeichnend, daß die ersten Städte – und zwar nicht nur an Euphrat und Tigris, sondern auch am Nil und am Indus – außerhalb jener frühesten ›Kerngebiete‹ der Landwirtschaft entstanden sind. Es liegt also auf der Hand, daß es der Anwendung intensiverer landwirtschaftlicher Techniken bedurfte, um auch solche Zonen nutzbar zu machen, die am Rande jener vom feuchten Klima begünstigten, regenreichen Landstriche lagen. Dabei machten die technischen Neuerungen, wie die Bewässerung und der Pflug, die vor dem Heraufdämmern der Geschichte bereits bezeugt sind, nicht nur die eigentliche Inbesitznahme dieser ansonsten unergiebigen Gebiete erst möglich, sondern trugen sogar wesentlich dazu bei, die landwirtschaftliche Leistungsfähigkeit und mit ihr den Ertrag des Landes zu steigern. Derartige Entwicklungen waren dann die notwendige Voraussetzung dafür, daß einige Mitglieder der Siedlungsgemeinschaft teilweise oder sogar ganzzeitig zum Zwecke der Spezialisierung freigestellt wurden, und führten schließlich zu einer deutlichen Polarisierung innerhalb der Gesellschaft; zu einer Polarisierung von der Art, daß einige den Reichtum des Landes wie Landbesitz, Handwerksbetriebe oder Handelsunternehmungen kontrollierten und andere von diesen abhängig waren. Dabei mußte die kritische Größe der Siedlungen in direktem Verhältnis zu den technischen Leistungen stehen. Die steigende Produktion gipfelte in Überschüssen, deren Neuverteilung letztlich die Schaffung besonderer sozialer und politischer Institutionen erforderlich machte. Obwohl neuerliche Feldforschungen ganz eindeutig gezeigt haben, daß großräumig zusammenhängende Bewässerungssysteme in Babylonien erst zu dem Zeitpunkt auftreten, als die Entwicklung jenes politischen Phänomens, das wir Stadtstaat nennen, schon recht weit fortentwickelt war, gilt es doch als ausgemacht, daß der Zwang, kärgliche Wasservorräte auf gütliche Weise zu kontrollieren und sie gleichmäßig zu verteilen, für die frühen Dorfgemeinschaften eine starke einigende Kraft gehabt haben muß[6]. Selbst bescheidenste Bewässerungsanlagen erforderten einen gewissen Grad von örtlichem Zusammenhalt – der in feuchteren Gebieten selbstverständlich nicht notwendig war –, aber ›Zusammenhalt‹ ist vielleicht auch ein zu starkes Wort im Hinblick auf spätere Textstellen, in denen die ausgesprochene ›Prozeßhanselei‹ der Babylonier auf dem Gebiet des Wasserrechts sich so eindrucksvoll belegen läßt.

Nach alledem kann man für Sumer die Folgerung ziehen, daß die Zunahme der Spezialisierung, die innere Differenzierung der Gesellschaft und vor allem die Entwicklung von Gemeindeämtern, die die landwirtschaftlichen und handwerklichen Überschüsse zu sammeln und wieder zu verteilen hatten, vielleicht nicht die unausweichliche Konsequenz, wohl aber das Ergebnis der Bemühungen sind, die unzureichende Umwelt zu bewältigen. Für Wachstum und Wohlstand der Ortschaften war technischer und wirtschaftlicher Fortschritt unerläßlich; auch führte er wiederum zu wirkungsvolleren Methoden bei der Beschaffung von Rohstoffen, die nicht nur tägliche Bedürfnisse befriedigten, sondern auch den wachsenden Markt an Luxusgütern sowie die Herstellung von Produkten begünstigten, mit deren Hilfe weitere Importwaren erworben werden konnten. Zur gleichen Zeit verhalf das offene Terrain Babylonien dazu, eine soziale Isolierung zu vermeiden und die rasche Verbreitung neuer Ideen, seien sie nun technischer oder politischer Natur, zu erleichtern. Bedingt durch den Rohstoffmangel, richtete man im Lande den Blick nach außen, eine Haltung, die das politische Denken nachhaltig beeinflussen sollte und schließlich auch die territoriale Expansion vorgezeichnet hat. Für diese Vorgänge gibt es bereits in der Zeit um 5000 entsprechende archäologische Belege, wenngleich sich die Zeugnisse im ausgedehnten Handelsnetz des späten 4. und frühen 3. Jahrtausends noch eindeutiger ausmachen lassen.

Wenn wir so auf der einen Seite davon ausgehen können, daß die natürlichen Umweltbedingungen Babyloniens die Entstehung und das Wachstum städtischer Gemeinden im Lande beeinflußt, ja begünstigt haben, so müssen wir auf der anderen Seite doch bedenken, daß es schließlich das Volk selbst war, das innerhalb der ihm von außen auferlegten Grenzen seine Lebensform und seine institutionellen Einrichtungen selbst geschaffen hat.

Die Quellen

Die Schrift wurde in Mesopotamien zum Zwecke der Buchhaltung erfunden. Bei den frühesten bekannten Texten (Abb. 5) handelt es sich um Aufzeichnungen von Viehbeständen und landwirtschaftlichen Geräten. Sie stammen aus der Stadt Uruk (aus dem biblischen Erech?), aus einer Schicht, die von den Ausgräbern als Uruk IV. (um 3100) bezeichnet wird. Wie bei den meisten späteren babylonischen Dokumenten handelt es sich auch hier um Tontafeln, die in feuchtem Zustand mit einem Griffel aus Rohr oder Holz beschrieben wurden. Die Schrift von Uruk IV. bestand aus Bildzeichen, die sich später zur stärker stilisierten Keilschrift wandeln sollte (Abb. 6). Auch ein Zahlensystem war zu dieser Zeit schon gebräuchlich: Ein Strich bedeutete den Einer, ein kreisförmiger Eindruck den Zehner. Es finden sich auch Steininschriften, doch Stein ist in Mesopotamien selten, während Ton im Überfluß vorhanden ist. Aus diesem Grunde blieb der Ton über 3000 Jahre lang das gebräuchlichste Beschreibmaterial, konkret bis zum Verschwinden der Keilschrift um die Zeit von Christi Geburt. Babylonische Dokumente haben sich in schier ungeheurer Zahl erhalten, weil Ton, wenn er getrocknet oder gar gebrannt wird, sei es mit Absicht oder durch eine zufällige Feuersbrunst, praktisch unzerstörbar wird. Der bei weitem größte Teil dieser Denkmäler babylonischer Kultur ist ökonomischer Art und behandelt z. B. so weltliche Transaktionen wie den Verkauf von Land oder die Gewährung von Darlehen. Daneben haben wir königliche Inschriften, für gewöhnlich Berichte eines bestimmten Königs über seine Feldzüge oder über Bauprojekte, außerdem Briefe, mythische Erzählungen, Sammlungen von Sprichwörtern und Lebensweisheiten und andere literarische Texte, dazu Übungstafeln aus der Schule sowie mathematische, astronomische und andere ›wissenschaftliche‹ Texte, schließlich noch manch bunt gemischte handschriftliche Überlieferung. Die benutzten Tafeln unterscheiden sich, was Größe und Form angeht, erheblich voneinander. Üblicherweise waren sie rechteckig und nur so groß, daß man sie bequem in der Hand halten konnte. Die größte uns bekannte Tontafel, ein Vasallen-Vertrag aus der Zeit des assyrischen Königs Asarhaddon, hat die Maße von gut 46×30 cm, während viele Listen aus dem Gebiet der Wirtschaft kaum 2,5 cm Kantenlänge aufweisen.

Die Bedeutung der benutzten Bildzeichen ist zwar im allgemeinen ziemlich klar, aber trotzdem können die frühesten Tafeln nicht ›gelesen‹ werden, weil nämlich jedes Bildzeichen ein ›Logogramm‹ oder ›Wortzeichen‹ ist, das uns nur über seine Bedeutung Auskunft gibt, doch nicht darüber, wie es ausgesprochen wurde. In der späteren Keilschrift konnte das Einzelsymbol oder ›Zeichen‹ zwar noch die Bedeutung eines Wortes haben (wie in den frühesten Texten), doch stand es gleichzeitig auch für eine oder mehrere Silben, die sich manchmal, wenn auch nicht immer, von dem Wort herleiteten, für das das ursprüngliche Bildzeichen gegolten hatte. Mit der Zeit kam es dazu, daß ein einziges Keilschriftzeichen auf vielerlei Art ausgesprochen oder gedeutet werden konnte, was die Auslegung von zusammengestellten Gruppen solcher Zeichen nicht gerade immer erleichtert. Das außerordentlich breit gefächerte Spektrum an keilschriftlichen Dokumenten, die der Wissenschaft heute vorliegen, ist gewiß in hohem Maße aufschlußreich. Es gibt jedoch eine Reihe von Problemen, die ihr Verständnis erschweren, so z. B. das Problem der Übersetzung der unterschiedlichen, in Mesopotamien gesprochenen alten Sprachen und nicht zuletzt der oft beklagenswerte Erhaltungszustand der einzelnen Tontafeln. Darüber hinaus liefert der Zufall archäologischer Entdekkungen ein oft entstelltes Bild der alten Geschichte. Da mag z. B. eine große Anzahl von Dokumenten aus der Regierungszeit eines einzigen bestimmten Königs gefunden worden sein, während ebenso zufällig nichts über zeitgenössische oder spätere Gestalten zu erfahren ist, die vielleicht von geschichtlich größerer Bedeutung waren. Dies läßt sich an einer wichtigen Entdeckung der jüngsten Vergangenheit besonders deutlich illustrieren: In Tell Mardikh (dem antiken Ebla) in Nordsyrien fand man vor kurzer Zeit ein großes Archiv mit Keilschrifttafeln des

5,6 Die frühesten bekannten Schriftdokumente (oben) sind Tontäfelchen aus Uruk (Höhe des größten: 3,4 cm). Sie tragen eine Bilderschrift (›Piktogramme‹), in der jedes Zeichen den abgebildeten Gegenstand wirklich meint, oder ein eng damit zusammenhängendes Wort. Einige Zeit nach der Erfindung der Schrift begannen die Schreiber es praktischer zu finden, sich die Täfelchen so zurecht zu legen, daß die Piktogramme um 90° gedreht gleichsam auf der Seite lagen *(rechts)*. Mit der Zeit bekamen die Piktogramme neben ihrem Bildzeichencharakter auch einen phonetischen Wert (Lautwert) und die spätere Keilschrift (cuneiforme Schrift) wurde konventionalisiert und vereinfacht.

späten 3. Jahrtausends, die uns nicht nur mit einem bisher unbekannten frühsemitischen Dialekt bekanntmachten, sondern auch mit der Existenz eines ganz neuen Staatswesens von solcher Macht und solchem Ansehen, daß es sich getrost mit den Königen von Assur messen konnte und vielleicht sogar mit denjenigen von Akkad. Diese Dokumente datieren aus dem sogenannten ›dunklen Zeitalter‹ in der babylonischen Geschichte, in dem wir mit ziemlicher Wahrscheinlichkeit sowohl mit einem Rückgang schriftlicher Aufzeichnungen als auch mit einem gewissen politischen und wirtschaftlichen Verfall zu rechnen haben. – Weiter ist unser Blick auf die antike Gesellschaft sicherlich durch den Umstand verstellt, daß viele Ausgräber es vorgezogen haben – oft aus durchaus ehrenwerten Beweggründen –, die öffentlichen Bauten einer Stadt freizulegen und nicht die privaten Wohnviertel. Diese Wissenschaftsstrategie hat zur Entdeckung von einer großen Anzahl von Tempel- und Palastarchiven geführt und uns wichtige Aufschlüsse über die täglichen Aktivitäten und Geschäftsvorgänge dieser großen gemeinnützigen Einrichtungen gewährt, während die Lebensumstände des schlichten Bürgers nebelhaft bleiben und oft kaum verstanden werden können.

Vielleicht aber ergeben sich die ernsteren Interpretationsschwierigkeiten einfach aus der ungeheuren Kluft, die die Denkweise unseres 20. Jahrhunderts von der Vorstellungswelt des alten Babyloniens trennen. Die Notwendigkeit, ein kompliziertes System von Gedanken und Ideen, von gesellschaftlichen Verhaltensnormen und Einrichtungen zu charakterisieren, das mit an Sicherheit grenzender Wahrscheinlichkeit in unserer heutigen Sprache und Denkweise keine Entsprechungen hat, das wir aber trotzdem in Begriffe einer modernen Sprache übersetzen müssen, führt zu unüberwindlichen Problemen, und unser Bemühen um ein ernstzunehmendes Verständnis stößt rasch an undurchdringliche Barrieren. Darüber hinaus ist häufig zu beobachten, daß dasjenige, was allgemein bekannt war und ohne große Worte, gleichsam unausgesprochen verstanden wurde, in den Texten gar nicht zu finden ist. Man stelle sich z. B. vor, aus einigen wenigen vorhandenen Hauptbüchern auf die Unternehmungen des heutigen Bankwesens schließen zu sollen oder Gestalt und Bedeutung der Kirche von England rekonstruieren zu müssen, wenn dazu nur ein Gesang- und ein Gebetbuch zur Verfügung stehen.

Weiter stößt die moderne Wissenschaft bei ihrem Bemühen, die Geschichte der Alten Welt nachzuzeichnen, auf die Schwierigkeit, daß die Babylonier selbst nie historische Aufzeichnungen im modernen Sinne gemacht haben. Es kommt hinzu, daß es auch keine babylonischen Untersuchungen über die allgemeinen gesellschaftlichen und wirtschaftlichen Verhältnisse und keine politischen Deutungen gibt. In diesem Zusammenhang müssen wir dem Mißverständnis entgegenwirken, die Babylonier seien sich etwa ihrer Vergangenheit oder der Bedeutung von sozialen Fragen nicht bewußt gewesen oder hätten ihnen gleichgültig gegenübergestanden. Das Gegenteil ist der Fall: Ein Großteil ihrer Literatur wurde verfaßt, um die Entstehung der natürlichen und der geistigen Welt zu erklären. Aus zahlreichen Texten erfahren wir von der Sorge der verschiedensten Herrscher, die der sozialen Gerechtigkeit galt und den Maßnahmen, sie durchzusetzen.

Uruk IV ca. 3100	Sumerisch ca. 2500	Altbabylonisch ca. 1800	Spätbabylonisch ca. 600 v. Chr.	*Sumerisch* Babylonisch
	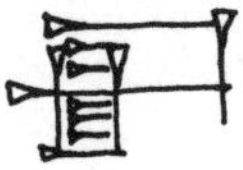			*Apin* epinnu Pflug
	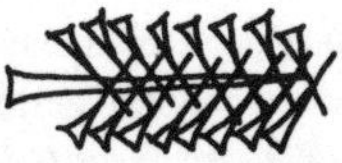			*Še* še'u Korn
	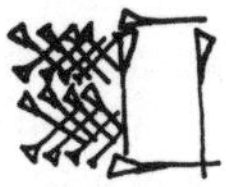			*Šar* kirû Garten
				*Kur* šadû Berg
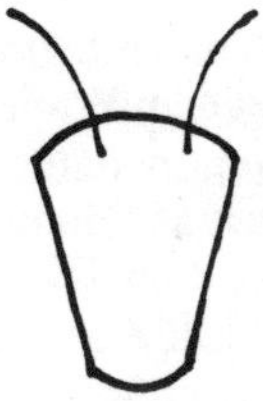	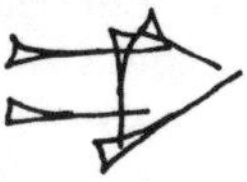		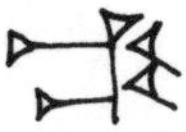	*Gud* alpu Rind
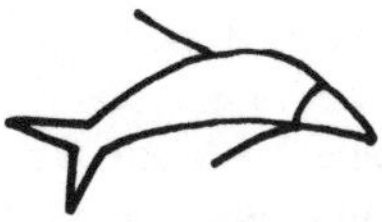				*Ku(a)* nunu Fisch
	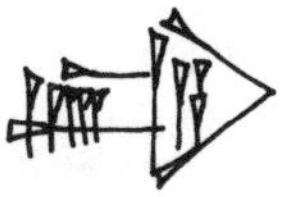			*Dug* karpatu Krug

Dabei sind auch bestimmte ›historische‹ Begleitumstände peinlich genau festgehalten. Die Ausführungen der babylonischen Schreiber über Ursache und Wirkung geschichtlicher Vorgänge mutet uns oftmals naiv an, doch im Zusammenhang ihrer eigenen Schau des Universums und der von den babylonischen Menschen darin eingenommenen Stelle sind sie vollkommen logisch. In Mesopotamien war das Selbstverständnis des Menschen, das heute in der westlichen Philosophie so wesentlich ist, für das Begreifen der Außenwelt von eindeutig untergeordnetem Rang.

»Die erste Regel des westlichen Bewußtseins: ›Erkenne dich selbst‹, wäre für einen Mesopotamier unbegreiflich gewesen, und das daraus sich ergebende Gebot, daß ›das angemessene (›richtige‹) Studium der Menschheit der Mensch ist‹, wäre ihm wie ein frivoler, ja gefährlicher Unsinn vorgekommen. Dem Mesopotamier galt das gesamte dingliche Universum als das entscheidende und hartnäckig verfolgte Studienobjekt, ohne Vermittlung des eigenen Ichs zwischen Beobachter und Beobachtetem. Wahrscheinlich hat es nie eine andere Zivilisation gegeben, die so aufrichtig darauf erpicht war, Informationen anzuhäufen und jegliche Verallgemeinerung oder Erklärung von Prinzipien zu vermeiden[7]*.«*

Der babylonische Schreiber war der Archivar *par excellence;* von allen Fakten, die er nur irgend über einen vorstellbaren Gegenstand wußte, stellte er detaillierte Listen zusammen und schrieb sie ab. Häufig bestanden diese Listen einfach aus den verwendeten Wörtern oder aus Redensarten, nur gelegentlich enthielten sie alle Namen einer spezifischen Klassifikation, wie Bäume, Länder, Tiere oder Mineralien. Derartige Texte haben für uns einen hohen Informationswert und lassen uns Leistungen und Grenzen babylonischer Wissenschaft erahnen. Aber mit Ausnahme einer geringen Anzahl von ›Chroniken‹ und den historischen Hinweisen in Texten mit Prophezeiungen gibt es keine bewußte Geschichtsschreibung. Und in der Tat, alle mesopotamische Literatur, die sich mit der Vergangenheit beschäftigt, scheint von ganz anderen Absichten motiviert gewesen zu sein, als von dem Wunsch zu erfahren, was wirklich geschah – eine Geisteshaltung, die allerdings auch nicht wenigen modernen Autoren nicht unbekannt sein dürfte! Dies gilt mit Sicherheit auch für eine Reihe von wohlbekannten ›historischen‹ Dokumenten, einschließlich der Königslisten und der sogenannten ›Weidnerchronik‹, deren Ziel nicht so sehr die Authentizität ihres Inhalts ist als vielmehr die Erfüllung eines bestimmten politischen Zweckes. Die sumerische Königsliste, die im 3. Jahrtausend beginnt, war eine politische Propagandaschrift, in der es in erster Linie darum ging, Rechenschaft abzulegen über die verschiedenen Dynastien, die in Babylonien regierten. Sie diente zur Bekräftigung der Vorstellung, daß legitime Königswürde lediglich in einer einzigen Stadt und nicht in mehreren gleichzeitig beheimatet sein konnte, ein Ideal, das in Babylonien nur selten verwirklicht wurde. Also wurden in dieser Liste Dynastien nacheinander aufgeführt, von denen wir heute wissen, daß sie nebeneinander herrschten. Die spätere assyrische Königsliste ist von dem Versuch beeinflußt, die Linie des Königs Schamschi-Adad I. zu legitimieren, der seinerseits kein Assyrer war; die ›Weidnerchronik‹ hingegen liefert eine Darstellung der Geschichte der Dynastien, nach der der Aufstieg und der Untergang eines jeden

Königshauses davon abhängig gemacht wird, ob ein König dem Haupttempel in Babylon die notwendige Ehrerbietung entgegengebracht hat oder nicht – dabei haben wir zu jener Zeit kaum einen Beweis für die Existenz Babylons überhaupt[8]! Solche Texte sind trotzdem nicht ohne historischen Wert, denn sie liefern die Grundlagen, auf denen die babylonische Geschichte beruht, und geben uns den Blick frei auf die zeitgenössische politische Denkweise. Trotzdem ist es wesentlich, die Motivation, die hinter solchen Dokumenten steht, zu ermitteln und zu erkennen, daß sie nicht als literarische Berichte von historischen Geschehnissen geschrieben worden sind.

Das Volk

Die erste Herrscherdynastie in Babylon wurde im 2. Jahrtausend gegründet, und zwar von einem Volk, das eine semitische Sprache sprach; eine Sprache also, die derselben Sprachfamilie angehörte wie später auch das Arabische und das Hebräische. Dieses Volk kam wahrscheinlich ursprünglich aus dem Wüstengebiet westlich von Mesopotamien. Es übernahm jedoch die in Mesopotamien heimische Kultur fast in ihrer Gesamtheit – Erziehung, Religion, Kunst, Mythologie, Literatur, d. h. diejenige Kultur, die wir heute weitgehend, wenn auch vielleicht nicht in allen Einzelheiten, einer früheren, sumerischsprechenden Bevölkerung zuschreiben. Wer diese Sumerer waren und woher sie kamen, bleibt eine vieldiskutierte Frage, die bislang noch nicht beantwortet worden ist. Die alten semitischen Sprachen Mesopotamiens: das Akkadische, das Babylonische und das Assyrische, wurden bekanntlich erst vor nicht viel mehr als einem Jahrhundert entdeckt und entziffert, obschon die Menschen, die sie gesprochen hatten, sehr wohl schon lange aus biblischen Quellen bekannt waren. Die Spuren der frühen Sumerer waren jedoch vollständig verschwunden, und man wurde nur zögernd gewahr, daß da in den keilschriftlichen Texten eine ältere, nichtsemitische Sprache vorlag. Ja, einige Zeit lang ist in der Wissenschaft sogar die eigenartige Hypothese vertreten worden, das ›Sumerische‹ sei lediglich das geniale System einer Geheimschrift, erfunden von babylonischen Priestern, um ihren heiligen Schriften den Nimbus eines größeren Mysteriums zu verleihen und sie für das gemeine Volk und die weltlichen Kreise unverständlich zu machen. Heute wissen wir aber, daß die Sumerer zu jener Zeit, als die frühesten keilschriftlichen Berichte niedergeschrieben wurden, die vorherrschende Bevölkerungsgruppe im Lande Sumer waren. Ihre Sprache ist agglutinierend und wird nicht wie die semitischen und indoeuropäischen Sprachen flektiert. In ihrer Struktur ähnelt diese Sprache dem Türkischen, dem Finnisch-Ugrischen und einigen der kaukasischen Sprachen. Was dagegen den Wortschatz anlangt, und ebenso Grammatik und Satzbau, so steht das Sumerische allein und scheint mit keiner anderen bekannten Sprache, sei es eine lebende oder tote, verwandt zu sein. Auch ist die Frage noch nicht schlüssig beantwortet, ob die Sumerer im südlichen Irak ursprünglich heimisch waren oder ob sie von irgendwoher eingewandert sind. Die Frage ›Wer waren die Sumerer?‹ gehört zu denjenigen Problemen der alten mesopotamischen

7 Männliche Figur eines sitzenden Mannes (Höhe 39 cm), aus frühdynastischer Zeit, im Iraq Museum, Bagdad. Nach der kurzen Inschrift auf dem Rücken wurde die Statuette dem Gott Ningirsu geweiht, für das Leben des sumerischen Schreibers Dudu.

Geschichte, die immer noch eine Herausforderung darstellen; mit ihren vielen verschiedenen Teilaspekten ist diese Forschungsaufgabe zu dem geworden, was man heute das ›sumerische Problem‹ nennt.
Es sind die Sumerer, denen im allgemeinen die Erfindung der Schrift zugesprochen wird, obwohl nicht einmal das mit Sicherheit bewiesen ist. In der Bilderschrift von Uruk IV. war jedes Zeichen das Bild eines oder mehrerer konkreter Gegenstände und stellte ein Wort dar, dessen Bedeutung mit dem aufgezeichneten Objekt identisch oder doch eng verwandt war. Unmöglich bleibt es, die Sprache zu ermitteln, in der diese Tafeln geschrieben sind, denn es findet sich kein Ansatz, morphologische oder grammatikalische Elemente zu erkennen, und das einfache Bildzeichen konnte für irgendeines aus einer Gruppe von verwandten Wörtern stehen und dabei auch eine beliebige grammatikalische Form haben oder irgendeiner beliebigen Sprache angehören. In der folgenden Periode (Uruk III.) benutzten die Schreiber weiterhin die Bilderschrift; aber von diesen Texten wird angenommen, daß sie bereits sumerisch geschrieben sind, weil ein sumerischer Eigenname darin auftaucht, der des En-lil-ti. Mit der Zeit entwickelte sich die Schrift so weit, daß sie auch grammatikalische Elemente zur Darstellung brachte, und von diesem Zeitpunkt an läßt sich eindeutig sagen, daß diese geschriebene Sprache das Sumerische ist. Auf dieser Grundlage scheint es dann auch durchaus vernünftig anzunehmen, daß die Texte aus Uruk III. auch in dieser Sprache verfaßt wurden und damit vielleicht sogar die frühesten Tafeln mit Bilderschrift. Es sollte jedoch noch einmal betont werden, daß die Bilderschrift von Uruk III. nicht auf das südliche Babylonien beschränkt war, das heißt also auf dasjenige Gebiet, in dem sich später der sumerische Einfluß am stärksten bemerkbar machte, sondern daß diese Schrift in weiten Teilen des Landes benutzt wurde, auch im Norden, wo wir zum ersten Mal den semitischen Akkadern begegnen.
Die Frage nach den sumerischen Ursprüngen und nach der Zusammensetzung der prähistorischen Bevölkerung Mesopotamiens wird durch eine Reihe von weiteren linguistischen Problemen noch komplizierter. Einige Wissenschaftler vertreten die Ansicht, daß der Wortschatz der sumerischen Sprache sich aus zwei unterschiedlichen Schichten zusammensetzt: dem Sumerischen selbst und einer Anzahl von Lehnwörtern aus einer anderen, bis jetzt schlecht definierten Sprache, von der man annimmt, daß sie von der einheimischen ›vorsumerischen‹ Bevölkerung gesprochen wurde[9]. Dafür gibt es eine Reihe von Argumenten: Erstens gibt es bestimmte geographische Namen, die man nicht für Sumerisch hält, worunter auch die Namen einiger der ältesten Städte fallen und bezeichnenderweise die der beiden Flüsse Euphrat und Tigris. Zweitens gibt es bestimmte Wörter, die sich auf so grundlegende Tätigkeiten beziehen wie Landwirtschaft, Gartenbau, Bierbrauen, Töpfern, Lederbearbeitung und Bauwesen, die ebenfalls aus der ›Substrat‹-Sprache (die Sprache des unterworfenen Volkes) kommen sollen, wohingegen den Sumerern der Wortschatz für Schiffahrt, Viehzucht, bildende Kunst, Schreiben, Erziehung und Gesetzeswesen zugesprochen wird. Und drittens schließlich scheint eine Reihe keilschriftlicher Zeichen mit allein phonetischem Wert etwas wiederzugeben, was nicht in den sumerischen Wortschatz gehört, und nur in der sumerischen

Schrift, nicht aber in der sumerischen Sprache sich erhalten hat. Wenn sich diese Ansicht als zutreffend erweisen sollte, dann müßte man den Schluß ziehen, daß die Sumerer ihr Schriftsystem von einer linguistisch fremden Bevölkerungsgruppe entlehnt hätten; damit blieb die Möglichkeit bestehen, daß die Tafeln von Uruk IV. in eben dieser unbekannten Sprache verfaßt wurden. Allerdings muß an dieser Stelle nachdrücklich betont werden, daß unter den Sumerologen durchaus Meinungsverschiedenheiten darüber bestehen, ob es diese frühere ›Substrat‹-Sprache überhaupt gegeben hat. Unglücklicherweise schöpfen wir nun unsere Kenntnisse über Struktur und Syntax des Sumerischen aus einer Periode, in der diese Sprache bereits nicht mehr lebendig war und nicht mehr gesprochen wurde. So können aus den erhaltenen Texten auch keine Veränderungen etwa des Dialektes oder in der Aussprache erschlossen werden. Diese Veränderungen aber müßten sich von der Zeit an zugetragen haben, als man anfing, diese angeblich ›nicht-sumerischen‹ Wörter zu benutzen, was nach vorsichtiger Schätzung gut 3000 Jahre zuvor der Fall war. Und es besteht weiter ja nicht nur die Ungewißheit darüber, wie die ungesprochene Sprache sich in dieser langen Zeit veränderte – eine Spanne, die vielleicht sogar größer ist als diejenige, die uns selbst heute vom Untergang Trojas trennt; vielmehr haben Sprachwissenschaftler erst kürzlich aufzeigen können, daß einiges aus dem Vokabular der angeblichen ›Substrat‹-Sprache ohne jeden Zweifel doch sumerisch ist[10]. Bei behutsamer Einschätzung der Lage und auch wenn wir billigerweise annehmen dürfen, daß die vorgeschichtliche Bevölkerung in Mesopotamien unterschiedlich zusammengesetzt war, können wir doch festhalten, daß es gegenwärtig keinen eindeutigen Beweis gibt, durch den jenes theoretische ›vorsumerische‹ linguistische Stratum nachgewiesen wäre. Allerdings, die ›sumerische Frage‹ wird weder durch die Über-

8 Die in Eridu ausgegrabene, über 18 einander folgende Bauschichten nachgewiesene Serie von Tempeln beweist eindrucksvoll die kulturelle Kontinuität von der vorgeschichtlichen Periode bis in die sumerische Zeit. Tempelplan und Kulteinrichtungen werden immer wieder übernommen, und die späteren Heiligtümer umfassen stets auch die Reste der Vorgängerbauten. Das Foto zeigt den letzten al 'Ubaid-Tempel aus einer langen Serie, unter der Ecke der von der Erosion weitgehend abgetragenen Zikkurat der Epoche Ur III.

9 Die älteste al 'Ubaid-Keramik ist nur aus Sumer bekannt. Im späteren 5. Jt. ist dieser Stil jedoch über ganz Mesopotamien verbreitet, bis nach Nordsyrien und selbst nach Saudi-Arabien. Die abgebildeten Stücke stammen aus Ur und dem kleinen Fundplatz Arpachiya bei Ninive (nach Woolley und Mallowan – Rose).

nahme der oben geschilderten These noch durch deren Ablehnung endgültig beantwortet. Und ebenso steht heute fest, daß wir in historisch faßbarer Zeit den Begriff des ›Sumerischen‹ benutzen, um die Kultur einer Bevölkerung mit gemischten sprachlichen Elementen zu beschreiben. Schließlich bedarf es keines weiteren Beweises, wenn man sagt, daß es unmöglich ist, die linguistische Zugehörigkeit irgendeiner prähistorischen Bevölkerungsgruppe mit Sicherheit feststellen zu wollen. Wohl gibt es in zunehmendem Umfange Gründe dafür anzunehmen, daß die Sumerer zumindest einen Teil der Urbewohner Mesopotamiens bildeten. Die archäologischen Funde zeigen von den frühesten agrarischen Siedlungen in Sumer bis hin zu der Zeit, in der die geschriebene Sprache als Sumerisch identifiziert werden kann, eine so hochgradige kulturelle Kontinuität, daß diese Existenz einer bedeutenden, sumerisch sprechenden Bevölkerung von Anfang an nicht mehr angezweifelt werden kann[11]. Und es gibt auch an keiner Stelle einen überzeugenden Beweis für die ›Invasion‹ eines neuen Volkes, und, dies ist vielleicht das eindrucksvollere Argument, wir können auch kein hypothetisches Heimatland ausmachen, aus dem die Sumerer mit ihrer einzigartigen Sprache und Kultur gekommen sein könnten. Daß wir wohl auch in Zukunft kein solches Land werden finden können, das wird um so wahrscheinlicher, je mehr unser archäologisches Wissen über die Länder rings um Mesopotamien zunimmt.

Die mesopotamische Archäologie beschreibt, in Ermangelung einer besseren Methode, prähistorische Kulturen nach ihrer charakteristischen Töpferware; nichts ist so gut und in so großer Menge erhalten wie Tonscherben, und außerdem ist die keramische Produktion auch modischen Strömungen unterworfen und macht sich technische Neuerungen zunutze, macht also eine Entwicklung durch und stellt damit einen hilfreichen, allgemein verbindlichen Indikator für die zeitlichen Abläufe dar. Die Archäologen identifzieren und benennen einen keramischen Stil – und in Erweiterung davon auch das zugehörige Ensemble archäologischer Funde – üblicherweise nach dem Grabungsplatz, an dem dieser bestimmte Typus zum ersten Mal entdeckt wurde. So waren die frühesten Ackerbauern in Sumer die Begründer und Träger der sogenannten al 'Ubaid-Kultur, genannt nach einem kleinen Ort in der Nähe von Ur, wo diese charakteristische, bemalte Keramik zum ersten Mal beobachtet wurde. Diese eigenwillige und leicht zu identifizierende Keramik ist nun weit über die Grenzen Babyloniens hinaus in Westasien gefunden worden. An diesem Punkt dürfen wir noch einmal den Blick zurücklenken auf das oben geschilderte ›sumerische Problem‹: Die Fundverbreitung der al 'Ubaid-Keramik ist nämlich in der Kombination mit dem Wissen davon, daß der Gebrauch der sumerischen Sprache weitgehend auf Babylonien beschränkt gewesen zu sein scheint (dort vor allem auf die südlichen Gebiete), von Philologen als ›Beweis‹ benutzt worden dafür, daß es sich bei dem 'Ubaid-Volk nicht um die Sumerer gehandelt haben könnte. Aber solch ein Argument ist keineswegs stichhaltig; denn die Ausbreitung von kulturellen Merkmalen setzt nicht unbedingt Wanderzüge eines entsprechenden Volkes voraus. Mehr noch, inzwischen haben archäologische Funde über jeden Zweifel hinaus aufgezeigt, daß das Heimatland des 'Ubaid-Volkes eben doch in Sumer lag, und zwar tatsächlich in jenem Gebiet, das später auf das engste mit der Kultur der Sumerer verknüpft war; in Nordsyrien haben dagegen jüngere Ausgrabungen gezeigt, daß die spätere sumerische ›Kultur‹ sich nordwärts ungefähr über dieselben ›fremden‹ Territorien ausbreitete wie vorher schon die Kultur des 'Ubaid-Volkes. An den im übrigen gut bezeugten Kontakten zwischen den 'Ubaid-Leuten und zeitgenössischen Völkern im Norden, Süden und Osten läßt sich zeigen, daß bereits etwa um 5000 die Bevölkerung Sumers linguistisch gemischt gewesen sein muß, wenn auch das Sumerische vorherrschend gewesen sein dürfte. Unter den für das 5. Jahrtausend in Sumer nachgewiesenen Rahmenbedingungen eines wachsenden Wohlstandes und kulturellen Fortschritts sollte auch eine Zunahme der eingeborenen Bevölkerung – wer auch immer diese gewesen sein mag – erwartet werden können, ebenso wie eine schrittweise Annäherung der untereinander benachbarten Siedlungsgemeinschaften, deren Sitten und Lebensgewohnheiten ursprünglich verschieden gewesen sein mögen.

Noch ein anderes Volk ist in den frühen sumerischen Texten urkundlich gut belegt: Seine Sprache bezeichnen wir als ›Akkadisch‹, und seine Vorgänger könnten durchaus einen Teil der 'Ubaid-Bevölkerung gebildet haben. In der Forschungsgeschichte wurden die Akkader erstmals durch den Umstand bemerkt, daß in den sumerischen Texten plötzlich fremdartige Eigennamen auftauchten, und zwar auf Tontafeln aus Fara (das antike Schuruppak, die Heimat des Babyloniers Noah), die mit Sicherheit aus der Zeit um die Mitte des 3. Jahrtausends stammen (möglicherweise sind sie auch schon früher in den archaischen Texten aus Ur bezeugt); etwa zur gleichen Zeit trugen ›sumerische‹ Schreiber in Abu Salabikh (etwas nördlich der heiligen sumerischen Stadt Nippur gelegen), deren Schriften vom Typus her denen von Fara sehr verwandt sind, zum größten Teil akkadische Namen[12]. Schon aus sehr früher Zeit gibt es auch Belege über die Entlehnung akkadischer Wörter ins Sumerische, und semitische Namen erscheinen in der sumerischen Königsliste für Könige von vor allem in Akkad gelegenen Stadtstaaten.

Die Akkader übernahmen das sumerische Schriftsystem, doch erst gegen Ende der frühdynastischen Zeit – irgendwann um 2500 – kann man tatsächlich von akkadisch geschriebenen Texten sprechen. Zu dieser Gruppe gehört eine Reihe von Weihinschriften von Königen und Beamten in Mari am Euphrat (im heutigen Syrien), aus einer Region, in der vermutlich semitisch gesprochen wurde. Daß diese vom übrigen Erscheinungsbild her ganz ›sumerischen Inschriften‹ tatsächlich akkadisch sind, verrät sich nur an einigen wenigen Fällen von akkadischer Schreibweise, und die Statuen, auf denen diese Inschriften angebracht sind, lassen sich denn auch in jeder Hinsicht als ›sumerisch‹ bezeichnen. Aus dieser Zeit stammen allerdings auch ein paar akkadische Steininschriften, die von Landverkäufen berichten; bezeichnenderweise kommen sie zum größten Teil aus akkadischen Städten, mit Ausnahme von zweien, die nach Adab, weiter im Süden, gehören.

Als Ursprungsland der semitisch-sprechenden Völker wird meist Arabien angesehen, von wo aus späteren Perioden eine Anzahl von bedeutenderen Nomadeneinfällen bezeugt ist. Semitisch-sprechende Nomaden mit ihrer hochspezialisierten Herdenhaltung stellten im Rahmen der bunten mesopotamischen Lebenswirklichkeit einen wichtigen Fak-

tor dar. Es ist allerdings ein schwerwiegender Irrtum anzunehmen, daß das semitische Element in der frühen mesopotamischen Gesellschaft auf umherziehende und kaum zivilisierte Nomaden beschränkt geblieben wäre. Daß die Akkader bereits im 3. Jahrtausend im wesentlichen seßhaft waren, ist zunehmend anerkannt, und obwohl ihr kultureller Beitrag – einmal abgesehen von ihrer Sprache, die für fast das ganze 2. Jahrtausend im gesamten zivilisierten Nahen Osten zur *lingua franca* werden sollte – noch nicht eindeutig definiert worden ist, sollte man ihn jedenfalls nicht zu niedrig einschätzen. Ihr Einfluß war in vielen Bereichen der mesopotamischen Zivilisation spürbar, ja die meisten der erfolgreichen mesopotamischen Könige, einschließlich Hammurabis und seines Zeitgenossen Schamschi-Adad von Assyrien, waren semitisch-nomadischen Geblüts. Aus der Geschichte kennen wir viele Beispiele für den sich ständig wiederholenden Zustrom von Hirtenstämmen in die mesopotamische Steppe, aber auch für deren fortschreitendes Eindringen in das seßhaft besiedelte Land[13]. Vor dem Hintergrund der so lebendigen und bildhaften Schilderung in der Bibel, die auf einem vermuteten Antagonismus zwischen Wüste und bestelltem Land beruht[14], ist die Wechselbeziehung zwischen Nomaden und Städtern und ihre anregende, ja befruchtende Wirkung auf die Kristallisation der mesopotamischen Kultur nur allzuoft übersehen worden.
Für das prähistorische Sumer können wir zwar keine isolierten kulturellen Traditionen voneinander differenzieren, doch darf man wohl davon ausgehen, daß im 3. Jahrtausend die seßhaft gewordene Bevölkerung sowohl aus sumerisch- wie aus semitisch-sprechenden Gruppen bestand. Die linguistische Analyse der Eigennamen weist auf ein Vorherrschen der sumerischen Sprache im südlichen Babylonien und der akkadischen im Norden; allerdings können Eigennamen nicht als ausreichender Beweis für eine ethnische Gliederung dienen, weil diese Eigennamen, im Gegensatz zu geographischen Namen, auch sogenannten ›Modeströmungen‹ unterworfen sind. So trugen die letzten Könige von Ur aus der 3. Dynastie, die doch gerade für jene Entwicklung verantwortlich sind, die man häufig als die ›sumerische Renaissance‹ bezeichnet hat, einen semitischen Namen, während viele der frühen Herrscher von Kisch, von dem wir annehmen, daß es ein überwiegend akkadisch (d. h. semitisch) sprechendes Gebiet war, bei oberflächlicher Betrachtung Sumerer gewesen zu sein scheinen: Einer ›sumerischen‹ Königin, Ku-Baba, die irgendwann um 2400 regierte, folgte ihr ›semitischer‹ Sohn, dem dann wieder ein ›Sumerer‹ als Sohn folgte. Der letztere wurde von seinem Wesir abgesetzt, der den semitischen Thronnamen Scharrum-ken annahm, uns dagegen besser bekannt ist als Sargon, Gründer der semitisch-sprechenden Dynastie von Akkad. Mit ihm werden wir das nächste Kapitel eröffnen.

Chronologie

Absolute Daten beruhen für prähistorische Funde vor allem auf Bestimmungen nach der Radiokarbonmethode (C 14-Methode). Neuere Vergleiche mit Proben, die mit Hilfe der Dendrochronologie datiert worden sind, lassen vermuten, daß vor dem Jahr 1000 v. Chr. die

Abweichung der Radiokarbon-Daten von den ›wahren‹ Daten nach rückwärts zunimmt, und zwar bis zu einem Maximum von gut 800 Jahren für die nach der Radiokarbonmethode fixierte Zeit um 4500 v. Chr. Die in diesem Buch vorgelegten Daten aus dem Bereich der Vorgeschichte sind nicht entsprechend korrigiert (kalibriert) worden, das heißt sie sind in der Regel zu jung. Zu dieser Übereinkunft hat man sich in der vorderasiatischen Archäologie allgemein entschlossen, weil viele Daten außerhalb des Bereichs der gegenwärtigen Eichkurve liegen, der etwa um 5000 v. Chr. endet. Von etwa 3000 v. Chr. an lassen sich Daten in Mesopotamien besser aufgrund von historischen Quellen einschätzen. Wir besitzen hierfür z. B. die Königslisten, die Listen von Jahresnamen (ein antikes System der Zeitrechnung, in dem jedes Jahr einen ›Namen‹ erhielt und das man von der Zeit Sargons an bis zum Ende der 1. Dynastie von Babylon benutzte), ferner die Listen der *limmu* (Beamte, die jeweils für ein Jahr ernannt wurden und nach denen die Assyrer ihre Jahre bezeichneten), historische Chroniken, Synchronismen (die Erwähnung oder Datierung eines bestimmten Ereignisses in zwei oder mehreren voneinander verschiedenen Zeitrechnungssystemen), Bauinschriften und vieles andere mehr. Unglücklicherweise können alle diese Quellen sich auch widersprechen, und häufig genug vermitteln sie uns nur isolierte, bruchstückhafte Informationen. Außerdem aber wird die Chronologie des 3. Jahrtausends noch durch eine historisch bezeugte Lücke von unbekannter Länge beeinträchtigt, die zwischen dem Untergang der Dynastie von Akkad und dem Aufstieg der Nachfolgerin in Ur liegt. Einen ähnlichen Fall kennen wir aus dem 2. Jahrtausend, wo wir über die Zeit zwischen dem ersten Fall von Babylon und dem frühesten gut bezeugten König der kassitischen Dynastie keinerlei Kenntnisse besitzen.
Für eine absolute Chronologie ist ein zeitlicher Fixpunkt unerläßlich. Zu solchen ›wahren‹ Daten gelangt man am besten und sichersten mit Hilfe von astronomischen Ereignissen, über die berichtet wird. Für die assyrische Chronologie z. B. bietet eine Sonnenfinsternis im Jahre 763 v. Chr. ein solches fixes Datum, zu welchem ein bestimmter Gouverneur von Guzana das Amt des *limmu* innehatte. Leider liegt der vergleichbare Fall für Babylonien nicht so eindeutig: Die berühmten ›Venustafeln‹ aus der Zeit gegen Ende der 1. Dynastie, in denen bestimmte Bewegungen dieses Planeten aufgezeichnet wurden, liefern nämlich nicht einen einzigen festen Zeitpunkt, sondern gleich eine ganze Anzahl von möglichen Daten, die alle mit den besagten Gestirnsbeobachtungen übereinstimmen könnten. Obwohl also die innere, relative Chronologie der 1. Dynastie in sich stimmig ist, haben wir keinen äußeren absoluten Fixpunkt, um sie in unsere heutige Zeitrechnung einzuordnen. Die Unstimmigkeiten und inneren Widersprüche in den Quellen sind derart, daß die zur Zeit gebräuchlichen chronologischen Systeme z. B. für die Thronbesteigung Hammurabis einen Zeitraum von etwa 200 Jahren lassen (zwischen 1900 und 1704). Die in diesem Buche benutzte Methode der Datierung ist die sogenannte mittlere Chronologie, die auf Sidney Smith zurückgeht und nach der die Thronbesteigung Hammurabis in das Jahr 1792 und der Untergang Babylons in das Jahr 1595 fällt[15]. Es handelt sich dabei um die gebräuchlichsten Daten, weswegen sie auch hier aufgenommen worden sind. Es

gibt allerdings in der Wissenschaft eine ganze Reihe von Stimmen – und auch die Autorin möchte sich hier anschließen, die davon überzeugt sind, daß die Daten der sogenannten mittleren Chronologie zu spät liegen, um mit den besser belegten assyrischen Quellen in Übereinstimmung gebracht zu werden. Nur nebenbei sei schließlich erwähnt, daß jene Chronologien, die die Zerstörung Babylons noch später als 1595 ansetzten, heute kaum noch Fürsprecher finden.

Regierungsform: der Stadtstaat

Im späten 4. Jahrtausend läßt sich in Sumer eine ganze Anzahl von Siedlungen beobachten, die wir heute getrost als ›städtisch‹ bezeichnen würden, und dies nicht nur im Hinblick auf ihre Ausdehnung, sondern auch wegen der in ihnen durchgeführten Spezialisierung. Früh im 3. Jahrtausend dann, in der Periode, die von den Archäologen als ›frühdynastische Zeit‹ bezeichnet wird, können wir bereits von Stadtstaaten sprechen, d. h. von politischen Gebilden, die uns sonst nirgendwo in ähnlicher Form in dieser frühen Zeit begegnen. Ein jeder dieser Staaten bestand aus einer Stadt – gelegentlich waren es auch mehrere – und dem sie umgebenden Territorium einschließlich abhängiger Städte und Dörfer. Von Zeit zu Zeit treten Führerpersönlichkeiten auf, denen es gelingt, eine Reihe solcher Städte zu größeren Bündnissen zusammenzufassen, die jedoch nur selten längeren Bestand haben.

Zu den hervorstechendsten Charakterzügen der sumerischen Stadtstaaten gehörten ihr Individualismus und ihr hartnäckiger Widerstand gegenüber einer jeglichen zentralen politischen Kontrolle. Dieses Verhalten überrascht um so mehr, wenn man sich vor Augen hält, daß es gar keine natürlichen Grenzen zwischen den einzelnen Stadtstaaten gab: Ja, Eridu, Ur, Uruk und Larsa, vier der bedeutenderen frühen Städte, lagen sogar in Sichtweite voneinander. Es ist manche und durchaus erfolgversprechende Anstrengung unternommen worden, diesen Separatismus zu überwinden, gleichwohl blieb er ein wichtiger Faktor in der Geschichte Mesopotamiens. Die Stadt blieb für lange Zeit die Grundform der politischen Einheit.

Kristallisationspunkt dieser frühesten, uns bekannten städtischen Siedlungen war stets ein Tempel oder ein größerer Tempelkomplex – ein Siedlungsmuster, das sich bis in die erste 'Ubaid-Periode zurückverfolgen läßt.

Trotzdem wäre es eine unzulässige Vereinfachung, wollten wir diese Städte einfach in die theokratischen Gesellschaften einordnen oder der *comunis opinio* folgen, nach der die kultisch-religiöse Institution die einzige Triebkraft für ihr Größenwachstum darstellte. Bleibt die Schwierigkeit, nach 5000 Jahren die vielfach verschlungenen Beziehungen zwischen Tempel und Gemeinde offenzulegen, deren Ausbildung sich schließlich in einer noch weiter zurückliegenden Vergangenheit abgespielt hatte, in der es noch keine Schrift gab. Wir besitzen aus Mesopotamien keinerlei Zeugnisse dafür, daß etwa um ein schon vorhandenes Heiligtum eine Siedlung gewachsen wäre. Der Tempel verdankte vielmehr seine Existenz dem Gemeinwesen und wurde auch von ihm verwaltet. In seinen frühesten Stadien bildete er also lediglich

10 Abdruck eines Rollsiegels im Ashmolean Museum, Oxford. Die Rollsiegel der späten Uruk-Zeit zeigen häufig Bilder, die als Darstellung von Gemeinde- bzw. Tempelherden gedeutet werden. Die abgebildeten Ställe sind Schilfhütten, wie sie noch heute in den Flußniederungen im südlichen Irak gebaut werden. Die ringgeschmückten Pfosten sollen vermutlich eine Gottheit symbolisieren.

ein Element in einem unübersichtlichen und nach unserem Verständnis durch und durch weltlichen Gesellschaftsgefüge.
Spätere Schriftquellen berichten allerdings, daß alle Autorität von den Göttern stammte und daß alle Personen, die wir nach ihren Tätigkeitsmerkmalen als ›geistliche‹ oder ›weltliche‹ Beamte einstufen würden, als Diener ihres göttlichen Herrn handelten. Der Tempel war die irdische Wohnstatt des Gottes und beherbergte in späterer Zeit auch seinen Haushalt: Dazu gehörten nicht nur seine persönlichen Diener, denen das oblag, was wir heute priesterliche oder kultische Dienste nennen würden, sondern auch Schreiber, Verwaltungsfachleute und vielerlei Diener von geringerem Rang, die seine Güter beaufsichtigten und sich dem Handel widmeten oder ein Gewerbe betrieben. Nach modernem Verständnis war also die Funktion des mesopotamischen Tempels weitgehend die eines vielseitigen Wirtschaftsunternehmens, einer Zentralstelle mit der Machtbefugnis, die Überschüsse aus den von ihnen geförderten landwirtschaftlichen und handwerklichen Betrieben zu sammeln und wieder zu verteilen. Aber, wir müssen uns an dieser Stelle ins Gedächtnis rufen, daß die Differenzierung zwischen ›religiösen‹, ›sozialen‹, und ›wirtschaftlichen‹ Aktivitäten lediglich unser eigenes Bemühen widerspiegelt, Struktur und Verhaltensweise von Gesellschaften übersichtlich zu machen, und daß solche und ähnliche Begriffe im alten Mesopotamien keinerlei Bedeutung gehabt haben dürften. Wir wissen nicht einmal genau, bis zu welchem Grade die späteren wirtschaftlichen Aufgaben des Tempels auch schon für die prähistorischen Heiligtümer charakteristisch waren. Immerhin ist jedoch die Kultkontinuität unbestritten, und das gibt uns die Berechtigung anzunehmen, daß die Institution ›Tempel‹ eher einer schrittweisen Entwicklung verdankt wird als einer radikalen Änderung ihrer Struktur, etwa zur Zeit der Einführung der Schrift. Denn diese, für die weitere Geschichte des Menschen so ungeheuer bedeutungsvolle Erfindung war zunächst einmal vor allem ein technischer Fortschritt im Rahmen der Wirtschaftsverwaltung. Wie dem auch sei, die Einrichtung eines zentralen Apparates für die Um- und Neuverteilung von Gütern war von vitaler Bedeutung für das Wohlergehen einer Gesellschaft, in der der Fernhandel nicht nur dem Erwerb von Luxusgütern zu dienen

hatte, sondern in der die Warenbeschaffung zur Verbesserung des Lebensstandards und für den technischen Fortschritt unerläßlich war.
In der religiösen Theorie war die sumerische Stadt tatsächlich das Eigentum ihrer Hauptgottheit, der sie am Schöpfungstag anvertraut worden war. Die totale Identifikation von Gott und Stadt war ein Grundprinzip der sumerischen Gesellschaft. Der Tempel des Stadtgottes stellte das Wahrzeichen der Stadt dar. Häufig errichtete man auch kleinere Tempel oder Heiligtümer, die man der Gemahlin oder den Kindern der Obergottheit weihte. In den größeren Städten gab es schließlich in späterer Zeit eine ganze Anzahl von völlig unabhängigen religiösen Einrichtungen, die anderen Mitgliedern der Götterwelt zugeeignet waren. Die Tempel wiederum nannten großen Landbesitz ihr eigen; sie ließen riesige Güter durch Pächter bewirtschaften oder aber führten sie auch selbst unter Zuhilfenahme von abhängigen Arbeitskräften. Allerdings besaß der Tempel trotz der nominellen Identität von Gott und Stadt nur einen Teil des dem Stadtstaat gehörenden Bodens; das übrige Land war Eigentum des Palastes oder auch einzelner Bürger. Der russische Wissenschaftler J. M. Diakonoff hat in einer wichtigen Arbeit über frühe keilschriftliche Texte aus Tello (das antike Girsu im Königreich Lagasch) nachgewiesen, daß sich dort um 2500 der größte Anteil an Land in Privatbesitz befand, und daß die Schicht, die er den ›Adel‹ nennt, das heißt Mitglieder der Herrscherfamilie, Palastbeamte (Verwalter) und Priester, einen hohen Prozentsatz der Eigentümer stellte[16]. Auf diesen großen Privatgütern wurde die Arbeit von einer bestimmten Gruppe von ›Abhängigen‹ oder ›Untergebenen‹ geleistet, deren Status dem der vom Tempel Beschäftigten entsprach. Der Bürgerliche besaß ein bestimmtes Stück Land nur als Mitglied einer Familie und nicht als Einzelperson; das im Besitz einer großen Familie (oder ›Clans‹) befindliche ererbte Land konnte zwar übertragen und verkauft werden, doch wiederum nur von ganz bestimmten, ausgesuchten Mitgliedern einer solchen Familie. Aus einem der Keilschrifttexte geht auch hervor, daß der ärmeren Bevölkerung lediglich Gärten und Fischteiche gehörten.
Trotz der wichtigen Stellung, die der Tempel in der sumerischen Stadt einnahm, wird doch deutlich, daß schon in früher Zeit die politische Macht in den Händen der weltlichen Gestalt des ›Königs‹ lag. Die Titel, deren man sich bediente, um das Königsamt als solches auszuweisen, waren von Stadt zu Stadt verschieden, vielleicht jeweils entsprechend der besonderen Art und Weise, wie diese Institution sich entwickelte. Es gibt ferner einigen Grund zu der Annahme, daß die Siedlungsgemeinschaften im prähistorischen Sumer ursprünglich eine demokratische Grundstruktur besaßen – allerdings nicht im modernen Verständnis dieses viel mißbrauchten Begriffes. Thorkild Jacobsen hat aufgrund dieser Indizien als ein mögliches Denkmodell für die früheste Regierungsform der Stadtstaaten eine ›Zweikammer-Versammlung‹ der freien Bürger vorgeschlagen, mit einem Oberhaus der ›Ältesten‹ und einem Unterhaus der ›Männer‹[17]; diese Versammlung, die bei Bedarf zu Sitzungen einberufen worden wäre, hätte nach dem Prinzip allgemeiner Übereinstimmung bzw. Einigkeit gehandelt und auf Zeit einen Führer gewählt, um die eigenen Anliegen durchzusetzen. In dem Maße, in dem die Gesellschaft in ihrer Zusammensetzung eine kompli-

ziertere Struktur aufwies und auch Krisensituationen eine ernsthaftere Bedrohung darstellten, ist wohl auch, so nimmt man an, die Position des ›Führers auf Zeit‹ eine festere geworden, das heißt, er wird länger im Amt gewesen sein und mehr Machtbefugnisse erhalten haben. Einige Forscher möchten in diesem ›Führer‹ den Vorläufer des *lugal* sehen, was wörtlich übersetzt ›großer Mann‹ oder ›König‹ heißt. Über die wirkliche Existenz der Versammlung selbst gibt es keinen Zweifel. *Unken*, das sumerische Wort für Versammlung (wörtlich) ›Kreis des Volkes‹, erscheint bereits in den frühesten Texten in Uruk IV, und wir wissen auch aus den späteren Perioden, daß die Versammlung ein wirkungsvolles Organ der lokalen Verwaltung war, ja, daß sie noch im 2. Jahrtausend die Kompetenzen hatte, Briefe an den König zu richten, Gesetzesentscheidungen zu fällen, Grundeigentum zu verkaufen und in ihrer Gesamtheit auch die Ahndung für Raub oder Mord zu übernehmen, die innerhalb ihres juristischen Zuständigkeitsbereiches begangen worden waren.

Auch der Titel *en* ist in den frühesten Texten bezeugt. Er wird gewöhnlich als ›Herr‹ übersetzt. Der *en* scheint ursprünglich sowohl weltliche als auch geistliche Macht besessen zu haben, doch war die politische Seite seines Amtes offensichtlich von zweitrangiger Natur, und so wurde der *en* schon in frühester Zeit zu einer reinen priesterlichen Standesbezeichnung. Der Titel *lugal* und der Begriff *é-gal* (›Palast‹, wörtlich: ›großer Haushalt‹) kommen beide in archaischen Texten aus Ur vor, die in das frühe 3. Jahrtausend datiert werden können. Schließlich wurde der *lugal* zur mächtigsten Gestalt innerhalb des Stadtstaates, und obwohl er ursprünglich seine Kompetenzen durch Wahl erhalten haben mag, entwickelte sich schon bald ein dynastisches Nachfolgesystem. Gleichviel, ob sich in dieser Entwicklung der Ursprung seiner Stellung widerspiegelt oder nicht, die Rolle des Königs als Feldherr gewann in frühdynastischer Zeit zunehmend an Bedeutung und gegen Ende dieser Periode war es so, daß der König seine Truppen regelrecht in den Krieg führte. Freilich, diese Kriege waren häufig kaum mehr als kleinere Scharmützel, und ein stehendes Heer war unbekannt. Alsbald übernahm der *lugal* auch die Rolle des ›Richters‹ im Sinne der alttestamentlichen Überlieferung, als ›der, der das Unrechte recht macht‹, und schließlich auch die Funktionen des *en*, das heißt die Verantwortlichkeit für die Fruchtbarkeit und gute Ernten. An den König mit seiner Funktion als Feldherr und Richter wurden also rituelle Pflichten und Erwartungen herangetragen, die ihn zugleich zu einem Magier machten. Hieraus entwickelte sich die für das spätere mesopotamische Königtum so charakteristische Kombinationen von weltlichen und geistlichen Aufgaben. Als das Königsamt mit allen königlichen Privilegien schließlich erblich wurde, begann der Palast mit dem Stadttempel um Reichtum und Einfluß zu wetteifern.

Zusammen mit *en* und *lugal* erscheint noch der Titel *ensi* in den Texten der frühen Zeit. Dem *ensi* oder ›Haushofmeister‹ scheint ursprünglich die Sorge um das bewirtschaftete Land zugefallen zu sein, während er in späterer Zeit der Stadt-Regent ist. Mit Ausnahme einer kurzen Spanne unter den präsargonidischen Herrschern von Lagasch haben die frühen *ensis* offenbar nie unabhängig regiert; man findet sie daher auch nicht in den Königslisten. Es war Sargon von Akkad, der die akkadischen Statthalter bestimmte und sie als *ensis* in den Städten Sumers einsetzte. Später allerdings benutzte man den Begriff unterschiedslos sowohl für einen unabhängigen Herrscher als auch für den Statthalter einer Stadt, zumal wenn kein anderer Titel mit diesem Amt verbunden war[18].

Entsprechend der mesopotamischen Tradition, die sinnbildhaft in der sumerischen Königsliste dargestellt ist, stieg nach der Sintflut die Königswürde vom Himmel herab und wurde dann von einer Reihe von Städten für sich in Anspruch genommen; eine jede von ihnen kam an die ›Reihe‹ (*bala*, akkadisch: *palû*), war dann Sitz königlicher Macht und übte, nach stillschweigender Übereinkunft, in dieser Zeit auch die Vorherrschaft über das gesamte Land aus. Die unbestrittene Grundlage dieser Vorherrschaft war die Autorität Enlils, des obersten Gottes der Götterwelt, die von der Priesterschaft seines Tempels Ekur zu Nippur sorgsam gehütet wurde. Es gibt einige Anzeichen dafür, daß sich im frühen 3. Jahrtausend eine Liga von Städten zusammengefunden hatte, in der Ekur als oberstes Heiligtum von ganz Sumer galt[19], und die Überlieferung weist darauf hin, daß Nippur der Versammlungsort für die ›Wahl‹ des Oberherrschers war.

Die Vorstellung, die man vom Königtum hatte, kommt deutlicher in den mythologischen Texten zum Ausdruck. Diese berichten, daß der König seiner eigenen Stadt vom Gotte selbst, in einer Götterversammlung, vorgeschlagen wurde, die in Nippur zusammenkam. Geht man davon aus, daß für einen Sumerer Stadt und Gott ein und dasselbe, m. a. W. identisch waren, wird auch dieser sogenannte ›Rat der Götter‹ gleichbedeutend mit einer Versammlung der Städte bzw. der Vertreter der Städteliga.

11 Die Haupt-Offensiv-Waffe im frühdynastischen Mesopotamien war der Streitwagen; daneben zeigt die berühmte Geier-Stele des Königs Eannatum von Lagasch, heute im Louvre in Paris (rd. 2450 v. Chr.; Höhe des Feldes rd. 85 cm), eine Phalanx schwerbewaffneter Infanterie beim Angriff. Die Leichen des Gegners werden brutal mit den Füßen niedergetreten.

Die Hinweise auf die Existenz einer solchen ›amphiktyonischen Liga‹ sind freilich nur indirekt, und die betreffenden Texte verfolgen keine geschichtlichen Absichten; über die Sonderstellung der Stadt Nippur allerdings bestehen keine Zweifel. Weder war Nippur je unmittelbar in die mehr oder weniger unbedeutenden Zänkereien verwickelt, durch die die Beziehungen der anderen Städte Sumers charakterisiert sind, noch war die Stadt zu irgendeiner Zeit Titular-Hauptstadt einer Dynastie, selbst wenn möglicherweise im späten 3. Jahrtausend die Könige der 3. Dynastie hier Hof gehalten haben.
Hatte allerdings ein babylonischer König die Stadt Nippur in Besitz, so berechtigte ihn das dazu, gewisse Anreden und Titel für sich in Anspruch zu nehmen, die letztlich auch eine theoretische Vorherrschaft über das gesamte Sumer und Akkad begründeten. Nachdem Babylon zu seiner politischen Vormachtstellung aufgestiegen war, gelang es den ausgeklügelten und von Erfolg gekrönten Bemühungen seiner Priester, Enlil als oberste Gottheit im Götterhimmel durch ihren eigenen Stadtgott, das heißt Marduk, zu ersetzen und so die Autorität der früheren heiligen Stadt an sich zu reißen.
Es würde den Rahmen dieses Buches über die späteren semitischen Dynastien von Babylon sprengen, wollte man hier auf die Geschichte der sumerischen Stadtstaaten in der frühdynastischen Zeit näher eingehen.
Immerhin läßt sich zeigen, daß bereits in dieser Zeit semitische Einflüsse wirksam gewesen sind, und wir dürfen wohl annehmen, daß semitisch-sprechende Herrscher von Kisch in einer bestimmten Zeit das ganze Land regiert haben.
Im 3. Jahrtausend war der semitische Einfluß am stärksten im Norden; doch scheint auch der Gründer einer höchst erfolgreichen Dynastie im sumerischen Süden, nämlich in Lagasch, ein gewisser Urnansche, semitischer Abkunft gewesen zu sein, obwohl er einen sumerischen Namen trug[20]; ebenfalls aus dem Süden, aus Ur, stammt die früheste akkadische und damit semitische königliche Inschrift, die wir aus Babylonien kennen. Es handelt sich um eine Weihinschrift der Gattin eines Königs von Ur, mit Namen Meskiaganuna (2483–2448).
Daß die Stadt Kisch zu einer frühen Periode eine gewisse Vormachtstellung innehatte, nehmen wir aus folgenden Gründen an: Der Titel ›König von Kisch‹ war für spätere Herrscher sehr erstrebenswert, weil mit ihm der Anspruch auf Vorherrschaft im ganzen Lande verbunden war. So wissen wir, daß sowohl Enmebaragesi (2630–2600), der durch eine zeitgenössische Inschrift bezeugt ist und der in seinen Titeln sowohl den *en* als auch den Namen ›König von Kisch‹ führte, und auf gleiche Weise auch Mesilim (bzw. Mesalim, um 2550) große Teile Babyloniens beherrschten.
Der Name des letztgenannten ist vermutlich semitisch, aber weil die frühen Akkader die sumerische Schrift übernommen hatten, bleibt unklar, welche Sprache sie eigentlich sprachen. Nur in Mari am Westufer des Euphrat gibt es unwiderlegliche Zeugnisse für eine akkadisch-sprechende Dynastie, aber selbst hier ist die Kultur ausschließlich von der sumerischen Tradition geprägt.
Und für Babylonien wird erst mit dem Aufstieg Sargons (um 2330)

12 Bruchstück einer akkadischen Sieges-Stele, aus Alabaster, unweit Ur gefunden. Die Kriegsgefangenen, mit fremdartiger Frisur, sind mit den Ellenbogen hinter dem Rücken gefesselt und befinden sich im ›Halsstock‹. Bagdad, Iraq Museum; Höhe 21 cm.

zum ersten Male eine semitisch-sprechende Dynastie ausdrücklich belegt.

Der letzte aus der Reihe der frühdynastischen Könige war ein ehrgeiziger *ensi* von Umma mit Namen Lugalzaggesi (um 2340), dessen Vater bereits einen akkadischen Namen trug.

Lugalzaggesi erhob den Anspruch, sich alle fremden Länder untertan gemacht zu haben und in Frieden und Wohlstand über die Länder ›von der Unteren See, den Tigris und Euphrat entlang bis zur Oberen See‹ (das heißt vom Persischen Golf bis zum Mittelmeer) regiert zu haben. Sein ›Reich‹ hatte jedoch nicht lange Bestand und nach zwei Jahrzehnten erfolgreicher Herrschaft wurde er in der Schlacht besiegt, im Joch bis vor die Tore von Ekur in Nippur gebracht und mußte sich hier öffentlich schmähen lassen. Der ihn bezwang, war Sargon von Akkad.

2. Von Sargon bis Hammurabi

Man hat es oft als übertriebene Prahlerei abgetan, daß Lugalzaggesi den Anspruch erhob, nicht allein die Oberherrschaft über Sumer zu besitzen, sondern auch die Handelsstraßen vom Mittelmeer bis zum Persischen Golf zu kontrollieren. Durch die neueren archäologischen Entdeckungen allerdings sind diese seine Aussagen in zunehmendem Maße glaubwürdig geworden. Es ist seit langem bekannt, daß vor allem in zwei Städten möglicherweise sumerische Kaufleute gelebt haben, wenn man nicht von einem noch direkteren sumerischen Einfluß sprechen will: Gemeint ist die Stadt Assur am Oberlauf des Tigris, später die erste Hauptstadt des assyrischen Reiches, und eine große Stadt des späten 4. Jahrtausends im nordöstlichen Syrien, Tell Brak, mit einem verschwenderisch ausgestatteten Tempel, der denen des zeitgenössischen Sumer durchaus vergleichbar war. Jüngere Ausgrabungen in Tell Chuera, etwa 150 km westlich von Tell Brak, förderten ein Heiligtum des 3. Jahrtausends zutage, in dem sich Steinplastiken von Betern befanden, die im wesentlichen mit denen identisch sind, die man von den frühdynastischen Fundplätzen in Mesopotamien kennt. Die größte Überraschung brachte jedoch die Entdeckung der Stadt ›Habuba Kabira Süd‹, einer ausgedehnten und von einer Mauer umgebenen Stadt von über einem halben Kilometer Länge an der Biegung des Euphrat östlich von Aleppo[1]. Sowohl die hier gefundene Keramik (Abb. 13) als auch der Lehmziegeltypus, der beim Bau der Häuser verwandt wurde, sind von

13 Die jüngsten Ausgrabungen in Nordsyrien haben bisher unerwartete Zeugnisse für einen starken sumerischen Einfluß schon im 4. Jahrtausend zutage gefördert. Die abgebildete, in der ummauerten Stadt Habuba Kabira Süd gefundene Keramik und auch die Lehmziegel von dort lassen sich von entsprechenden Funden in Uruk in Sumer kaum unterscheiden. Die östlich von Aleppo am Euphrat gelegene Stadt war sehr wahrscheinlich eine sumerische Kolonie. Aleppo, Museum.

vergleichbaren Funden aus der Stadt Uruk des späten 4. Jahrtausends nicht zu unterscheiden. Weiter sind die hier ausgegrabenen Tonsiegel, die zur Kennzeichnung beweglichen Besitzes dienten, nicht nur mit den aus Uruk stammenden Beispielen dieser Gattung nahezu identisch, sondern auch mit solchen aus Susa, das weiter nach Osten im heutigen Chusistan liegt. Diese Stadt wiederum war Sitz einer nicht-sumerischen Dynastie, die über das damalige Land Elam herrschte. So läßt sich also Habuba Kabira Süd als eine sumerische Handelsniederlassung begreifen, von der aus die Euphratstraße nach Nordwesten zum Mittelmeer, zum ›Oberen Meer‹ hin kontrolliert wurde, wodurch auf den etwa 800 Jahre später erhobenen Anspruch Lugalzaggesis ein völlig neues Licht geworfen wird. Einen zeitgenössischen Beleg für enge Handelsbeziehungen, wenn nicht gar für regelrechte ›Kaufmannskolonien‹, mit Susa als Ausgangsbasis, erbrachten neuere Ausgrabungen in Godin Tepe bei Kermanschah im westlichen Iran und in Tepe Jahja, etwa tausend Kilometer südöstlich der Hauptstadt von Elam[2]. Auch für diesen so weit entfernten Platz sind Kontakte mit Uruk in Mesopotamien eindeutig bezeugt, und zwar durch Funde einer ganz bestimmten keramischen Ware, der sogenannten Dschemdet-Nasr-Ware, die in der damals bekannten Welt an vielen Orten auftaucht und als Exportbehälter einer besonders hochgeschätzten Handelsware gedient haben mag.

Lugalzaggesis Regierung (2340–2316) kennzeichnet das Ende der frühdynastischen Zeit; doch nur aus den letzten hundert Jahren dieser sicherlich sehr langen Periode finden sich Inschriften von historischem Aussagewert. Die wenigen erhaltenen Königstexte erlauben uns nur einen enttäuschend eingeengten, flüchtigen Ausblick auf Kämpfe um die Suprematie unter den Stadtstaaten und auf auswärtige Beziehungen, die auch durch die archäologische Forschung belegt sind. Die späteren mythologischen Berichte dagegen liefern zwar ein notwendigerweise weniger verläßliches, aber doch bei weitem lebendigeres Bild[3]. Aber obwohl die schriftliche Überlieferung mit dem Hinblick auf die sogenannte politische Geschichte unzureichend und höchst unbefriedigend bleibt, besitzen wir doch zahlreiche Texte mit Aufzeichnungen über wirtschaftliche Vorgänge, die uns schon etwas mehr über die alltäglichen Verhältnisse verraten. Besonders bedeutend sind bestimmte wirtschaftliche Reformen, die in Lagasch durchgeführt wurden. Ohne die Königsinschriften der Dynastie von Lagasch – der *ensis* (Statthalter, Gouverneure), die in der Königsliste geflissentlich übersehen werden – und ohne die Urkunden aus einem ihrer Tempel in Girsu wüßten wir in der Tat nur sehr wenig über das Leben im frühdynastischen Sumer. Zweifellos beruht die herausragende Bedeutung der nachfolgenden, von Sargon begründeten Dynastie zu einem großen Teil auf der sehr viel reicheren Auswahl an Schriftquellen, die für diese Zeit zur Verfügung standen und stehen, was nicht nur zu unserem heutigen besseren Verständnis jener weit zurückliegenden Zeiten beigetragen hat, sondern auch für die späteren babylonischen Geschichtsschreiber wichtig war, deren Einblick in die eigene Vergangenheit von solchen zufällig erhaltenen Texten bestimmt wurde.

Gewiß besteht kein Zweifel an der Bedeutung Sargons und seiner Nachfolger für die spätere Geschichte Mesopotamiens; nur scheinen

14 Zahlreiche Sieges-Stelen haben sich erhalten, lebendiges Zeugnis des akkadischen Imperialismus. Das abgebildete Fragment aus Diorit stammt aus Susa, wohin es wahrscheinlich im 12. Jahrhundert als Beutestück aus Babylon gelangt war. Dargestellt ist ein akkadischer Krieger, der nackte Gefangene eskortiert. Paris, Louvre; Höhe 46 cm.

uns die Veränderungen, die unter ihrer Oberherrschaft in der Ideologie und im praktisch-politischen Verhalten zu beobachten sind, ganz offensichtlich auch durch einen plötzlichen Sprachenwechsel akzentuiert worden zu sein. Zum ersten Mal wird jetzt auf den offiziellen Inschriften das Akkadische benutzt, eine Tatsache, die oft mit ungerechtfertigtem Nachdruck als Beweis für ethnische Veränderungen gedeutet worden ist. Wir konnten aber schon feststellen, daß das Akkadische mit an Sicherheit grenzender Wahrscheinlichkeit schon lange vor dieser Zeit überall in Akkad gesprochen wurde. Darum nehmen wir an, daß das Sumerische, obwohl als Gesetzessprache und für kultische Zwecke beibehalten, als gesprochene Sprache selbst im sumerischen Süden im Aussterben begriffen war. Einen ähnlichen Vorgang muß man wohl auch für die imperialen Bestrebungen annehmen, von denen oft behauptet worden ist, daß sie der neuen akkadischen Dynastie zuzuschreiben seien. Auch sie haben ihren Ursprung in den zwar weniger auffallenden und erfolgreichen, aber doch gleichermaßen aggressiven Bestrebungen sumerischer Herrscher vom Schlage eines Eannatum von Lagasch, der sich damit brüstete, sowohl Elam wie

Subar (übrigens die erste Erwähnung des ›Nordens‹[4]) besiegt zu haben oder auch eines Lugalzaggesis und ohne Zweifel anderer, von denen sich nur keine Inschriften erhalten haben.
Den sumerischen Königen hat man oft ein friedlicheres Verhalten zuschreiben wollen als ihren akkadischen Nachfolgern. Doch eine genaue Überprüfung der zur Verfügung stehenden Texte enthüllt das Gegenteil, vor allem im Hinblick auf die späteren Herrscher von Lagasch, aus deren Regierungszeiten längere Inschriften erhalten sind. Auch bei ihnen waren Raub und Gemetzel die gebräuchlichen Begleiterscheinungen ihrer Expansionsbestrebungen. Und ebenso zeigt auch die Schlachtenszene von der bekannten ›Standarte von Ur‹ nichts anderes als gefühllose Verachtung für die Gefallenen (Abb. 11) und grausame Behandlung der Gefangenen, wie man es vor allem von den Siegesfeiern der semitischen Könige her kennt (Abb. 14). Aus der mythischen Überlieferung von Sumer läßt sich allerdings entnehmen, daß man der Überlistung eines Gegners gegenüber seiner Vernichtung einen gewissen Vorzug gab, und wir sollten darum hier nicht auf den Hinweis verzichten, daß die offensichtlich erfolgreicheren sumerischen Könige wie zum Beispiel Lugalzaggesi und Eannatum möglicherweise semitischer Abkunft waren.
Lugalzaggesi nimmt für sich in Anspruch, »die Straßen sicher gemacht« zu haben, das heißt die Straßen vom Mittelmeer bis zum Persischen Golf, und die archäologischen Funde lassen keinen Zweifel darüber aufkommen, daß derartige Zielvorstellungen die sumerischen Städte schon in ihrer Frühzeit erheblich beschäftigt haben müssen. Für die neue, von Sargon begründete Dynastie ist die Quellenlage sehr viel klarer, und die Bemühungen um politische Macht gegenüber mehr wirtschaftlichen Interessen werden deutlich voneinander abgesetzt. Wir haben das Glück, daß Sargon und seine Nachfolger ihre Siege im Enliltempel von Nippur verewigten, wie das auch schon sumerischer Brauch gewesen war. Die Originalstatuen und -stelen hat man nicht gefunden, doch irgendein unbekannter Schreiber hat die Inschriften mit einer Genauigkeit kopiert, die einem modernen Wissenschaftler zur Ehre gereicht hätte, er hat dabei sogar vermerkt, ob sich die Inschriften auf der Statue selbst oder auf der Basis befanden. Einige dieser Kopien sind erhalten geblieben. Auf ihnen beruht zu einem großen Teil unser Wissen über die Geschichte dieser Periode.

Sargon von Akkad und seine Nachfolger

Sargon kann nicht als ›wahrer (legitimer) König‹ geboren worden sein, – seinen echten Namen kennen wir nicht, und soweit wir wissen, könnte er auch einen sumerischen Namen getragen haben. Seine Vorfahren sind ein Geheimnis und bleiben für uns im Dunst der Sage, mit dem spätere Generationen seinen Namen umgeben haben. Es ist wohl möglich, daß er ein illegitimer Sohn einer Priesterin aus Kisch war; einer späteren Legende zufolge hat er als erster jenes später ›klassische‹ Schicksal durchlebt, als Säugling in einen Korb gelegt und auf einem Fluß ausgesetzt worden zu sein. Eine weitere Überlieferung weiß zu berichten, daß er von dem Wasserträger, der ihn fand, als Sohn

15 Der für die akkadische Kunst charakteristische Realismus ist am großartigsten in dem gegossenen Bronze-Kopf verwirklicht, der oft als Porträt des Naram-Sin oder des Sargon bezeichnet worden ist. Das bereits im Altertum absichtlich beschädigte Meisterwerk ist in Ninive gefunden worden. Bagdad, Iraq Museum; Höhe 36 cm.

aufgezogen wurde, später dann in den Dienst Urzababas von Kisch trat und dort schnell zum Rang eines Wesirs aufstieg. Kisch beanspruchte in dieser Zeit theoretisch die Vorherrschaft in Sumer, obwohl es in Lugalzaggesi von Umma einen mächtigen Rivalen besaß.
Um das Jahr 2334 scheint sich Sargon dann in einer Palastrevolution des Thrones bemächtigt zu haben. Obwohl er sich den begehrten Titel ›König von Kisch‹ zulegte, bleibt es zweifelhaft, ob er in dieser Stadt auch residierte, denn in der Königsliste für Kisch werden nach Urzababa zumindest noch fünf weitere ›Könige‹ genannt. Es ist unbekannt, wann Sargon seine neue Hauptstadt Akkad gegründet hat, aber es war jedenfalls diese Stadt, die seiner Dynastie, der Sprache, die er sprach, und dem Land, in dem er lebte, den Namen geben sollte. Wo genau Akkad lag, wissen wir ebensowenig, aber sicherlich muß man es in der Nähe von Kisch oder Babylon suchen. Ja, es ist sogar sehr wohl möglich, daß Akkad irgendwo innerhalb des Weichbildes der späteren Stadt Babylon selbst gelegen hat.
Wir hören von vielen angeblichen Eroberungen und Erfolgen Sargons, eine genaue Abfolge der Ereignisse während seiner langen, 56 Jahre währenden Regierungszeit läßt sich jedoch nicht mit Sicherheit rekonstruieren. Die Schriftquellen berichten von der Niederwerfung seines Gegners Lugalzaggesi. Von »34 Schlachten« ist die Rede, durch die der siegreiche Sargon nicht nur die Kontrolle über Akkad gewann, sondern auch über ganz Sumer bis zum ›Unteren Meer‹, in dem er in einem feierlichen Siegesritual »seine Waffen wusch«. Irgendwann, vielleicht schon am Anfang seiner Herrschaft, wandte er sich offenbar nach Nordwesten, eroberte Tuttul (das heutige Hit), Mari, Jarmuti und Ebla (heute Tell Mardikh, südlich von Aleppo) »bis zum Zedernwald und zu den Silberbergen (Antitaurus? und Taurus)«. Die ausdrückliche Nennung von Zedern und Silber enthüllt klar die Gründe für diese weitreichende Expedition. Eine spätere Legende fügt noch weitere Siege hinzu und läßt ihn sogar bis weit über das Meer nach Anaku gelangen, das ›Zinn-Land‹ (die Lage ist ungewiß), und nach Kaptara, das Kaphtor bzw. Kreta des Alten Testamentes. Auf einer Keilschrift-Tafel, die in Ägypten zusammen mit den sogenannten Amarna-Briefen (vgl. unten Kapitel 4) gefunden wurde, hat sich ein Gedicht mit dem Titel ›Der König der Schlacht‹ erhalten: Darin wird die Geschichte von (akkadischen?) Kaufleuten erzählt, die in der anatolischen Stadt Puruschkanda, wahrscheinlich irgendwo südlich des Tuz Gölü, des großen Salzsees, ansässig waren und sich an Sargon mit der Bitte wandten, er möge sich in einem nicht näher bezeichneten lokalen Zwist für sie einsetzen. Zum Lohn wurden dem akkadischen König reichliche Versprechungen gemacht; jedenfalls soll er unter großen Schwierigkeiten nach Puruschkanda gezogen sein, wo offenbar schon allein sein Auftreten die Beschwerden der Kaufleute gegenstandslos werden ließ. Auch ein hethitischer Text aus dem 17. Jahrhundert v. Chr. erwähnt Sargon im Zusammenhang mit Kleinasien[5]; gleichwohl gibt es eine ganze Anzahl von Gründen, unter anderem das Fehlen zeitgenössischer Parallelüberlieferungen sowie der Umstand, daß über seinen Enkel Naram-Sin ähnliche Geschichten im Umlauf waren, weswegen der Erzählung vom ›König der Schlacht‹ wenig Glauben geschenkt wurde. Immerhin, in einem neuen, bis jetzt unveröffentlichten Archiv aus dem jüngst

16 Das abgebildete Tontäfelchen im British Museum (Höhe 12,2 cm) trägt die einzige erhaltene babylonische Weltkarte, als Illustration eines etwas verworrenen mythologischen Traktats. Dargestellt sind außerhalb des großen Kreises des ›Salzmeeres‹ das Land, »wo man die Sonne nicht sieht«, innerhalb des Kreises der von oben nach unten fließende Euphrat, Babylon als querliegendes Rechteck, die Berge an seiner Quelle und im Süden, sowie das Land Bit-Yakin und die Marschlande an seiner Mündung.

entdeckten, mit der Dynastie von Akkad zeitgleichen Königreich von Ebla (Tell Mardikh) sollen sich Hinweise auf Handelskolonien aus dieser Zeit in Anatolien gefunden haben[6]. So scheint es durchaus berechtigt, daß man Sargon den Beinamen ›der Große‹ zugesprochen hat. Und in der Tat schlugen seine Heldentaten die Vorstellungskraft der Babylonier so sehr in ihren Bann, daß es heute schwierig ist, den wahren, historischen Sargon von der Sagengestalt zu unterscheiden: Noch 1700 Jahre später spiegeln sich seine Erfolge und Eroberungen auf der einzigen bekannten babylonischen ›Weltkarte‹ (Abb. 16).
Den Königen von Akkad werden viele Erfindungen auf dem Gebiet der Verwaltung zugeschrieben (vgl. unten). Gleichwohl sahen sie sich bei der Ausübung ihrer Herrschaft über das ausgedehnte Reich vor große Schwierigkeiten gestellt. Schon unter der Regierung Sargons kam es sogar in den Städten Babyloniens zu offenbar nichtendenwollenden Rebellionen. Die ›Sargon-Chronik‹ weiß zu berichten, daß »in seinen alten Tagen all die Länder sich gegen ihn erhoben und ihn in Akkad belagerten«. Sargon nimmt für sich in Anspruch, den Aufstand niedergeschlagen zu haben, doch fand sein Sohn (?) Rimusch (2278–2270) das

Reich bei der Thronbesteigung aufs neue von Aufruhr und Empörung erschüttert vor. Trotzdem muß es ihm gelungen sein, in weiten Teilen des sargonischen Reiches die Vorherrschaft wieder aufzurichten. Wie sein Vater sagt er von sich, daß er das gesamte Land vom Oberen bis zum Unteren Meer zusammen mit allen Gebirgen »für Enlil« fest in der Hand gehalten habe. So jedenfalls heißt es in der Inschrift auf einer Gefäßscherbe, die seinen Namen nennt und in Tell Brak im nordöstlichen Syrien gefunden wurde. Rimusch selbst fand bei einer Verschwörung im eigenen Haus den Tod. Er wurde von einigen seiner Höflinge ermordet, möglicherweise mit Unterstützung seines ›älteren‹ Bruders Manischtuschu, der ihm auf dem Thron folgte und dessen Name die Bedeutung hat: ›Wer ist mit ihm?‹, vielleicht ein Hinweis darauf, daß die beiden Brüder Zwillinge waren.

Das Fragment einer Inschrift Manischtuschus, deren Ergänzung leider zweifelhaft bleibt, läßt vermuten, daß er »das Untere Meer in Schiffen überquerte« und dann eine Liga von 32 Königen schlug, die sich gegen ihn verbündet hatten. Er nahm ihr Land in Besitz bis »hinauf zu den Silberminen«, und brachte »schwarzen Stein« aus den Bergen jenseits des Meeres zu Schiff direkt bis zu den Kais von Akkad; höchstwahrscheinlich handelt es sich dabei um den schön gekörnten Diorit, aus dem seine Statuen bestehen, die uns erhalten sind und die in ihrem Naturalismus in starkem Gegensatz stehen zum stilisierenden Kunststil der frühdynastischen Zeit. Manischtuschu herrschte auch über Assyrien, – das geht aus einer Weihinschrift hervor, die man ihm in Assur widmete. Aus einem sehr viel späteren Text des Schamschi-Adad (1813–1781) läßt sich entnehmen, daß dieser bei den Wiederherstellungsarbeiten am Ischtartempel zu Ninive eine Anzahl von Statuen und Stelen fand, aus denen hervorging, daß die akkadischen Könige diesen Tempel begründet hatten.

Es hat den Anschein, daß auch Manischtuschu einer Palastrevolution zum Opfer fiel. Ihm folgte sein Sohn Naram-Sin bzw., genauer, Naram-Suen (2254–2218), der sich seines großen Vorfahren wahrhaft würdig erwies und dessen Reich wahrscheinlich noch größer war als das seines Großvaters Sargon. Naram-Sin rühmt sich, Arman (vielleicht Aleppo) und Ebla erobert zu haben, die »seit Beginn der Menschheit kein König jemals zu zerstören vermocht hatte«. Die jüngsten Ausgrabungen in Tell Mardikh haben wahrscheinlich eine Bestätigung für diesen Triumph erbracht. Hier entdeckten die italienischen Ausgräber die aus den Texten überlieferte Stadt Ebla, die im späten 3. Jahrtausend Mittelpunkt eines größeren semitischen Königreiches war und um die Zeit des Naram-Sin zerstört wurde. Dieser bedeutende König von Akkad rühmte sich auch, »über einen Weg, den nie zuvor ein König nahm«, einen Vorstoß nach Talhatum in Anatolien unternommen zu haben, wo später kappadokische Kaufleute ihren Geschäften nachgingen. Tatsächlich hat sich in der Nähe des heutigen Diyarbakir eine Stele mit dem Bild dieses Königs gefunden, wodurch hinlänglich bewiesen ist, daß er auch in der südlichen Türkei seine Aktivitäten entfaltete.

Der herrliche lebensgroße, in Bronze gegossene Kopf aus Ninive (Abb. 15) ist oft als Porträt eben dieses Königs gedeutet worden; erst in jüngerer Zeit hat man hoch im Norden des Irak, nicht weit von Dohuk, den unteren Teil einer großen unbekleideten Figur mit der Basisplatte gefunden (Abb. 17), die tatsächlich seine Widmung trägt. Diese Werke sind nicht anders als die Statuen des Manischtuschu und eine Anzahl nicht genauer datierter Stelen aus dieser Zeit, durch einen Realismus gekennzeichnet, wie er für die altorientalische Kunst bis dahin beispiellos ist. Ja, trüge die Statue aus Dohuk nicht den Namen Naram-Sin, so würde man sie leicht mit einem Werk des klassischen Griechenland verwechseln. In krassem Gegensatz hierzu stehen die Kunstwerke, die der Zeit Sargons zugeschrieben werden können, der hier wie auch in seinen politischen Bestrebungen noch ganz in der Tradition seiner frühdynastischen Vorgänger stand[7]. Auch die bekannte Siegesstele (Abb. 24) kennzeichnet die abrupte Abkehr von der Formensprache der frühdynastischen Zeit und spiegelt deutlich ein neues Verständnis der Königswürde wider, das sich in der akkadischen Zeit entwickelte. Ursprünglich wurde dieses Denkmal in der babylonischen Stadt Sippar errichtet, zum Andenken an den Sieg über die Lullubi, ein iranisches Grenzvolk. Gefunden wurde es bei archäologischen Ausgrabungen in Susa, wohin es als Kriegsbeute von einem späteren elamischen König, dessen Inschrift auf der Spitze des Berges deutlich zu erkennen ist, verschleppt worden war.

Die Herrschaft Naram-Sins über den Norden wird auch durch die Ausgrabungen in Tell Brak bestätigt. Hier wurde ein stark befestigtes Verwaltungsgebäude aus der Akkad-Zeit freigelegt. Sowohl hier als auch im elamischen Susa pflegte man bei der Errichtung der Häuser Ziegel zu verwenden, die mit dem Namen dieses akkadischen Königs gestempelt waren. So stark war das akkadische Übergewicht in Susa, daß sogar Dokumente, die sich auf das örtliche Recht oder auf die

17 Diese hervorragend gearbeitete, außer einem Gürtel nackte Figur wurde in jüngster Zeit in Dohuk im nördlichen Irak gefunden. Es handelt sich um einen Kupfer-Hohlguß, der technisch sehr viel schwieriger herzustellen war als ein Bronzeguß (Gewicht 160 kg). Der Weihende ist Naram-Sin, der sich in der Inschrift auf der Standplatte (Plinthe) als ›König der vier Quadranten der Welt‹ bezeichnet. Die Gestalt erinnert an den von mesopotamischen Siegeln bekannten bärtigen Heros (vgl. Abb. 20). Bagdad, Iraq Museum; Durchmesser der Plinthe 67 cm.

18 Dieser Siegelabdruck zeigt rechts einen Beter, der, von einem Gott geführt, einem anderen Gott eine Ziege als Opfergabe bringt. Dieser andere Gott steht auf dem Rücken eines Drachen und schwingt ein Zepter. Die akkadische Inschrift besagt, daß das Siegel für das Wohlergehen des Stifters durch dessen Sohn geweiht worden war. Zylindersiegel aus buntem Marmor. London, British Museum; Höhe 4,1 cm.

örtliche Verwaltung beziehen, in akkadisch geschrieben wurden und nicht in der heimischen Landessprache, dem Elamischen. Die weite Verbreitung der akkadischen Sprache wird auch durch Texte aus Gasur (das spätere Nuzi) nahe dem heutigen Kirkuk deutlich, und sogar ein Hurriterkönig von Urkisch im nördlichen Mesopotamien bediente sich ihrer[8]. Lediglich im weit entlegenen Ebla, im nordwestlichen Syrien, gibt es Anhaltspunkte für die Benutzung eines anderen semitischen Dialektes in dieser Zeit; aber auch hier spiegeln die Tontafeln mesopotamischen Einfluß wider, wenngleich aus einer früheren Zeit, da sie auch sumerische Zeichen enthalten. Der Untergang Naram-Sins, Akkads und des ganzen Sumer ist von der späteren Überlieferung dem Einfall der Gutäer, feindlicher Horden vom Zagros-Gebirge, zugeschrieben worden. In den zeitgenössischen Texten wird dieses Bergvolk bis zur Regierungszeit des Scharkalischarri (2217–2193) nirgendwo erwähnt. Er war der Sohn von Naram-Sin, der 24 Jahre lang regierte und anscheinend zumindest über Sumer eine Art von Oberherrschaft aufrechterhalten hat. Von Scharkalischarri ist eine Anzahl von Jahresnamen erhalten; in ihnen finden wir die erste Erwähnung sowohl von Babylon als auch eines westsemitischen Volkes, der Amurru bzw. der Amoriter, die später im Königreich Babylon noch eine wichtige Rolle spielen sollten und die Scharkalischarri am ›Berge von Basor‹ (Dschebel Beschre) im nördlichen Syrien besiegte.

Scharkalischarri scheint ein ähnlich gewaltsames Ende genommen zu haben wie die Söhne des Sargon, allerdings offenbar aus Anlaß eines folgenreicheren Aufstandes. Es folgte eine Periode der Anarchie, die in der Königsliste sehr treffend mit den Worten beschrieben wird: »Wer war König? Wer war nicht König?«. Die beiden letzten Könige von Akkad waren ganz unbedeutende Gestalten, deren Herrschaftsbereich wohl auch kaum über die Grenzen der eigenen Stadt hinausgegangen sein dürfte, obschon der letzte von ihnen, Schudurul, vielleicht noch ein Gebiet etwas weiter östlich, am Diyala-Fluß unter Kontrolle gehabt hat. Zur gleichen Zeit läßt sich auch eine gutäische Dynastie nachweisen. Sie hat vielleicht etwa 100 Jahre Bestand gehabt (um 2220–2120). Das Ausmaß ihrer Herrschaftsgewalt bleibt allerdings im unklaren. Es hat den Anschein, daß die Gutäer am Ende für kurze Zeit ihren Herrschaftsbereich im Süden bis nach Umma ausdehnen konnten, ja vielleicht sogar bis nach Ur[9], aber sowohl für Uruk als auch für Lagasch sind für diese Periode unabhängige Dynastien bezeugt. Die archäologischen Zeugnisse für die Herrschaft der Gutäer sind außerordentlich

19 Auf akkadischen Siegeln ist der Sonnengott Schamasch eine der am häufigsten dargestellten mythologischen Gestalten. Hier wird er aufsteigend zwischen zwei Bergen gezeigt, ausgewiesen durch die ihm eigene Säge und die von seiner Schulter ausgehenden Strahlen. Rechts kann man den Wassergott Ea erkennen und zwar an den Strömen voller Fische, die von seinen Schultern fließen. Es handelt sich hier um den Abdruck eines Siegels aus grünem Kieselschiefer oder Serpentin. London, British Museum; Höhe 3,8 cm.

spärlich; immerhin sei in diesem Zusammenhang hervorgehoben, daß auch sie sich offenbar ebenso wie alle anderen Eindringlinge in Mesopotamien ihrer Umgebung angepaßt haben. Dies gilt sogar für die Pflege der lokalen Kulte.

Noch eine andere Sprachgruppe tritt in dieser Zeit in Erscheinung, die Hurriter, deren Königreich in der Gegend von Mardin lag und sich vielleicht auch noch weiter nach Osten erstreckte. Der Volksstamm der Hurriter sprach eine agglutinierende Sprache, die in keinerlei Beziehung zum Sumerischen stand. Sie sollten im 2. Jahrtausend v. Chr. noch einmal eine gewichtige Rolle im nördlichen Mesopotamien spielen.

Obwohl die spätere Überlieferung den Untergang von Akkad einzig und allein den Gutäern zuschrieb, die bei ihrem Einfall praktisch alles dem Erdboden gleichgemacht hätten, so zeigt doch die neuere Forschung, daß schwerwiegende Konflikte und folgenreiche Auseinandersetzungen im Inneren den Niedergang der Dynastie der Sargoniden mit ausgelöst, wenn nicht gar entschieden haben. Die Fremdvölker der Elamer, Hurriter und selbst der Lullubi, die nach einer späten und sehr verwirrend überlieferten Legende Naram-Sin in arge Bedrängnis gebracht haben, haben wohl nur zur allgemeinen Zerrüttung des Landes beigetragen, die sich schon in der Zeit der letzten Könige von Akkad deutlich abzuzeichnen begann.

20 Kampfszenen zwischen ›Helden‹ und wilden Tieren sind im Darstellungsrepertoire der mesopotamischen Siegel wohlbekannt. Der nackte bärtige Held und der Stiermensch sind die beliebtesten Protagonisten in der akkadischen Periode. Der Abdruck stammt von einem Hämatit-Zylindersiegel, das in Tell Asmar gefunden wurde. Bagdad, Iraq Museum; Höhe 3,5 cm.

Das akkadische Imperium und seine Verwaltung

Die Leistungen der Akkader waren, welchen Maßstab man auch anlegen mag, in jeder Hinsicht erstaunlich. Dennoch konnten sie lange Zeit die Randgebiete ihres Imperiums, ja noch nicht einmal die Städte Sumers unter Kontrolle halten. In dieser Hinsicht waren sie also vermutlich weder mehr noch weniger erfolgreich als ihre Vorgänger in der frühdynastischen Zeit. Größere Detailkenntnisse besitzen wir aber eben nur über die Akkader, über ihre politischen Eroberungen und über ihre Versuche, die auf solche Weise abhängig gemachten Territorien zu regieren. Die wirtschaftliche Triebfeder, die hinter der Gründung dieses frühen Imperiums stand, ist schon ausdrücklich genannt worden. Natürlich läßt sich durch Plünderung und durch das Eintreiben drückender Tribute weit mehr Gewinn erzielen als durch ehrbaren Handel, der ja aus gegenseitigem Geben und Nehmen besteht. Auch ein Handelsmonopol allerdings bringt Gewinn, und die Inschriften der akkadischen Könige lassen deutlich erkennen, daß man all diese Pfade beschritten hat, um zu größerem Wohlstand zu gelangen. Ausgedehnte Handelsbeziehungen mit freiem Zugang zu den natürlichen Rohstoffquellen für die Repräsentanten Akkads und erzwungene Tributzahlungen verhalfen der neuen Hauptstadt zu Reichtum und Glanz. Aus Kleinasien zogen Kaufmannskarawanen heran, Schiffe aus Magan und Melukka (aus dem südöstlichen Arabien und von der Makran-Küste, vielleicht sogar bis zum Indus-Tal) gingen an ihren Kais vor Anker; »5400 Menschen aßen täglich ihr Brot vor dem König (Sargon)« – der Palasthaushalt dieses Königs war von eindrucksvoller Größe. Wenn Sargon sich rühmte, mit dem Indus-Tal Handel zu treiben, so war dies keine eitle Prahlerei. Das geht aus Funden hervor, die man in den akkadischen Häusern von Tell Asmar gemacht hat: ein Siegel vom Indus-Typ, zusammen mit Keramik, geätzten Karneolperlen und beinernen Einlegearbeiten vom Harappa-Typ[10].

Um die Herrschaft über dieses Wirtschafts-Imperium aufrechtzuerhalten, wurden ›Bürger von Akkad‹ – und unter ihnen auch Mitglieder der königlichen Familie – als Statthalter ›vom Unteren Meer bis zum Oberen Meer‹ eingesetzt; auf der anderen Seite besteht kein Zweifel daran, daß viele der unterworfenen Städte von ihren einheimischen Herrschern regiert wurden, die dann freilich den Repräsentanten des Königs verantwortlich waren. Eine der Neuerungen Sargons war die Gründung des Amtes der Hohenpriesterin für den Mondgott von Ur, als eine königliche Sinekure. Offensichtlich geschah das aus der wohlerwogenen Überlegung heraus, sich auf diese Weise der Loyalität der alten und einstmals mächtigen sumerischen Zentren gegenüber der akkadischen Regierung zu versichern. Soviel wir wissen, war Sargons Tochter Enheduanna die erste, die dieses herausragende Amt innehatte. Für die nächsten 500 Jahre, bis zum Regierungsende Rim-Sins von Larsa blieb die Besetzung dieses Postens ein königliches Vorrecht, das auch von den einander ablösenden Dynastien wahrgenommen wurde und sich sogar in Perioden offener Streitigkeiten als ein einigendes Band erweisen sollte. Ebenso wie Enheduanna die erste in der Reihe der Oberpriesterinnen war, blieb sie innerhalb der langen Reihe ihrer Nachfolgerinnen offenbar auch die bedeutendste. Es gibt eine Reihe

21, 22 Diese sehr realistisch ausgeführten, kleinen Köpfchen aus Stein sind ein Charakteristikum der akkadischen Kunst. Das größere der beiden stammt aus Adab und besteht aus Alabaster mit eingelegten Elfenbein-Augäpfeln (Höhe 9,5 cm). Das kleine Kalkstein-Köpfchen wurde in einem akkadischen Haus in Tell Asmar gefunden (Höhe 4 cm). Chicago, Oriental Institute.

23 Darstellung der Tochter Sargons, Enheduanna, beim Spenden eines Trankopfers vor einem Stufenaltar. Diese, inzwischen restaurierte, Kalksteintafel fand Sir Leonard Woolley in Ur, wo Enheduanna das Amt der Hohenpriesterin des Mondgottes innehatte. Philadelphia, University Museum; Durchmesser 26 cm.

von Hymnen, die sie selbst gedichtet haben soll, und zwar in ausgezeichnetem Sumerisch! So ist sie die älteste bekannte literarische Persönlichkeit der Geschichte: Auch ihr Porträt ist uns erhalten[11].
In dieselbe Zeit fällt noch ein weiterer Fortschritt in der Verwaltung: eine Neuordnung der Methode zur Datierung der keilschriftlichen Texte. Die älteren Systeme benutzten zur Festlegung des Datums die Namen örtlicher Beamter (sogenannte Eponymen bzw. Jahresbeamte). So kennen wir es von Schuruppak (Fara) und später auch aus Assyrien. Ein zweites System der Datierung richtete sich nach den ›Königsjahren‹. Diese Methode ist in Lagasch in frühdynastischer Zeit belegt, erlebte im 2. Jahrtausend in Babylon unter den Kassiten eine Wiederbelebung und blieb dann bis zur Einführung des seleukidischen Kalenders gültig. Unter Sargon aber wurde ein anderes System entwickelt, das mit ›Jahresnamen‹ arbeitete, wobei ein jedes Jahr nach einem besonderen Ereignis des voraufgehenden benannt wurde. Die Ursprünge dieser Methode bleiben im dunkeln. Aus der älteren Zeit sind lediglich zwei Jahresnamen überliefert, und zwar aus der Regierung des Enschakuschana (2432–2403) und aus der des Lugalzaggesi[12]. Ausbau

und Verbreitung dieses Systems erfolgten unter den akkadischen Königen. So liefern die aus späteren Perioden erhaltenen Listen von Jahresnamen nicht nur eine Rechentabelle, die genaue Datierungen zuläßt, sondern sie belegen auch Ereignisse, die sonst vielfach unerwähnt geblieben wären. Leider fehlen uns für die Dynastie von Akkad solche oder ähnliche Kompendien, so daß wir die auf ihren ausführlichen Weihinschriften erwähnten Ereignisse zeitlich nicht genau einordnen können. Tatsächlich sind auch nur einige wenige Jahresnamen aus der Dynastie der Akkader bekannt, und nur die aus der Zeit Scharkalischarris überlieferten Namen beziehen sich auf entsprechende historische Ereignisse.

Die vielleicht am weitesten reichende Neuerung vollzog sich im Bereich der Herrschaftsideologie, für die die Könige von Akkad eine völlig neue Konzeption entwickelten: zum ersten Male haben wir hier Vorläufer des orientalischen Monarchentyps vor uns. Sargons Titel waren noch vergleichsweise bescheiden und bedeuteten wenig mehr als die von den letzten Königen der frühdynastischen Zeit benutzten Namen. Aber unter Naram-Sin geschah ein so plötzlicher und grundlegender Wandel im Selbstverständnis des Herrschers, daß dieses sich auf die Dauer doch als unannehmbar erweisen mußte. Zu einem bestimmten Zeitpunkt während seiner Regierung nahm Naram-Sin nämlich Beinamen an, die bis dahin ausschließliches Vorrecht der Götter gewesen waren. Auf seinen eigenen Inschriften ist nun seinem Namen das Bestimmungswort für ›Göttlichkeit‹ vorangestellt, d. h. das Keilschriftzeichen für ›Gott‹, das normalerweise vor den Namen eines Gottes gesetzt wird. In den Texten, die ihm geweiht wurden, ist die Sprache noch weniger zurückhaltend: Seine ›Diener‹ reden ihn nicht nur als ›göttlich‹ an, sondern als ›Gott von Akkad‹ in der vollen Wortbedeutung. Auf seiner berühmten Stele (Abb. 24) ist Naram-Sin mit einem Helm dargestellt, der von zwei Hörnern verziert ist. Solche ›Hörner der Göttlichkeit‹ waren an und für sich alleiniges Vorrecht der Götter. Während jedoch der göttliche Anspruch sich auf eine vielfach gestaffelte Zahl von Hörnern bezog (Abb. 25), unterstreicht die Tatsache, daß Naram-Sin nur ein Paar von Hörnern trägt, mit Nachdruck seine untergeordnete Stellung im akkadischen Pantheon; nach unserer Kenntnis der Ikonographie späterer Perioden kennzeichnet denn auch ein einziges Hörnerpaar einen niederen Rang in der Götterwelt, zum Beispiel den eines Gefolgsmannes der Götter. Außerdem ist Naram-Sins Platz auf seiner Siegesstele eindeutig unterhalb, und damit untergeordnet gegenüber den Strahlenscheiben, die den Sonnengott Utu symbolisieren, in dessen Stadt, Sippar, die Stele ursprünglich ihren Standort hatte.

Die Göttlichkeit von Königen scheint undenkbar zu sein im Rahmen eines religiös-ethischen Wertgefüges, innerhalb dessen der Herrscher nicht mehr für sich in Anspruch nahm als das Vorrecht, den Stadtgöttern als Statthalter zu dienen.

Für gewöhnlich wird der von Naram-Sin herbeigeführte so außerordentliche Wandel in der Herrschaftsideologie als wohlerwogener Versuch gedeutet, eine gemeinsame ideelle Aufgabe für die unterschiedlichen geistigen Strömungen in seinem Reich zu schaffen, in dem darüber hinaus auch die alten Traditionen der jeweils an die Stadt gebundenen Untertanentreue weiterhin Bestand hatten. Und tatsäch-

←*24* Siegesstele des Naram-Sin, auf der dessen siegreiche Soldaten den Feind mit Füßen treten. Von der ursprünglichen Inschrift sind lediglich Spuren erhalten, doch läßt sich auf der Bergspitze eine zweite Inschrift erkennen, nämlich die des Schutruk-Nahhunte, der über 1000 Jahre später diese berühmte Stele aus Sippar in seine Hauptstadt Susa, in Elam, verschleppte (um 1159). Paris, Louvre; Sandstein; Höhe 2 m.

25 Die Krone der Göttlichkeit, bestehend aus einem dreifachen Hörnerpaar, ziert das Haupt dieses Gottes aus Tello, um 2000. Paris, Louvre; gebrannter Ton; Höhe 10 cm.

lich scheint der ›göttliche‹ Naram-Sin als eine Art Vorsitzender oder anführender nationaler ›Genius‹ Eingang in das allgemeine Bewußtsein gefunden zu haben.

Die göttliche Form des Namens wurde zwar von Scharkalischarri und den späteren Königen von Ur und Isin weitergeführt, doch hat sich trotz der sicheren Anzeichen eines ausgedehnten Herrscherkultes das Prinzip des göttlichen Königtums in Mesopotamien nie überzeugend durchsetzen können. Und gewiß war der vergöttlichte König in Mesopotamien auch nicht im geringsten mit dem göttlichen und absolutistischen Pharao von Ägypten zu vergleichen; denn sogar göttliche mesopotamische Könige blieben mit ihren Untertanen allezeit abhängig vom Willen der Götter, wofür die oft vorgenommene Eingeweideschau spricht, mit deren Hilfe man sich Gewißheit über den Willen der Götter zu verschaffen suchte. E. A. Speiser meinte dazu: »Von einem Mensch gewordenen Gott erwartet man normalerweise nicht, daß er sich nach der Leber eines Schafes richtet!«[13]

Der Untergang von Akkad

Die schriftliche Überlieferung, die später Sargon und Naram-Sin besonders zugetan war, sah sie nicht allein als zwei der strahlendsten Figuren der alten Welt an, sondern auch als Herrscher, deren unglückliche letzte Jahre irgendwie das Stigma des Verhängnisses trugen. Insbesondere erinnerte man sich Naram-Sins als des unglückseligen Königs, der für den Untergang von Akkad verantwortlich war. Ein späteres Gedicht, der modernen Wissenschaft unter dem Titel ›Der Fluch von Akkad‹ bekannt, klagt Naram-Sin an, er habe Nippur geplündert, das Heiligtum von Ekur, das Enlil gehörte, entweiht und seine Schiffe am Tempel festgemacht, um sie mit der Kriegsbeute zu beladen, die dann nach Akkad verbracht wurde. Nach dieser Geschichte wandte sich der Gott Enlil, empört über diesen Frevel, racheheischend an die Gutäer. In einer späteren babylonischen Version dieser sicher sehr apokryphen Erzählung (wir wissen nämlich auf der anderen Seite aus zeitgenössischen Inschriften, daß Naram-Sin Ekur renovieren ließ und dort auch Statuen weihte, die seine Siege feierten) wurden Babylon und Marduk entehrt. Allerdings wird in beiden Versionen den Gutäern die Rolle der göttlichen Rächer zugeschrieben.

Das Gedicht ist insofern von besonderer Bedeutung, als es einen der ersten Versuche darstellt, ein bekanntes historisches Ereignis in das Rahmenwerk zeitgenössischer Vorstellungskraft einzupassen und somit zu ›erklären‹. Auf diese Weise konnte der Untergang von Akkad nur im Zusammenhang mit irgendeinem Geschehen verstanden werden, das Enlil dazu veranlaßte, die Akkader als dessen Verursacher zu vernichten.

Das Gedicht liefert uns auch eine lebendige Beschreibung von der prächtigen Stadt Akkad, von ihren Bauten voll von Gold, Silber, Kupfer, Zinn und Lapislazuli und von ihren klugen und fröhlichen Bürgern. Als »Vernunft und Gesittung in Akkad sich zu Torheit wandelten«, heißt es, und es folgt ein niederdrückender Bericht über die folgende Katastrophe: Verbindungen wurden abgeschnitten, Räu-

ber machten die Straßen unsicher, Bewässerungssysteme wurden unbrauchbar – stets eine besonders unheilvolle Konsequenz unsicherer Verhältnisse –, und furchtbare Hungersnot kam über das Land. Naram-Sin wird dargestellt, wie er mit sich selbst hadert, in Sackleinen gekleidet, während seine Boote und Wagen nicht benutzt, ja vernachlässigt werden.
Mit Hunger und der um sich greifenden Verwüstung, so geht die Geschichte weiter, beschließen acht der höheren Gottheiten, Enlils Zorn Genugtuung zu verschaffen – zum Wohle der Menschheit. Sie versprechen ihm die völlige Zerstörung Akkads und sprechen einen langen Fluch über die Stadt:

Deine Haine sollen sich zu Staub häufen ...
Deine Ziegel sollen in die Tiefen der Erde zurückkehren ...
Dein Palast, mit fröhlichem Herzen erbaut,
soll zur traurigen Ruine werden ...
Auf dem Platz, wo ihr eure Feste und Opfer feiertet, soll der Fuchs,
der auf den Schutthügeln umhergeht, mit seinem Schwanz wischen ...
soll kein menschliches Wesen wandeln, wegen der Schlangen,
Würmer und Skorpione ...[14].

Und, so schließt der Dichter und Geschichtsschreiber, genauso war es. Danach blieb Akkad verwüstet und unbewohnt, und kaum dürfte er geahnt haben, daß wir über 4000 Jahre später noch immer nach den Überresten dieser Stadt suchen müssen.

Die 3. Dynastie von Ur (2112–2004)

Wie lange die Überschneidung einerseits zwischen der gutäischen Linie, wie sie in der sumerischen Königsliste anerkannt ist, und den späten Königen von Akkad andererseits anhielt, bleibt eine Streitfrage; sie ist allerdings für die Datierung der frühen Könige entscheidend. Die Periode vom Tode Scharkalischarris bis zum Aufstieg der neuen politischen Macht in Ur (die 3. Dynastie, ›Ur III‹) dauerte vermutlich nicht länger als ein Jahrhundert, und was man auch immer für ein System der Datierung zugrunde legen mag, der Unterschied beträgt wahrscheinlich nicht mehr als einhundert Jahre. Obwohl in dieser Zeit große Teile des Nordens unter der politischen Zerrissenheit und unter Plünderungen ernstlich zu leiden hatten, erlangten währenddessen einige Städte im Süden, allen voran Lagasch, wieder so etwas wie eine lokale Unabhängigkeit und einen gewissen Einfluß. Die Hauptrolle unter den späten *ensis* von Lagasch spielte Gudea (2141–2122), dessen Inschriften von einem beachtlichen politischen Prestige zeugen. Er ist uns von seinen Statuen her, die zu dem menschlichsten und liebenswertesten gehören, was sich aus dem alten Mesopotamien erhalten hat, gut bekannt. Es war jedoch ein König von Uruk, ein gewisser Utuchengal (2123–2113), der – so sagt er wenigstens von sich selbst – das Land von der Bedrohung durch die Gutäer befreite. In Ur ernannte er einen militärischen Statthalter namens Urnammu, der bald eigene Wege gehen sollte, seinen einstmaligen Gönner stürzte und den Titel ›König von Ur‹ annahm. Auf diese Weise wurde in jener Stadt eine neue Dynastie gegründet, die in vielerlei Hinsicht ebenso bemerkenswert war wie die von Akkad.

Mit dem Wiedererstehen eines Königreiches in Ur ging eine Rückkehr zum Sumerischen als der offiziellen Sprache einher, wenigstens im Bereich des alten Sumer. Deswegen wird diese Periode auch häufig als ›Sumerische Renaissance‹ bezeichnet. Dem Leser ist jedoch sicherlich inzwischen klargeworden, daß Sumerer und Akkader längst zu einer homogenen Bevölkerung mit gemeinsamer Überlieferung und Kultur verschmolzen waren: Während einerseits die Könige von Akkad die Autorität des höchsten sumerischen Gottes in Nippur eindeutig anerkannten und die Tochter Sargons ihre Hymnen im besten literarischen Sumerisch dichtete, trugen andererseits der letzte König von Ur III und die mächtigsten Königinnen dieser Dynastie semitische Namen. Tatsächlich haben wir feststellen können, daß das Akkadische schon in der frühdynastischen Periode mindestens von Teilen der Bevölkerung in Ur gesprochen worden war. Und sicherlich spiegelt die nun erfolgte Rückwendung zum Sumerischen schon bis zu einem gewissen Grade ein neuerwachtes Bewußtsein des kulturellen Erbes von Ur wider. Aber von irgendwelchen Rassenkonflikten kann nicht mehr die Rede sein, diese waren seit langem vergessen.

Die Könige von Ur hatten ihren akkadischen Vorgängern vieles zu verdanken, nicht nur was ihren Lebensstil und die Titel ihrer Herrschaft anlangt, sondern vor allem in ihrer Auffassung von einem mesopotamischen Staatswesen und seiner Verwaltung. Ihre Inschriften lassen zwar weniger politische Eroberungen erkennen, doch kann als sicher gelten, daß sie ein ähnlich großes Gebiet beherrschten wie die Könige von Akkad. Urnammus Name taucht in Tell Brak auf; man kontrollierte Elam und Assur, und vereinzelt werden bestimmte vertragliche Beziehungen zu so weit entfernt liegenden Städten erwähnt wie Mari, Tuttul, Ebla und schließlich sogar zu Byblos, dem bedeutenden und blühenden Mittelmeerhafen der Phönizier[15].

Die Könige von Ur III waren sich der administrativen Schwierigkeiten, die den akkadischen Herrschern so sehr zugesetzt hatten, wohl bewußt und trachteten, sie in den Griff zu bekommen. Die sorgfältige Regelung der Befugnisse ihrer Statthalter *(ensis)* in den rund vierzig Distrikten beschränkte das Risiko von Aufständen auf ein Minimum[16]. Jeder *ensi* war für alles, was in seinem Territorium geschah, direkt dem König verantwortlich. Aufschlußreich ist in dieser Hinsicht die erhaltene Ernennungsurkunde eines solchen königlichen Statthalters für Babylon unter Schulgi (2094–2047), dem Nachfolger Urnammus. Man ließ den *ensis* nicht länger den Oberbefehl über die Garnisonen und versetzte sie auch wohl von einer Stadt in die andere. Vielleicht wollte man auf diese Weise verhindern, daß sie ihre lokale Machtposition zu sehr ausbauten, vielleicht aber wollte man auch nur besonders fähige Männer mit besonders schwierigen Aufgaben betrauen. Für die militärischen Angelegenheiten waren nun die Garnisonsbefehlshaber verantwortlich, und zwar wiederum direkt dem König. Streitigkeiten zwischen der Zivil- und der Militärverwaltung mußten vor Gericht verhandelt werden. Ein leistungsfähiges Korps von königlichen Kurieren sicherte die Versorgung mit Informationen über Vorkommnisse in den

Provinzen. Hunderte von Keilschrifttafeln geben jeweils Kunde vom Zeitpunkt der Abreise, über den Bestimmungsort und über die Anzahl der Mahlzeiten. Diplomatische Vertreter wurden in fremde Staaten entsandt, und man arrangierte königliche Eheschließungen, um die guten Beziehungen zu den auswärtigen Verbündeten zu sichern.

Das wirklich Außergewöhnliche an den Lebensumständen in Ur III ist ohne Frage seine Wirtschaftsverwaltung. Buchstäblich Zehntausende von beschriebenen Tontäfelchen sind gefunden worden (die meisten von ihnen unglücklicherweise in sogenannten Schwarz- oder Raubgrabungen), die uns über die tägliche Arbeit einer der wohl ausgefallensten Bürokratien der alten Welt ein genaues Bild vermitteln. Nichts gab es, das zu unbedeutend gewesen wäre, um aufgezeichnet zu werden; in allen staatlichen Institutionen und Einrichtungen wurden Inventarlisten auch der geringfügigsten ›Ein- und Ausgänge‹ geführt, und die Namen derer, die für die einzelnen Transaktionen verantwortlich waren, wurden sorgfältig notiert. Solche ›Buchhalter‹-Täfelchen kennen wir aus verschiedenen sumerischen Städten. Bei weitem die meisten sind bis jetzt in Umma aufgetaucht, sowie in einem kleinen Ort namens Puzrisch-Dagan (Sellusch-Dagan), heute Drehem, unweit von Nippur. Dieses kleine Verwaltungszentrum wurde während der Regierung Schulgis gegründet, der wohl auch verantwortlich war für die außerordentliche bürokratische Perfektion, die sich hier entwickelte. Die Aufgabe bestand in der Einnahme und Wiederverteilung von Schlachtvieh, das einen gewichtigen Teil des staatlichen Einkommens darstellte. Riesige Viehherden wurden vereinnahmt – in einem Jahr wurden allein über 28000 Rinder und etwa 350000 Schafe ›erfaßt‹, die entweder erzwungen oder freiwillig als Tribut, Tempelopfer, Steuer oder Kriegsbeute von den *ensis* oder auswärtigen Vasallen angeliefert wurden. Von Drehem aus brachte man das Vieh dann zu den Tempeln nach Nippur und offenbar auch in die anderen größeren Zentren, Ur und Uruk, oder man verteilte es auch als ›Lohn‹ oder Geschenk an die verschiedenen Beamten, oder versorgte mit ihm schließlich den königlichen Haushalt. Wenn ein Tier einging, mußte das vermerkt werden; die Schreiber führten eine tägliche Bilanz, in der Verluste und Gesamtsumme am Ende des Tages sorgfältig aufgelistet waren. Einen ungewöhnlich lebensnahen Einblick in die laufende Verwaltung gewähren uns auch die Texte aus Umma[17]. Hier wird die tägliche Anzahl der Arbeiter vermerkt, die die Feldarbeit leisten, Kanäle graben, Erntearbeit verrichten und Kanalschiffe beladen und treideln mußten. Der Gesamtumfang der anfallenden Arbeit wird detailliert aufgezeichnet, Arbeitsleistungen und Löhne werden genauestens kalkuliert. Den aufgeführten weiblichen Arbeitskräften oblag es, Schilfrohr zu schneiden, Felder zu bewässern, trockenzulegen und abzuernten. Sie wurden in der Weberei und im Mühlenbetrieb beschäftigt. ›Deputat-Listen‹ vermerken im einzelnen die Lohnverteilung in Form von Bier, Brot, Öl, Zwiebeln, Spezereien und Fisch. Bier war ein Grundnahrungsmittel, und seine Qualität unterlag sorgfältiger Kontrolle. Inspektionen waren häufig: in einem Text hören wir von einer Kontrolle durch eine königliche Prinzessin, in einem anderen ist ein ›Konnetabel‹ des Königs genannt. Mehrere Biersorten wurden gebraut, neben dem ›gewöhnlichen‹ Bier gab es Königsbier, Starkbier und leichtes Bier.

Mit der staatlichen Viehwirtschaft eng verknüpft war eine gewinnbringende Woll- und Lederindustrie. Händler, die unter königlicher Vollmacht arbeiteten, importierten eine Vielzahl von Gütern über Land und Meer: exotische Nahrungsmittel, aromatisch duftende Hölzer, Früchte und Kräuter, Rohstoffe für die Gerberei und die Metallindustrie und Nutzholz, das man als Dachbalken und für den Schiffbau benötigte. Die Bezahlung erfolgte weitgehend vermittels der Lieferung landwirtschaftlicher Produkte wie Wolle, Gerste, Weizen, Datteln, Tran, Trockenfisch und Häute, obschon doch das Silber mittlerweile zum Wertmaßstab aufgestiegen war. Silber diente als Standard für die Verrechnung und erfüllte somit bereits die klassische Funktion unseres Geldes. Lange Listen von Verbrauchsgütern, deren Wert in Silber angegeben wird, liefern uns den frühesten ›Preis-Index‹ für die hauptsächlichen Handelsartikel im Zweistromland von damals[18]. Man hat früher die aufgefundenen Dokumente als Beweis für ein königliches Handelsmonopol aufgefaßt. Heute wird jedoch zunehmend deutlich, daß auch private Händler an solchen Transaktionen beteiligt waren. Unsere Kenntnis vom Leben unter den Königen von Ur III stützt sich freilich in der Hauptsache auf solche amtlichen Dokumente, während das private Leben des einzelnen Menschen kaum in Erscheinung tritt; doch auch in dieser anscheinend so starr bürokratischen Zeit muß die Mehrheit der Bevölkerung aus Privatpersonen bestanden haben, und nicht aus Amtsträgern.

Unter den vielen und verschiedenartigen Dokumenten des Beamtentums von Ur III gibt eine besondere Gruppe, die vor allem aus Lagasch stammt, Auskunft über den Aufbau und die Verfahrensweise innerhalb des sorgsam durchdachten Systems rechtlicher Normen[19]. Schon früher, unter den zwei *ensis* Entemena und Urukagina von Lagasch (der Name muß vielleicht korrekter als Uru-inim-gina gelesen werden) begegnet uns die königliche Proklamation von sozialen Reformen und der Erlassung von Schulden. Doch es ist Urnammu, dem in besonderem Maße der Ruhm gebührt, den ältesten Gesetzeskodex der Welt eingeführt zu haben[20]. Das Gesetz ist nur unzulänglich erhalten, doch läßt sich erkennen, daß wie bei den früheren Reformen die nämliche Sorge um soziale Gerechtigkeit und die Eindämmung des Amtsmißbrauches am Anfang stand. Es bleibt zweifelhaft, in welchem Ausmaß solche königlichen Bekanntmachungen, von denen es weit mehr gegeben haben muß als uns erhalten sind, für die Rechtssprechung verbindlich waren; denn nie beruft man sich auf geschriebenes Gesetz als Grundlage für ein Urteil. Die Verfahrensweise der Gerichtshöfe ist deutlich an ›Prozeßakten‹ abzulesen; diese sind unter dem Namen *Ditilla* bekannt, was wörtlich soviel heißt wie ›Fall abgeschlossen‹, eine Formel, mit der alle diese Täfelchen enden. Gelegentlich wurden die Verhandlungen auch vor dem König selbst geführt, häufiger aber vor seinen *ensis* oder den Richtern. Unter den Streitfällen finden wir Vertragsbruch, Erbauseinandersetzungen und Besitzstreitigkeiten. Aus denjenigen Urkunden, die sich mit dem Eherecht befassen, wird deutlich, daß die gesetzliche Stellung der Frau der des Mannes gleich war. Die Strafen waren Geldstrafen. Die ›lex talionis‹ (das Prinzip der Vergeltung wie ›Auge um Auge, Zahn um Zahn‹) war unbekannt oder ist zumindest für diese Zeit nicht überliefert.

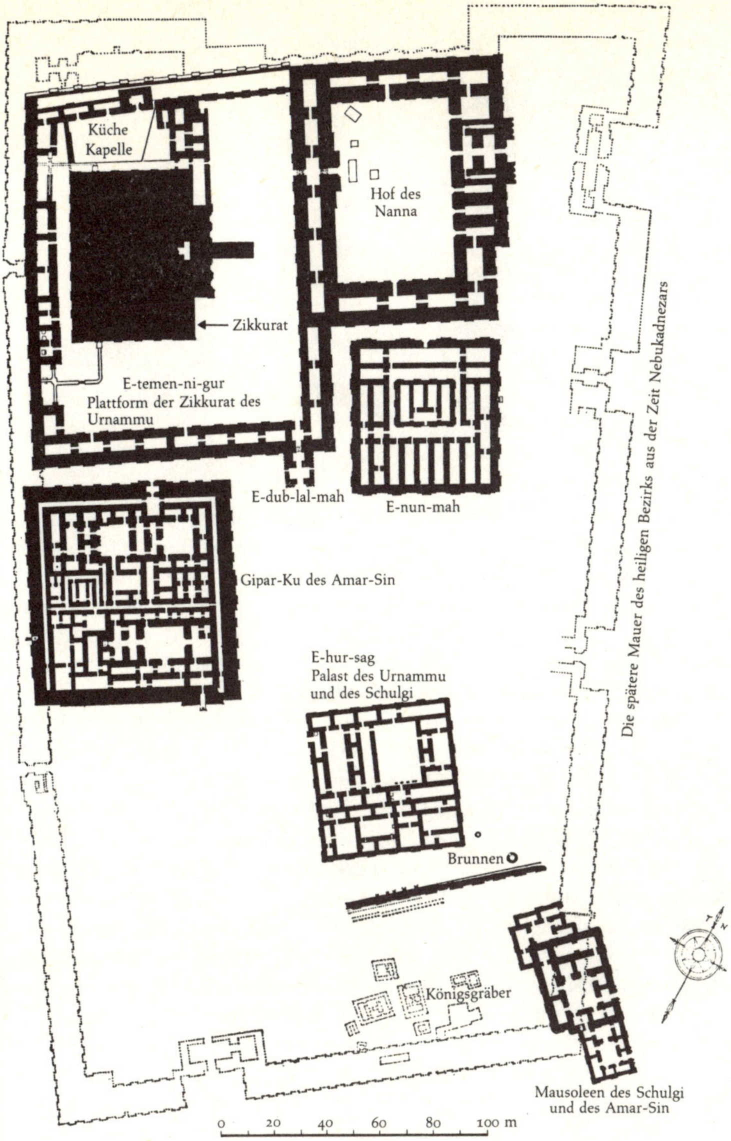

26 Plan vom heiligen Bezirk des Mondgottes Nanna (Sin) zur Zeit der dritten Dynastie von Ur. Die Gewölbegräber der Könige Schulgi und Amar-Sin liegen, zusammen mit den berühmten Königsgräbern aus der Zeit der ersten Dynastie, genau an der Südost-Ecke der äußeren Einfriedungsmauer. Nach Woolley.

Auch der kulturelle Beitrag der Könige von Ur III zur Entwicklung Mesopotamiens war beachtlich. Die Bedeutung ihres weitgreifenden Bauprogramms tritt uns noch heute in fast jeder größeren Stadt aus jener Zeit vor Augen. Die Architekten Urnammus unterwarfen die königlichen Quartiere und den Kultbezirk von Ur einer umfassenden Neugestaltung (Abb. 26), und, obwohl die Gebäude selbst seitdem oftmals umgebaut worden sind, zeigen die Ruinen von Ur noch heutzutage im wesentlichen die Stadtplanung von Ur III. Unsere umfassende Kenntnis der Architektur von Ur III steht in deutlichem Gegensatz zu

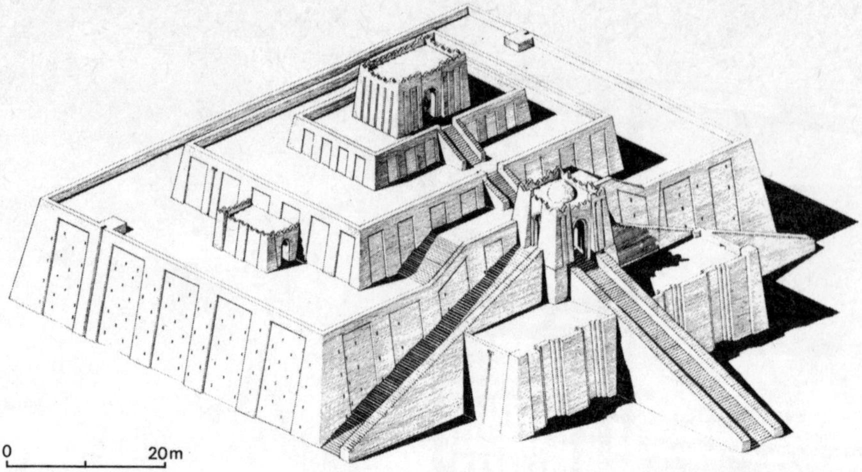

27 Modell der Zikkurat des Mondgottes in Ur, rekonstruiert, wie sie zur Zeit des Urnammu ausgesehen haben könnte. Es ist dies die besterhaltene Zikkurat in Mesopotamien, und nach der jüngst erfolgten Restaurierung ihrer erhaltenen Überreste kann der Besucher sogar die in der Mitte gelegene Treppe bis zur ersten Plattform emporsteigen. Nach Woolley.

den spärlichen Zeugnissen aus den akkadzeitlichen Schichten, denn weder in Sumer noch in Akkad ist bis jetzt ein größeres öffentliches Bauwerk aus jener Zeit gefunden worden. Das wenige, was wir über die monumentale akkadische Architektur wissen, stammt von so provinziellen Fundplätzen wie Tell Brak und Tell Taya[21]. Wie so manches andere auch, sind durch diesen Umstand viele bautechnische Neuerungen, auch wenn sie sich aus der Akkad-Zeit herleiten mögen, der Periode der Könige von Ur III zugeschrieben worden. In dieser Zeit können wir zum ersten Mal mit Sicherheit davon ausgehen, daß es eine regelrechte Architektenschule gab, die auch bis zu einem gewissen Grade ihre eigene technische Erfahrung und ihre ästhetischen Normen gegenüber den königlichen Auftraggebern durchzusetzen vermochte[22].
Die vielleicht bedeutendste Errungenschaft dieser neuen Schule war die Verwendung von Grundriß und Aufriß. Hervorragendstes Beispiel dieser neuen Entwicklung, offensichtlich zum ersten Mal unter Urnammu belegt, war die Zikkurat (Abb. 27), ein abgestuftes, an eine Pyramide erinnerndes, turmartiges Gebilde bzw. ein mehrstufiger Tempelturm, der von einem kleinen Heiligtum gekrönt wurde; aus der historischen Überlieferung ist der Turm von Babel, das heißt die Zikkurat von Babylon am bekanntesten, während die Zikkurat in Ur am besten erhalten ist. Urnammus Tempelturm verdankt seinen ausgezeichneten Erhaltungszustand einerseits der ursprünglichen Verkleidung aus gebrannten Ziegeln, andererseits den sorgfältigen Restaurierungsarbeiten, die die letzten babylonischen Könige 1500 Jahre später durchführen ließen als sichtbaren Ausdruck ihres Bemühens um die Erhaltung der alten Heiligtümer von Sumer.
Ein weiterer charakteristischer Zug der neuen Architektur ist die Vorstellung eines großen offenen, von einer Umfriedung eingeschlossenen Platzes, in dessen Mitte ein monumentales Bauwerk Platz findet. Diese Vorstellung war durch den ästhetischen Zweck bestimmt, das Gebäude von allen Seiten vorteilhaft ›in den Blick zu stellen‹. Erstmals in dieser Zeit werden auch religiöse Gebäudekomplexe mit einem oder mehreren symmetrisch angelegten inneren Höfen errichtet. Vorläufer für solche Planentwürfe können wir in den ›Palästen‹ früherer Zeiten

wie zum Beispiel in Tell Brak, Kisch und Eridu erkennen, und vielleicht spiegeln sich darin nur die wachsenden Verwaltungsbedürfnisse in den großen Tempeln wider. Vielleicht aber wurde auch das kultische Zeremoniell gewissen Änderungen unterworfen. Dafür könnte die Einführung des ›babylonischen‹ Tempelplans sprechen, der durch den strengen Hof und die ›Breitraum‹-Cella gekennzeichnet wird. In Ur bildet die Zikkurat den Kern eines dem Mondgott geweihten, heiligen Bezirks. Eine äußere Mauer schließt wiederum diesen und drei weitere Gebäude ein: E-nun-mah, ein Magazin für die Tempelvorräte, Giparku (heiliges ›Gipar‹?), die offizielle Residenz der Hohenpriesterin des Mondgottes, sowie E-hur-sag, einen Königspalast, der vielleicht nur bei religiösen Anlässen benutzt wurde (wahrscheinlich befand sich die eigentliche Residenz der Könige von Ur III in Nippur). An der Nordwestseite der Zikkurat lag die Küche des Gottes, in der man seine Mahlzeiten zubereitete.

Die mesopotamische Bautechnik gibt den Archäologen viele Probleme auf. Obgleich die Lebensdauer von Lehmziegelbauten durch die ständig erneuerten, sorgfältigen Stucküberzüge erheblich verlängert werden konnte, bestanden sie doch im Durchschnitt nur verhältnismäßig kurze Zeit, ein Umstand, der die endlos scheinende Reihe von königlichen Bauten zum Teil erklären kann. Einen Tempel wiederaufzubauen, war ein Werk der Frömmigkeit, durch das man sich die Götter geneigt machte; die fast unbegrenzte Möglichkeit solchen göttlichen Gunstgewinns aber wurde nur durch den fast ausschließlichen Gebrauch des einzigen in Mesopotamien immer verfügbaren Baumaterials, durch den Lehm, garantiert. An der Sonne getrocknete, ›luftgetrocknete‹ Lehmziegel sind ein höchst unbeständiger Baustoff. Die aus ihm errichteten Gebäude lassen sich verhältnismäßig leicht verändern oder erweitern. Wenn ein gründlicher Wiederaufbau notwendig ist, bereitet es kaum Schwierigkeiten, noch anstehende Baureste bis auf das Fundament zu planieren, womit gleichzeitig eine solide Basis für den Nachfolgebau gewonnen wird. Ein wichtiges Prinzip mesopotamischer Glaubenstreue war es, einen Tempel jeweils an genau derselben ›geheiligten‹ Stelle wieder aufzubauen und die älteren Fundamente zu erhalten. Je reicher eine Dynastie war, um so häufiger konnte man sich auch

28 Das früheste uns bekannte Ziegelgewölbe, aus Tell al Rimah, um 2100. Schräg gerichtete Ringe von Ziegeln wurden von den Enden aus gelegt, bis sie sich in der Mitte trafen, wo die entstehenden Lücken mit Ziegelbruchstücken ausgefüllt wurden. Diese bereits in Mesopotamien erfundene Lehmziegeltechnik wurde später wieder aufgenommen, vor allem im 5. Jahrhundert n. Chr. in Konstantinopel und im Sassaniden-Palast zu Ktesiphon, der noch heute das größte selbsttragende Ziegelgewölbe der Welt aufweist. Die Pendentifs an den Ecken – in späterer Zeit die Stützmethode der Wahl – bleibt im übrigen 2000 Jahre lang unbekannt.

solche aufwendigen Restaurierungsarbeiten leisten. So enthüllen die Ausgrabungen an den alten und bedeutenden Fundstätten wie Ur und Babylon häufig nur lange und vielfach höchst komplizierte Abfolgen von Mauerstümpfen, die vielleicht Hunderte von Besiedlungsjahren darstellen, aber dem Archäologen über den Gebäudeplan hinaus kaum etwas verraten. Und obwohl die Inschriften der Dynastie von Ur III und die archäologischen Funde aus den Ur III-zeitlichen Schichten sowohl vom Reichtum als auch von der Frömmigkeit ihrer Könige und von der zunehmenden Berufserfahrung ihrer Architekten und Baumeister lebendiges Zeugnis ablegen, haben wir doch kaum eine Vorstellung vom Gesamteindruck ihrer Bauwerke. Vor allem besitzen wir keine Anhaltspunkte darüber, welche Dachkonstruktionen man verwendete. Im Ur der frühdynastischen Zeit war der Gewölbebau bekannt, wurde allerdings nur in unterirdischen Bauten angewendet, wo der seitliche Schub kein Problem ist. Wir müssen uns weit zur Peripherie in den irakischen Norden wenden, um Zeugnisse eines entsprechenden technischen ›Know-how‹ der Baumeister jener Zeit wiederzufinden. In Tell al Rimah wurden Häuser in einem ungewöhnlich guten Erhaltungszustand entdeckt; ihre Radial-Gewölbe sind mit einem derartigen Geschick ausgeführt, daß sich der Schluß auf eine langvoraufgehende Tradition geradezu aufdrängt. Eine noch größere Überraschung bot der Nachweis von Gewölbebau mit Hilfe von verschränkten Ziegelringen, bei denen man die aufeinanderfolgenden Ziegelhalbringe so verlegte, daß ihre Enden sich in der Längsachse des Gewölbes verschränken mußten (Abb. 28). Da das Holz ja nicht ohne weiteres als Baumaterial zur Verfügung stand, war man auf diese Weise der Notwendigkeit von Leergerüsten enthoben. Diese Technik ist uns noch vom Bogen von Ktesiphon (in der Nähe von Bagdad) aus dem 6. nachchristlichen Jahrhundert vertraut. Eine einmalige Entdeckung stellten nun mehrere auf flachen Pendentifs ruhende Gewölbe von diesem Typus aus luftgetrockneten Lehmziegeln dar, die in Rimah ausgegraben wurden und in das späte 3. Jahrtausend v. Chr. datiert werden können[23]. Inwieweit diese Gewölbetechniken Neuerungen der für diese Periode vorauszusetzenden neuen Architektenschule darstellen, bleibt letztlich ungewiß. Ihr Vorkommen in Rimah jedoch spricht für ihre recht allgemeine Anwendung bereits in dieser Zeit.

Woolleys Rekonstruktionsversuch überwölbter Vorkammern in der Einfriedung der Zikkurat von Ur (Abb. 27) ist oft kritisiert worden, aber die Geschicklichkeit, mit der Maurer in der Provinz Rimah Bauten errichteten, die wir, nach allen wesentlichen Zügen zu urteilen, als Kuppelbauten bezeichnen müssen, macht Woolleys hauptstädtische Gewölbe von Ur völlig plausibel.

Auch die Schiffsländen von Ur wurden wieder aufgebaut, und ein Jahresname aus der frühen Regierungszeit Urnammus verkündet »die Rückkehr der Schiffe von Magan und Melukka in die Hände von Nanna (die Stadtgottheit von Ur)«. Urnammus Verehrung für die alten Heiligtümer, vor allem derer in Nippur, brachte ihm die Anerkennung der Priesterschaft des Enlil ein, und schon in seinen ersten Regierungsjahren nahm er einen neuen Titel an: ›König von Sumer und Akkad‹, der sich in den folgenden Jahrhunderten noch als wichtig erweisen sollte. Seine ›Krönung‹ in Nippur wurde in einem neuen literarischen

Genre besungen, der sogenannten königlichen Hymne, die sich nicht an die Götter, sondern an den König selbst »als an einen Gott« richtete[24].

Die herausragende Stellung der Könige von Ur wird im späten 3. Jahrtausend, unter der Regierung Schulgis, noch augenfälliger; nicht nur, daß er mit seinen Bemühungen um die Vervollkommnung von Verwaltung, Architektur und Literatur in die Fußstapfen seines Vaters trat: er tat einen weiteren Schritt in der Nachahmung der späten Könige von Akkad. Irgendwann zu einem frühen Zeitpunkt innerhalb seiner Regierung nahm er den Status eines Gottes an. Man errichtete ihm Heiligtümer, man betete lokale Stellvertreter des königlichen Gottes an, und man verfaßte schließlich mehr königliche Hymnen zu seinen Ehren als für irgend einen anderen mesopotamischen König. Ebenso wie Sargon und Naram-Sin wurde Schulgi in späteren Zeiten eine beliebte literarische Figur. Die beiden großen Schreiberschulen in Nippur und Ur führten ihre Gründung auf ihn zurück. Er war ein hingebungsvoller Schutzherr der sumerischen Literatur und Kultur, und er rühmte sich sogar, in seiner Jugend in der *edubba,* das heißt der Schule, eine Schreiberausbildung genossen zu haben. Solch eine Erziehung war für einen König ebenso selten wie wohl für die meisten Mitglieder der Gesellschaft.

Der Untergang von Ur

Von den militärischen Erfolgen der Könige von Ur III wissen wir wenig, doch die großartigen Bauprogramme, die von den frühen Monarchen dieser Dynastie verwirklicht wurden, lassen es schon glaubwürdig erscheinen, wenn sie sich rühmten, einen allgemeinen Wohlstand verbreitet zu haben. Urnammu scheint allerdings, unbeschadet des friedfertigen Tenors seiner Inschriften, den Tod in einer Schlacht gefunden zu haben, ein wahrhaft seltenes Schicksal für einen mesopotamischen Monarchen. Auch spätere Historienschreiber taten sich schwer, seinen sichtlich frommen Lebenswandel mit einem solchen Ende in Einklang zu bringen. Die Jahresnamen aus der späteren Regierungszeit Schulgis sprechen für zunehmende militärische Aktionen, während wir über das Leben seines Sohnes und Nachfolgers Amar-Sin (Amar-Suma, 2046–2038 v. Chr.) aus der Überlieferung wenig mehr erfahren als die Tatsache, daß er seines Vaters Bauprogramm fortsetzte und schließlich am ›Biß‹ eines Schuhs starb, vielleicht also an einer Blutvergiftung, die von seinem Fuß ausging. Er und sein Vater wurden in Mausoleen beigesetzt, die sich mit ihren sorgfältig gearbeiteten Kragsteinen bis heute in Ur erhalten haben. Bedauerlicherweise sind sie in der Antike ausgeplündert worden; man hat jedoch an den Türen Spuren von Blattgold entdeckt und an den aufgehenden Wänden der mit den Mausoleen zusammenhängenden Baulichkeiten Einfassungen aus Goldblech, in die Achat und Lapislazuli eingesetzt waren. Das läßt die ursprüngliche Pracht dieser Grabanlagen erahnen und auch den Gewinn, den die vermutlich elamischen Plünderer nach Hause trugen.

Wie Schulgi wurden auch seine beiden Söhne Amar-Sin und Schu-Sin

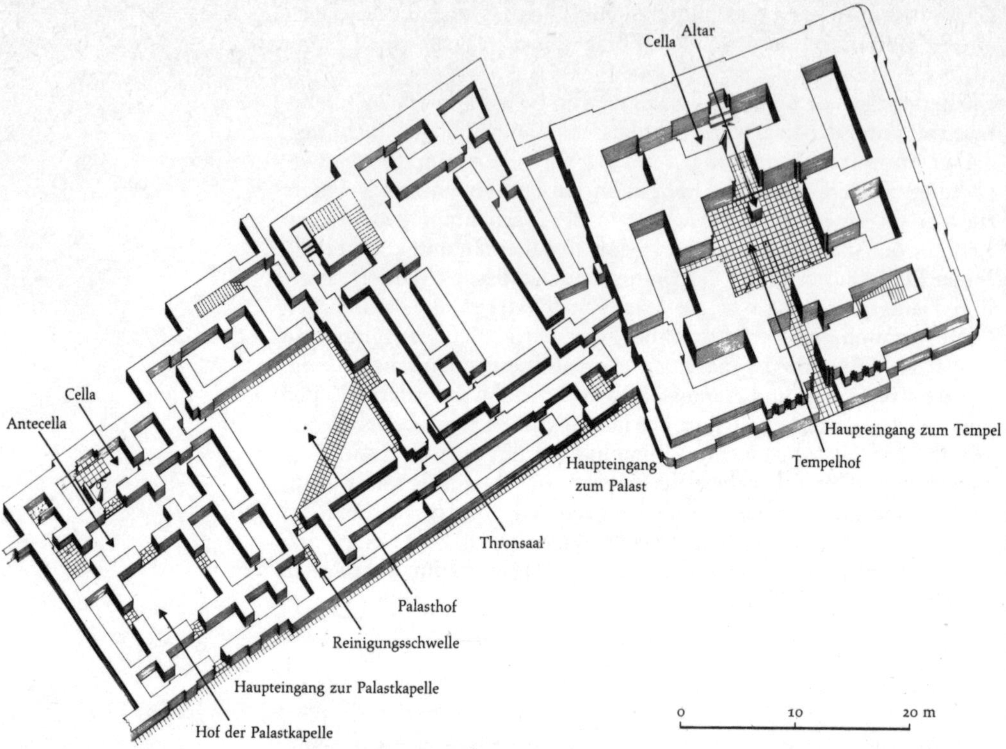

29 Plan und Rekonstruktionsmodell vom Statthalterpalast und vom Tempel des Schu-Sin zu Eschnunna. Das von einem Statthalter der Dynastie von Ur III gestiftete und Schu-Sin geweihte Heiligtum (auf dem Plan rechts) gehört zu den schönsten Beispielen babylonischer Tempelbauten mit Breitraum-Cella. Nach einem Umbau durch den Sohn des Statthalters, Ilschu-iliya, erhielt es eine Verbindung zum Palast und schloß an dessen westlichem Ende einen weiteren, kleineren Tempelkomplex ein, der eine nahezu exakte Kopie des eigentlichen Heiligtums war und möglicherweise als Suite für die Audienzen diente. Nach Lloyd.

schon zu ihren Lebzeiten zu Göttern erhoben. Eines der schönsten Beispiele für die neue Breitraum-Cella für den Königskult findet sich im Heiligtum von Tell Asmar (Eschnunna), das von einem Statthalter der Dynastie von Ur III zu Ehren des göttlichen Schu-Sin erbaut wurde (Abb. 29). Die erhaltenen Inschriften dieses Herrschers vermitteln mehr an Informationen als die seines Bruders, und sie lassen die Katastrophen vorausahnen, durch die Ibbi-Sin (2028–2004) das Reich verlieren sollte. Unter der Regierung Schu-Sins hören wir nämlich zum ersten Mal von einem semitisch-sprechenden Volke aus der westlichen Wüste namens Martu oder Amoriter, das bedrohliche Einfälle nach Babylonien unternahm. Gegen diese Marodeure baute der König eine Mauer, *Muriq-Tidnim* (»welche die Tidnum fernhält«, womit einer der Stämme der Martu-Nomaden genannt wird). Es ist uns bruchstückhaft ein Brief erhalten, den ein Sachverständiger über die Arbeit eines Gremiums von technischen Fachleuten verfaßt hat, die dieses große Werk ausführen sollten. Wir erfahren daraus einige überraschende Einzelheiten, darunter die Tatsache, daß die Mauer sich über ›26 Doppelstunden‹ (etwa 270 km) erstreckte und notwendigerweise die Uferdeiche sowohl des Euphrat als auch des Tigris durchbrochen haben muß[25].

Schu-Sins Mauer erwies sich aber als noch weniger wirksam als andere große Mauern in der Geschichte, und unter der Regierung seines Nachfolgers nahm der Druck durch die Amoriter zu. Ihre Angriffe und die Beutezüge der Elamer zwangen Ibbi-Sin, große Mauern und Befe-

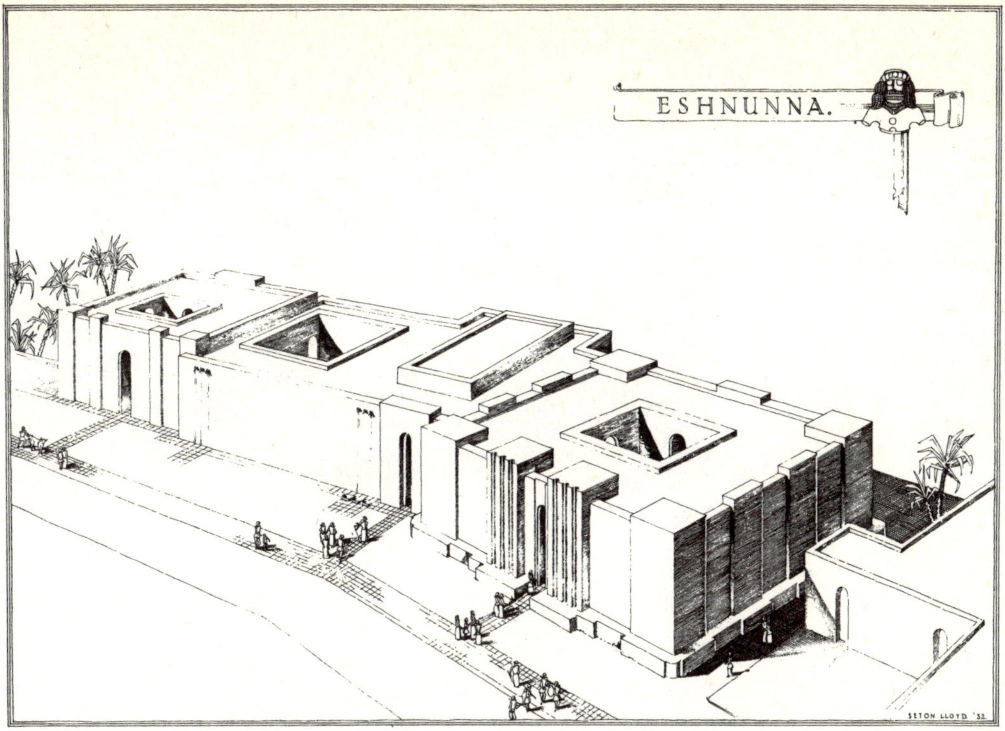

stigungsanlagen um Ur und Nippur selbst zu errichten. Ermutigt durch die im ganzen Lande herrschenden unsicheren Verhältnisse faßten seine verschiedenen Gouverneure einer nach dem anderen den Entschluß, sich von Ur loszusagen und fortan nur noch für sich selbst zu sorgen. Der Prozeß der Auflösung war ein allmählicher, aber es ist klar, daß die Loyalitätsbeteuerungen gegenüber Ur vielfach ein reines Lippenbekenntnis gewesen sein müssen. Einer der abgefallenen Statthalter war ein gewisser Ilschu-iliya; er baute die kleine Palastanlage, die sich an Schu-Sins Heiligtum in Eschnunna anschließt, wieder auf und fügte eine ›Kapelle‹ hinzu, die in ihrem Grundrißentwurf fast vollständig dem Plan des Tempels entspricht; vielleicht diente sie ihm als Audienzraum, obwohl er für sich selbst keine göttlichen Ehren beanspruchte. Auch der Plan einer späteren (altbabylonischen) Suite von Empfangsräumen in einem Palast in Tell al Rimah weist eine auffallende Ähnlichkeit mit dem Typus des ›Breitraum‹-Tempels auf, obschon in dieser Zeit der Brauch, das Königtum zu vergöttlichen, bereits ausgestorben war. Es wird daran klar, daß der Unterschied zwischen einer Tempelcella bzw. dem Empfangsraum für einen Gott auf der einen Seite und der Raumsuite für die königlichen Audienzen auf der anderen sehr viel weniger streng war als unsere heutigen Begriffe das vermuten lassen, die einmal von religiöser, das andere Mal von weltlicher Architektur sprechen. In beiden Fällen war die Funktion dieselbe, und so darf die Verwandtschaft der Baupläne, gleich ob Götter oder Könige Hof hielten, nicht überraschen[26]. Die Suite der Empfangsräume

30 Dieser prächtige Halsschmuck mit seinen riesigen, in Gold gefaßten Perlen aus gebändertem Achat ist eines der wenigen, uns erhaltenen Stücke mesopotamischer Juweliersarbeit, das mit Sicherheit in die Zeit der Dynastie von Ur III datiert werden kann. Der Schmuck gehörte der Priesterin Abbabaschti (auch Tiamatbaschti) und wurde im Eanna-Tempel zu Uruk gefunden. Der Umfang der größten Perle beträgt 9 cm. Bagdad, Iraq Museum.

im ursprünglichen Palast von Eschnunna besteht aus einem zwischen Vorhof und innerem Hof gelegenen Thronsaal; ein gepflasterter Weg führt darauf zu, und an seinem nördlichen Ende liegt ein Treppenhaus. Hier handelt es sich eindeutig um einen Prototyp für spätere assyrische Anlagen. Im Palast von Mari sind beide Auffassungen von der architektonischen Einordnung des Thronsaales nachzuweisen, woraus deutlich hervorgeht, daß es in jener Zeit kaum eine verbindliche Form für solche Repräsentationsräume gab (Abb. 43).
Der Zusammenbruch des Reiches von Ur III fand ebenso wie auch der Untergang der Dynastie von Akkad ihren Niederschlag in der späteren Weissagungsliteratur. In ihr wird von zahlreichen Aufständen berichtet und davon, daß die Bevölkerung begann, sich über die Autorität des Königs hinwegzusetzen. Der Durchbruch der Martu scheint dann zur vollständigen Katastrophe geführt zu haben. Es wird angenommen, daß Sumer gleichermaßen Opfer einer sogenannten ›Maginot-Mentalität‹ geworden ist. Denn nachdem die äußere Verteidigungslinie zusammengebrochen war, gab es offenbar keinen ernsthaften Widerstand mehr. Die größeren Städte fanden sich isoliert, man überließ das Ackerland den Eindringlingen und suchte Schutz innerhalb der Stadtmauern. Charakteristisch war der Anstieg der Preise: Sie lassen auf schlimmste Hungersnot und wirtschaftlichen Zusammenbruch schließen. So stieg der Getreidepreis im 7. und 8. Jahr der Regierung von Ibbi-Sin auf das 60-fache seiner normalen Höhe. Dennoch hielt Ibbi-Sin 24 oder sogar 25 Jahre aus, wenn auch in den letzten Jahren das von ihm beherrschte Territorium kaum größer gewesen sein dürfte als die Stadt Ur selbst. Sie fiel schließlich einem mit größter Heftigkeit geführten Angriff der Elamer zum Opfer, die sich noch mit einem Bergvolk aus dem Zagros-Gebirge, den Su bzw. Sua, als Kampfgenossen verbündet hatten. Ur wurde verwüstet, und Ibbi-Sin widerfuhr ein Schicksal, das bis zu dieser Zeit ohne Beispiel war: Er wurde als Gefangener nach Elam geführt. Eines der bewegendsten sumerischen Gedichte schildert diese Katastrophe:

Tote Männer, nicht Topfscherben, bedeckten die Straßen;
die Mauern klafften weit,
in den hohen Toren, auf den Wegen,
türmten sich die Toten;
in den Gassen, wo Menschen sonst zum Fest sich trafen,
lagen sie verstreut.
Leichen lagen in allen Straßen und auf den Landstraßen.
Im offenen Feld, wo sonst sich Tänzer wiegten,
da lagen sie zuhauf.
Des Landes Blut nun füllte seine Gruben,
wie das Metall die Gußform;
es vergingen die Leichen – wie Fett, das man in der Sonne ließ[27].

Die Nachfolger der 3. Dynastie von Ur

Urkunden aus Isin wissen zu berichten, daß ein gewisser Ischbi-Erra, der aus Mari stammte und mit der Führung der im Norden stehenden Truppen Ibbi-Sins betraut war, sich im 10. oder 11. Jahr der Regierungszeit Ibbi-Sins zu dessen Rivalen aufgeworfen hatte. Die neue Hauptstadt Isin (Ischan-Bahriyat, etwa 30 km südlich von Nippur) hatte bis dahin keinerlei Bedeutung gehabt, doch sollte die dort von Ischbi-Erra begründete Dynastie für die nächsten hundert Jahre Bestand haben, ohne ernsthaften Widerstand zu finden. In der herrschaftlichen Selbstdarstellung ebenso wie in der Verwaltungspolitik hielten sich Ischbi-Erra und seine Nachfolger eng an das von Ur vorgegebene Modell. Wie die Könige jener Stadt regierten sie nach dem Vorbild des Gottkönigtums. Das Akkadische war inzwischen die Sprache geworden, die von den meisten Menschen gesprochen wurde – sogar in Ur; gleichwohl hielten die Könige von Isin für ihre offiziellen Urkunden am Sumerischen fest und begünstigten auch die Schreiberschulen, in denen man das Studium des Sumerischen noch betrieb. Tatsächlich wurde das Sumerische später selbst in babylonischen Schulen gelehrt und überlebte, für die juristischen und religiösen Texte, nahezu die nächsten 2000 Jahre. Danach war es nie mehr offizielle Sprache einer regierenden Dynastie.

Einige Jahre nach dem Untergang Urs gelang es Ischbi-Erra, auch die Elamer aus dem Land zu treiben, und nun beherrschte er sowohl die alten sumerischen Städte im Süden als auch Zentralbabylonien.

Schu-ilischu (1984–1975) holte die einst gestohlene Statue des Mondgottes von Ur aus Elam zurück; er und seine unmittelbaren Nachfolger regierten, wenn auch von Isin aus, unter dem alten und klangvollen Titel ›König von Ur‹. Es war dies eine Zeit des Friedens und Wohlstands in Babylonien. Einige der bedeutendsten literarischen Werke der antiken Welt verdanken ihre Entstehung den Schreiberschulen dieser Dynastie, und manche unschätzbaren historischen und literarischen Schöpfungen sind uns allein durch ihre Kopien älterer Texte überliefert. In dieser Zeit entstand auch die späteste Ausgabe der sumerischen Königsliste, die wohlgemerkt mit dem Zweck verfaßt wurde, Isins Erbansprüche auf die Nachfolge Urs, die wahre und natürliche Autorität Enlils zu legitimieren.

31 Die hohe Kunstfertigkeit der mesopotamischen Goldschmiede wird durch das hier abgebildete altbabylonische Halsband aus Dilbat belegt. Die Rosetten, der aufgehende Mond und der Zickzackblitz weisen Verzierungen in der allerfeinsten Granulationstechnik auf. Die kleinen, 3 cm hohen Figürchen stellen wahrscheinlich die Göttin Lama dar. New York, Metropolitan Museum of Art.

Von der Regierungszeit Ischme-Dagans an (1953–1935) und zum ersten Mal seit der Zeit Urukaginas von Lagasch (2351–2342) tauchen Berichte über die Beseitigung sozialer und wirtschaftlicher Mißstände auf. Nach zeitgenössischen Texten wurden die Stadt Nippur von der Steuerabgabe und ihre Bürger von bestimmten Verpflichtungen befreit. Ischme-Dagan erscheint in der Überlieferung als der König, der »der Gerechtigkeit Geltung im Lande verschaffte«, eine Formulierung, die mit an Sicherheit grenzender Wahrscheinlichkeit für soziale oder wirtschaftliche Reformen spricht. Die früheste Gesetzessammlung, die man von dieser Dynastie kennt – und die immer noch zum großen Teil in sumerischer Tradition steht –, stammt aus der Regierungszeit seines Sohnes Lipit-Ischtar (1934–1924). Ischme-Dagans Tochter, Enanatuma, damals Oberpriesterin von Nanna, baute das Gipar-ku in Ur wieder auf. Urkunden aus dem Tempelmagazin E-nun-mah, aus der Zeit der späteren Larsakönige wissen zu berichten, daß in regelmäßiger Folge Käse, Butter und Datteln herausgegeben und für zwei frühere Hohepriesterinnen *(entu)* »auf dem Platz des Trankopfers« dargebracht wurden[28]. Bei einer von ihnen handelte es sich um Enanatuma. Dieser Vorgang läßt auf einen ganz bestimmten Kultus für die toten *entus* schließen und zeigt, in wie hohem Ansehen Enanatuma gestanden

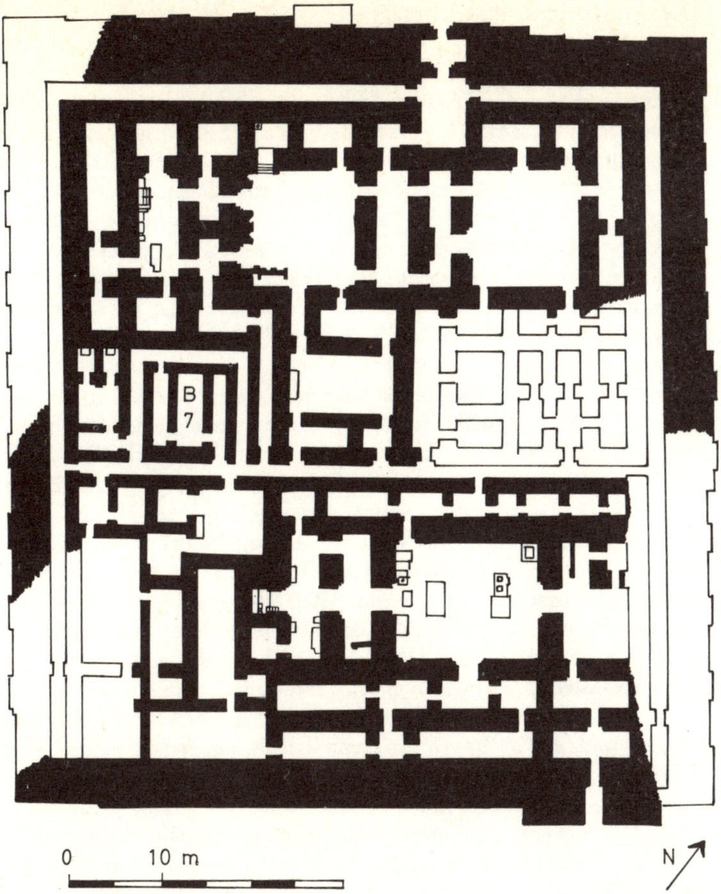

32 Plan des Gipar-ku in Ur nach dem Wiederaufbau durch Enanatuma (um 1940). Das Hauptheiligtum, der Göttin Ningal geweiht, ist im südöstlichen Teil des Gesamtkomplexes gelegen. Die Residenz der *entu*-Priesterin scheint im nördlichen Teil gewesen zu sein. B 7 bezeichnet ein rätselhaftes Baugefüge, das an zwei kleine Heiligtümer grenzt, die nicht zugeordnet werden können. In diesem seltsamen Bau kamen drei Stelen zutage, die, der Göttin Ningal von Amar-Sin geweiht, hier offenbar durch Enanatuma wieder aufgestellt worden waren. Nach Woolley.

haben muß. Mit dem Gipar-ku verbunden war ein Friedhof; die dort von Woolley entdeckten Grabgewölbe müssen allerdings nach genauer Prüfung der Grabbeigaben offenbar in die spätere Kassitenzeit datiert werden.

Ein aus der Zeit Ischme-Dagans stammendes Gedicht spricht dann aufs neue von Amoritern, von denen es heißt, daß sie plündernd und beutemachend durch das besiedelte Land zogen. Wenig später dann, in den ersten Regierungsjahren seines Nachfolgers, entsteht in Larsa unter Gungunum (1932–1906) im Süden des Landes die erste amoritische Dynastie. Wie lange diese Familie an der Macht war, wissen wir nicht. Gungunum führt seine Abstammung auf einen gewissen Naplanum zurück, von dem man annimmt, daß er ein Zeitgenosse Ibbi-Sins von Ur war, von dem aber nichts als sein amoritischer Name bekannt ist. Eine spätere Fassung der Königslisten schreibt Naplanum zwar die Gründung dieser Dynastie in Larsa zu, doch konnten bislang für die Existenz irgendeines ihrer ›Könige‹ – jedenfalls bis zum Auftauchen von Gungunum – keine Anhaltspunkte gefunden werden. Einzige Ausnahme ist eine Ziegelinschrift seines älteren Bruders Zabaya, der sich jedoch schlicht ›Scheich der Amoriter‹ nennt.

33 Die meiste Töpferware der altbabylonischen Zeit ist unverziert und plump. Diese Vase jedoch, die in einem Grab in Larsa gefunden wurde, zeigt eingeritzt sehr lebendige Darstellungen von Tieren und in Relieftechnik kleine Figuren, die die Göttin Ischtar verkörpern. Paris, Louvre; Höhe 26,3 cm.

Die Martu oder Amoriter

Es ist hier nun an der Zeit, ein wenig ausführlicher über diese Völker zu berichten, die in der Zeit des Ibbi-Sin von allen Seiten beschuldigt werden, mit grausamem Gemetzel über Ur und andere Städte im Süden hergefallen zu sein. In den folgenden zwei Jahrhunderten waren sie für eine ganze Anzahl von dynastischen Neugründungen verantwortlich, und zwar nicht nur in den Städten Babyloniens, sondern auch in Assur, Mari und weiter im Nordwesten in Qatna und Aleppo. Der Name Amoriter, akkadisch *amurrum,* kommt aus dem sumerischen *Martu,* was nichts weiter heißt als ›der Westen‹, eine Wendung, die sowohl für den geographischen Begriff als auch für die Bezeichnung einer großen Anzahl verschiedener Volksstämme stehen konnte, die aus der westlichen Wüste kamen und deren Namen erstmals auf Urkunden der Periode von Ur III erscheinen. Die Städter hatten keine hohe Meinung von den Martustämmen; eine Inschrift Schu-Sins beschreibt sie als »ein Volk, das Verheerungen anrichtet, mit den Instinkten einer Bestie . . . ein Volk, das kein Korn kennt«: das entscheidende Merkmal des barbarischen Nomadentums für die Ackerbau betreibenden Stadtbewohner. Ein später entstandenes Gedicht schildert sie dann mehr oder weniger als Wilde, die sich nur vom Krieg ernähren, in der Wüste nach Trüffeln graben, rohes Fleisch essen, ohne festes Dach über dem Kopf und ohne Verantwortung dahinleben, ja die noch nicht einmal ihre Toten bestatten[29]. Aber schon in den Texten aus Fara (Schuruppak) und Akkad finden wir Personengruppen erwähnt, die als Martu bezeichnet werden und die in Babylonien von friedlicher Arbeit leben. Von Eannatum von Lagasch heißt es, daß er einen ›Tidnum (Stammes)-Namen‹ habe; und auch in der Epoche von Ur III und in altbabylonischer Zeit begegnen uns westsemitische (bzw. amoritische) Namen in mannigfachen Zusammenhängen. Es läßt sich hieraus unschwer ableiten, daß diese westsemitischen Namensträger vollkommen in die seßhafte mesopotamische Gesellschaft integriert waren. Auf der anderen Seite aber stellen diese Namen leider unseren einzigen Beleg für den westsemitischen Dialekt dar, denn auch jene Dynastien, die später im 2. Jahrtausend von Männern amoritischer Abkunft begründet wurden, bevorzugten zumindest als Schriftsprache das Akkadische oder sonst ostsemitische Sprachformen[30].

Räuberische Einfälle und das Seßhaftwerden von nomadischen Gruppen waren und sind noch heute ein komplizierter Prozeß der Auseinandersetzung zwischen seßhaften und nichtseßhaften Bevölkerungsgruppen bzw. Gesellschaften, der oft zu Mißverständnissen Anlaß gegeben hat. Gewiß haben solche Volksstämme von Zeit zu Zeit das dauerhaft besiedelte Land plündernd heimgesucht: In einem sumerischen Mythos werden sie beschrieben als »über den Mauern von Uruk schwebend wie Vogelschwärme«, doch hatten ihre Einfälle gewöhnlich eher den Charakter von zeitlich begrenzten Übergriffen und raschen Beutezügen; es handelte sich nicht um Invasionen. Oftmals waren Angehörige von Nomadenstämmen auch durch wirtschaftliche Not und Armut gezwungen, als Landarbeiter ihr Auskommen zu suchen. Von zeitgenössischen Texten werden sie häufig auch als gedungene Söldner erwähnt, ja es scheint, daß manche mit Bedacht das Söldnerdasein gesucht haben, denn der Lohn schloß neben den Beuteanteilen aus Feldzügen auch die Verteilung von Land ein. Auf diese Weise kamen Gruppen von Viehnomaden und gelegentlich wohl ganze Bevölkerungsstämme dazu, nicht nur die seßhafte Lebensweise ihrer neuen Schutzherren anzunehmen, sondern ebenso auch deren Sprache und Kultur. Sicherlich aber führt kein direkter Weg von den Verhaltensnormen eines echten Beduinen zu denen eines Führers eines geregelten Staatswesens, und die Gruppen, die wirklich zu städtischen Bürgern assimiliert wurden, dürften in aller Regel Zwischenstadien der Abhängigkeit von ihren seßhaften, Landwirtschaft betreibenden Nachbarn durchlebt haben.

In den altbabylonischen Archiven von Mari, von denen im nächsten Kapitel ausführlicher die Rede sein wird, hören wir von einer ganzen Reihe westsemitischer Stämme, von denen einige ganz selbstbewußt ihr Dasein als wandernde Hirtennomaden kultivierten, während andere sich ausdrücklich in den Dienst lokaler Herrscher gestellt hatten, insbesondere derjenigen von Mari, die selbst amoritischer Abstammung waren. Der Brief eines Palast-Beamten an Zimrilim von Mari (1782–1759), einen Zeitgenossen von Hammurabi, erinnert diesen zum Beispiel daran, daß er als König der Hanu (ein Stammesverband, der viele Söldner stellte) »auf dem zweiten Platz König der Akkader« sei[31]. Ein anderer überlieferter Stammesverband dieser Zeit waren die Maru- bzw. Binu-Yamina, ein Name, der ›Söhne des Südens‹ bedeutet und sich sprachwissenschaftlich mit dem Stammesnamen Benjamin aus dem Alten Testament in Verbindung bringen läßt. Die Modelle, nach denen sich die Wanderungsbewegungen der Nomaden vollzogen und nach denen auch ihre Stammesgliederung aufgebaut war, entspre-

34 Die hier abgebildete Speckstein-Vase war für Opfergaben bestimmt. Sie wurde von einer Hohenpriesterin von Girsu, so besagt die Inschrift, für das Wohlergehen des Sumu-El von Larsa gestiftet (19. Jh. v. Chr.). Paris, Louvre; Höhe ca. 8 cm.

35 Unsere Kenntnisse über mesopotamische Musikinstrumente stammen zum großen Teil von Tontäfelchen mit sehr lebensnahen Darstellungen. Dieses Täfelchen wurde bei den Ausgrabungen des Oriental Institute am Diyala gefunden. Chicago, Oriental Institute Museum; Höhe ca. 12 cm.

36 Tontafel aus Kafajah: Ein Gott, bewaffnet mit Dolch und Bogen, tötet einen Feuerzyklopen. Die Bedeutung dieser Ritualszene ist dunkel. Chicago, Oriental Institute Museum; Höhe 11 cm.

chen auf verblüffende Weise den Verhältnissen bei modernen Beduinenstämmen[32]. Der amoritische Scheich wurde im Akkadischen *abum*, das heißt ›Vater‹, genannt und hatte, wie in der modernen Stammeshierarchie, die volle Verantwortung für die Handlungsweise aller Stammesangehörigen. Diese Wüsten-Scheichs wurden von den Herrschern von Mari mit Respekt und bemerkenswerter diplomatischer Höflichkeit behandelt, wenn auch gelegentlich etwas ungeduldig; eine Vielzahl von erhaltenen Briefen wirft ein bezeichnendes Licht auf die verwickelten Beziehungen zwischen beiden Seiten:

»Von Schamschi-Adad von Assyrien (1813–1781) an seinen Sohn, den Vizekönig von Mari: Sagt dem Yasmakh-Adad, daß euer Vater, Schamschi-Adad, folgende Botschaft sendet:
Du hast mich gefragt wegen des Verzichtes auf die administrativen und rechtlichen Ansprüche, die gegen die nördlichen Stämme geltend gemacht werden. Es ist nicht zweckmäßig, auf diese Ansprüche zu verzichten. Wenn Du das tun würdest, werden ihre Verwandten, die Rabbaya-Stämme, die zur Zeit auf der anderen Seite des Euphrat im Lande Yamhad sich aufhalten, davon hören und darob so zornig sein, daß sie nicht mehr in ihre heimatlichen Weidegründe zurückkehren werden. Deswegen verzichte nicht auf Deine Ansprüche gegenüber den nördlichen Stämmen ... Im Gegenteil, erteile ihnen mit folgenden Worten einen ernsthaften Verweis: ›Wenn der König einen militärischen Streifzug unternimmt, dann hat sich jedermann bis hinab zu den Kindern unverzüglich zu versammeln. Jeder Scheich, dessen Männer sich nicht alle vollzählig zusammengefunden haben, begeht ein Sakrileg gegen den König, und sei es auch, daß er nur einen einzigen Mann zurückläßt.« .

Ein zweiter Brief kündet von einem noch akuteren Anlaß:
»Sag meinem Herrn (von Mari), daß Euer Diener Bahdi-Lim Euch folgende Botschaft sendet:
›Ich habe nun schon 5 Tage lang am vereinbarten Platz auf die Hilfstruppen der Hana gewartet, doch die Soldaten kommen nicht zusammen. Die Hilfstruppen der Hana sind zwar tatsächlich aus dem offenen Land herbeigekommen, aber sie bleiben nun in ihren eigenen Lagern. Ich sandte ihnen ein- oder zweimal Botschaft, um sie herbeizurufen, aber sie versammeln sich nicht. Es sind jetzt schon 3 Tage her, und sie versammeln sich immer noch nicht.
Nun denn, falls dies die Billigung meines Herrn findet, soll man irgendeinen Verbrecher, der ohnehin im Gefängnis sitzt, hinrichten, seinen Kopf abschlagen und diesen außen um die Lager herumtragen, weithin bis nach Hutnim und Appan, auf diese Weise würden die Soldaten Angst bekommen und sich schnell hier zusammenfinden‹.«[33]

37 Rollsiegel aus Larsa. Der Abdruck zeigt Nergal, den Gott, der mit der niederen Welt in Zusammenhang steht und Herr der Pest ist. Er trägt einen großen Krummsäbel und ein ›Löwenzepter‹. Die Inschrift ist eine Widmung an Nergal und bittet um Wohlergehen für Abisare. Bei diesem handelt es sich möglicherweise um den König von Larsa, der den gleichen Namen trägt. Bagdad, Iraq Museum; Höhe 4,5 cm.

Noch der Erlaß eines späten Königs der altbabylonischen Zeit richtet sich an die örtliche Bevölkerung, die als ›Akkader und Amurrum‹ angesprochen werden; doch schon um die Mitte des 2. Jahrtausends scheinen die westsemitischen Stämme – die wir ja tatsächlich nur ihrem Namen nach kennen – vollständig in die babylonische Bevölkerung integriert gewesen zu sein. In Syrien und Palästina dagegen sollten sie in der Bevölkerung das beherrschende Element bleiben, bis zu einem erneuten feindlichen Einfall nomadischer Stämme, die einen späteren westsemitischen Dialekt mitbrachten, den wir als ›aramäisch‹ bezeichnen.

Die Könige von Larsa

Mit dem Amoriter Gungunum (1932–1906) wandelte sich das Schicksal von Larsa. Es war für die Entwicklung Larsas von ausschlaggebender Bedeutung, daß er die Stadt Ur aus der Zugehörigkeit zu Isin annektier-

38 Diese Abbildung zeigt die Figur eines bärtigen Mannes mit einer Axt – vielleicht ein Krieger – aus gebranntem Ton. Die Statuette stammt aus altbabylonischer Zeit und wurde in Tello (Girsu) gefunden. Bagdad, Iraq Museum; Höhe 19 cm.

te, denn so wurde der gewinnbringende Handel am Golf unter Kontrolle gebracht, der seit dem Niedergang Urs offensichtlich daniedergelegen hatte. Trotz allem kam es zwischen den beiden Städten nicht zum offenen Konflikt; man pflegte vielmehr die Traditionen weiter, die mit dem Amt der Hohenpriesterin des Mondgottes in Ur verbunden waren. Sowohl die Tochter von Ischme-Dagan als auch die von Lipit-Ischtar von Isin dienten dem Gott in Ur unter Gungunum, und ein Usurpator, der dem Lipit-Ischtar in Isin auf dem Throne folgte, opferte Weihgeschenke in Ur, während diese Stadt unter der Herrschaft Larsas stand. Gungunum nahm die Titel ›König von Sumer und Akkad‹ und ›König von Ur‹ für sich in Anspruch, und sowohl er als auch sein Nachfolger unternahmen große Anstrengungen, die politische und wirtschaftliche Situation Larsas zu verbessern. Eines der aufschlußreichsten Archive, das aus jener Zeit erhalten ist, gibt uns Auskunft über die Wiederbelebung des Seehandels zwischen Ur und Dilmun (die Insel Bahrain)[34]. Diese Urkunden stammen aus der Regierungszeit Gungunums und seiner beiden nächsten Nachfolger und künden von lebhaftem Handel, der von einer Gruppe seefahrender Kaufleute getragen wurde: Sie hießen *alik Telmun* bzw. ›nach Dilmun Reisende‹ und arbeiteten mit Unterstützung fremden Kapitals, das von verschiedenen privaten Bürgern in dieses Unternehmen investiert worden war. Es scheint so, daß diese das Verlustrisiko nicht mitzutragen hatten, sondern nur mit einem festen Satz am Gewinn beteiligt waren. Es ist bemerkenswert, daß über 100 Jahre später Hammurabi von Babylon in seinem Gesetzeskodex den allerdings vergeblichen Versuch unternahm, solche Kapitalgeber dazu zu zwingen, sich nicht nur am Gewinn, sondern auch an einem möglichen Verlust zu beteiligen (im § 98 seines Gesetzes).

Die Hauptrolle im Dilmun-Handel spielte das Kupfer, und zwar in beiden Handelsformen als Rohzeug (Barren) und als Fertigprodukt. Kupfer wurde in ungeheuren Mengen importiert und der Palast verdiente daran durch seine Einfuhrsteuer ansehnliche Summen. Erwähnt werden auch Elfenbein, Gold, Lapislazuli-Klumpen, Halsbänder aus kostbaren Steinen, ›Fischaugen‹ (Perlen) sowie andere Luxusartikel. Bei diesen Handelsbeziehungen fiel Dilmun die Rolle des ›Stapelplatzes‹ und Zwischenhändlers zu; die aus so fernen Ländern wie Ost-Iran, Magan und Melukka importierten Waren, sowohl Rohstoffe als auch Gebrauchsgüter, wurden hier an die *alik Telmun* verkauft, um dafür babylonische Produkte wie Öl, Getreide und teure Gewänder einzuhandeln. Es verdient einen Hinweis, daß die Handelsbedingungen sich in den letzten 300 Jahren grundlegend geändert hatten, denn in der Zeit der Dynastie von Akkad pflegten die Schiffe aus Magan und Melukka noch an den Kais von Akkad selbst festzumachen.

Das besondere Augenmerk der Larsa-Dynastie war der Wasserversorgung gewidmet. Betrachtet man die lange Folge von Bewässerungsplänen, die in königlichen Inschriften erwähnt sind sowie die ›Jahresnamen‹ jener Zeit, so läßt sich leicht erkennen, daß in der Tat wohl alle späteren altbabylonischen Könige der Wasserversorgung große Bedeutung beimessen mußten. Doch in Larsa wurde dieses Problem gleichsam auf einen Schlag akut, wahrscheinlich dadurch, daß ein uns unbekannter Feind den Hauptkanal durch einen Damm gestaut hatte. Ein gewisser Nur-Adad (1865–1850), »einer aus der Menge«, riß zwar

in einem Staatsstreich die Macht über die Stadt an sich und zerstörte den Unglück bringenden Damm. Aber zunehmende Streitigkeiten mit Isin trugen das Ihre zur Wasserverknappung bei, so daß Nur-Adads Sohn, Sin-iddinam (1849–1843) sich gezwungen sah, auf grundlegende Abhilfe zu sinnen: Er bediente sich einer Maßnahme, die vielleicht zum ersten Mal schon von Entemena von Lagasch (2404–2375) angewandt worden war: Die Bettung des Tigris-Kanals wurde vertieft und brachte seit jener Zeit »ewige und unerschöpfliche Wasserfülle« nach Larsa[35].
Die Sprache der Kunst der Königreiche von Isin und Larsa unterscheidet sich nur wenig von derjenigen der traditionellen sumerischen Könige von Ur III. Als künstlerisches Ausdrucksmittel gewann Terrakotta neue Bedeutung. So finden wir unter den Kleinfunden aus jener Zeit eine riesige Anzahl von Ton-Plaketten, Weihgeschenke des kleinen Mannes, die zu Massen in offenen Formen hergestellt und zweifellos in der Nachbarschaft von Tempeln verkauft wurden.
Sowohl die Königslisten als auch die in dieser Zeit verfaßten Königshymnen ›verewigen‹ die Wunschvorstellung von der fortdauernden Einheit von Sumer und Akkad unter einem einzigen König. Gleichwohl wird deutlich, daß der Friede, dessen man sich unter den frühen Königen von Isin hatte erfreuen können, durch die Unruhen, die während eines ganzen Jahrhunderts ständig zugenommen hatten, jetzt erheblich gestört war. So kam es zu einem machtpolitischen Auf und Ab zwischen einzelnen, im Grunde unbedeutenden Staaten. Anfangs waren Isin und Larsa die Protagonisten, obwohl die politischen Ansprüche in ihren Königsinschriften oft reichlich weit hergeholt zu sein scheinen. Gegen Ende des 19. Jahrhunderts war es dann mit der Vorherrschaft von Isin vorbei, und Larsa, Assur und Eschnunna machten sich die Macht untereinander streitig. Schließlich trat dann zu Beginn des 19. Jahrhunderts in Babylon, von dem wir nach einer ersten kurzen Erwähnung in der Statthalterliste eines Königs von Ur III zum ersten Male wieder etwas hören, eine amoritische Dynastie auf den Plan. Ihr wichtigster Herrscher, ohne Zweifel die bekannteste politische Gestalt seiner Zeit, war Hammurabi. Ihm wollen wir uns im nächsten Kapitel zuwenden.

3. Die altbabylonische Zeit

39 Die weit gespannten Handelsbeziehungen des altbabylonischen Mesopotamiens lassen sich nicht zuletzt aus dem Vorkommen solch exotischer Fundobjekte ablesen wie Affen. Sie wurden vermutlich aus Afrika oder Indien importiert. Man findet sie häufig auf Zylindersiegeln dieser Zeit abgebildet, gelegentlich auch auf Stäben hockend wie dieses schöne Exemplar aus Alabaster, das für diesen Zweck an der Basis ein Loch aufweist. Es stammt aus Ischchali. Bagdad, Iraq Museum; Höhe 8 cm.

Babylon unter der 1. Dynastie

Im Jahre 1894 v. Chr. wurde in Babylon eine amoritische Dynastie gegründet. Sie hat der Stadt eine Vorrangstellung verschafft, die sie zumindest im geistigen Anspruch, wenn auch nicht immer politisch, über nahezu 2000 Jahre innehaben sollte. Bis dahin hatte Babylon in der Geschichte des Zweistromlandes kein Gewicht gehabt. Dann jedoch, nur wenig mehr als 100 Jahre später, beherrschte diese Stadt wenigstens für kurze Zeit ganz Mesopotamien. Weiterhin gab sie ihren Namen dem ganzen Gebiet von Sumer und Akkad, einen Namen, der bis in unsere Zeit ein fester Begriff geblieben ist.

Die Sprache, in der die Keilschrift-Urkunden dieser Zeit verfaßt sind und die vermutlich von der Mehrheit der Bevölkerung auch gesprochen wurde, wird von der modernen Wissenschaft als ›babylonisch‹ bezeichnet bzw. bei genauerer Differenzierung gegen die späteren Dialekte als ›altbabylonisch‹. Archäologen nennen diese Periode vom Untergang Urs (um 2004) bis zur Zerstörung Babylons durch die Hethiter (1595) die ›altbabylonische Zeit‹. Allerdings läßt sich der Wandel in Schrift und Sprache, der nach philologischen Kriterien für die Bezeichnung ›altbabylonisch‹ ausschlaggebend ist, im allgemeinen nicht vor dem ausgehenden 20. Jahrhundert, etwa in der Zeit der vierten oder fünften Generation der Könige von Isin, nachweisen. Das Babylonische ist keine neue Sprache, sondern lediglich eine spätere Form des Akkadischen. Der frühere Dialekt aus der Zeit der Könige von Akkad und noch davor aber wird im Unterschied zu späteren babylonischen Formen das ›Alt-Akkadische‹ genannt.

Das Leben in Babylon kann bis in den letzten Abschnitt der frühdynastischen Epoche zurückverfolgt werden; jedenfalls heißt es, daß unter den Oberflächenfunden des Grabungsfeldes Tonscherben aus jener Zeit sich befinden[1]. In der Zeit des Königs Scharkalischarri von Akkad rühmte sich die Stadt wenigstens zweier Tempel, und unter der 3. Dynastie von Ur war sie wichtig genug, um Sitz eines lokalen Statthalters zu sein. Man hat lange geglaubt, daß der Name Babylon – akkadisch *Bab-ilim,* biblisch *Babel,* ›Tor Gottes‹ – nichts anderes sei als die Übersetzung eines früheren sumerischen Namens, *Kadingirra.* Doch tauchte der Name erstmals in der akkadischen Form, *Bab-ilim,* auf, und so wird heute angenommen, daß es sich um eine in der Volksetymologie entwickelte Schreibweise eines älteren Namens, *Babil,* handele, dessen Bedeutung allerdings unbekannt ist[2]. Im Griechischen wurde aus diesem Namen Babylon (βαβυλων), das heißt also der heute noch gebräuchliche Name der Stadt.

Eine späte, aber wohl sicher apokryphe Überlieferung mißt Babylon schon früh eine bedeutende Stellung als Kultzentrum zu. Esagila, der Marduk-Tempel für die höchste Gottheit Babylons, bestand schon zu Zeiten der Könige von Ur III; aber es dauerte offenbar einige Jahrhunderte, dieser Gottheit im mesopotamischen Pantheon die entsprechende Vormachtstellung zu verschaffen und gelang wahrscheinlich erst unter den Kassiten oder vielleicht sogar noch später. Aus den Jahresnamen des Gründers der 1. Dynastie, Sumu-abum (1894–1881) erfahren wir nichts über Marduk, und erst aus dem 21. Regierungsjahr seines Nachfolgers Sumulael, den die späteren Angehörigen der Dynastie als ihren wahren Vorfahren ansahen, finden sich Hinweise über altbabylonische Stiftungen an Marduk. Nach Aussage der Jahresnamen ließ Sumulael für den Gott einen in Gold und Silber gefaßten Thron anfertigen sowie zwei Jahre später eine Statue für die Gemahlin Marduks, Sarpanitum. Die sehr viel später entstandene Sage, Sargon habe ein Sakrileg begangen, als er heiligen Boden aus Babylon holen ließ, um darauf Akkad zu gründen (wörtlich: eine Nachbildung Babylons nahe bei Akkad), ist ganz eindeutig erfunden worden, um den späteren Ansprüchen Babylons auf besondere Heiligkeit Nachdruck zu verleihen.

Über die Ahnen der 1. Dynastie von Babylon ist wenig bekannt, obwohl eine Tontafel, die sich heute im Britischen Museum befindet, eine Reihe von ›Vorfahren‹ anführt; wahrscheinlich aber handelt es sich bei ihnen um eine Art von Stammeshäuptlingen bzw. Scheichs. Dies erinnert in mancher Hinsicht an die Genealogie eines anderen amoritischen Königs, des Schamschi-Adad, der einige Generationen später den Thron von Assur bestieg[3]. Auch wissen wir kaum etwas über wichtigere Ereignisse aus den ersten Jahren dieser Dynastie. Sumu-abum ließ gleich zu Beginn seiner Regierungszeit eine ›große Stadtmauer‹ bauen, doch war dieses Projekt bei der Thronbesteigung seines Nachfolgers noch nicht vollendet. Die geringe Bedeutung Babylons in dieser Zeit läßt sich auch deutlich demonstrieren an der Unfähigkeit Sumu-abums, die Kontrolle über eine so nahe gelegene Stadt wie Kisch aufrechtzuerhalten, was dazu führte, daß sein Nachfolger Sumulael sich schließlich gezwungen sah, diese Stadt mit Plünderung zu überziehen. Die Jahresnamen der frühen Könige von Babylon berichten auch über Ausschachtungsarbeiten für mehrere neue Kanäle, und so läßt sich wohl die spätere Wohlhabenheit Babylons auf eben ihre und ihrer Nachfolger Sorgfalt zurückführen, mit der sie um die Verbesserung ihrer Wasserversorgung bemüht waren.

Als Hammurabi (1792–1750) den Thron bestieg, war Babylon immer noch nur einer aus einer Reihe unbedeutender Staaten. Zeitgenössische Urkunden enthüllen uns eine reichlich unsichere politische Szene, in der rivalisierende Königreiche ständig ihre Bündnispartner wechselten, je nachdem die Machtverhältnisse sich verändert hatten. Es wird auch deutlich, daß man neben soliden wirtschaftlichen Grundlagen auch ein gehöriges Talent zu politischem Ränkespiel besitzen mußte, wollte man Erfolg haben. Ein vielzitierter Brief charakterisiert diese Situation sehr zutreffend:

40 Wie die Stele des Naram-Sin (s. Abb. 24) befand sich auch dieser eindrucksvolle Kopf eines altbabylonischen Herrschers unter den Beutestücken, die die Elamer im 12. Jahrhundert nach Susa verschleppten. Der aus Diorit gefertigte Kopf wird nicht selten als Bildnis Hammurabis gedeutet. Paris, Louvre; Höhe 15 cm.

»Da gibt es keinen König, der von sich allein aus der stärkste ist. Zehn oder fünfzehn Könige folgen Hammurabi von Babylon, ebensoviele folgen Rim-Sin von Larsa, Ibal-pi-el von Eschnunna und Amut-pi-el von Qatna, wohingegen 20 Könige Yarim-Lim von Yamhad (Aleppo) folgen[4]*.«*

41 Diese kleine Bronzestatuette hatte einst wahrscheinlich als Votivgabe ihren Platz in einem Tempel. An der Frontseite der Basis (hier von hinten zu sehen) halten zwei Gottheiten eine kleine Schale (vergl. Abb. 45); Köpfe und Bärte der Ziegen sind mit Blattgold belegt, die der kleinen Figuren mit Silberfolie. Paris, Louvre; Höhe 22,5 cm.

Die ersten Regierungsjahre Hammurabis können nicht sehr ermutigend gewesen sein. Der mächtige Rim-Sin (1822–1763) beherrschte den Süden, Eschnunna das Gebiet nördlich von Babylon bis zum Euphrat, und weiter im Norden erstarkte Assur unter seinem scharfsinnigen Herrscher Schamschi-Adad und hatte bereits ein nach Westen ausgedehntes Territorium in seine Gewalt gebracht. Rim-Sins Familiengeschichte ist von einigem Interesse: Sein älterer Bruder Warad-Sin (1834–1823) wurde von dem Vater, Kudur-mabuk, auf den Thron von Larsa manövriert. Dieser war ein geschickter Stammesfürst, der einen gewissen Silli-Adad, einen Vasallen des Staates Kazallu und nur kurze Zeit Herrscher von Larsa (1835), vom Thron verjagt hatte. Kudur-mabuks Name und der seines Vaters sind elamisch, doch gleichwohl trug ersterer auch den Titel ›Scheich der Amurrum und von Yamutbal‹ (ein Gebiet östlich des Tigris, das zur Zeit der Dynastie von Ur III von Amoritern besiedelt worden war). Es möchte also scheinen, daß er ein Amoriter war, dessen Familie irgendwann in der Vergangenheit in die Dienste des Königs von Elam getreten war. Die Namen seiner Söhne sind dann allerdings rein akkadisch, und seine Tochter wurde unter dem sumerischen Namen Enanedu zur Hohenpriesterin des Mondgottes von Ur geweiht. Diese Familiengeschichte gilt als das am besten belegte Beispiel dafür, wie ein Nomade auf einen babylonischen Thron gelangen konnte. Wie die Könige von Isin und Ur wurde auch Rim-Sin wie ein Gott verehrt. Sein Rivale Hammurabi aber nahm im Gegensatz dazu niemals einen Titel an, der irgendwie mit der Vergöttlichung in Verbindung gebracht werden könnte, und alle späteren Könige sind ihm bzw. Babylon in dieser Hinsicht gefolgt.

Es scheint, daß Hammurabi in seinen ersten Regierungsjahren sich der Ordnung der Verwaltung seines Landes gewidmet hat. In seinem zweiten Jahr »richtete er die Gerechtigkeit im Lande auf«, wohl ein Hinweis auf die Einleitung von Reformen, die schließlich in seinem berühmten Gesetzeskodex ihren Niederschlag finden sollten. Dieser Hinweis bezieht sich nicht auf die Gesetze selbst, sondern auf die *mischarum*-Akte, ein Reformedikt, das die Könige jener Zeit bei Regierungsantritt zu erlassen pflegten. In den ersten 30 Jahren der Amtszeit Hammurabis deuten nur drei Jahresnamen auf militärische Unternehmungen hin, und erst in den letzten Jahren seiner Regierungszeit stieg Babylon zu größerer Machtstellung auf. Zweifellos war Schamschi-Adad (um 1813–1781[5]) die große, beherrschende historische Persönlichkeit dieser Epoche, und nur der Zufall archäologischer Entdeckungen hat Hammurabi zu dem gemacht, was er heute für uns ist: die vielleicht bekannteste Gestalt aus der Geschichte Mesopotamiens.

Schamschi-Adad war ein Herrscher von großen militärischen und organisatorischen Fähigkeiten. Seine kraftvolle Persönlichkeit wird bis in seine innersten Wesenszüge hinein deutlich aus den Briefen, die unter etwa 13000 Keilschrift-Urkunden aus dem königlichen Palast von Mari gefunden wurden. Dieser Ort war ein wichtiger Knotenpunkt

42 Die sogenannte ›Investitur des Zimrilim‹ bildet den Mittelteil eines großen Wandgemäldes, das in Mari im Eingang zum ausgedehnten Empfangsraum südlich des Hofes B gefunden wurde (vergl. Abb. 43). Dargestellt ist der König vor der Göttin Ischtar, die von verschiedenen anderen Gottheiten umgeben ist. Ischtar erscheint in kriegerischer Gestalt mit je einem Zepter zwischen zwei Krummsäbeln, ihre Schultern überragend. Das Gemälde ist in unterschiedlichen Schattierungen der Farben Schwarz, Rot, Gelb, Blau und Braun gehalten. Nach Parrot.

für Karawanenhandel und Schiffsverkehr am Euphrat; in jener Zeit regierte dort als Vizekönig des assyrischen Herrschers sein jüngerer und hilfloser Sohn Yasmakh-Adad. Ein anderer, älterer und offensichtlich fähigerer Sohn, Ischme-Dagan, war Vizekönig von Ekallatum, einem Verwaltungszentrum östlich des Tigris und oberhalb von Assur gelegen, während Schamschi-Adad selbst von zwei Hauptstädten aus regierte, nämlich von Assur und von Schubat-Enlil im nordöstlichen Syrien. Möglicherweise ist die letztgenannte Stadt identisch mit dem heutigen Tschagar Basar, wo ein Verwaltungsarchiv gefunden wurde, das aus diesen Jahrzehnten datiert. Das Archiv von Mari umfaßt den Zeitraum von 1810–1760. Es vermittelt uns einen direkten und kontinuierlichen Einblick in das aktuelle Geschehen jener Zeit, gleichsam von Tag zu Tag, und ist damit eine historische Quelle, wie sie für die antike Welt ohnegleichen ist[6]. Die Privatkorrespondenz zwischen Schamschi-Adad und seinen Söhnen vermittelt ein lebensnahes Bild der damaligen politischen Verhältnisse und enthält zugleich einige der menschlichsten Dokumente aus der antiken Welt überhaupt.

Yasmakh-Adad war ein träger junger Mann, und sein Vater versuchte fortwährend, ihn in Zucht zu nehmen:

»Bist du ein Kind, nicht ein Mann, hast du keinen Bart an deinem Kinn? Sogar jetzt, wo du das Mannesalter erreicht hast, hast du dir noch kein Haus geschaffen ... Wer ist es, der nach deinem Haus schaut? Ist es nicht so, daß wenn ein Verwalter auch nur 2 oder 3 Tage sein Amt nicht ausfüllt, daß dann die ganze Verwaltung zusammenbricht? Warum also hast du keinen Mann mit diesem Amte betraut?«

Eine andere Passage berichtet von einem großen Sieg, den Ischme-Dagan errungen hat, und fährt fort:
»Während dein Bruder hier einen großen Sieg errungen hat, bleibst du dort (in Mari) und liegst zwischen deinen Weibern.«

Andere Briefe schlagen in dieselbe Kerbe:
»Nun zu dir: wie lange müssen wir dich noch ständig leiten?, ... Wie lange noch wirst du dein Haus nicht verwalten können? Siehst du nicht, wie dein eigener Bruder große Heerscharen anführt?«

Ja, Ischme-Dagan selbst ist sich auch nicht zu schade, seinen Bruder zu ermahnen, und bei einer Gelegenheit schreibt er:
»Warum erhebst du Wehklage wegen dieser Angelegenheit? Das zeugt nicht von großer Art[6].«

Ischme-Dagan war zwar weitaus fähiger als der brüderliche Müßiggänger, erwies sich aber dann doch nicht als ein Herrscher vom Format seines Vaters. Nach dem Tode Schamschi-Adads erlebte die assyrische Macht einen Niedergang, und Briefe lassen vermuten, daß Hammurabi sich nunmehr in der Lage sah, den assyrischen König um Truppenverstärkungen zu ersuchen oder gar, diese von ihm zu fordern. Ischme-Dagans Reaktion bei einer dieser Gelegenheiten war zwar höchst widerwillig, und Hammurabi beklagte sich über die armselige Unterstützung. In Mari aber verjagte Zimrilim, der Sohn eines früheren Königs, den unfähigen Yasmakh-Adad vom Thron. Zimrilim (1782–1759) spielt in den Archiven eine wichtige Rolle, stammen doch viele der Briefe an ihn von seinen Geschäftsträgern am Hofe Hammurabis. Beide Könige hatten, wie es zu jener Zeit schon üblich war, ihre Abgesandten an fremden Höfen, die wie unsere heutigen Botschafter ihre Berichte über die militärische und politische Situation des anderen Landes in die Heimat schickten. Einer der Abgesandten Zimrilims, Ibal-pi-el, brüstet sich seiner ›Insider-Kenntnisse‹ der babylonischen Angelegenheiten:
»Wenn Hammurabi aus irgendeinem Grunde beunruhigt ist, dann zögert er nicht, nach mir zu senden; und ich gehe zu ihm, wo auch immer er sich aufhält. Und er erzählt mir, was ihm Kummer macht.«

Einmal, als von einem anderen Herrscher Gesandte zu Hammurabi kamen, nahm Ibal-pi-el diese am Palasttor beiseite, bevor sie noch zu Hammurabi zugelassen worden waren, und erfuhr so von ihren Aufträgen. Vom Inhalt einer anderen Botschaft an Hammurabi verschaffte er sich Kenntnis durch die Eseltreiber, die die Boten begleiteten.
Die Beziehungen zwischen den Staatsoberhäuptern waren einem ganz bestimmten und allgemeinen Verhaltenskodex unterworfen. Dabei

stand der regelmäßige Austausch von Briefen und Geschenken als Zeichen der Freundschaft im Vordergrund; wurde dieser einmal unterbrochen, war das gleichbedeutend mit dem Abbruch der Beziehungen. Diplomatische Missionen wurden besonderen Gesandten anvertraut, deren Ankunft und Behandlung Angelegenheiten von großer protokollarischer Bedeutung waren. Die örtlichen Beamten waren jeweils dafür verantwortlich, daß die Gesandten unverzüglich zum König geführt wurden. Yasmakh-Adad wurde von seinem Vater brieflich mehrfach äußerst scharf getadelt, weil er Gesandte aufgehalten hatte. Einmal, als er seinem Vater offenbar mitgeteilt hatte, daß ein Botschafter seine Reise nicht fortsetzen könne (anscheinend wegen eines Schadens an seinem Wagen), antwortete Schamschi-Adad lakonisch: »Ist er denn nicht in der Lage, auf einem Esel zu reiten?«[7] (Der Leser von heute mag fragen, warum nicht auf einem Pferd? Doch muß die Antwort lauten: das Wildpferd, *Equus caballus*, war im westlichen Asien nicht heimisch. Das domestizierte Pferd, in der sumerischen Sprache ›fremder Esel‹ oder ›Esel aus den Bergen‹, war erst vor wenigen Jahrhunderten in Mesopotamien eingeführt worden und mußte sich die königliche Gunst, deren es sich künftig erfreuen sollte, erst erwerben. Zu dieser Zeit aber wurden sie als minderwertige Tiere angesehen, die kein Mann, der etwas auf sich hielt, besteigen würde. In einem Brief wird Zimrilim gedrängt, von solch einem ›barbarischen und entwürdigenden‹ Brauch Abstand zu wahren: »Möge mein Herr seine königliche Würde bewahren. Möge mein Herr nicht auf dem Rücken eines Pferdes, sondern in einem von Maultieren gezogenen Wagen reisen«[8].)
Die Fürsten, die die unbedeutenderen Staaten regierten – nahezu alle nahmen den ehemals prestigeträchtigen Titel ›König‹ für sich in Anspruch –, mußten sich auf die Diplomatie und auf behelfsmäßige Bündnisse beschränken, von denen in den Mari-Briefen vielfach die Rede ist, die aber ihre Position nicht sonderlich stärkten, sondern vielmehr der allgemeinen Schwäche entsprachen. Zimrilim forderte nicht weniger als 10000 Mann von Babylon an, während Hammurabi eine ähnlich starke Hilfstruppe von Mari erhielt. Der Ton dieser Briefe ist recht aufschlußreich. Die örtliche Verwaltung bediente sich einer ganz offen klingenden, bündigen Ausdrucksweise, die internationale Diplomatie dagegen drückte sich gewundener aus. Es ist dies die Phraseologie einer Sprache, in deren modernem Gegenstück, dem Arabischen, es auch heute noch unhöflich ist, ein deutliches Nein zu sprechen. Herrscher der gleichen Position nannten sich untereinander ›Bruder‹, Herrscher und Vasall benutzten die Anrede ›Vater‹ und ›Sohn‹, und die unmittelbaren Untertanen eines Königs redeten diesen mit ›Herr‹ an.

Babylons Aufstieg zur Macht

Im 29. Regierungsjahr Hammurabis ändert sich die von allgemein verbreiteter Schwäche und defensiver Diplomatie gekennzeichnete Szene offensichtlich schlagartig. Der babylonische König nämlich scheint von nun an eine stärker auf Angriff gerichtete Politik zu betreiben; und innerhalb der nächsten paar Jahre steigt er zum obersten

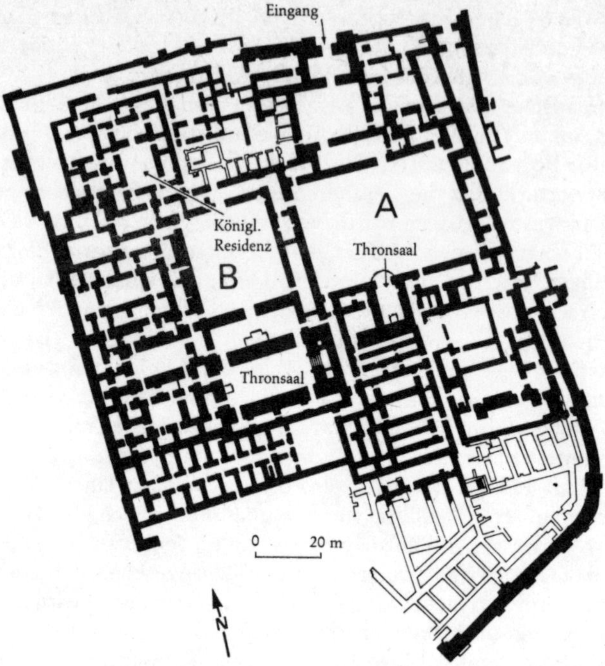

43 Der große Palast des Zimrilim in Mari enthielt mehr als 260 Räume und Höfe. Im Süden des Innenhofes (B) liegt ein Thronsaal mit doppelter Suite, dessen Wände Gemälde von über 2 m Höhe zieren. Die meisten von ihnen scheinen sich in die Zeit Schamschi-Adads I. datieren zu lassen. Seine endgültige Form verdankt der ausgedehnte und verwickelte Gebäudeplan Zimrilim; allerdings weisen Wandgemälde im frühesten Thronsaal, südlich von Hof A, enge Parallelen zu Stelen von Gudea und Urnammu auf; sie datieren diesen frühesten Teil des Baus in das späte 3. Jahrtausend. Nach Parrot und Hawkes.

Herrscher nicht nur in Babylon, sondern schließlich auch in Assyrien auf. Der Niederwerfung Elams (vielleicht noch aus Gründen der Verteidigung) und einer Reihe von beachtlichen Bundesgenossen, einschließlich Subartu (Assyrien unter Ischme-Dagan), und Eschnunna, folgte dann im nächsten Jahr (1763) die Eroberung Larsas, das zu dieser Zeit von Rim-Sin regiert wurde. Ein Brief, in dem von Mari Hilfe angefordert wird, deutet auf die Unterstützung Eschnunnas bei dieser Unternehmung hin, obwohl wiederum im darauffolgenden Jahr von einem großen Sieg über Assyrien und Eschnunna die Rede ist. Dann wird das vorher unter Larsas Oberherrschaft stehende Südbabylonien erobert, und Hammurabi tritt die Nachfolge des traditionsreichen Königtums von Sumer und Akkad an, ein Titel, auf den er, wie seine späteren Inschriften zeigen, mit Recht stolz war. Nachdem Hammurabi so Babylon gesichert hatte, wandte er sich nun gegen seinen alten Bundesgenossen und Kampfgefährten Zimrilim. In Mari hat man Tonsiegel aus dem 32. Regierungsjahr Hammurabis gefunden, die ursprünglich einmal an Körbe geheftet worden waren, welche der Aufbewahrung von keilschriftlichen Urkunden dienten. Diese Tonsiegel (Ton-Bullen) lassen nicht nur erkennen, daß die Stadt schon von Militär besetzt war, sondern auch, daß die babylonische Zivilverwaltung bereits damit beschäftigt war, Zimrilims amtliche Archive neu zu katalogisieren[9]. Mari muß sich allerdings bald als lästige Erwerbung herausgestellt haben, denn schon zwei Jahre später (1759) beschließt Hammurabi die Zerstörung seiner Mauern. Auch Assyrien und Eschnunna blieben hartnäckige Widerstandsnester, wenngleich der Prolog des Gesetzeskodexes des Hammurabi deutlich macht, daß er

44 Der obere Teil der berühmten Gesetzesstele des Hammurabi (vergl. Abb. 50). Der König ist vor dem Sonnengott, Schamasch, dem Gott der Gerechtigkeit in Gebetshaltung dargestellt. Höhe des Reliefs 65 cm.

sowohl Assur als auch Ninive beherrschte. Auf diese Weise konnte sich Hammurabi am Ende seiner Regierungszeit rühmen, die Oberherrschaft über ganz Mesopotamien zu besitzen. Seine Inschriften zeigen, daß er sich nicht nur im traditionellen Sinne als Erbe des Königreiches von Sumer und Akkad betrachtete, sondern auch als Nachfolger der akkadischen Könige, obwohl man sicher nicht behaupten kann, daß er ein vergleichbar großes Reich erobert hätte. Wie Naram-Sin nannte er sich selbst ›König der vier Weltgegenden‹ und benutzte diesen Titel neben dem des ›Königs von Sumer und Akkad‹, ein Brauch, der aus früheren Epochen gänzlich unbekannt war.

Es ist Hammurabi nicht gelungen, einen dauerhaften Nationalstaat zu begründen, obschon er die größeren Stadtstaaten Babyloniens unterworfen und für kurze Zeit auch das Land unter der Vorherrschaft Babylons geeinigt hatte. Aber seine politische Wirksamkeit war doch von einer derartigen Tragweite, daß sie in den folgenden zwei Jahrtausenden die Geschichte des Zweistromlandes entscheidend bestimmen sollte. Fast über Nacht wurde Babylon zum traditionellen Standort der Königsresidenz, eine Stellung, die es unangefochten behielt bis zu dem Zeitpunkt, als die Griechen Seleukeia gründeten. Als religiöses Zentrum überlebte Babylon sogar bis in das 1. nachchristliche Jahrhundert hinein, und der geheimnisvolle Klang seines Namens ist auch noch heute für uns lebendig. In engem Zusammenhang mit der späteren Macht Babylons über das Zweistromland stand der Kult des Gottes Marduk; er trat an die Stelle Enlils von Nippur als derjenige Gott, der die gesetzmäßige Königswürde verleiht. Freilich, dieser Wandel in seiner religiösen Funktion zur wichtigsten Staatsgottheit vollzog sich erst allmählich und lange nach Hammurabis Regierungszeit.

Hammurabi bleibt die Symbolfigur seines Zeitalters. Man wird einschränkend sagen, daß er seinen heutigen Ruf als großer König und Erneuerer des Gesetzes ebenso der frühen Entdeckung von keilschriftlichen Urkunden aus seiner Regierungszeit verdankt wie irgendwelchen besonderen Charaktereigenschaften, die er vielleicht besessen haben mag. Die große Stele, in die sein berühmtes Gesetzeswerk eingemeißelt ist, wurde zu Beginn unseres Jahrhunderts von einem französischen Archäologenteam unter Jacques de Morgan in Susa gefunden, wohin sie von einem späteren elamischen König verschleppt worden war. Lange Zeit hat man angenommen, daß dieses Denkmal das älteste Gesetz der Welt enthalte – und es bleibt auch heute noch der längste Gesetzestext in Mesopotamien. Briefe Hammurabis, die schon viele Jahre vor den Ausgrabungen in Mari veröffentlicht werden konnten, lehrten ihn uns als tüchtigen, umsichtigen Verwalter kennen sowie als menschlichen, gerechten Souverän, der das Wohlergehen seiner Untertanen wahrhaft zu seiner eigenen Sache machte. Spätere Entdeckungen haben dann dazu geführt, seine Persönlichkeit in ein etwas nüchterneres Licht zu rücken. Allerdings, eine Tatsache bleibt unumstößlich: Hammurabi war der erfolgreichste König seiner Dynastie, unter der Babylon zur fortan führenden Stadt in Vorderasien aufstieg. Nie mehr hat später eine der südlichen Städte Babylonien beherrscht, und die gesellschaftlichen Strukturen, die sich zu Hammurabis Zeit im Lande herausbildeten, blieben bis zum Ende der Geschichte dieses Landes spürbar.

Die babylonische Gesellschaft zur Zeit Hammurabis

Keilschrifturkunden aus der Regierungszeit Hammurabis, von denen die Gesetzesstele die wichtigste ist, sowie Urkunden aus Larsa aus der Zeit Rim-Sins, zeitgenössische Briefe aus Schimschara im Nordosten des Irak und schließlich die Archive aus Mari und Sippar bieten der Forschung eine derartige Fülle von Informationen über Gesellschaft und Wirtschaft, wie sie für viele spätere Perioden der Geschichte sogar des westlichen Europa auch nicht im entferntesten überliefert ist. Trotz dieser unvergleichlichen Quellenlage bleiben viele Aspekte der babylonischen Gesellschaft noch weitgehend im dunkeln: Wer waren diese Menschen, was taten sie, wie führten sie ihr Leben? Besondere Schwierigkeiten entstehen bei der Übersetzung von Begriffen, die sich auf Berufe und soziale Klassen beziehen; sie sind eben zu weit entfernt von unserem eigenen Erfahrungsbereich. Nur wenige Forscher oder wissenschaftliche Institutionen haben Zeit und Geld genug aufwenden können, um die ausgedehnten analytischen Untersuchungen durchzuführen, die für die Lösung solcher Probleme notwendig sind, wenn überhaupt eine Antwort auf diese Fragen möglich ist. Die Veröffentlichung der Texte aus Mari und die auf ihnen und auf den Archiven von Sippar beruhenden Untersuchungen haben gewiß viel dazu beigetragen, unsere Kenntnisse von der babylonischen Gesellschaft jener Epoche zu vertiefen. Trotzdem bleiben erhebliche Unsicherheiten bei der Deutung bestehen, und dies ist gerade auch bei den folgenden Abschnitten mit zu bedenken.

Das vielleicht hervorstechendste Merkmal der Sozialstruktur Mesopotamiens ist zu allen Zeiten die offensichtliche Beschränkung auf rein wirtschaftliche Schichten, neben denen andere Wertmaßstäbe kaum eine Rolle spielen. Dies bedeutet, daß die Gesellschaft im wesentlichen nur aus zwei Gruppen bestand, nämlich derjenigen, der die Produktionsmittel gehörten (vor allem Landbesitz), und derjenigen, die von der ersteren abhängig war[10]. Es gab nie einen eigenen Ritterstand im Sinne einer Klasse von Kriegern, wie das in anderen frühen Kulturen bekannt ist, und auch die Priesterschaft nahm keine besondere Stellung ein. Der ›Kodex Hammurabi‹ unterscheidet drei soziale Klassen in Babylonien: die *awilum*, die *muschkenum* und die *wardum* bzw. ›Sklaven‹ (nur dieser letztere Begriff läßt sich direkt in das Begriffssystem unserer europäischen Sprachen übersetzen). *Awilum* bedeutet ganz einfach ›Mann‹; für gewöhnlich wird es mit ›Bürger‹ übersetzt, wobei es sich allerdings auch nur um eine Auslegung handelt, denn über die genaue Bedeutung und Bestimmung dieses Begriffes, wenn es eine solche überhaupt gibt, befinden wir uns noch im unklaren. Gelegentlich wird das Wort auch gebraucht, um den Angehörigen einer höheren Klasse, vielleicht einen ›Adeligen‹ zu bezeichnen, aber es kann auch ein ›Freier‹ eines jeglichen Standes gemeint sein, und manchmal heißt es wohl nur einfach ›Mann‹, gleichgültig ob König oder Sklave. Im juristischen Sinne hat man es wohl ganz allgemein auf den ›Bürger‹ bezogen. Freilich ist nicht ganz klar, wie dieser Begriff in Babylonien genau definiert wurde, abgesehen von der Tatsache, daß die Zugehörigkeit zu einer städtischen Gemeinschaft oder einer sonstigen Siedlungsgemeinschaft der grundlegende Ordnungsfaktor der mesopotamischen

45 Diese Votivstatuette aus Bronze war für das Wohlergehen Hammurabis dem Gotte Amurru geweiht, und zwar von einem gewissen Lu-Nanna, der hier kniend, im Gestus demütiger Bitte gezeigt ist. Auf der Basis befindet sich der gleiche Bittsteller vor einer thronenden Gottheit. An der Vorderseite der Basis ist ein kleiner Kessel zur Aufnahme von Opferspenden angebracht. Das abgebildete Stück stammt vermutlich aus Larsa. Paris, Louvre; Höhe 19,5 cm.

Sozialstruktur war. Bürger im engeren Sinne heißen allerdings *maru alim*, ›Söhne der Stadt‹. Es ist wahrscheinlich, daß *awilum* einen Landbesitzer oder ein Familienoberhaupt bezeichnete, doch läßt sich auch dies nicht mit Sicherheit sagen.

Die *puhrum* (Versammlung) setzte sich aus Freien oder Bürgern zusammen, wie man sie auch immer im einzelnen genannt haben mag. Unter diesen bildeten die ›ältesten‹ *(schibutum)* eine besondere Körperschaft von Ratgebern. In der altbabylonischen Periode wurden *alum*, ›Stadt‹, und *puhrum* als gleichbedeutende Begriffe verwendet. Irgendwie scheinen die *schibutum* einen höheren gesellschaftlichen Rang eingenommen zu haben, vielleicht handelte es sich bei ihnen also um die Oberhäupter von besonders einflußreichen Familien. Ein babylonisches Sprichwort macht allerdings deutlich, daß zu jener Zeit die Mitgliedschaft in der Versammlung nicht unbedingt das Vorrecht einer kleinen bevorzugten Klasse war:

Geh nicht, um an der Versammlung teilzunehmen: Verirre dich nicht an den Ort des Haders. Gerade im Hader könnte dich das Schicksal einholen: Überdies, du könntest zum Zeugen für ihn gemacht werden. So daß sie dich mitnehmen, damit du in einem Prozeß aussagst, der doch nicht dein eigener ist[11].

Dieser Ratschlag läßt vielleicht etwas Gemeinsinn vermissen, doch setzt er zweifellos voraus, daß jedermann an der Versammlung teilnehmen konnte. Diese der Gemeinschaft in Form ihrer Versammlung verbliebene Macht ist in einem sonst offensichtlich autokratischen Gesellschaftssystem durchaus erstaunlich. In diesem Licht aber erscheinen auch die bisher sehr theoretischen Rekonstruktionsmodelle der frühen sumerischen Gesellschaft glaubwürdiger, in der eine ähnliche Versammlung als einzige politische Kraft angenommen wird, die sogar den ›König‹ wählte. Die Positionen des Vorsitzenden der Versammlung und des Stadtoberhauptes (Bürgermeisters), des *rabianum*, blieben auch in der späteren, altbabylonischen Zeit rotierende Ämter, die in dieser Hinsicht an die früheren *palû* erinnern.

Die Bedeutung der *muschkenum* ist Gegenstand mancher Abhandlung gewesen und bleibt auch weiterhin umstritten[12]. In altbabylonischer Zeit scheint der Begriff in einigen Fällen Mitglieder einer ganz bestimmten Gruppe zu bezeichnen, die von den *awilum* unterschieden wurden und in gewisser Weise einen niedrigeren Rang als jene einnahmen. Das wesentliche der rechtlichen Stellung der *muschkenum* bestand in der Tatsache, daß sie zu ihrem Schutz als Abhängige von Staat bzw. Krone herausgehoben waren. Diese ›königlichen Diener‹ versorgte man entweder mit Naturalien oder auch mit einem nicht veräußerlichen Landlehen, als Gegenwert bzw. Entgelt für die dem Palast gegenüber geleisteten Dienste. Daß in den Gesetzeswerken Altbabyloniens so zahlreiche Bestimmungen auftauchen, die getrennt nur für den einzelnen *muschkenum* aufgeführt sind und die ihn mit dem Palast identifizieren, läßt sich vielleicht damit erklären, daß der *muschkenum* als Besitzloser, das heißt als ›Nicht-Bürger‹ vom üblichen Gewohnheitsrecht nicht geschützt war. Denn obwohl ein *muschkenum* in der Versammlung durchaus Rederecht besaß, scheint er doch außerhalb der Rechtsprechung der *alum* gestanden zu haben.

Das Wort *muschkenum* ist das Partizipium eines Verbs von möglicherweise amoritischem Ursprung und mit der Bedeutung ›jemanden grüßen, indem man die Hand vor den Mund nimmt (in der Geste der Anbetung)‹: vielleicht können wir diese Pose in einer Bronzestatuette aus Larsa wiedererkennen (Abb. 45, 47). So dürfte *muschkenum* jemanden bezeichnet haben, der verpflichtet war, diese Grußform gegenüber Personen höheren Ranges anzuwenden, weil sie ihnen eben zustand[13]. Diese grundlegende Verknüpfung des Begriffs mit der sozialen Unterordnung hat schon in altbabylonischer Zeit zur Nebenbedeutung Armut geführt, was in späterer Zeit zur hauptsächlichen Bedeutung dieses Wortes geworden ist. In diesem Wortsinn wurde *muschkenum* nicht nur von anderen semitischen Sprachen als Lehnwort übernommen, sondern sogar vom Französischen *(mesquin)* und vom Italienischen *(meschino)*. Die Grundbedeutung des Begriffes erklärt aber bis zu einem gewissen Grade den verwirrend vieldeutigen Gebrauch dieses Wortes in altbabylonischer Zeit, in der schließlich jeder Bürger in seiner Beziehung zum Palast oder zum Tempel ein *muschkenum* sein mußte, genauso wie jedermann ein *wardum* des Königs war. Der Sinn des Wortes *wardum,* ›Sklave,‹ ist eindeutiger, obwohl sich Sklaverei in Mesopotamien, wo die Landbesitzer anscheinend ein Pachtsystem dem der weitverbreiteten Sklavenhalterei vorgezogen haben, beträchtlich von der Sklaverei in den klassischen Kulturen des Mittelmeerraums unterschied. In Mesopotamien gab es nichts, was sich mit den Zuständen auf den römischen Latifundien oder in den Bergwerksbetrieben vergleichen ließe, in denen riesige Mengen von Sklaven beschäftigt waren. Die meisten Sklaven in Mesopotamien stammten aus der dort ansässigen Bevölkerung: zahlungsunfähige Schuldner, mittellose

46 Altbabylonische Votivstatuette in Bronze. Dargestellt ist ein sonst unüblicher viergesichtiger Gott, der mit der Rechten einen Krummsäbel hinter sich herschleppt. Die Figur wurde in Ischchali gefunden und ist jetzt in Chicago, im Oriental Institute Museum; Höhe 17 cm.

47 Detail aus Abb. 45. Gesicht, Bart und Hände sind mit Blattgold belegt.

Männer und Frauen, die oftmals sich selbst oder ihre Kinder in die Sklaverei verkauft hatten, oder deren Gläubiger sich ihrer bemächtigt hatten. Die babylonischen Kaufleute kannten auch den Handel mit fremden Sklaven, wobei eine besondere Nachfrage nach den Subariern aus dem Norden bestand. Kriegsgefangene hingegen wurden in der Regel Eigentum des Königs, das heißt Staatssklaven. Ihre Aufgabe war es, zusammen mit den Arbeiterkolonnen, die zu Frondiensten herangezogen wurden (ihre Existenz ist in den Briefen von Mari belegt), und weiteren gedungenen Arbeitern Straßen anzulegen, Kanäle zu graben, Befestigungsanlagen zu bauen, Tempel zu errichten, das der Krone gehörende Land zu bestellen und schließlich auch in den Palast-Fabriken zu arbeiten. Die Staatssklaven waren in besonderen Unterkünften untergebracht und ihre Namen, Lebensalter, Herkunftsländer wurden in speziellen Registern verzeichnet. Tempelsklaven konnten übrigens sowohl Kriegsgefangene sein oder auch von Privatleuten gestiftet werden. Private Sklaven waren im allgemeinen ungebräuchlich und wurden hauptsächlich im häuslichen Bereich beschäftigt. Sklaven, die im Hause geboren waren, scheinen sich einer besonderen Stellung erfreut zu haben, vor allem zu dieser Zeit. Es gab ferner den Brauch, Sklaven zu adoptieren, die ihre Adoptiveltern bis zu deren Tode zu versorgen hatten, dann aber freigelassen werden mußten. Dies spricht dafür, daß die Beziehung zwischen Herr und Sklave durchaus auf einer gegenseitigen Verpflichtung beruhte. Sklavenflucht war anscheinend selten, der Wiederergriffene mußte nach einem überlieferten Text auf der Stirn gekennzeichnet werden mit den Worten ›ein Flüchtiger – ergreift ihn!‹. Sklaven waren ferner an einer ganz bestimmten Haartracht zu erkennen *(abbuttum)* und trugen offenbar auch eine Art Erkennungsmarke oder Fesseln[14]. Der Durchschnittspreis für einen Sklaven betrug in altbabylonischer Zeit 20 Silberschekel, konnte jedoch gelegentlich auf 90 Silberschekel steigen. Der mittlere Lohn für gedungene Arbeit dagegen belief sich auf etwa zehn Schekel pro Jahr, so daß es für den Landeigner weitaus billiger war, für die Landwirtschaft Saisonarbeiter einzustellen, als sich einen Sklaven zu halten. Das in dieser Zeit bei weitem gebräuchlichste System der Feldwirtschaft war das der Verpachtung. Der Pächter erhielt Saatgut, Tiere und Geräte, meist als zinsloses Darlehen, für das er einen festen Anteil der Ernte abzuliefern hatte.

Die Verwaltung

Dokumente über Vorgänge in der Verwaltung in altbabylonischer Zeit stammen von einer ganzen Reihe von Fundorten, vor allem aus Mari und Sippar. Weiteres erfahren wir aus den Briefen Hammurabis. Das vielleicht erstaunlichste an ihnen ist das Ausmaß der königlichen Macht. Letzten Endes lag alle Verantwortung für alle Angelegenheiten beim König; es gab keinen Vorgang, der zu geringfügig gewesen wäre, um nicht seine Aufmerksamkeit auf sich zu ziehen. Schamschi-Adad hatte ein gut organisiertes Kanzleramt sowie Buchhaltungsabteilungen, und sein Kurierdienst war so prompt, daß er nicht nur seine Briefe datierte, was in dieser Zeit schon ungewöhnlich genug war, sondern sie sogar mit der Tageszeit versehen konnte. Bei unvorhergesehener militärischer Bedrohung benutzte man Signalfeuer, mit deren Hilfe eine Botschaft schnellstens im ganzen Land übermittelt werden konnte. Gelegentlich allerdings führte dieses System auch zu Verwirrung; denn man hatte natürlich im voraus festzulegen, was ein Signal zu bedeuten hatte. Beispielsweise wurde der unfähige Yasmakh-Adad von seinem älteren Bruder ernstlich getadelt, weil er das gesamte Warnsystem in Gang gesetzt hatte – lediglich wegen eines lokalen Grenzüberfalles:

Sprich zu Yasmakh-Adad, so spricht Ischme-Dagan, dein Bruder:
»Weil du während der Nacht zwei Feuer angezündet hast, ist es möglich, daß das ganze Land dir zu Hilfe kommt. Schreibe gefälligst Briefe an das ganze Land … und sende deinen schnellsten Boten, sie zu übergeben. Du sollst sagen: ›Eine beachtliche Horde von Männern kam auf einem Raubzug in das Land, und deswegen wurden zwei Feuer angezündet. Es ist nicht notwendig, mir zu Hilfe zu kommen[6]*‹.«*

Die Verwaltung Schamschi-Adads war gut durchorganisiert; Gouverneure, die über die verschiedenen Distrikte eingesetzt waren, arbeiteten unter seiner Kontrolle. In den Städten lagen ständige Garnisonen, und für jeden Feldzug wurden zusätzliche Truppen ausgehoben, sowohl aus den Reihen der seßhaften Bevölkerung als auch aus denen der Nomaden. Bei der Eroberung von Nurrugum, einem seiner bedeutendsten militärischen Erfolge, sollen 60000 Mann beteiligt gewesen sein[15]. Vor jedem Kriegszug wurden Listen angefertigt, in denen die teilnehmenden Soldaten aufgezeichnet und die Verteilung der Vorräte festgelegt waren. Auch Volkszählungen sind aus dieser Zeit schon bekannt.
Viele der Briefe Hammurabis beschäftigen sich mit dem Rechtswesen; sie künden von der Tatkraft, mit der der König seine Oberaufsicht ausübte, nicht nur über die in Babylon verhandelten Streitigkeiten, sondern auch über Entscheidungen, die in anderen babylonischen Städten zu fällen waren. Unter seinen Vorgängern wurden Streitigkeiten zwischen Bürgern üblicherweise vor ein Richterkollegium gebracht, das am Tore oder im Hofe eines Tempels tagte. Wir wissen nicht, wer diese Richter waren und wie sie ausgewählt wurden, aber wir haben Grund zu der Annahme, daß man sie eigens für den jeweiligen Einzelfall aus den Reihen der ›Ältesten‹ oder anderer prominenter Beamter bestimmte. Es gibt weiter zwar einerseits Anzeichen dafür, daß die Richter vielleicht ›vom Tempel‹ ernannt wurden, doch kannte man auf der anderen Seite weder eine eigene Priesterkaste noch ein dem weltlichen gegenüberstehendes geistliches Recht. Jedenfalls scheint unter Hammurabi die Machtbefugnis vom Tempel auf den König übergegangen zu sein, eingeschlossen die Verantwortung sowohl für die Tempelämter als auch für die Ausübung juristischer Ämter.
Außerdem gibt es nun nicht nur Anhaltspunkte für die Ernennung einer größeren Zahl von ständigen Richtern, denen zugleich Dienstpflichten der Verwaltung oblagen, sondern es spielte nun auch eine Gruppe von Beamten eine wichtige Rolle, die unter dem Namen ›Richter des Königs‹ bekannt sind. Ihre Existenz ist erstmalig unter Sabium (1844–1831), einem der früheren Monarchen, belegt. Schließlich konnte auch der König selbst in eigener Person Rechtsfälle verhan-

deln, und jedermann hatte die Möglichkeit, ihn unmittelbar um Gerechtigkeit anzugehen.

In altbabylonischer Zeit konnte auch der *puhrum* die Rolle des Gerichtshofs übernehmen, und Bürgermeister und Älteste scheinen kleinere örtliche Streitigkeiten beigelegt zu haben; andere Fälle wiederum wurden der ganzen Stadt zur Entscheidung vorgelegt. Gelegentlich hört man, daß eine Partei und ihr Zeuge aufgefordert wurden, ihre Aussage unter Eid zu machen. Und wenn die Beweislage widersprüchlich war und keine der beiden Parteien den Eid verweigerte, dann konnten die Götter angerufen werden, um durch Gottesurteil die Entscheidung zu fällen. Die Kompetenz lag in solchen Fällen beim ›Flußgott‹, und im Gegensatz zu den aus dem Mittelalter bekannten Regeln war es hier die schuldige Partei, die bei der Wasserprobe versank. Nach dem Kodex Hammurabi wurden insbesondere Anklagen wegen Hexerei auf diese Weise ›untersucht‹.

Die Briefe Hammurabis verschaffen uns Einblick auch in andere Verwaltungszweige, ja, in das Zusammenleben der Gemeinschaft im allgemeinen. Besonders auffallend ist es, wieviel Arbeit und Zeit in jener Epoche auf die Erhaltung öffentlicher Einrichtungen verwendet wurden. Hierbei stand die Pflege der Kanäle obenan, die sowohl der Wasserversorgung dienten als auch die Haupttransportwege darstellten. Der Reichtum des Königs und der Tempel, der gewiß beachtlich war, gründete sich zum großen Teil auf den Besitz von Ländereien, von Schaf- und Rinderherden. Die Briefe zeigen, daß die Gouverneure der größeren Städte für die Tiere, die in ihrem Gebiet weideten, verantwortlich waren, und daß beide Herden, sowohl die königlichen als auch die dem Tempel gehörenden, unter der Obhut desselben Oberhirten standen. Die Rechenschaftsberichte wurden Hammurabi selbst vorgelegt. Daraus geht hervor, daß der König schließlich in einigen besonders gelagerten Fällen die Tempeleinkünfte ebenso kontrollierte wie seine eigenen. Steuereintreiber, die den vollen Betrag der geschuldeten Summe nicht beibringen konnten, wurden gezwungen, das Defizit aus eigener Tasche zu bezahlen. So hielt der König ein wachsames Auge auf seine Beamten, und es sind mehrere Briefe erhalten, in denen diese sich ihm gegenüber gegen den Vorwurf der Nachlässigkeit verteidigen müssen.

Das Verfahren, die Diener des Palastes durch die Zuteilung von Naturalien zu entlohnen, war zur Zeit Hammurabis abgelöst worden von der Belehnung mit Landbesitz, im Regelfalle unter der Bedingung, daß der Besitzer bestimmte militärische oder staatliche Dienste zu leisten hatte. Dieses System von Dienstleistungen erlangte für die altbabylonische Wirtschaft eine lebenswichtige Bedeutung, sorgte es doch einerseits für Reserven an einsatzbereiter Arbeitskraft und militärischem Personal und sicherte andererseits zugleich die Erfüllung von für den Staat wichtigen Diensten. Weiter war es schließlich ein wirksames Mittel, die Bestellung des Landes zu gewährleisten. Dieser Methode, *ilkum,* bediente man sich nicht nur in der altbabylonischen Epoche, sondern auch noch in der Zeit der kassitischen Herrscher. Der Begriff ›Lehngut‹ gibt als angemessener deutscher Ausdruck für das babylonische Wort den Inhalt dieser Methode passend wieder, bedeutet er doch beides, Verleihung und Dienst; aber man darf nicht der Versuchung erliegen, feudalistische Beziehungen zwischen König und Pächtern in diese babylonische Institution hineinzusehen: solche Belehnungen mochten einer Einzelperson oder einer Gruppe zuteil werden; auch konnten mehrere auf eine Person vereinigt werden. Das Lehen wurde nach Tagen berechnet, und in einigen Fällen war es möglich, einen Stellvertreter mit der Erfüllung einiger oder auch aller damit verbundenen Pflichten zu betrauen. Über die Länge der von der Krone geforderten Zeit weiß man wenig, doch gibt es Anzeichen dafür, daß man vielleicht nur verhältnismäßig kurze Zeitspannen auferlegt bekam. Der Besitz eines Lehens stand trotz der damit verbundenen Bürden in höchstem Ansehen. Viele der Briefe Hammurabis beschäftigen sich mit Pächtern, die darüber klagen, daß man sie fälschlicherweise von ihren Lehensgütern ferngehalten oder vertrieben habe. Andere Briefe betreffen wiederum die Belehnung mit einem *ilkum*, die Festlegung von Grenzen, die Vernachlässigung von Land usw. Zahlreiche Handwerker werden als Inhaber eines *ilkum* genannt, daneben Männer aus den verschiedensten – auch geistigen – Berufen wie zum Beispiel Bogenschützen, Hirten, Bäcker, Schmiede, Juweliere, Schuster, Sänger und Wahrsager.

Im Kodex Hammurabis wird noch eine Anzahl weiterer Bevölkerungsgruppen erwähnt, die ebenfalls unter den genannten Umständen Land besaßen. Von diesen scheinen die *redum* und *ba'irum* zum Militär- bzw. Polizeipersonal gehört zu haben. *Redum* wird für gewöhnlich mit ›Soldat‹ übersetzt, aber es wäre weit gefehlt, wollte man dabei an Berufssoldaten moderner Prägung denken. Der Kriegsdienst dieser Männer war weitgehend saisonbedingt, und dem *redum* oblagen sowohl das, was man ›Polizei-Aufgaben‹ nennen könnte, als auch die Teilnahme an regelrechten Feldzügen. Wir wissen in der Tat durch ein kleines, aber höchst aufschlußreiches Dorfarchiv, das sich erhalten hat, daß die *redum* den größten Teil ihrer Zeit mit der Feldbestellung zubrachten[16]. Der Besitzer dieses Archivs, ein gewisser *redum* Ubarrum, wechselte sich offenbar mit seinem Bruder in der Erfüllung der militärischen Dienstpflichten und in der Bewirtschaftung der heimischen Felder ab. Außerdem pachtete und beackerte Ubarrum auch solche Felder, die nicht zu seinem *ilkum*-Lehen gehörten, und er war wiederum selbst Eigentümer von Schafen und Ziegen, die er allerdings der Obhut berufsmäßiger Hirten überließ. Mögen die meisten der erhaltenen Texte sich auch auf Ubarrums geschäftlichen Verkehr beschränken, so geben sie doch für einen kurzen Moment zugleich den Blick frei auf eine kleine Bauern- und Soldatengemeinde ohne eigenen Grund und Boden, deren ansonsten so diesseitiges Erdendasein lediglich durch gleichsam routinemäßige Rechtshändel unterbrochen wurde oder, wenn es hoch kam, durch einen örtlichen Skandal: wenn etwa ein Mädchen, das mit einem Dorfbewohner verlobt war, nach Babylon davonlief. Diesen *redum* war es verboten, königliches Lehngut zu verkaufen oder zu verpfänden; den Pächtern eines *ilkum*, die bereits einen höheren sozialen Rang einnahmen, stand es dagegen frei, ihr Lehen zu verkaufen, allerdings unter der Voraussetzung, daß der Käufer auch bereit war, die auf dem Lehensgrundstück lastenden Dienste und Verpflichtungen zu übernehmen. Dies gilt auch für die *naditum* und die *tamkarum*, die nicht notwendigerweise Lehenspächter

48 Ungeklärt ist die Bedeutung dieses ›Maibaumes‹ mit den aufgerichteten Löwen zur Seite. Die Schmuckbänder enden in zepterähnlichen Gegenständen oder in Köpfen fremdartiger Tiere. Sie erinnern an das ›Löwen-Keulen‹-Zepter, das Nergal auf den altbabylonischen Siegeln trägt (vergl. Abb. 37). Relieftäfelchen aus Ton; Bagdad, Iraq Museum; Höhe 13,4 cm.

49 Die Mehrzahl der altbabylonischen Relieftäfelchen trägt Darstellungen von Gottheiten oder kultischen Szenen. Man findet sie in Tempeln und in Privathäusern, wo sie wahrscheinlich auf den Hausaltären ihren Platz hatten. Schwieriger ist es, Plaketten mit anderen Darstellungen – wie z. B. dieser, auf der eine Dogge mit ihren Jungen zu sehen ist – ihrem Verwendungszweck entsprechend einzuordnen. Vielleicht soll hier die Göttin Gula gezeigt werden, deren Symbol ein Hund war. Das Stück wurde in Ischchali gefunden und ist jetzt in Chicago, im Oriental Institute Museum; Höhe 10 cm.

waren. *Naditum* wird meist mit ›Priesterin‹ übersetzt; diese Frauen hatten allerdings, obwohl sie in gewisser Weise zum Tempel gerechnet werden müssen, mit den unterschiedlichsten geschäftlichen Transaktionen zu tun und spielten im wirtschaftlichen Leben Babyloniens eine bedeutende Rolle: So verliehen sie Silber und Getreide und beteiligten sich mit ihrem Kapital an Handelsexpeditionen. Die *naditum* lebten und arbeiteten in einem *gagum,* einer Art ›Kloster‹ bzw. einem eingefriedeten Bezirk, der auf gewisse Weise mit dem Tempel in Verbindung stand. Ebenso wie der *tamkarum* (Kaufmann) investierten sie ihr Geld in Häusern und Landbesitz, der dann wiederum vermietet und verpachtet wurde. Die *naditum* scheint zum Zölibat verpflichtet gewesen zu sein, obwohl sie auch ›heiraten‹ konnte. In jedem Falle führte sie, wohl immer aus reichem Hause stammend, ihr Leben als Einzelperson. Die Belege für diese einzigartige soziale Einrichtung, die in der altbabylonischen Epoche ihre Blütezeit erlebte, stammen vor allem aus Sippar, wo das *gagum* dem Schamasch-Tempel angegliedert war[17].
Im *tamkarum* haben wir die zentrale Gestalt des altbabylonischen Handelswesens vor uns: Gelegentlich eher Bankier als Kaufmann, bald selbst mit seiner Ware reisend, häufig aber auch durch *schamallu* bzw. Agenten vertreten, scheint der *tamkarum* im wesentlichen ein privater Kapitaleigner gewesen zu sein. Auf der anderen Seite finden wir in der Regierungszeit Hammurabis auch zahlreiche Belege über einen ausgedehnten Massengut-Handel, der vom Staat selbst betrieben und von beamteten ›Oberaufsehern‹, den *wakil tamkari* beaufsichtigt wurde. Diese Beamten hatten zugleich die Aufgabe, von den *tamkarum* und sonstigen Handelstreibenden die Steuergelder einzusammeln und zu verwalten. Zu gewissen Zeiten also sind die Aktivitäten der *tamkarum* offenbar durch ein Lizenzsystem, das den Handel regulieren sollte, eingeschränkt gewesen. In einem Brief lesen wir: »Wir verhörten den *tamkarum,* ob er denn eine königliche Ausfuhrerlaubnis mit sich führe,

und dann erlaubten wir ihm die Weiterreise. Den *tamkarum*, der keine königliche Erlaubnis hatte, schicken wir nach Babylon zurück«[18].
Ein weiterer altbabylonischer Berufsstand, der in den Gesetzen nach denselben Maßstäben wie die *tamkarum* behandelt wird, ist die *sabitum*, was üblicherweise mit ›Schankwirtin‹ übersetzt wird. Anscheinend handelt es sich dabei um solche Wirtshäuser, in denen berauschende Getränke hergestellt und verkauft wurden. Außerdem hat die *sabitum* sicherlich auch mit einfachen Gebrauchsgütern gehandelt, die Rolle eines kleinen Trödlers und Maklers gespielt. Gerade eine Schänke ist gewiß für die Ausübung eines solchen Geschäftes der am besten geeignete Platz, und noch heute werden im Süden in Kneipen und Kaffeehäusern ja manche Geschäftsverbindungen geknüpft. (Es ist interessant zu bemerken, daß das englische Wort für Makler, ›Broker‹, etymologisch mit den Weinschänken, wörtlich mit dem Mann, der das Faß ansticht, zusammenhängt[19].) Eine der berühmtesten ›Schankwirtinnen‹ des Zweistromlandes, Kubaba, sollte die Dynastie der Sumerer in Kisch begründen.

Das babylonische Gesetz

Es ist nunmehr an der Zeit, den ›Kodex Hammurabi‹ in Augenschein zu nehmen, zweifellos das wichtigste schriftliche Einzeldokument aus jener Zeit. Bei diesem Kodex handelt es sich um die längste zusammenhängende Inschrift aus Altbabylonien (Abb. 44, 50). Er ist heute die Standardlektüre für Studenten, die diese alte Sprache lernen wollen. Die Gesetzesinschrift ist in 49 Kolumnen auf einer 2,25 m hohen Basaltstele eingraviert, wie bei den frühesten keilschriftlichen Dokumenten in senkrechten Spalten. Der Text selbst besteht aus drei Teilen: einem Vorwort und einem Nachwort, die jeweils in sehr kunstvollem und altertümlichem Stil abgefaßt sind, sowie aus dem sehr langen Mittelteil, der von den modernen Herausgebern in 282 Einzelgesetze gegliedert wird. Die wahre Natur und die Absicht dieses Gesetzestextes sind ebenso wie das Denkmal selbst in der Forschung heftig diskutiert worden. Dabei scheint klar zu sein, daß es sich nicht um ein regelrechtes Gesetzeswerk handelt. Es kann keinerlei Anspruch auf eine vollständige Erfassung aller Gesetze erheben und enthält auch nirgendwo etwa eine Eidesformel für Richter oder andere Beamte, die bei der Anwendung der Gesetzesbestimmungen zu beobachten gewesen wäre. Ob also der Text eine Aufzeichnung des Gewohnheitsrechtes darstellt, oder aber eine Reihe von Gesetzesnovellen, oder aber ob nur diejenigen Bereiche genannt werden, die einer Zusatzregelung bedurften, das bleibt ungewiß. Vielleicht haben auch alle drei Faktoren eine Rolle gespielt. Daß nicht alle Bestimmungen geschriebenes Gesetz waren, geht aus der Tatsache hervor, daß gegen bestimmte Fälle von Mißbrauch, die von Hammurabi ausdrücklich mit der Todesstrafe belegt werden, in einem späteren Edikt des Königs Ammi-saduqa neuerlich durch ein Strafgesetz geahndet wurden. Die Vorschriften des Kodex Hammurabi beziehen sich auf eine Vielzahl von Rechtsfällen, die weitgehend aus der Verteilung von und der Verantwortlichkeit für das Eigentum herrühren. Neben Privatvermögen und Grundbesitz sind

50 Die Basaltstele mit dem Gesetzeskodex des Hammurabi, in Susa mit anderen Beutestücken aus Babylonien gefunden, heute im Musée du Louvre, Paris; (Höhe 2,25 m); diese oder eine ähnliche Stele war ursprünglich im Marduktempel in Babylon aufgestellt, verschiedene Kopien befanden sich in anderen Städten des Königreichs. Die einzelnen Gesetze sind – mit archaischen Schriftzeichen – in 49 senkrechten Kolumnen auf den Stein gesetzt.

auch bestimmte Bereiche aus der Handelsgesetzgebung einbezogen. Jede Gesetzesbestimmung ist nach dem Modell eines Konditionalsatzes konstruiert: »*Wenn* das und das geschieht, *dann* wird diese Strafe folgen.« Die folgenden Beispiele mögen zur Veranschaulichung dienen:

1. Wenn ein Mann einen anderen des Mordes beschuldigt, ohne daß er es beweisen kann, dann soll der Ankläger mit dem Tode bestraft werden.
22–23. Wenn ein Mann einen Raub begangen hat und gefangen wird, dann soll er getötet werden. Wenn der Räuber nicht gefangen wird, dann soll der Beraubte seinen Verlust ausdrücklich vor einem Gott erklären, und die Stadt und der Bürgermeister, in dessen Gebiet oder Distrikt der Raub begangen wurde, soll ihm sein verlorenes Eigentum ersetzen.
153. Wenn eine Frau wegen eines anderen Mannes ihren Ehemann umgebracht hat, dann soll diese Frau gepfählt werden.
195. Wenn ein Sohn seinen Vater geschlagen hat, dann soll man dessen Hand abhauen.
196. Wenn ein awilum *einem* mar-awilim *(wörtlich: ›Sohn eines* awilum‹[20]*) ein Auge ausgestochen hat, dann soll sein Auge ausgestochen werden.*
198. Wenn ein awilum *einem* muschkinum *ein Auge ausgestochen oder einen Knochen gebrochen hat, dann soll er eine Mine (etwa 100 Drachmen) Silber zahlen.*
202. Wenn ein awilum *einem anderen* awilum, *der älter ist als er selbst, einen Backenstreich versetzt hat, dann soll er vor der Versammlung 60 mal mit dem Ochsenziemer geschlagen werden.*
229–30. Wenn ein Baumeister ein Haus für einen awilum *gebaut hat, aber seine Arbeit nicht solide ausgeführt hat mit dem Ergebnis, daß das von ihm gebaute Haus einstürzt und den Tod des Eigentümers verursacht, dann soll dieser Baumeister mit dem Tode bestraft werden. Ist auf diese Weise der Sohn des Hauseigentümers zu Tode gekommen, so soll der Sohn des Baumeisters getötet werden*[21].

Hier wird die wohl deutlichste Abweichung vom überkommenen sumerischen Recht deutlich, im Vergeltungsgesetz (Lex talionis), dem ›Auge um Auge, Zahn um Zahn‹, in dem sich mit sehr großer Wahrscheinlichkeit amoritisches Gewohnheitsrecht widerspiegelt. Auch der unterschiedliche soziale Status zwischen einem *awilum* und dem *muschkenum* läßt sich an den hier zitierten Strafbestimmungen gut ablesen. Im ersten Absatz des Epilogs hat Hammurabi die Absichten dargelegt, die er mit der Errichtung der Stele verfolgte:
Dies sind die Gesetze der Gerechtigkeit (dinat misharim) *die Hammurabi, der fähige König, erlassen hat ... Damit der Starke nicht den Schwachen unterdrücke, damit der Waise und der Witwe Gerechtigkeit widerfahre, darum habe ich meine bedeutungsvollen Worte auf meine Stele einmeißeln lassen und sie aufgerichtet in Babylon vor meiner Statue, die ›König der Gerechtigkeit‹ heißt.*

Diese Statue, die im 21. Regierungsjahr Hammurabis aufgerichtet wurde, finden wir im Gesetzestext noch ein weiteres Mal erwähnt:
Laß den Mann, dem Unrecht widerfahren und der in einen Prozeß verwickelt ist, vor meine Statue mit Namen ›König der Gerechtigkeit‹ treten und lest ihm die Schrift auf meiner Stele vor, laßt ihn meine bedeutungsvollen Worte

hören, auf daß mein Denkmal ihm seine Rechte bewußt mache, und daß er sehe, welches Gesetz sich auf ihn beziehe, daß sein Herz getröstet sei.

Von künftigen Königen wird verlangt, daß sie »meinen Worten, die ich auf meine Stele schreiben ließ, Aufmerksamkeit schenken«. Unter den Tausenden von Regierungsurkunden und -verträgen, die aus altbabylonischer Zeit erhalten sind, haben wir trotzdem nur einen einzigen Fall, in dem auf den Kodex Bezug genommen wird: die Strafklausel in einem Vertrag in Ur, der sich mit der Bewirtschaftung von Ackerland beschäftigt und aus dem 5. Regierungsjahr des Nachfolgers von Hammurabi stammt. Darin ist vorgesehen, daß der Bauer bei Vertragsbruch behandelt werden soll »nach dem Wortlaut auf der Stele«[22]. Aber, mögen die gesetzgeberischen Absichten, wenn es sie denn wirklich gab, auch unklar sein, der Kodex Hammurabi wurde bewundert als ein großes Werk der Literatur. So kennen wir Kopien aus dem Tontafelarchiv in der Bücherei Assurbanipals in Ninive, elf Jahrhunderte später. Sie haben sogar dazu gedient, den Text einiger beschädigter Stellen auf der Original-Stele zu rekonstruieren. Vielleicht sollte ein solches Monument in Wahrheit mehr der Rechtfertigung denn der Gerechtigkeit dienen. Wenn sich die Inschrift, wie es der Prolog andeutet, in der Hauptsache an die Götter richtet – als eine Aufzählung der Leistungen des Hammurabi – und zugleich dazu bestimmt war, der Nachwelt die Taten dieses gerechten Königs zu überliefern, dann muß man vor allem sagen, daß diese ihre Absicht wohl kaum vollkommener hätte erfüllt werden können.

Mischarum-Gesetze

Wenn der Kodex Hammurabi auch keine bindende Gesetzeskraft besaß, so gab es doch andere gesetzliche Bekanntmachungen, im Babylonischen unter dem Namen *mischarum* bekannt, die diese Eigenschaft eindeutig besaßen. Bei den *mischarum* handelt es sich allerdings um kurzfristige Maßnahmen, die offensichtlich eher mündlich bekanntgemacht als inschriftlich aufgezeichnet wurden und die den Zweck verfolgten, soziale und wirtschaftliche Mißstände zu beseitigen und Härten zu lindern. Als sozialreformerische Maßnahmen erinnern diese Edikte an das berühmte, etwa 500 Jahre ältere Dokument des Urukagina, und wahrscheinlich führen sie auch dessen Tradition weiter. Auch in den Texten aus der Regierungszeit der Könige von Isin und Larsa wird gelegentlich auf *mischarum*-Erlasse Bezug genommen, doch erst in der Zeit Hammurabis wurden sie zu einer regelmäßigen Einrichtung. Solche Proklamationen erfolgten normalerweise im ersten offiziellen Regierungsjahr eines Königs und dann während seiner Regierungszeit in unregelmäßigen Zeitabständen vermutlich immer dann, wenn die wirtschaftlichen Verhältnisse einen solchen Schritt notwendig machten. Unsere Hauptquelle für den Inhalt solcher *mischarum*-Proklamationen ist ein Erlaß des Ammi-saduqa, des vorletzten Königs der 1. babylonischen Dynastie, der sich als inschriftlich aufgezeichnetes Dekret erhalten hat[23].

Wie sich diese königlichen Dekrete im praktischen Leben auswirkten, das beleuchtet schlaglichtartig eine Bittschrift, die an einen anderen Nachfolger Hammurabis gerichtet war. In ihr geht es um die Aufhebung einer durch ein *mischarum* festgelegten Regelung:

Als mein Herr die goldene Fackel hoch erhob über Sippar, und das mischarum *für Schamasch erließ, der ihn liebt, und in Sippar Taribatum die* schapir rede *einberief, die Richter von Babylon und die Richter von Sippar, da prüften sie die Fälle der Bürger von Sippar, ›hörten an‹ die Tafeln (die auf Tafeln aufgezeichneten Urkunden) über den Erwerb von Ackerland, Haus und Obstgarten, und befahlen, daß diejenigen Tafeln zerbrochen würden, auf denen das Land nach den Bestimmungen des* mischarum *von Lasten und Verpflichtungen freigestellt werden sollte.*[24]

Wir haben gesehen, daß die Berufung auf den Kodex Hammurabi im Grunde nur moralische Unterstützung bedeutete; dieser Text aber läßt keinen Zweifel daran, daß Schuldenerlaß und Freistellung von Diensten, in einem *mischarum*-Edikt gesetzlich festgelegt, sehr reale Maßnahmen sein konnten, die man auch vor Gericht durchzusetzen vermochte, selbst wenn solche Bestimmungen jeweils nur für kürzere Zeit Gültigkeit hatten.

Altbabylonische Städte

Über die Stadt Babylon zur Zeit Hammurabis wissen wir unglücklicherweise im Grunde genommen nichts. In dem unter dem Namen Merkes bekannten Stadtviertel sind zwar Häuser aus dieser Zeit freigelegt worden, doch liegen die Schichten des 18. Jahrhunderts v. Chr. zum größten Teil unterhalb des heutigen Grundwasserspiegels und können mit den landläufigen archäologischen Grabungsmethoden nicht erforscht werden. Doch gibt es andere Fundplätze, auf denen eine Fülle von Erkenntnissen über diese Periode gewonnen werden konnte. Sie ist deswegen in der Geschichte des alten Mesopotamien bei weitem am besten bezeugt. Ein besonders lebendiges Bild vom Leben im alten Babylonien vermittelte die Ausgrabung von Sir Leonard Woolley, der in Ur ein Quartier von Privathäusern aus der Zeit der Larsa-Dynastie freilegte (Abb. 51). Diese ›Larsa‹-Häuser wurden unter dem Nachfolger Hammurabis zerstört, der im 10. Jahr seiner Regierung »die Mauern von Ur und Uruk« niederreißen ließ, vermutlich nach irgendeinem lokal begrenzten Aufstand. Viele der Häuser tragen die Zeichen der Zerstörung durch Brand, und gerade diesem Umstand verdanken wir es, daß sowohl keilschriftliche Dokumente als auch andere Gegenstände des täglichen Lebens in großer Zahl erhalten blieben. Wir kennen sogar die Namen von den einzelnen Haushaltsvorständen. So gehörte das Haus Nr. 1 in der ›Broad-Street‹ – in den Namen seines Straßenplanes wird Woolleys Oxforder Vergangenheit wieder lebendig! – dem Schulmeister Igmil-Sin, und Hunderte von Übungstäfelchen seiner Schüler kamen in den Ruinen zum Vorschein. Das Haus Nr. 1 in der ›Old-Street‹ war das Haus des *alik Tilmun* Ea-nasir, eines der bedeutenden Repräsentanten des Kupferhandels mit Dilmun, das wir im vorangegangenen Kapitel schon erwähnt haben. In der Nr. 14 der ›Paternoster Row‹ (Vaterunsergasse) gab es ein Restaurant mit

51 Das von Leonard Woolley in Ur ausgegrabene Quartier aus der Zeit der altbabylonischen Larsa-Dynastie vermittelt mit seinen Wohnhäusern und Läden einen ungewöhnlich lebensnahen (und selten zu findenden) Eindruck vom babylonischen Alltag im späten 3. Jahrtausend; an den gewundenen Straßen liegen kleinere Heiligtümer: die ›Widderkapelle‹ (A), die Kapelle der Göttin Hendur-sag (B), die Kapelle der Nin-schubur (C), die ›Bazar-Kapelle‹ (nach Woolley).

einem großen, zur Straße gewandten Fenster und einer unmittelbar hinter dem Eingang befindlichen, aus Ziegeln aufgemauerten Theke, die wohl zum Abstellen der schon angerichteten Speisen diente, wie sie heute noch in den Garküchen der Basare üblich ist. Die Küche enthielt einen Backofen und einen soliden Ziegelherd, in dessen Oberfläche Mulden eingelassen waren, zur Aufnahme der Holzkohle-Pfannen, über denen man das Fleisch garte. Die Häuser waren anscheinend zweigeschossig, vergleichbar den Häusern mit Innenhöfen, die man noch heute in den älteren Vierteln irakischer Städte antrifft; Türen und Fenster bestanden aus Rohrgeflecht, das in einen Holzrahmen eingelassen war. Eine Überraschung war die Entdeckung von engen gepflasterten Hinterhöfen, jeder mit einer kleinen Hauskapelle und einem Familiengrab, das von einem Kragsteingewölbe überdeckt ist: Hier zeichnet sich ein entscheidender Wandel der Bestattungssitten ab, im

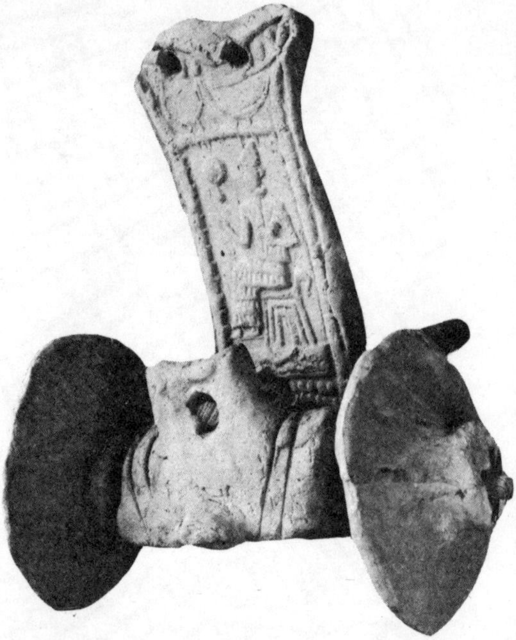

52 Von der Tür der Kapelle der Hendur-sag in Ur (vorige Abb.) stammt diese überdurchschnittlich hohe tönerne Relieftafel mit der Darstellung des Stiermenschen (Höhe 0,61 m); sie war rot bemalt, schwarz in Bart und Augen. Bagdad, Iraq Museum.

53 Tonmodelle von Streitwagen sind häufig in altbabylonischer Zeit. Das abgebildete Stück, mit der Darstellung eines sitzenden Gottes in Relief, befindet sich im Louvre in Paris (Höhe 17 cm). Der Fund eines vergleichbaren Stückes in der Kapelle der Hendur-sag in Ur läßt vermuten, daß es wie das Relieftäfelchen ein Kultobjekt ist.

Gegensatz zu früheren Perioden, in denen man die Toten auf großen Friedhöfen zu begraben pflegte. Schließlich sind noch Andachtskapellen in den Straßen selbst zu erwähnen, in denen man zahlreiche Weihgeschenke aus Ton und anderem Material gefunden hat[25].
Ein bedeutender Fundplatz altbabylonischer Zeit ist Tell Harmal, ein kleiner Ruinenhügel in den Außenbezirken des modernen Bagdad. Der alte Name dieser Stadt, Schaduppum, bedeutet soviel wie ›Schatzhaus‹, ›Buchhalter-Büro‹, und man möchte glauben, daß sie ursprünglich auch für diesen Zweck erbaut wurde, als Verwaltungszentrum eines Distrikts unter der Herrschaft des rund 30 km entfernt gelegenen Eschnunna, noch in der Zeit vor der Eroberung durch Hammurabi[26]. Die geringen Ausmaße dieses Tells, das mit 1,7 Hektar kleiner ist als manches prähistorische Bauerndorf, haben es der irakischen Altertümerverwaltung erlaubt, große Flächen dieses Fundplatzes vollständig auszugraben. So konnten einzigartige Zeugnisse der babylonischen Verwaltung von vor 4000 Jahren gewonnen werden! Die Stadt war schwer befestigt und mit einer dicken Mauer mit vorspringenden Türmen bewehrt. An der Hauptstraße liegen sich ein Tempel, dessen Eingang von lebensgroßen Löwen aus gebranntem Ton bewacht war,

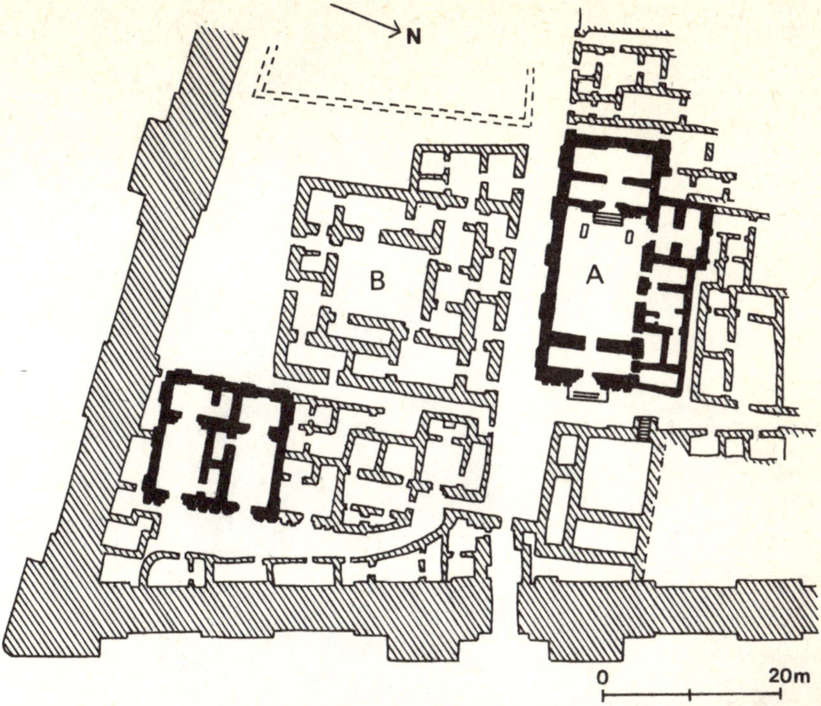

54 Die Südostecke der altbabylonischen Stadt Schaduppum (Tell Harmal). Im Haupttempel (A) sind Haupt- und Nebenkultraum (an der Nordseite des Hofes) – für die altbabylonische Zeit charakteristisch – als Breitraum-Cella errichtet worden, während das Doppelheiligtum in der äußersten Südostecke (schwarze Mauern) die in späterer Zeit eher für assyrische Bauweise typischen Langräume aufweist. Das Gebäude B war ein Verwaltungszentrum (nach Baqir).

55 Große Wächterfiguren aus gebranntem Ton, wie man sie in Tell Harmal und in Isin gefunden hat, sind Kennzeichen der altbabylonischen Tempel. Der abgebildetete Löwe stand ursprünglich mit einem Gegenstück am Eingang zum Cella-Vorraum des Haupttempels von Tell Harmal (beide befinden sich heute im Iṛaq Museum, Bagdad).

56 Keilschrift-Täfelchen des 19. Jahrhunderts aus dem großen Archiv von Tell Harmal. Es handelt sich um einen Übungstext für die Vermessung nach dem Prinzip des rechtwinkligen ›pythagoreischen‹ Dreiecks. Grundlage für die Lösung ist der euklidische Satz: »Fällt in einem rechtwinkligen Dreieck das Lot aus dem rechten Winkel auf die Hypotenuse, so sind die Dreiecke zu beiden Seiten einander und dem ganzen gleich.«

und, wie es scheint, das Hauptgebäude der Verwaltung gegenüber. Eine nahe gelegene Straße wird von einer Reihe von Läden gesäumt, und hier finden sich dann auch einige kleinere Heiligtümer sowie die Privathäuser, deren Grundriß denen von Ur ähnelt. Zwei Gründe sind es, die Tell Harmal besondere Bedeutung verleihen: einmal ist es ein warnendes Beispiel für diejenigen Archäologen, die die Bedeutung eines noch nicht ausgegrabenen Platzes an seiner Ausdehnung messen, vor allem aber stammt von hier eine großartige Sammlung von Keilschrift-Texten. Zu ihnen gehören neben Verwaltungsurkunden auch literarische Texte, Briefe und ein Gesetzeskodex aus der Regierungszeit des Daduscha von Eschnunna, eines Zeitgenossen von Schamschi-Adad, sowie schließlich eine Reihe von Tafeln lexikalischen Inhalts, auf denen lange Listen geographischer, zoologischer und botanischer Fachausdrücke verzeichnet sind. Das faszinierendste ist vielleicht eine Gruppe von Tontäfelchen, auf denen mathematische Probleme dargelegt werden. Es handelt sich dabei, ebenso wie bei einer Reihe weiterer Keilschrift-Täfelchen, um solche Texte, die von den Schülern der Schreiberschule, die an diesem Ort existiert haben muß, kopiert wurden. In ihnen offenbart sich ein außerordentlich hoher Stand mathematischer Kenntnisse (vgl. auch Kap. 6); einer der Texte nimmt sogar den Lehrsatz des Pythagoras für das rechtwinklige Dreieck ($a^2 + b^2 = c^2$) vorweg, 1300 Jahre vor der Zeit des griechischen Mathematikers (Abb. 56).

Wir kennen eine ganze Reihe von Palästen der altbabylonischen Zeit. Neben dem ausgedehnten Komplex von Mari, der unter der Regierung

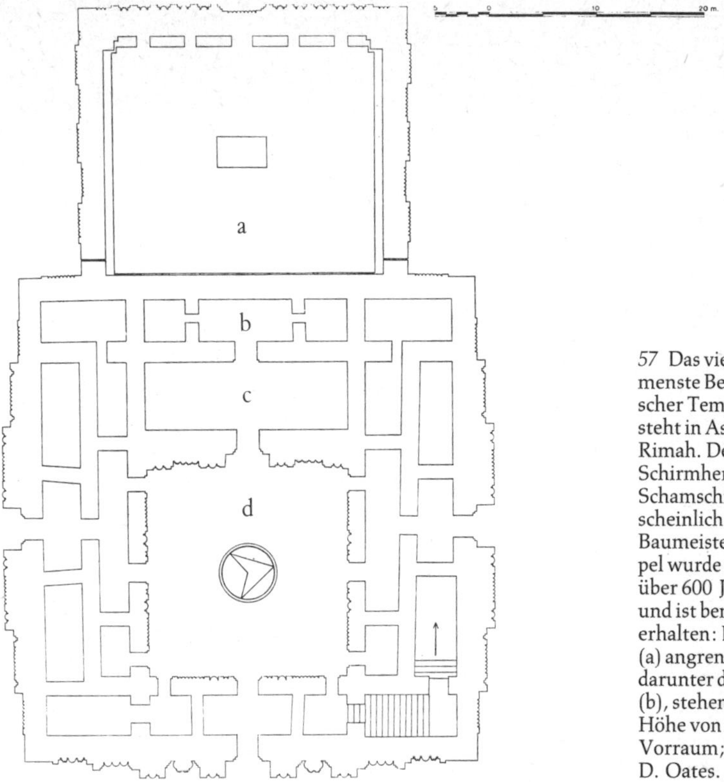

57 Das vielleicht vollkommenste Beispiel altbabylonischer Tempelarchitektur steht in Assyrien, in Tell al Rimah. Der unter der Schirmherrschaft von Schamschi-Adad sehr wahrscheinlich von babylonischen Baumeistern errichtete Tempel wurde in einigen Teilen über 600 Jahre lang benutzt und ist bemerkenswert gut erhalten: Die an die Zikkurat (a) angrenzenden Räume, darunter die Breitraum-Cella (b), stehen noch bis zu einer Höhe von 7 m an (c: Cella-Vorraum; d: Hof). Nach D. Oates.

Zimrilins (1780–1759) seine endgültige Gestalt bekam (Abb. 43), sind weitere Palastanlagen ausgegraben worden. In Uruk z. B. wurde der großartige Palast des Sin-kaschid ausgegraben, eines unabhängigen amoritischen Herrschers, der die Tochter Sumulaels von Babylon heiratete[27]. Der bedeutendste Palast freilich, derjenige des Hammurabi selbst, blieb bisher unentdeckt.

Die sakrale Architektur dieser Zeit ist gut bezeugt – in Ur und in Harmal, mit dem Tempel der Ischtar-Kititum in Ischchali (das alte Neribtum, das zum Königreich von Eschnunna gehörte). Am eindrucksvollsten ist sie am Ausgrabungsort von Tell al Rimah im nördlichen Irak erhalten, dem alten Karana, das schon wegen der seltenen Bautechniken der Periode von Ur III im voraufgegangenen Kapitel erwähnt worden ist (Abb. 57). Hier nimmt eine monumentale Tempel-

58 Einzigartig in der babylonischen Architektur sind in Tell al Rimah die sorgfältig ausgearbeiteten tordierten Säulen und Palmstämme aus Lehmziegeln, mit denen die Außenfassaden der Zikkurat und des Tempels sowie die Innenfassade des großen Hofes (Abb. 57: d) gestaltet waren. Die Rekonstruktion zeigt die Ostfassade mit dem Haupteingang, zu dem man aus der Stadt über eine lange Freitreppe hinanstieg. Nach D. Oates.

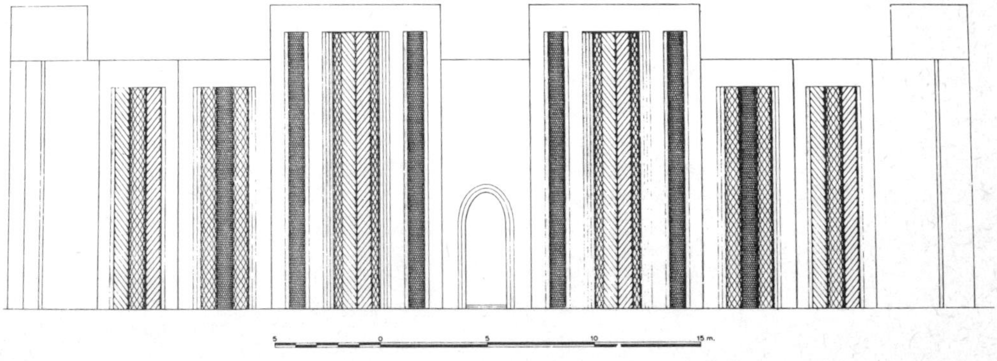

anlage mit Zikkurat den gesamten Hügel in der Mitte der alten Stadt ein. Erbaut wurde sie um 1800 unter der Schirmherrschaft des Schamschi-Adad, als Karana von Assur abhängig war. In seiner Konzeption entspricht der Tempelplan völlig dem in Babylonien üblichen, und Einzelheiten in der Konstruktion lassen sogar vermuten, daß an seiner Errichtung babylonische Baumeister beteiligt waren[28]. Die an den Tempel angebaute Zikkurat ist dagegen von ausschließlich assyrischer Art, denn in Ur und Babylon, also weiter im Süden Mesopotamiens, werden die Zikkurats als freistehende Baukörper errichtet (Abb. 27, 111). Besonders bemerkenswert am Tempel von Rimah sind seine Ornamente. Die Zikkurat, die Tempelfassade und der Hofraum im Innern waren mit über 270 Halbsäulen verziert, von denen 50 auf kunstvolle Art als Spiralen ausgestaltet sind bzw. nach zwei unterschiedlichen Modellen von Palmstämmen (Abb. 58). Ganz besonders beeindruckend waren die massiven und in die Türme des Haupttürmes integrierten Säulenensembles, deren jedes aus 4 Schäften bestand, von denen die beiden äußeren als Spiralen, die beiden mittleren als Palmstämme gegliedert waren.
Dieses so kunstvoll gestaltete Bauwerk besteht mit all seiner Ornamentik nur aus Lehmziegeln; Innenräume und Treppenhäuser wurden mit radialen Rippengewölben eingedeckt, deren Ausführung von der eindrucksvollen Könnerschaft seiner Baumeister Zeugnis ablegt. Sogar die monumentale Treppenanlage, die von der weiter unterhalb gelegenen Stadt zum Tempeleingang hinaufführt, ruht auf einer Folge von 3 solchen Gewölben, eines höher als das andere. Das gesamte Bauwerk war höchst genau durchgeplant worden, mit besonderer Sorgfalt auch im Hinblick auf die statischen Belastungen, die durch die hohen Fassaden hervorgerufen wurden. Seinen ausgezeichneten Erhaltungszustand ›verdankt‹ dieser Tempel der Tatsache, daß Karana nach dem Tode seines reichen Gönners und Schutzherrn verarmte. Nicht nur der ursprüngliche Tempel blieb unvollendet, auch konnte das kleine Königreich niemals die Mittel aufbringen, sein Hauptheiligtum zu restaurieren, wie das bei reicheren Dynastien durchaus der Fall zu sein pflegte. Trotz dieser Vernachlässigung aber und des immer weiter zunehmenden Verfalls blieb diese Tempelanlage doch über 600 Jahre in Benutzung. Dabei konnte es nicht ausbleiben, daß im Innern der Schutt immer höher aufwuchs und so die außergewöhnliche Ausschmückung der Fassaden in ihren unteren Partien bedeckte und bewahrte, ein glücklicher Umstand für die späteren Ausgräber. Die einzige Parallele für die eigenartige Palmstamm-Dekoration hat man in Ur gefunden, in der ›Bastion des Warad-Sin‹, aber nirgendwo sonst gibt es bislang ein zeitgenössisches Bauwerk von ähnlicher Vollkommenheit in der Ausgestaltung, und so behält der große Tempel von Rimah einstweilen seinen Rang als einzigartige Leistung mesopotamischer Architektur. Hier findet sich im Zweistromland auch der erste Beleg für die dekorative Nutzung von aus Stein gemeißelten Orthostaten, die in den Palästen der späteren Könige von Assyrien und der achämenidischen Könige gleichsam zu einem kanonischen Element architektonischer Gestaltung werden sollten[29].

4. Kassiten und Chaldäer

Der Fall Babylons

Die von Hammurabi herbeigeführte politische Einigung des Landes und die gesellschaftlichen und wirtschaftlichen Veränderungen dieser Zeit bedeuteten einen Wendepunkt in der Geschichte des Zweistromlandes. Es war nun der Norden, der das Gleichgewicht der politischen Kräfte in Babylonien bestimmte. Keine andere Stadt mehr sollte künftig den Rang Babylons in Frage stellen, was um so erstaunlicher ist, wenn man die offensichtlich so bescheidenen und nur mühsam erreichten Leistungen seines Nachfolgers in Betracht zieht. Hammurabis Sohn Samsu-iluna (1749–1712), anfangs mit einigem Erfolg bestrebt, die Politik seines Vaters fortzusetzen, mußte schon bald im Süden des Landes gegen Aufruhr ankämpfen – seine Zerstörung von Ur ist oben schon erwähnt worden: Gegen Ende seiner Regierungszeit kontrollierte der Begründer einer neuen Dynastie in den Sumpfländern des Südens, ein gewisser Iliman (Iluma-ilum), Babylonien bis nach Nippur im Norden. Es hat den Anschein, daß diese neue Dynastie (›vom Seeland‹) sich mit den Herrschaftsansprüchen der früheren Könige von Isin schmückte, ja vielleicht sogar eine Wiederbelebung des sumerischen Reiches im Sinne hatte. Tatsächlich nahmen ihre späteren Könige mehr und mehr bedeutungsschwere und phantasievolle sumerische Namen an. Ja, man hat sogar gemeint, daß in der Zeit des Niederganges der 1. Dynastie von Babylon die Seeländer den großen Zentren von Kultur und Wissenschaft – das heißt den ›Universitäten‹ von Babylon und Nippur – einen Unterschlupf im Süden geboten haben[1]. Und es sind nicht nur Übergriffe auf das unmittelbar zu Babylon gehörende Territorium, die sich die Völker der Seeländer zuschulden kommen ließen, sondern sie scheinen im frühen 16. Jahrhundert v. Chr., wenn auch nur für kurze Zeit, den babylonischen Thron innegehabt zu haben. Jedenfalls läßt sich dies der Königsliste entnehmen, in der die Dynastie der Meerländer ›von Urukug‹ genannt wird, einer sonst unbekannten Stadt.

Der 9. Jahresname von Samsu-iluna erwähnt das Heer der Kassiten. Unglücklicherweise läßt der Text jegliche Aussage über die Umstände und den Ausgang dieses militärischen Zusammenstoßes vermissen. Es ist dies die erste Erwähnung jener Fremden, die gut 150 Jahre später das Erbe in der Oberherrschaft über Babylonien antreten sollten. Man nimmt allgemein an, daß die Kassiten aus den östlichen Bergen kamen; ihre Namen allerdings erscheinen zum ersten Mal in Texten aus dem

Euphrat-Gebiet, also aus dem westlichen Teil Babyloniens. Die Zeit des 17. und des 16. Jahrhunderts brachte ganz allgemein für das westliche Asien große politische Veränderungen mit sich, und die Kassiten sind lediglich eines von vielen Völkern, die nicht der semitischen Sprachfamilie angehören und von denen wir zwei weiteren, den Hurritern und den Hethitern, in Bälde begegnen werden. Zunächst bedrängten die Kassiten von Norden her das im Niedergang befindliche Königreich von Babylonien. Die linguistischen Verwandtschaftsverhältnisse ihrer Sprache sind noch zu untersuchen, doch weisen Eigentümlichkeiten ihrer Religion auf eine mögliche Verbindung zu den indo-europäischen Völkern. In Babylonien begegnen uns die Kassiten erstmals als Landarbeiter. Im Verlauf des 17. Jahrhunderts läßt das Auftreten von kassitischen Eigennamen in babylonischen Geschäftsurkunden den stetigen und offensichtlich friedlichen Zustrom in das Land deutlich erkennen. Gegen Ende jenes Jahrhunderts gelingt es dann kassitischen Siedlern, sogar im unmittelbaren Einzugsbereich von Babylon Pachtgüter zu erhalten. Auf der anderen Seite ist nicht zu übersehen, daß seit der Regierungszeit Samsu-ilunas die Kassiten auch eine militärische Bedrohung darstellten. Die kassitische Überlieferung besagt, daß zu dieser Zeit irgendwo an den Grenzen Babyloniens ein unabhängiger Staat gegründet wurde, der sich vielleicht im oder um das Königreich von Hana am mittleren Euphrat konzentrierte. Jedenfalls steht soviel fest, daß einer der unabhängigen und im übrigen amoritischen Könige von Terqa im Lande Hana den kassitischen Namen Kaschtiliaschu trug.

Während es Samsu-iluna gelang, den Nordwesten gewissermaßen unter Kontrolle zu behalten, so ging unter seinem Sohn Abi-eschuh (1711–1684) das Gebiet um den mittleren Euphrat mit Sicherheit verloren. Aus der Regierungszeit dieses Herrschers sind sonst bedeutende Geschehnisse nicht überliefert, es sei denn der vergebliche Versuch, den Herrscher der Seeländer Iliman durch das »Aufstauen des Tigris« zu überwältigen. Und obschon es sonst keine Anzeichen dafür gibt, daß ihre Autorität von seiten der sumerischen und akkadischen Städte ernsthaft angefochten wurde, herrschten die letzten Könige der 1. Dynastie von Babylon nur noch über ein Reich, dessen Ansehen ständig abnahm. Weitaus bedeutender als die aus dieser Zeit überlieferten geringfügigen Ereignisse sind gewisse Text-Dokumente, insbesondere die sogenannten ›Venustäfelchen‹, unter denen wichtige, wenn auch unglücklicherweise in sich nicht ganz schlüssige Bausteine für die Rekonstruktion der Chronologie erhalten sind[2], und ferner jener wohlbekannte Gesetzeserlaß, den wir schon im voraufgegangenen Kapitel erwähnt haben. Unverändert spiegeln die aus dieser Epoche erhaltenen literarischen Texte und wirtschaftlichen Urkunden eine offensichtlich in Wohlstand lebende Gesellschaft, in der auch die Künste ihr gutes Auskommen fanden. So gehört zum Beispiel in diese Zeit der Schreiber von Sippar, der die einzigen erhaltenen babylonischen Fragmente des zyklischen Epos ›Atrahasis‹ kopierte, eine Version der Sintflutlegende. Und zur gleichen Zeit zeigt auch das Edikt des Ammi-saduqa, daß Babylon immer noch über Uruk, Isin und Larsa herrschte. Ganz ohne Zweifel gab es keinen Fingerzeig auf das drohende Verhängnis, der vernichtende Schlag kam überraschend. Und er kam auch nicht von den

59 Das älteste und schönste Beispiel eines nach dem Sandkern-Verfahren geformten Glasgefäßes aus Mesopotamien (Tell al Rimah, um 1450 v. Chr.). Die Glastechnologie war im zweiten Jahrtausend bereits hoch entwickelt: Bänder aus gefärbtem Glas (gelb, blau und weiß) wurden in die noch weiche Oberfläche des aus dunkelblauem Glas geformten Gefäßes gedrückt und dann mit einem spitzen Werkzeug nach oben und unten ausgezogen, um das Girlandenmuster zu erzielen. Ein technisch außerordentlich schwieriges Verfahren! Bagdad, Iraq Museum; Höhe 13,4 cm.

listigen Seeländern her, und auch nicht von den Kassiten, sondern weit aus dem Norden Kleinasiens, wo die Hethiter, nach ihrer Sprache ein indo-europäisches Volk, ein rasch wachsendes Königreich geschaffen hatten. Von seiner Hauptstadt Hattuscha (Bogazköy) aus fiel ein König namens Murschili I. (Mursilis I., ca. 1620–1595), ein Zeitgenosse des Samsu-ditana von Babylon (1626–1595) in Nordwestsyrien ein und stürmte dann den Euphrat abwärts bis nach Babylon, ohne dabei auf ernstzunehmenden Widerstand zu stoßen. Dem offenbar ahnungslosen Samsu-ditana muß Murschili wie ein Blitz aus heiterem Himmel vorgekommen sein. Babylon wurde geplündert, seine Götter wurden geraubt. Das war das Ende der berühmten 1. Dynastie (1595).

So schnell wie er gekommen war, zog sich Murschili anschließend wieder nach Anatolien zurück, doch nicht rechtzeitig genug, um daheim eine Hofintrige unterdrücken zu können, der er dann zum Opfer fallen sollte. Dem Sieger mag die Beute zugefallen sein, aber das durch den Raubzug Murschilis entstandene politische Vakuum wurde nicht von den erfolgreichen hethitischen Eindringlingen ausgefüllt, sondern offensichtlich von einem König aus den schon lange drohenden Seeländern, der aus dem Raubzug der Hethiter schnell seinen Vorteil zu ziehen wußte.

Von einem überschaubaren Bild der Geschichte Babylons unmittelbar nach dem Überfall der Hethiter sind wir heute noch weit entfernt. Alle schriftlichen Zeugnisse für diese Zeit fehlen, und Babylonien versank in einen Zustand, den wir nach dem gegenwärtigen Stand unserer Unwissenheit am besten als ›dunkles Zeitalter‹ bezeichnen sollten. Leider besteht auch in der Forschung keine allgemeine Übereinstimmung über die Dauer dieser Epoche, eine Tatsache, die für die Aufstellung der Chronologie des 2. Jahrtausends schwerwiegende Folgen hat. Immerhin sieht es so aus, als ob nicht lange nach dem Untergang Babylons ein König der Seeländer mit dem Namen Gulkischar die Kontrolle über die Stadt gewann. Das läßt sich aus der Tatsache ableiten, daß seine Dynastie der von Hammurabi in der Königsliste folgt, in der alle diejenigen verzeichnet sind, die auf den babylonischen Thron Anspruch erhoben. Darüber hinaus behauptet das Schlußwort eines ganz ungewöhnlichen und rätselhaften Textes, in dem die Rezepte für die Herstellung zweier verschiedener Sorten von rotem Glas aufgezeichnet sind, daß das Täfelchen in Babylon geschrieben wurde »in dem Jahr als Gulkischar König wurde«. Gulkischar selbst bleibt dabei eine recht schattenhafte Gestalt, wohl aber ist der Text von nicht geringer Bedeutung; enthält er doch, soweit bekannt, das früheste Rezept für die Herstellung von Glas, mit seltsamen Schriftzeichen beschrieben, von denen man früher annahm, daß es sich dabei um eine Geheimschrift handele. Die Zuschreibung an Gulkischar hält man heute für die Erfindung des Schreibers[3], zumal sich keine anderen Textdokumente erhalten haben, die in die Regierungszeit dieses Königs der Seelande datiert werden könnten. Andererseits gibt es keinen zwingenden Grund, die Möglichkeit auszuschließen, daß das Rezept selbst tatsächlich aus dieser Zeit stammt. In Wörterverzeichnissen erscheinen nämlich schon im frühen 2. Jahrtausend Begriffe, die verschiedene Glassorten bezeichnen und schon früher, in den Inventarlisten der 3. Dynastie von Ur, finden sich, freilich spärliche, Hinweise auf Glas. Im 15. Jahrhundert kannte man dann bereits technisch kompliziertere Verfahrensweisen, wie die in der Sandkerntechnik hergestellten Glasgefäße aus dieser Zeit beweisen (Abb. 59). Was für eine Rolle auch immer Gulkischar in dieser Geschichte gespielt hat, für die Glasherstellung oder für das Schicksal von Babylon in den nächsten 100 Jahren blieb die Dynastie aus den Seeländern eine wirksame politische Kraft. Sie hielt den Süden gegen die Kassiten, die ihnen erst nach Ablauf dieser Frist auf den babylonischen Thron folgen sollten.

Die Kassiten

Anzahl und Reihenfolge der frühen Kassitenkönige stehen bis heute noch nicht fest. Der erste, der mit einiger Sicherheit als regierender Fürst in Babylon ausgemacht werden konnte, ist ein gewisser Agum II. (kakrime), von dem man annimmt, daß es sich um den 9. König seiner Dynastie handelt. Von Agum wird gesagt, er habe die Statuen des Gottes Marduk und dessen Gemahlin aus 24jähriger Gefangenschaft bei den Hethitern befreit (das heißt um 1570). Eine lange Inschrift, die allerdings nur aus einer späteren Kopie bekannt und vielleicht sogar eine Fälschung ist, berichtet vom Wiederaufbau des Marduk-Heiligtums und der Anfertigung neuer Gewänder für die Statue, die ihren goldenen Schmuck verloren hatte[4]. Durch die Wiedereinführung dieses Gottes in Babylon waren die Kassiten in die Lage versetzt, »die Hand Marduks zu ergreifen«. Diese symbolische Geste mochte vielleicht nicht unmittelbar dafür ausreichen, ihre Herrschaft in den Augen gebürtiger Babylonier zu legitimieren, aber sie empfahl sie doch als eine Dynastie, von der die babylonischen Traditionen respektiert und bewahrt wurden[5]. Zwar waren die Herrscher dieser neuen Dynastie eindeutig nicht-mesopotamischen Ursprungs, aber sie können auch kaum als siegreiche Fremdlinge bezeichnet werden. Wie so viele andere Neuankömmlinge scheinen sie schon vorher vollständig aufgesogen worden zu sein vom schier unersättlichen Schwamm mesopotamischer Kultur und Tradition. Nicht nur nahmen sie die lokalen Gebräuche und die Religion an, sondern auch die Sprache Babylons; hätten wir nicht die Schriftquellen, die uns die ausländischen, fremdklingenden Namen dieser Könige verrieten, so besäßen wir kaum Anhaltspunkte für ihre nicht-babylonische Abkunft.

Die Zeit der Kassitenherrschaft ist von den meisten Wissenschaftlern, die sich mit Mesopotamien beschäftigen, auffallend vernachlässigt worden: Nur etwa 900 Tafeln aus der Kassitenzeit sind bislang veröffentlicht, dabei liegen viele Tausende in Museumsmagazinen unveröffentlicht, ja sogar weitgehend überhaupt unbeachtet herum[6]. Nicht selten hat man diese Periode, und freilich nicht ganz zu Unrecht, als die am wenigsten glanzvolle Zeit in der babylonischen Geschichte angesehen. Immerhin aber regierten die Kassiten mehr als vier Jahrhunderte, das heißt, weitaus länger als irgendeine einheimische oder überhaupt eine andere Dynastie; und wir haben allen Grund anzunehmen, daß die Kassiten eine liberale und gewaltlose Innenpolitik betrieben. Gleichzeitig sollten diese Herrscher auch bei der Verwaltung Sumers weitaus erfolgreicher sein als ihre besser bekannten akkadischen und altbabylonischen Vorgänger.

Um 1460 eroberten die Kassiten das Territorium der Seeländer, und von diesem Zeitpunkt an bildete ganz Babylonien nur noch eine große politische Einheit, ein Zustand, der auch unter berühmteren Herrschern nur selten erreicht wurde. Tatsächlich haben unter der kassitischen Oberherrschaft offenbar auch die alten separatistischen Bestrebungen der sumerischen Stadtsstaaten nachgelassen, ein Erfolg, der gewiß nicht zuletzt auf das Konto der Aufmerksamkeit ging, die die spätkassitischen Monarchen diesen alten Zentren entgegenbrachten. Hiervon legen auch ihre Bauwerke ein beredtes Zeugnis ab.

Ungeachtet der offenbar so erfolgreichen kassitischen Innenpolitik ist aber das bemerkenswerteste Kennzeichen dieser Phase in der babylonischen Geschichte ein neues Verhältnis zur Außenpolitik, die erstmals in aktivem Sinne betrieben wird und sich gegen die Länder außerhalb von Mesopotamien richtet. Die wachsende Macht der Hethiter hatte bereits erwähnt werden müssen. Von vielleicht noch größerer Bedeutung in dieser Epoche dürften die Hurriter gewesen sein, die oben im Zusammenhang mit der Zeit der Könige von Akkad bereits genannt wurden. Über den Ursprung dieses Volkes wissen wir wenig. Sie tauchen zuerst im äußersten Norden Mesopotamiens in der Gegend von Diyarbakir auf, und gegen Ende der altbabylonischen Periode findet man ihre Namen dann überall im Norden, von Schemschara in Kurdistan bis nach Alalach in Nordwestsyrien. Zu dieser Zeit kannte man eine ganze Reihe kleiner Staaten, die bis etwa um 1500 zu dem neuen, aber leider schlecht bezeugten Königreich Mitanni verschmolzen waren. Die Bevölkerung dieses Reiches scheint überwiegend aus Hurritern bestanden zu haben, seine Herrscher aber waren indo-europäischer Herkunft und Verehrer alter indischer oder vedischer Gottheiten wie Mitra, Varuna und Indra. Die Aristokratie der Mitanni war eine Streitwagen-führende Adelsschicht, *mariyanna* genannt, mit einem Begriff also, der etymologisch fast mit Sicherheit in Verbindung zu bringen ist mit dem indo-europäischen Wort *márya,* ›junger Mann‹ oder ›junger Wagenlenker‹. Man nimmt an, daß die Hauptstadt der Mitanni, Waschschukanni – bislang unentdeckt und wie Akkad Gegenstand manch fruchtloser Suche –, irgendwo im nordöstlichen Syrien oder im angrenzenden Gebiet der südlichen Türkei lag[7].
Während des 15. Jahrhunderts und auch noch weit in das 14. Jahrhundert hinein erstreckte sich der Staat der Mitanni vom Mittelmeer bis hin zum Zagros-Gebirge und umfaßte auch, soweit wir wissen, große Teile des späteren Assyrien, zumindest bis hin zur Zeit des Assuruballit (um 1365). Die militärische Schlagkraft von Mitanni war ebenso wie die der zeitgenössischen Kassiten nicht zum geringsten Teil zurückzuführen auf die neuerrungenen Techniken in der Reitkunst und auf den Wandel in der militärischen Taktik, die sich aus der Einführung des von Pferden gezogenen zweirädrigen Streitwagens zwangsläufig ergaben. Dieses ist das Kriegsgerät, das dann die späteren Assyrer auf so wirkungsvolle Weise vervollkommnen und nutzen sollten. Erhalten sind hurritische Handbücher für das Trainieren der Pferde und für die Veranstaltung von Pferderennen. In ihnen erscheinen technische Fachausdrücke, für die wir aus dem Indo-europäischen sinnverwandte Formen kenne, ein Echo des östlichen Ursprungs sowohl der Mitanni als auch der kleinen asiatischen Pferde[8]. Die wichtigste Rolle der Hurriter für die Geschichte Babylons liegt jedoch vielleicht in ihrer Funktion als Vermittler babylonischer Kultur an die Hethiter, die Palästinenser und die Phönizier; indirekt ist dieser Einfluß bis nach Griechenland und in die westliche Welt hinein wirksam geworden.

Kara-indasch und Kurigalzu

Wenn für die frühen Kassitenkönige bisher noch keine zeitgenössischen Quellen zutage getreten sind, so finden wir doch seit der Zeit des Kara-indasch (um 1415) nicht nur königliche Inschriften, sondern mit den sogenannten Amarna-Briefen weitere unschätzbare historische Schriftzeugnisse[9]. Diese Keilschrift-Dokumente, überwiegend babylonisch geschrieben (wenn auch vielfach mangelhaft und von Schreibern, die auf sehr verschiedene Weise schriftkundig waren), wurden zuerst 1887 von einer Bauersfrau bei der Feldbestellung entdeckt, und zwar in den Ruinen der Hauptstadt des Pharaos Echnaton (Amenophis IV.) in Ägypten, die heute mit dem arabischen Namen Tell el-Amarna heißt. Nach und nach wurden mehr als 350 Täfelchen von den Einheimischen zutage gefördert und in der Folge an eine Reihe von Museen und Privatsammlern verkauft. Gegenstand dieser Dokumente, die ein Teil des Staatsarchivs von Echnaton sind, sind die internationalen diplomatischen Geschäfte des Pharao. In einzigartiger Weise beleuchten sie oftmals bis ins Detail die politischen Verhältnisse jener Zeit, die man aus diesem Grunde auch häufig das ›Amarna-Zeitalter‹ nennt. Vergleichbare Schriftstücke sind im übrigen später auch in Palästina, Anatolien, Babylonien und Assyrien gefunden worden.
Obschon diese internationale Korrespondenz bereits kurze Zeit nach 1450 beginnt, datieren die meisten der erhaltenen Amarna-Briefe in die Regierungszeit des Pharaos Amenophis III. und seines Sohnes Echnaton (ca. 1402–1347). In diese Zeit gehören auch die Briefe von und an die Kassiten-Könige Kadaschman-Enlil I. (ca. 1370) und Burnaburiasch, in denen auch ihre unmittelbaren Vorgänger erwähnt werden. Ältere Korrespondenz ist nicht entdeckt worden, aber es steht doch fest, daß mit der Zeit Kara-indaschs Babylon soviel Ansehen gewonnen hatte, daß es eines Austausches von Botschaftern mit dem ägyptischen Hof für würdig befunden wurde. Hieraus entwickelte sich ein ›Geschenkverkehr‹ von kostbaren Gütern zwischen den Herrschern von Babylonien und Ägypten, der sich bald regelrecht eingebürgert hatte. Schon 1431 bestätigt der Pharao Amenophis II. den Erhalt von Geschenken aus Babylon kurz nach einem seiner Feldzüge in Syrien; nur wenig später rügt Amenophis seinen Wesir wegen seiner ›Mesalliance‹ mit »einer Dame aus Babylonien, einer Dienerin aus Byblos, einem jungen Mädchen aus Alalach und einer älteren Dame aus Arrapcha (das heutige Kirkuk)«[10]. Um 1415 hat sich dann ein regelmäßiger Kurierdienst zwischen Ägypten und Babylonien etabliert, und babylonische Karawanen ziehen weit nach Syrien, Ägypten und Anatolien hinein. In dem verworrenen Gespinst internationaler Diplomatie und Intrige, das die Amarna-Zeit kennzeichnet, spielt Ägypten zunächst die größere militärische Rolle; doch die ›*lingua franca*‹, die Sprache der Diplomaten, stellte Babylon (wie Frankreich im Europa des 18. und 19. Jahrhunderts).
Auch wegen seiner erfolgreichen Innenpolitik ist Kara-indasch berühmt geworden. Die Seelande waren bereits erobert, und das erste Mal seit 200 Jahren war Babylon wieder zu einem einzigen Staat vereint. In den alten sumerischen Städten gelangten unter Kara-indasch und seinem Nachfolger Kurigalzu umfassende Bauprogramme

60 Die Außenmauern des von Kara-indasch in Uruk erbauten Inanna-Tempels (vgl. Abb. 69) sind mit in Nischen gestellten Figuren in Hochrelief ausgestattet; sie stellen eine Berggottheit und eine Wassergottheit dar und halten Gefäße, aus denen Wasserströme quellen. Die Technik, mit aus der Form gezogenen, gebrannten Ziegeln, ist kennzeichnend für die Architekturornamentik der Kassiten-Zeit. Bagdad, Iraq Museum; Höhe etwa 1,80 m.

zur Ausführung. In Uruk z. B. ließ Kara-indasch einen neuen Tempel für Innin (Innana) errichten (Abb. 69). Seine Fassaden erhielten einen Reliefschmuck mit einem etwa 2 m hohen dekorativen Götterfries aus Backsteinen, die aus der Form gepreßt waren und in flache Nischen eingesetzt wurden (Abb. 60).

In der Zeit von Kurigalzu I. (um 1390) erhielt Babylon große Mengen Goldes aus Ägypten – tatsächlich scheint das Gold in dieser Epoche das Silber als normales Zahlungsmittel vorübergehend abgelöst zu haben[11] –, und von Ägypten finanziert, entwarf Kurigalzu ein ehrgeiziges Bauprogramm für eine ganze Reihe von Städten, unter ihnen Ur, Eridu und Uruk. Große Beträge des ägyptischen Goldes flossen auch in die Errichtung einer neuen befestigten Stadt, Dur-Kurigalzu, an der Peripherie des heutigen Bagdad gelegen. Man hat immer wieder angenommen, daß diese Gründung als neue Hauptstadt dienen sollte, doch geht aus zeitgenössischen Dokumenten eindeutig hervor, daß Babylon auch für die Kassiten die Metropole des Landes blieb und das bedeutendste Zentrum für Religion, Politik und Handel: an Babylon hing die Königswürde. Trotz ihrer fremdländischen Herkunft geschah es selten, daß die kassitischen Monarchen in den alten sumerischen Städten neue Bauwerke errichten ließen – der Innin-Tempel des Kara-indasch stellt eine Ausnahme dar. Es gehörte vielmehr zu den Prinzipien ihrer wohlerwogenen Politik, die von ihren Vorgängern schon erstellten, aber vielleicht verfallenen Bauwerke wieder aufzurichten und zu restaurieren. Sehr häufig erklären die Inschriften des Kurigalzu – wohlgemerkt in altsumerischer Sprache –, daß er seine Pflicht darin gesehen habe, die traditionsreichen heiligen Gebäude zu erhalten[12]. Sogar der

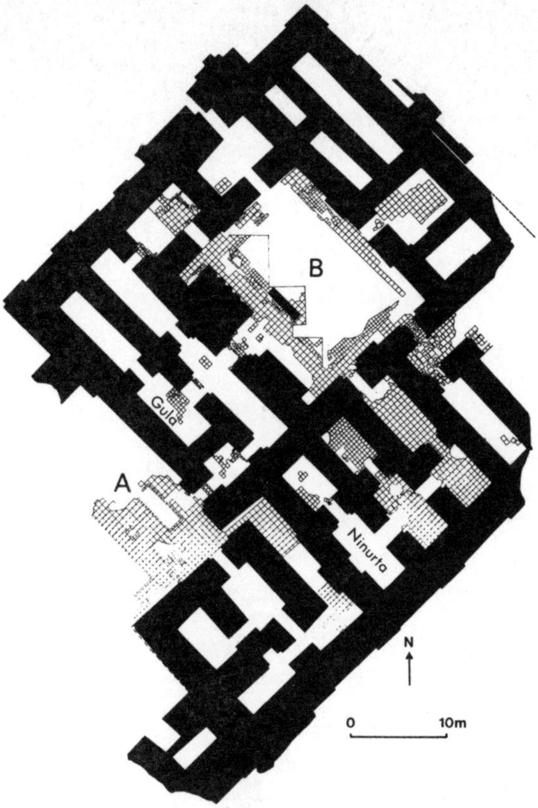

61 Der kassitische Tempel der Heilgöttin Gula in Isin; der Zugang erfolgte im Nordwesten durch die mit Bollwerken geschützte Torgasse, das Hauptheiligtum, ein typisch babylonischer ›Breitraum‹, lag im Südwesten des Hofes B, während ein zweiter Zugang indirekt zu einer Kapelle führte, die dem Gemahl der Gula, Ninurta geweiht war. Die Wohnräume des Tempels lagen wahrscheinlich um den inneren Hof A gruppiert. Nach Hrouda, Fritz, Hausperger, Aziz, Strommenger und Weidner.

Palast und der Bezirk der Zikkurat in Dur-Kurigalzu, die als »von einzigartigem Charakter, der nur als kassitisch betrachtet werden kann«, beschrieben worden sind, lassen sich in vieler Hinsicht ohne weiteres in die Tradition herkömmlicher mesopotamischer Bauplanung einreihen, wie zum Beispiel in Ur. Der kürzlich freigelegte Gula-Tempel in Isin ist dagegen in seiner architektonischen Konzeption rein babylonisch (Abb. 61). Einer der spärlichen Hinweise darauf, daß die Kassiten doch auch einige ihrer eigenen religiösen Bräuche bewahrten, ergibt sich aus einem Text, der in die Zeit des letzten Kurigalzu (1345–1324) zu datieren ist: hier werden die kassitischen ›Schöpfergottheiten‹ Schuqamuna und Schimaliya erwähnt, in deren Heiligtum in Babylon eben dieser Kurigalzu mit den Insignien der Königswürde bekleidet wurde[13].

Die Amarna-Zeit

Die Nachfolger Kurigalzus I. kennen wir wohl am besten als Partner der uns erhalten gebliebenen Amarna-Korrespondenz. Die königlichen Familien Ägyptens und Babyloniens waren mittlerweile durch Heirat miteinander verbunden, und die Könige redeten einander mit ›Bruder‹ an, eine Anrede, die Gleichrangigkeit voraussetzte. Das Protokoll verlangte ausgeklügelte Formeln der Begrüßung, mit der höflichen Nachfrage nach dem Wohlergehen des königlichen Haushaltes, vor allen Dingen auch nach dessen Pferden und Wagen.

Sage Napchururiya (Echnaton), dem großen König, dem König von Ägypten: Dein Bruder Burnaburiasch, der große König, der König von Karduniasch (der kassitische Name für Babylonien) sendet die folgende Botschaft: »Ich und mein Haus, Pferde, Wagen, Beamte und mein Land sind wohlauf. Möge auch bei meinem Bruder alles gut bestellt sein, mit seinem Haus, seinen Pferden, Wagen, Beamten und seinem Lande« (Amarna-Brief 7[14]).

Man tauschte Geschenke aus, Pferde, Wagen und Lapislazuli aus Babylon für Gold aus Ägypten, aber auch Silber, Bronze, Elfenbein, Möbel aus Ebenholz und anderen kostbaren Hölzern, Gewänder und Öl. Besonders begehrt waren die Pferdegespanne der Kassiten, denn dieses Volk war nicht allein wegen seiner Reitkunst, sondern auch wegen seiner Pferde berühmt. Tatsächlich bemerkt der Hethiterkönig Hattuschili III. in einem späteren Brief an Kadaschman-Enlil II., daß es in Babylonien »mehr Pferde als Stroh gibt«. Und obwohl man meinen sollte, daß das gut bewässerte hethitische Land zur Pferdezucht besser geeignet war als die trockenen Ebenen Babyloniens, bestellt der hethitische Großkönig »gute Pferde« aus Babylonien[15].

Der Tenor der erhaltenen Amarna-Korrespondenz zwischen Babylon und Ägypten deutet ganz allgemein auf eine gewisse Abkühlung der Beziehungen zwischen den beiden Ländern hin, vielleicht ein Echo der zunehmenden Schwäche Ägyptens unter Amenophis III. und Echnaton. Sowohl Kadaschman-Enlil I. als auch Burnaburiasch beklagen die schlechte Behandlung ihrer Boten und den Geiz des Pharao. »Zwanzig Minen Goldes«, die Burnaburiasch übersandt worden waren, »waren nicht vollständig, denn als sie in den Schmelzofen gesteckt wurden, kamen fünf Minen nicht zum Vorschein« (Amarna-Brief 10). In einem Brief an Echnaton bittet infolgedessen Burnaburiasch den Pharao, das

62 Abdruck eines Zylindersiegels aus Achat, das einem Beamten des Kassitenkönigs Burnaburiasch gehörte. Die Andachtsszene zeigt einen knienden Bittsteller und, in der Ecke, einen Hund, das Symbol der Göttin Gula. Abgebildet sind auch andere bei den Kassiten gebräuchliche Symbole: Kreuz, Biene, Rosette und Rhombus. Berlin, Vorderasiatisches Museum; Höhe 4 cm.

Gold selbst zu siegeln und abzusenden und diese Aufgabe nicht einem »vertrauenswürdigen Beamten« zu überlassen (Amarna-Brief 7). Eben dieser Brief offenbart nun eine außerordentliche Naivität auf seiten Burnaburiaschs, der sich nörgelnd darüber beklagt, daß der ägyptische König es versäumt habe, sich nach seiner Gesundheit zu erkundigen – und darüber belehrt, daß Ägypten dafür zu weit entfernt sei, als daß der Pharao von des babylonischen Königs Unwohlsein hätte erfahren können – seinen eigenen Kurier befragt, ob es sich auch tatsächlich so verhalte.

Zwischen den beiden Familien wurden Heiraten arrangiert und Burnaburiasch versprach, eine Tochter nach Ägypten zu senden. Doch dann beschwerte er sich beim Pharao, daß die Abordnung, die kam, um sie abzuholen, lediglich 5 Wagen mit sich führte, und gibt zu bedenken, was seine eigenen Höflinge sagen würden, wenn eine Tochter des großen Königs mit einem so armseligen Geleit reisen müsse (Amarna-Brief 11). Es scheint jedoch, daß man eine befriedigende Lösung gefunden hat, denn die Briefe 13 und 14 zählen in ermüdender Ausführlichkeit Geschenke auf, die zwischen den beiden Königen ausgetauscht wurden, wahrscheinlich doch zur Besiegelung des Ehekontraktes.

Obwohl die Beziehungen zwischen Babylonien und Ägypten in dieser Zeit lockerer zu werden scheinen, bleibt der babylonische Einfluß im 14. Jahrhundert anderwärts unverändert. Fundstücke im antiken Dilmun (Bahrein), die Entdeckung eines mykenischen Kupfer-Barrens (in Form einer ausgespannten Ochsenhaut) in Dur-Kurigalzu und das Auftauchen kassitischer Siegel in Griechenland (im böotischen Theben) sprechen für einen lebhaften und weitgespannten Außenhandel der Kassiten[16]. Die Beziehungen zu den Hethitern im Norden waren herzlich, zumal der Zusammenbruch des Mitanni-Reiches einerseits die Unabhängigkeit jenes nördlichen Königreiches begründet, andererseits aber auch die Einmischung Babyloniens in die assyrischen Angelegenheiten gefördert hatte. Als der assyrische König Assuruballit (1365–1330) sich anmaßte, Gesandte zum Pharao (Tutanchamun) zu schicken, sah sich Burnaburiasch zu einer förmlichen Beschwerde veranlaßt:

Nun, ich war es nicht, der die Assyrer sandte, die doch meine Untertanen sind. Warum hat man ihnen erlaubt, nach ihrem eigenen freien Willen dein Land zu betreten? Wenn du mich liebst, laß sie nicht weiter irgendein Geschäft betreiben. Laß sie keinen Handel abschließen ... (Amarna-Brief 9).

Ob Assyrien allerdings tatsächlich von Babylonien politisch so abhängig war, wie dieser Brief glauben machen möchte, bleibt dahingestellt. Immerhin besteht kein Zweifel daran, daß nach dem Niedergang der mitannischen Oberherrschaft Babylon seine Interessensphäre nach Norden ausdehnen konnte, und unter den meisten der späten Kassiten-Könige finden wir Kirkuk (Arrapha) als einen Teil des babylonischen Territoriums aufgelistet[17]. Auch der kulturelle Einfluß Babyloniens steht außer Frage, wie man am zunehmenden Gebrauch des Zusatzes ›Marduk‹ bei den assyrischen Eigennamen erkennen kann. Manches deutet darauf hin, daß es zu jener Zeit in Assyrien sogar ein dem Gott Marduk geweihtes Heiligtum gab[18].

Seit der Regierungszeit Assuruballits I. gewann Assyrien zunehmend an politischer Macht. Enge diplomatische Bande verknüpften es weiterhin mit Babylon, wie sich aus der ehelichen Verbindung eines babylonischen Prinzen mit der Tochter Assuruballits erkennen läßt: ihrer beider Sohn Kara-hardasch folgte Burnaburiasch II. nach dessen Tod auf dem Thron. Die Verbindungen mit Assyrien stellten sich jedoch in Babylon als wenig populär heraus; Kara-hardasch wurde abgesetzt und im Verlauf eines örtlich begrenzten Aufstandes vermutlich ermordet. Nun griff der assyrische König selbst in Babylon ein und setzte ein anderes Mitglied des kassitischen Königshauses auf den Thron von Babylon, nämlich einen Sohn des Burnaburiasch, mit Namen Kurigalzu *sehru* (›der Jüngere‹, um 1345). An dieser Intervention läßt sich das Ausmaß des assyrischen Einflusses im 14. Jahrhundert ablesen. Selbst Kurigalzu, der seinen Thron dem Assuruballit verdankte, sollte sich aber gegen seinen ehemaligen Verbündeten wenden; er zog gegen Enlil-nirari zu Felde, und genau südlich von Assur, bei Sugagu, kam es zum Kampf. Die erhaltenen Chroniken stimmen zwar im Hinblick auf den Ausgang dieser Schlacht nicht überein, doch ist die Tatsache unbestritten, daß die Schlacht in der Nähe von Assur ausgefochten wurde, und dieser Umstand läßt wiederum vermuten, daß es nicht die Babylonier waren, die sich verteidigen mußten[19]. In jedem Falle blieb das Geschick Assyriens und Babyloniens seit dieser Zeit eng miteinander verknüpft. Eheschließungen und Verträge zwischen den königlichen Häusern wechselten mit Friedensbruch und sogenannten ›Berichtigungen‹ der gemeinsamen Grenze.
Kurigalzu der Jüngere war ohne Zweifel ein begabter Herrscher. Aus seiner Regierungszeit ist vor allem der siegreiche Feldzug gegen die Elamer zu nennen, gegen eben das Volk, das in der Vergangenheit schon so oft die östlichen Grenzen Babyloniens bedroht hatte. Der Feldzug endete mit der Einnahme Susas, der elamischen Hauptstadt, wo Kurigalzu eine Statue aufstellen ließ, die seinen Sieg verkündete. Als Kurigalzu nach Babylon zurückkehrte, führte er eine Achat-Tafel aus Susa mit sich, die einst das Weihgeschenk ›für das Leben‹ des berühmten Schulgi gewesen war, eines Herrschers aus der 3. Dynastie von Ur. Kurigalzu der Jüngere ließ diese Tafel mit einer neuen Widmung versehen und stiftete sie der Göttin Ninlil in Nippur[20].

Babylonier, Hethiter und Assyrer

Gegen Ende des 14. Jahrhunderts erscheint auch Ägypten wieder auf der Szene Vorderasiens. Sowohl Seti I. als auch Ramses II. führten Krieg in Palästina und Syrien; letzterer nahm sich die Zeit, auf der Felswand des Kaps an der Mündung des berühmten ›Hunde-Flusses‹ Nahr el-Kelb einen Bericht seiner Ruhmestaten aufzeichnen zu lassen. An dieser Stelle in der Nähe von Beirut, heute eine archäologische Attraktion, passierte die wichtigste Verkehrsader zwischen Nord und Süd an der Levanteküste einen strategisch wichtigen Engpaß zwischen Meer und Vorgebirge. Spätere Heere sind dem Beispiel des Pharaos gefolgt und haben ihren Durchzug durch Inschriften dokumentiert: die Truppen des Nebukadnezar II. von Babylon, das Heer des römischen

Kaisers Caracalla und sogar die Soldaten von Allenby und Gouraud im Ersten Weltkrieg. Bei Qadesch (heute Tell Nebi Mend) am Orontes in Syrien trafen die Truppen des Ramses auf die Hethiter (um 1300). Das Ergebnis dieser Schlacht ist in den ägyptischen Quellen mit glühenden und sicherlich übertriebenen Farben geschildert worden: die langatmigen Inschriften und Bilder an den Wänden des Ramses-Tempels im ägyptischen Theben haben die Begegnung von Qadesch sicherlich zu einer der bestbekannten antiken Schlachten werden lassen. – Trotzdem war es ohne Zweifel ein strategischer Sieg der Hethiter.

Die Wiederaufnahme freundschaftlicher Beziehungen zwischen Hethitern und Kassiten (unter Kadaschman-Turgu, 1297–1280) in dieser Zeit ist aus der Besorgnis zu erklären, mit der diese beiden Königreiche die zunehmende Macht Assyriens beobachteten, das vom Joch der Mitanni befreit war und im 14. und 13. Jahrhundert von einer Reihe außergewöhnlich fähiger Herrscher regiert wurde. Die beiden königlichen Häuser von Babylon und Hattuscha schlossen einen Freundschaftsvertrag, der wieder einmal durch eine Eheschließung besiegelt worden zu sein scheint. Doch Kadaschman-Turgu starb, während sein Sohn und Erbe noch ein Kind war, und mußte Babylon in den Händen seines gegen die Hethiter eingestellten Wesirs Itti-Marduk-balatu zurücklassen. Wie wir einem längeren Brief entnehmen können, den der Hethiter-König Hattuschili III. später an den jungen kassitischen Monarchen Kadaschman-Enlil II. (1279–1265) richtete, hatte jener versucht, dessen Nachfolge zu sichern, was in Babylon wegen der herrschenden politischen Konstellation notwendigerweise auf Widerstand stoßen mußte:

Die Götter haben mich am Leben erhalten und meine Herrschaft bewahrt, dein Vater aber ist von uns gegangen, und ich trauerte um ihn, wie es unserer brüderlichen Beziehung angemessen war. Als ich nach dem Tode deines Vaters getan hatte, was sich schickte, trocknete ich meine Tränen und sandte einen Boten in das Land Karduniasch (Babylonien) mit folgender Botschaft für die hohen Beamten von Karduniasch: ›Wenn ihr nicht am Sohn meines Bruders als Herrscher festhaltet, werde ich euer Feind werden, dann will ich losgehen und Karduniasch überfallen; doch wenn ihr es tut, sendet mir Nachricht, wenn sich ein Feind gegen euch erhebt oder wenn irgendwelche Schwierigkeiten euch bedrücken und ich will euch zu Hilfe kommen.‹ In jenen Tagen war mein Bruder noch ein Kind und niemand hat, so vermute ich, ihm jemals diese Tafel vorgelesen; nun aber sind diese alten Schreiber nicht mehr am Leben und man hat noch nicht einmal die Tafeln in den Archiven aufbewahrt, so daß sie dir jetzt vorgelesen werden könnten.

Die Beweggründe des Hethiter-Königs werden in einer späteren Passage deutlich, in der er Kadaschman-Enlil in der Meinung bestärkt, daß Assyrien viel zu schwach sei, um Babylon zu bedrohen:

Und ich habe meinem Bruder noch mehr zu sagen: ich habe gehört, daß mein Bruder zu einem Mann herangewachsen ist und oft zur Jagd hinauszieht. Es gefällt mir sehr, daß der Gott Adad auf diese Weise den Namen des Nachkommens meines Bruders, Kadaschman-Turgu, berühmt gemacht hat. Und so sage ich: ›Dränge vorwärts nun und falle ein in das Land des Feindes (Assyrien)‹, und ich möchte gerne erfahren, wie viele der Feinde mein Bruder erschlagen hat. Und ich möchte meinem Bruder sagen: ›Sie pflegten deinen

Vater einen König zu nennen, der sich zum Kriege rüstet und dann doch daheim bleibt. Geh aus in Feindesland und schlage den Feind!‹

Der Brief schließt mit der Bitte um gute Pferde (vgl. oben), Lapislazuli und einen Steinschneider aus Babylon[15]. Nach dem Tode Kadaschman-Enlils (ca. 1265) scheint die Beziehung zwischen Babyloniern und Hethitern nachgelassen zu haben, vielleicht wegen der Unterbrechung der Verkehrswege durch aramäische Stämme; auch diese veränderte Situation wird in dem Brief des Hattuschili kommentiert. Wenig ist über Babylon bekannt, bis während der Regierung des Kaschtiliaschu IV. (1242–1235) der mächtige assyrische König Tukulti-Ninurta I. (1244–1208) in Babylonien einfiel. Er plünderte die Hauptstadt und, wie aus seiner eigenen Inschrift hervorgeht,

nahm Kaschtiliaschu gefangen und trat mit meinen Füßen auf seinen königlichen Nacken wie auf einen Fußschemel. Gebunden brachte ich ihn als

63, 64 Die Kunst der Kassiten zeichnet sich durch einen bemerkenswerten Realismus ihrer Tonfiguren aus. Zwei der bekanntesten Stücke wurden im Palast von Dur-Kurigalzu gefunden. Der kleine, bärtige Kopf ist mit rotem Ocker und schwarzer Farbe bemalt, (Höhe 4 cm); bei dem Katzenköpfchen handelt es sich um eine Detailwiedergabe von einer Löwenstatuette (Länge des Kopfes ca. 3 cm). Bagdad, Iraq Museum.

Gefangenen vor das Antlitz Assurs, meines Gottes. So wurde ich Herr über Sumer und Akkad in seiner ganzen Ausdehnung und zog die Grenze meines Landes im Osten am unteren Meer[21].

Die genauen Gründe für diesen Krieg sind nicht klar ersichtlich, obwohl ein assyrisches Epos, das den Sieg des Tukulti-Ninurta feiert, dem Kaschtiliaschu zur Last legt, er habe seinen Eid gebrochen und sei in assyrisches Land eingefallen. Babylon jedenfalls wurde verwüstet: die babylonische P-Chronik berichtet, daß die Stadtmauern zerstört, die Babylonier mit dem Schwert getötet, Marduks Tempel (Esagila) ausgeplündert und seine Statue nach Assyrien verschleppt wurden. Assyrische Statthalter wurden in Babylonien eingesetzt und für mehrere Jahre (etwa 1235–1228) mußte Babylon zum ersten Mal die assyrische Herrschaft ›kosten‹[19].
Wer in dieser Auseinandersetzung schließlich und endlich die Ober-

hand behalten sollte, ist eine strittige Frage. Die Gründe für die assyrische Expansion bleiben unklar, obwohl in späteren Epochen ganz fraglos auch eine Art Größenwahn mit im Spiel gewesen sein muß. Die ökonomischen Motive, also rein praktische Überlegungen, liegen dagegen auf der Hand. Es hat in der Tat den Anschein, daß viele der assyrischen Feldzüge dazu dienen sollten, nicht nur Rohstoffquellen in die Hand zu bekommen, sondern auch die gewinnträchtige Kontrolle der Handelswege, auf denen diese Güter bewegt wurden. Möglicherweise erklärt dieses Motiv die assyrischen Versuche, Nordbabylonien zu unterwerfen. Auf der anderen Seite der Rechnung schlug aber der erhebliche und dauernde militärische Aufwand für dessen Besatzung und Verwaltung kräftig zu Buch und hat sicherlich die Aufmerksamkeit der Assyrer von anderen, lukrativen Unternehmungen abgelenkt. Diese Spaltung der Interessen – denn Assyrien war und blieb von seiner Tradition und seinen politischen Kraftquellen her eine nördliche Macht – schwächte seine Kräfte und dürfte den völligen Zusammenbruch des Reiches im Jahre 612 mit herbeigeführt haben. Gleichzeitig war der kulturelle Einfluß Babylons auf Assyrien von da an so stark, daß diese Eroberung durch Tukulti-Ninurta, so paradox das klingen mag, eigentlich als Sieg Babylons angesehen werden kann. Geradezu gierig auf babylonische Kultur, schleppten die Assyrer sogar große Mengen babylonischer Keilschrifttafeln als Beute mit sich fort[22]. Diese Ambivalenz in der Besessenheit von Babylonien einerseits und der kriegerischen Aggressivität andererseits sollte dem assyrischen Königreich im Norden für die nächsten 600 Jahre noch schwer zu schaffen machen.

Die militärischen Erfolge machten Tukulti-Ninurta zu einer der führenden Persönlichkeiten des 13. Jahrhunderts. In seiner Heimat erhob er praktisch den Anspruch auf göttliche Ehren, zusammen mit dem babylonischen Titel: ›König von Karduniasch, König von Sumer und Akkad, König von Sippar und Babylon, König von Dilmun und Melukka (vielleicht ein Anspruch auf babylonische Rechte in diesen weit entfernten Regionen), König der Oberen und Unteren Meere‹. Er baute eine neue Hauptstadt, die er nach sich selbst benannte; sie lag am Ufer des Tigris gegenüber von Assur. Es ist bemerkenswert, daß ihrem Haupttempel ein babylonischer Bauplan zugrundeliegt, während nur die Wanddekorationen in nordmesopotamischem Stil gehalten sind. Mit diesen Exzessen scheint er sich jedoch zunehmend Feindschaft zugezogen zu haben, und eigenartigerweise wirft ihm eine spätere Überlieferung gerade seine Frevel gegenüber Babylon und Marduk vor. Rebellen aus seinen eigenen Reihen unter der Führung von Tukulti-Ninurtas eigenem Sohn und Erben setzten den König schließlich in seinem neuen Palast gefangen und legten Feuer. Frisierte Berichte über Tukulti-Ninurtas Herrschaft haben sich möglicherweise in den später entstandenen griechischen Sagen von ›König Ninos‹ und seiner neuen Hauptstadt erhalten.

Der Sturz der Kassiten

Verworren ist die Darstellung der Ereignisse während des assyrischen Interregnums in Babylon und unmittelbar danach[23]. Mehrere ›Könige‹, die kaum mehr als Marionetten gewesen sein können, werden in der Königsliste aufgeführt; ferner gibt es deutliche Anhaltspunkte für eine Intervention Elams. Schließlich wurde ein Sohn Kaschtiliaschus IV., Adad-schuma-usur (1218–1189) auf den Thron gehoben, offenbar sowohl durch Volkeswille als auch mit Billigung der Elamer. Die beiden folgenden Könige, Meli-Schipak (1188–1174) und sein Sohn Marduk-apla-iddina I. (1173–1161) herrschten in relativem Frieden und Wohlstand. In dieser Zeit auch entstand in Dur-Kurigalzu der Palast mit den Wandmalereien, in dem die Urkunden assyrischer Kaufleute gefunden wurden[24]. Nach dem Tode von Marduk-apla-iddina jedoch verfiel das kassitische Königreich; der Niedergang begann mit einem Einfall des Königs Assur-dan I., von Assyrien, dann griffen die Elamer unter Schutruk-Nahhunte an und setzten schließlich (etwa 1159) den machtlos gewordenen babylonischen König ab. Aus den babylonischen Schriftquellen erfahren wir nur wenig über diese Geschehnisse, während die elamischen Berichte – auch wenn man sie leider immer noch nur unvollkommen verstehen kann – sehr viel aufschlußreicher sind. Ein Sohn von Schutruk-Nahhunte wurde als Statthalter in Babylon eingesetzt; aber die Kassiten leisteten auch weiterhin leidenschaftlichen Widerstand, so daß die Kämpfe sich noch drei Jahre lang hinzogen. Die babylonische Überlieferung erinnert sich daran als an eine Zeit voll außergewöhnlicher Gewalttätigkeit:

Die Verbrechen (des Elamers) waren größer und seine schrecklichen Sünden schlimmer als die, die alle seine Väter begangen hatten ... Wie eine Sintflut spülte er die Völker Akkads hinweg und legte in Ruinen Babylon und all die vornehmen Kultplätze[25].

Unter den Siegestrophäen, die nach Susa gebracht wurden, waren zwei der bedeutendsten unter den erhaltenen Denkmälern Mesopotamiens überhaupt: die Stele des Naram-Sin, auf die Schutruk-Nahhunte seine eigene Siegesinschrift setzen ließ, und die berühmte Stele mit den Gesetzen Hammurabis. Beide Monumente wurden wahrscheinlich aus Sippar entführt. Schutruk-Nahhunte starb, ehe er die Weihinschriften, die seinen Sieg feiern sollten, vollenden konnte: Eine entsprechend vorbereitete Stelle auf der Gesetzesstele des Hammurabi harrt noch heute der Inschrift des elamischen Herrschers. Unter der Kriegsbeute befand sich auch eine Anzahl von Statuen des akkadischen Königs Manischtuschu, die aus Eschnunna, Kisch und Akkad geraubt worden waren. Ferner wurde auch die Statue der Nana von Uruk nach Susa verschleppt, wo sie über 500 Jahre auf ihre Befreiung warten mußte, bis das Heer des assyrischen Königs Assurbanipal im 7. Jahrhundert ihre Gefangenschaft beendete. Schon Nebukadnezar I. (1126–1105) hatte allerdings im späten 12. Jahrhundert die ebenfalls geraubte Marduk-Statue von Susa nach Babylon heimgeholt[26]. Im Gedächtnis des babylonischen Volkes und in seiner dichterischen Überlieferung blieb der elamische Kultbild-Räuber Kudur-Nahhunte, der Sohn Schutruk-Nahhuntes, wegen eben jener Tat auf immer berüchtigt. So fand die Dynastie der Kassiten-Könige ihr Ende; sie hatten nach mesopotamischer Überlieferung mit nicht zu gering einzuschätzendem Erfolg 576 Jahre und 9 Monate in Babylon regiert, was noch keiner anderen Dynastie zuvor gelungen war.

65 Die Überreste der Zikkurat von Aqar Quf (Dur-Kurigalzu) wurden oft von früheren Besuchern fälschlicherweise für den Turm von Babel gehalten. Die hier abgebildete Ansicht zeigt die untere Plattform, rekonstruiert vom Directorate-General of Antiquities, Bagdad.

66 Die späteste Bauphase des Palastes von Dur-Kurigalzu (12. Jahrhundert) weist in den Eingängen bemalte Wandsockel auf. Wiedergegeben sind Prozessionen von Höflingen oder Beamten, die den Palast betreten und verlassen. Am besten erhalten ist die hier abgebildete Gestalt. Sie trägt ein mit Fransen besetztes Gewand und eine Fez-ähnliche Kopfbedeckung. Die Figuren sind in Schwarz, Weiß und Rot gehalten, auf einer dünnen gelblichen Grundierung. Höhe der Figur ca. 50 cm. Nach Baqir.

Kassitische Archäologie: Dur-Kurigalzu

In den noch gut erhaltenen Ruinen von Aqar Quf, genau westlich von Bagdad, haben wir die Überreste einer kassitischen Neugründung vor uns, ›die Festung Kurigalzu‹, sicherlich bereits als vorgeschobener Verteidigungsposten gegen Assyrien und Elam errichtet. Die Erwähnung dieser Stadt auf einer Tontafel, die in die Regierungszeit des Burnaburiasch (ca. 1350) datiert werden muß, läßt vermuten, daß die Stadt von dem ersten der beiden Kurigalzu (ca. 1390) gegründet wurde. Besonders bemerkenswert ist dieser Ort wegen seiner außergewöhnlich gut erhaltenen Zikkurat, die sich noch heute gut 57 Meter über die Ebene erhebt und in der Reisende früherer Tage oft fälschlicherweise den ›Turm von Babel‹ aus der Bibel erkennen wollten (Abb. 65). Das charakteristische Profil der Zikkurat rührt her von horizontal durch den gesamten Bau laufenden Lagen von Schilfmatten und geflochtenen Seilen – die auch heute noch, nach 3000 Jahren, bemerkenswert gut erhalten sind. Wozu sie dienten, ist nicht ganz klar. Möglicherweise sollten sie den Schichtenausgleich herstellen und zugleich während der Bauzeit und des nachfolgenden Austrocknungsprozesses des Lehmziegelwerks als eine Art Ringanker wirken. Vor der Zikkurat liegt eine von langgestreckten engen Kammern umgebene Hofanlage, die, obschon nur zum Teil ausgegraben, sich im Gesamtplan gut mit ähnlichen

Bauten in Ur vergleichen läßt. Dort stammen sie aus der 3. Dynastie, wurden aber nach demselben Grundplan von einem Kurigalzu, vermutlich ebenfalls dem ersten dieses Namens, restauriert. In beiden Städten steht die Zikkurat isoliert in einem eigenen Hof. Die abhängigen Gebäude werden jedesmal als ›Tempel‹ beschrieben, doch gibt es an keinem der beiden Plätze einen Raum, der mit einem Heiligtum herkömmlicher babylonischer Prägung gleichzusetzen wäre. Eine andere Besonderheit in Aqar Quf ist eine ungefähr in der Achse der mittleren Zikkuratreppe gelegene, niedrigere Plattform, die vielleicht einen kleinen Tempel oder Opferplatz beherbergte. Bauinschriften weisen die Zikkurat in Aqar Quf und den angrenzenden Gebäudekomplex einem Kurigalzu zu[27].

Die irakischen Archäologen haben auch, einen Kilometer nordwestlich der Zikkurat, einen ausgedehnten Palast ausgegraben. Vier Bauphasen ließen sich feststellen, von denen die beiden jüngsten aufgrund der im Zusammenhang damit gefundenen Tontäfelchen in die Zeit nach Kurigalzu II. datiert werden müssen[28]. Einer der beiden älteren Paläste dagegen wird durch die Inschrift auf einer Türangel wiederum einem Kurigalzu zugeschrieben. Die letzte Phase des Palastes (I) weist eine ausgesprochene Besonderheit auf: In einem Flügel des Gebäudes befinden sich lange enge Galerien mit einem Zugang vom Hof aus über eine Reihe von Torwegen, deren Sockel mit Malereien ausgeschmückt sind. Dargestellt sind Prozessionen von menschlichen Gestalten. Wandmalerei hat in Mesopotamien eine lange Tradition, die bis in das frühe 6. Jahrtausend hinaufreicht. Wir haben Belege für solche Wandmalereien in den früheren Palästen von Mari, Nuzi und auch in Aqar Quf selbst. Hier finden wir jedoch das erste Beispiel für den Typus des Prozessionsfrieses, der später in der assyrischen Architekturdekoration zu einem so charakteristischen Thema werden sollte. Eine in der Prozession in Aqar Quf dargestellte Gruppe trägt tatsächlich den ›Fez‹, die spätere königliche Kopfbedeckung in Assyrien (Abb. 66), die in dieser Zeit noch vom Adel getragen wurde, offenbar auch in Babylonien – es sei denn, daß mit diesen Höflingen assyrische Untertanen dargestellt werden sollten. Die besterhaltenen Wandmalereien finden sich in der spätesten Phase des Niveaus I (I A), und in eben dieser Schicht kamen auch Tontäfelchen des Marduk-apla-iddina (1173–1161) zutage.

Sowohl die spätesten Paläste (Niveau I C – Niveau I A) als auch die Nebengebäude der Zikkurat weisen eine ganz und gar unübliche und daher charakteristische Konstruktionstechnik auf: abwechselnd sind einige Ziegellagen flach- und hochkant verlegt worden. Bei den älteren Palästen (II–IV) dagegen begegnet uns die gebräuchliche Bauweise, der ›englische Verband‹, bei dem alle Ziegel flach aufgemauert werden (Abb. 67). Für den Palast scheint die Abfolge der Entwicklung allgemein klar zu sein; es ist aber nicht möglich, dieses mit den Bauabfolgen im Bereich der Zikkurat in Beziehung zu setzen. Auch hier finden wir einen entsprechenden Wechsel von horizontalen und vertikalen Ziegellagen, sowie zwei Zerstörungshorizonte, die lediglich in den Phasen IC–IA des Palastes ihre Entsprechung finden. Diese auffallenden Unterschiede in der Bauweise bereiten der Interpretation des Befundes erhebliche Schwierigkeiten, und es ist kaum möglich, die Errichtung

67 In dieser schematischen Mauerwiedergabe kommt der abrupte Wechsel in der Bautechnik deutlich zum Ausdruck. Er fand statt zwischen den drei ersten (IV–II) und den letzten (IC–IA) Palästen von Dur-Kurigalzu. Das unübliche und sehr bezeichnende Ziegelmauerwerk der letzten Phase, bei dem die Ziegel abwechselnd flach und hochkant gelegt sind, kehrt auch in der Zikkurat-Einfriedung wieder. Nach Baqir.

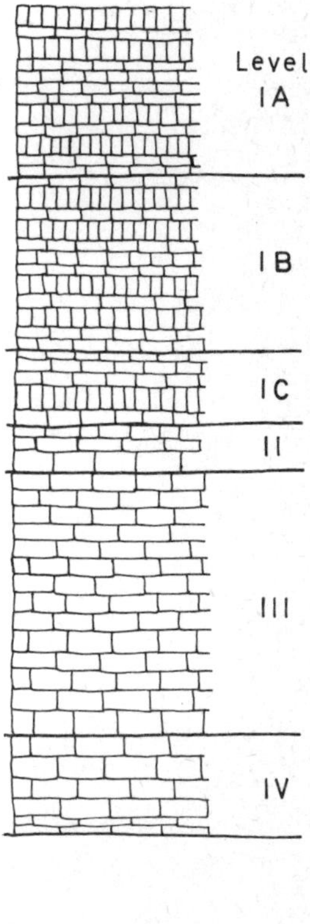

der Zikkurat-Höfe (die offensichtlich durch einen Kurigalzu vorgenommen wurde) ebenso wie die Erbauung der frühesten Paläste (auch hier war wiederum ein Kurigalzu für einen der beiden Paläste verantwortlich) in dieselbe Zeit zu datieren. Denn es sind nur zwei Könige dieses Namens mit Sicherheit belegt, und beide regierten im 14. Jahrhundert (mit einem Abstand von etwa 50 Jahren), also lange Zeit bevor der Palast I gebaut wurde.
Aufgrund dieser widersprüchlichen archäologischen Daten haben die Ausgräber von Aqar Quf die Existenz eines dritten Kurigalzu angenommen, der dann der Erbauer des Zikkurat-Komplexes und des offenbar zeitgleichen jüngsten Palastes wäre. Doch ist es auf der anderen Seite kaum glaubhaft, daß die älteren Paläste schon so lange Zeit vor der Errichtung des kultischen Bezirks benutzt wurden. Auch läßt die Königsliste keinen Raum für einen Kurigalzu zwischen den beiden Kassiten-Königen, deren Tontäfelchen in der Schicht des Palastes II zutage kamen (Kudur-Enlil, 1264–1256, und Kaschtiliaschu IV., 1242–1235) einerseits, und Marduk-apla-iddina (1173–1161) andererseits, dessen Täfelchen in der spätesten Schicht gefunden wurden[29]. Man kann also nur immer wieder betonen, daß der archäologische Befund in Dur-Kurigalzu sich nicht mit der Königsliste in Übereinstimmung bringen läßt, und zugleich der Hoffnung Ausdruck geben, daß weitere Ausgrabungen oder Inschriftenfunde Licht in dieses Dunkel bringen.

Kunst und Architektur der Kassiten: die Städte im Süden

Nur wenig weiß man bedauerlicherweise über die bedeutendste unter den kassitischen Städten, über Babylon, wo der gestiegene Grundwasserspiegel den Zugang zu den Siedlungsschichten dieser Periode in den meisten Fällen verwehrt. Nur im Merkes-Viertel (dem Handelszentrum der späteren Stadt) war es möglich, einige kassitische Straten freizulegen. Hier fand man solide gebaute Häuser, Gräber sowie eine Ansammlung von Feuergruben, die als Reste von Brennöfen für die Herstellung von Fayencen (›Fritten‹[30]) gedeutet worden sind. – Es handelt sich bei diesem Material um feingemahlenen kristallinen Quarz, der von einem Formmantel aus glasartiger Masse zusammengehalten und mit einer glasig-durchsichtigen Oberflächenschicht bezogen ist. Echte Gläser, die in dieser Zeit, wie wir schon gesehen haben, ebenfalls bekannt waren, weisen eine durchgehend homogene und nicht-kristalline Struktur auf. Fayence war im 2. Jahrtausend sehr beliebt, weit verbreitet und vermutlich billiger als Glas. Man benutzte sie zur Herstellung verschiedenartigster Gegenstände, einschließlich Perlen, Zylindersiegeln, Plaketten sowie auch Masken zu dekorativen (und magischen?) Zwecken (siehe Abb. 68).
Da die Stadt Babylon selbst mithin nur wenige Funde aus der Epoche der kassitischen Dynastie zu bieten hat, müssen wir die Ergebnisse von anderen Fundplätzen heranziehen, wenn wir uns ein Bild von dieser Zeit machen wollen. Aqar Quf ist dabei vielleicht der ergiebigste Platz, doch sind auch in den alten sumerischen Städten wie Nippur, Isin, Larsa und Ur kassitische Schichten ausgegraben worden – bekanntlich wurden diese Städte von den Königen der Kassiten respektiert und in Ehren

gehalten. Das früheste uns bekannte Bauwerk ist, wie schon erwähnt, der kleine, aber ganz aus dem Rahmen des üblichen fallende Tempel von Kara-indasch (siehe Abb. 69); besonders auffallend sind der figürliche Fries aus in Formen gegossenen Ziegeln und der ausgesprochen ›assyrische‹ *Langraum*-Grundriß. Während wir heute nämlich die Verwendung von nur luftgetrockneten Lehmziegeln als Dekorationselement für Gebäudeaußenflächen bis in altbabylonische Zeiten zurückverfolgen können, begegnen uns hier bei den Kassiten zum ersten Male gebrannte Ziegel (Backsteine), und auch im Motivrepertoire halten Neuerungen Einzug: So stellen die Kassiten nun erstmals in menschlicher Gestalt auch geringere Gottheiten dar.
Fragmente von aus der Form gewonnenen Ziegelornamenten wurden in Ur, Nippur, Aqar Quf und Larsa gefunden. In Larsa ist kürzlich ein Tempel ausgegraben worden, der mindestens noch in das 14. Jahrhundert datiert werden muß und der eine Ausschmückung mit spiralig gedrehten Säulen aufweist, die bei oberflächlicher Betrachtung denen an der Fassade des altbabylonischen Tempels in Rimah gleichen, andererseits aber dieselben Konstruktionsmerkmale zeigen, wie sie durch einige bisher noch unveröffentlichte Säulen in Aqar Quf belegt sind[31]. Im Zuge der kriegerischen Einfälle von Elam nach Babylonien

68 Gegenstände aus Glasschmelzmasse oder Fayence gehörten in der Kassitenzeit zum Alltäglichen. Zu den besonders reizvollen Stücken zählt eine Reihe kleiner Masken; eine von ihnen fand man im Grab einer Hohenpriesterin im Gipar-ku in Ur. Das zweifellos schönste Exemplar ist diese ungewöhnlich große und kunstvoll eingelegte Maske aus dem großen Tempel von Tell al Rimah. Die farbigen Glas- und Fritten-Inlays (schwarz, weiß und gelb) wurden in Bitumen gebettet. 14./13. Jh. v. Chr. Bagdad, Iraq Museum; Höhe 11,8 cm.

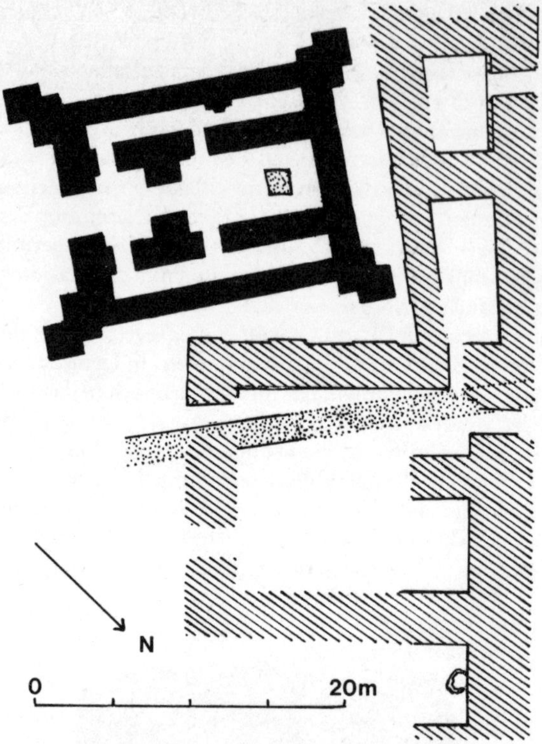

69 Der früheste Kassiten-Tempel ist, soweit bekannt, dieses kleine Heiligtum (schwarze Mauern), das König Kara-indasch im 15. Jh. v. Chr. in Uruk bauen ließ und der Göttin Inanna weihte. Die äußere Mauer hat einen mit Nischen versehenen Sockel von aus der Form gezogenen, gebrannten Ziegeln (vergl. Abb. 60). Die äußere Einfriedungsmauer (schraffiert) ist viel späteren Datums (Sargon II.). Nach Jordan.

70 Die Grenzsteine *(kudurru)* sind wohl unter den erhaltenen Denkmälern ganz besonders charakteristisch für das kassitische Babylonien. Dieses ungewöhnlich schöne Exemplar berichtet über eine Landvergabe durch Meli-Schipak an seinen Sohn Marduk-apla-iddina I. (12. Jh. v. Chr.). Die dargestellten Symbole verkörpern verschiedene Gottheiten. Unter ihnen sind Drachen und Spaten des Marduk (3. Reihe). An der Spitze sind der Mond (Sin), der Planet Venus (Ischtar), die Sonne (Schamasch) und der Ziegenfisch von Ea zu sehen. Kronen mit Hörnern stehen für Anu und Enlil. Paris, Louvre; Höhe 65 cm.

gelangte die neue, von Kara-indasch angewandte Dekorationstechnik nach Susa; es liegt nahe zu vermuten, daß die geformten Ziegel des Tempels, den Kudur-Nahunte für In-schuschinak[32] errichten ließ, von babylonischen Gefangenen angefertigt wurden. Am besten bekannt ist diese Ornamentform wohl durch die großartigen Friese aus glasierten Ziegeln an den Palästen des Nebukadnezar in Babylon (Abb. 102, 104, 108) und des Darius in Susa. Hier wird tatsächlich auch überliefert, daß das Ziegelwerk von Babyloniern ausgeführt wurde.

Für das kassitische Mesopotamien ist ein bestimmter Denkmal-Typus ohne jeden Zweifel besonders charakteristisch (ihm haben sich in der Tat auch die Altertumsforscher zuerst zugewandt): der Grenzstein (‹Jagenstein‹) bzw. *kudurru.* Dieser Begriff wurde in der kassitischen Zeit neu geschaffen und bedeutete eine besondere Art königlicher Begünstigung bzw. Verleihung, die für gewöhnlich als Inschrift auf einen ovalen oder pfeilerähnlichen Stein gemeißelt wurde. Es waren dies amtliche Urkunden, die vom König oder auch gelegentlich von einem hohen Beamten ausgestellt waren und öffentlich die Vergabe eines bestimmten Stückes Land an eine bestimmte Person verkündeten, womit der Erlaß einiger Steuern und die Auflage gewisser Pflichten verbunden waren. Der *kudurru* selbst wurde dann offenbar in dem entsprechenden Feld oder innerhalb des Lehnsgutes aufgestellt. Kopien der Inschriften wurden auf Tontafeln ausgefertigt und in Tempelarchiven deponiert, um den rechtlichen Akt vor dem Untergang zu bewahren.

Über 80 solcher Denkmäler sind uns bekannt geworden. Man hat sich ihrer über einen langen Zeitraum bedient, reicht doch die Datierung von der Zeit Kadaschman-Enlils (ca. 1370) bis in das 7. Jahrhundert herunter. Ein besonders schönes Exemplar dokumentiert eine Landvergabe durch Meli-Schipak zugunsten seines Sohnes Marduk-apla-iddina I. Kennzeichen dieser Grenzsteine ist ein ganz typischer Reliefschmuck, der eine Vielfalt von göttlichen Symbolen zur Darstellung bringt (Abb. 70). Diese Symbole sind gelegentlich auf ›Ständer‹ oder ›Sitze‹ gestellt, um die ›inthronisierte Gottheit‹ zu charakterisieren, die das Denkmal vor Unbill schützen sollte. Auf einigen dieser Steine ist der König auch selbst abgebildet, entweder allein oder zusammen mit den Empfängern seiner Gabe; in einigen weiteren Fällen steht dieser betend vor der Gottheit. Zusätzlichen Schutz versprach man sich von ausgeklügelten Flüchen und Segenssprüchen, die in den Inschriften festgehalten waren und den Stein vor dem Verschleppen oder vor der Zerstörung bewahren sollten.
Auch die kassitischen Zylindersiegel sind durch jene so unübliche Vielzahl von Symbolen gekennzeichnet, unter denen auch das sogenannte ›Kassiten-Kreuz‹ auftritt (Abb. 62). Eine weitere Neuerung in dieser Denkmälergruppe sind die langen, in Sumerisch gehaltenen Inschriften; sie füllen häufig den größten Teil der Siegeloberfläche. Im allgemeinen handelt es sich dabei um Gebete an eine Schutzgottheit, die oftmals in der Formulierung verworren sind und im Inhalt dunkel. Damit sollte vielleicht allerdings nur der Anspruch auf die Gelehrsamkeit dokumentiert werden, der diese Zeit in besonderem Maße frönte.

Die Kassiten im Rückblick

Die Kassiten sind oftmals abfällig beurteilt worden, als konservativ in ihrem Verhalten, als Herrscher von friedliebender Mittelmäßigkeit, die ihre blassen Farben nur durch die erhaltene diplomatische Korrespondenz zurückgewinnen. Die geringe Zahl der Quellen – sträflicherweise wurden die großen Verwaltungsarchive (vor allem in Nippur) völlig unbeachtet gelassen – hat zu einer allgemeinen Vernachlässigung dieser Periode in der babylonischen Geschichte beigetragen. Nicht nur die Assyriologen, sondern auch die Archäologen haben für ihre Forschungen und Ausgrabungen stets Plätze gesucht, die in vermeintlich bedeutungsvolleren Epochen babylonischer Geschichte besiedelt waren. Aber dennoch waren es die Kassiten, die weit länger ein geeintes Babylonien regiert haben als irgendeine andere mesopotamische Dynastie, und es war schließlich unter ihrer Ägide, daß sich Babylon zu einem anerkannten politischen und kulturellen Zentrum der Alten Welt wandelte. Politisch war diese Zeit geprägt von der ständigen Eskalation des Konfliktes mit Assyrien, der sich bis in das 7. Jahrhundert hinziehen sollte.
Die Zeit der kassitischen Herrschaft ist die Zeit eines grundlegenden sozialen, und wohl auch kulturellen Wandels. Mit der Dynastie Hammurabis verschwindet der König als ›Gesetzgeber‹ von der Bildfläche, während die Institution des kassitischen *kudurru* uns einen Verwaltungstyp erkennen läßt, der an Feudalismus erinnert, obwohl die

Übertragung dieses Begriffes im strengen Sinne zu Mißverständnissen führt. Jedenfalls aber kennzeichnet das kassitische Gesetz, das die Übertragung von Land regelte, eine auffallende Abkehr von altbabylonischen Traditionen, ja wir haben sogar Belege für den Lehnsbesitz in der Hand von ›Haushalten‹ oder ländlichen Distrikten. Es wird dabei von Stammeseigentum gesprochen, worunter Landbesitz zu verstehen ist, den die Stammesgemeinschaften als Gesamtheit besaßen, eine Regelung, die auch noch später im 1. Jahrtausend für die gesellschaftlichen Verhältnisse in Babylonien kennzeichnend ist.
Gegenüber Sprache und Literatur legte man allerdings eine ausgesprochen konservative Haltung an den Tag. Aber in diesem Festhalten am kulturellen Erbe läßt sich auf der anderen Seite auch der ganz bewußte Versuch einer fremden Dynastie erkennen, sich in jeglicher Weise babylonischer Art anzupassen und Überlieferung und Kultur der Vergangenheit zu bewahren. Hierzu gehört auch der in der Kassitenzeit erstmals auftretende Brauch der Babylonier, die Namen von Vorfahren zu benutzen, eine bis dahin ganz unübliche Praxis. So sind uns aus dieser Periode die Namen von einer Reihe berühmter Schreiber und Schreiberfamilien erhalten geblieben[33]. Obwohl der Bestand an Literatur, der aus den kassitischen Schreiberschulen hervorging, häufig als ›kanonisch‹ bezeichnet wurde, haben wir keine Anzeichen dafür, daß unter der vorhandenen Literatur systematisch ausgewählt wurde, oder daß man etwa den Versuch gemacht hätte, verbindliche Editionen herzustellen. Vieles an akkadischer Literatur erhielt in dieser Zeit seine feste Form, aber bei weitem nicht alles. Auch neue Werke wurden verfaßt, und zum erstenmal in der Geschichte Babyloniens verfügen wir über eine Anzahl von Texten, deren Urheber wir ermitteln können. Von besonderem Interesse, wenn auch unüblich, ist die ›Signatur‹ unter der nur wenig späteren babylonischen ›Theodizeë‹ (Göttergeschichte), die in Gedichtform, als Akrostichon, verfaßt wurde.
Die Zeit, in der die Kassitenherrschaft zu Ende ging, war im gesamten östlichen Mittelmeerraum eine Zeit allgemeiner Unruhe und grundlegender Umwälzungen. In diese Epoche fällt der Untergang Trojas und gehören die ausgedehnten Wanderzüge der Gruppen, die in den ägyptischen Quellen als die ›Seevölker‹ beschrieben werden. Babylonien war hiervon zwar nicht unmittelbar betroffen, wurde aber doch indirekt in Mitleidenschaft gezogen: Im Verlaufe dieser weitreichenden Wanderungsbewegungen (hierzu gehört auch der Einzug der Philister in Palästina) brach das hethitische Großreich zusammen, und damit war für Mesopotamien zumindest zeitweilig der Zugang zu den lebensnotwendigen Erzlagern in Anatolien versperrt. Letztlich müssen diese Ereignisse auch zum Niedergang Assyriens, in der Zeit nach Tukulti-Ninurta, entscheidend beigetragen haben. Die Scharmützel entlang der Ostgrenzen Babyloniens, von denen die Schriftquellen berichten, beleuchten die wachsende Bedeutung, die fortan die östlichen Handelswege für Babylon gewannen.
Eine der Konsequenzen aus dem Zusammenbruch des Hethiterreiches ist die Tatsache, daß das Eisen nun in größerem Maße verfügbar wurde, und so beginnt die Periode, die von den Archäologen als Eisenzeit bezeichnet wird, im Nahen Osten um 1200. Vereinzelte Fundstücke aus Eisen im westlichen Asien stammen schon aus früheren Jahrhun-

71 Diese sehr lebendige Ritzzeichnung auf Ton wurde in Babylon gefunden, und zwar in einem Hause, von dem man annimmt, daß es kassitisch sei. Die Abbildung zeigt einen Löwen, der einen wilden Eber anfällt.

derten und sind, grob gesprochen, seit etwa 2000 v. Chr. bezeugt. Die Technologie des Eisens ist außerordentlich kompliziert und läßt sich mit der keines anderen antiken Metalls vergleichen. Die Verbreitung der Eisengewinnung und -verarbeitung geschah demzufolge äußerst langsam, und es gibt sogar gewisse Anzeichen für die Annahme, daß die Hethiter in den ersten Jahrhunderten der Geschichte des Eisens dieses Metall gewissermaßen als Monopol ausbeuteten. In einem oft zitierten Brief schreibt ein hethitischer König an einen seiner Zeitgenossen:

Was das gute Eisen angeht, über das du mir schriebst, so ist ein gutes Eisen in meinem Schatzhaus in Kizzuwatna nicht vorhanden. Daß die Zeit schlecht ist für die Herstellung von gutem Eisen, habe ich geschrieben. Sie werden gutes Eisen machen, sind aber noch nicht damit fertig. Wenn sie zu einem Ende gekommen sind, werde ich dir welches schicken. Heute nun sende ich dir eine eiserne Dolchklinge[34].

Diese Textpassage ist gelegentlich dahingehend ausgelegt worden, daß die Hethiter wohl nicht ihr eigenes Eisenerz verarbeiteten, sondern solches, das sie von irgendwoher bezogen. Aber diese Feststellung ist doppeldeutig, und ob der Mythos vom hethitischen Eisenmonopol nun zutrifft oder nicht, es dürfte feststehen, daß die frühen Eisenvorkommen auf einen bestimmten Teil Kleinasiens beschränkt waren. Im 14. Jahrhundert nimmt das Eisen bei der Herstellung von Waffen einen immer größeren Raum ein, aber erst nach der Zerstörung des Hethiterreiches wurde dieses offensichtliche Monopol aufgehoben und die Eisentechnologie durch die Philister in Palästina eingeführt. Tatsächlich erinnert auch die Bibel an den technologischen Vorsprung, den im 11. Jahrhundert die Philister gegenüber den Israeliten besaßen (I. Sam. 13,19 ff.).

Die materialbedingte Überlegenheit des Eisens gegenüber der Bronze ist von den Altertumsforschern lange Zeit übertrieben worden. Das frühe Eisen hatte zwar wegen seiner Seltenheit einen hohen Stellenwert, aber als in späteren Perioden das Eisen ohne weiteres zur Verfügung stand, wurden viele Waffen weiterhin aus Bronze hergestellt, und das trotz der Tatsache, daß Eisenerze bei weitem am häufigsten von allen Metallen vorkommen, die in der Antike verarbeitet wurden. Freilich hat es den Anschein, daß das Eisen mit zunehmender Verbreitung eher zum Ersatz für Bronze wurde. Der britische Archäologe Snodgrass hat das kürzlich so formuliert: »Die frühe Nutzung des Eisens war nicht so sehr ein Fortschritt als vielmehr eine Antwort auf beschränkte Verhältnisse«[35]. Und den größten Einfluß hatte die Eisentechnologie auch nicht etwa auf die Herstellung von Waffen, wie so oft angenommen wird, sondern für die friedlichere Welt der Handwerker und Bauern. Um das 10. Jahrhundert waren Pflüge, Sicheln und Schneidewerkzeuge aus Eisen allgemein in Gebrauch gekommen. Meißel und Sägen aus Eisen ließen sich leichter schärfen und härten und waren darum besser als diejenigen aus Bronze. Einzig und allein diese Tatsache war es, die die Arbeitsmethoden der Alten Welt revolutionieren sollte, unter ihnen besonders diejenigen der Steinmetze und Zimmerleute.

Das nachkassitische Babylon

Mit dem Tode des letzten Kassitenkönigs begann für Babylon eine lange Zeit politischer Instabilität. Von nun an bis zur Zeit der Oberherrschaft der Assyrer im 8. Jahrhundert wurde das Land von fünf oder sechs politisch unbedeutenden Dynastien regiert. ›Babylonien den Babyloniern‹ könnte als Leitspruch für die nächsten paar Jahrhunderte gelten[36], die seltsamerweise der einzige Zeitraum in der Geschichte Babylons sind, in dem gebürtige Babylonier die Szene beherrschten. Bei der ersten dieser ›eingeborenen‹ Dynastien handelt es sich um ein Herrscherhaus, das in der Königsliste als 2. Dynastie von Isin aufgeführt wird. In dieser Stadt hatte sich der heimische Widerstand gegen die Elamer konzentriert, und ein von dort gebürtiger Scheich nahm etwa um 1158 den Titel ›König von Babylon‹ an. Ihr bedeutendster Monarch war der erste babylonische Herrscher, der den berühmten Namen Nebukadnezar trug (1126–1105).
Dieses Nebukadnezars erinnerte man sich in den folgenden Generationen vor allem wegen seines erfolgreichen Rachefeldzuges gegen die Elamer, die einst auf schändliche Weise Babylon geplündert hatten. Ein erster Angriff gegen die Elamer endete in einer Katastrophe: Die Truppen Nebukadnezars wurden von einer Seuche befallen, die daraus resultierende Panik mit anschließendem kopflosen Rückzug der Truppen kostete den König beinahe das Leben. Der Erfolg stellte sich jedoch in einem späteren Feldzug ein, vielleicht bedingt durch die unerwartete Zeitplanung, mitten im Hochsommer. Eine Inschrift auf einem zeitgenössischen *kudurru* – eines der schönsten Exemplare seiner Art – beschreibt den erschöpfenden Marsch gen Susa, durch die Wüste, wo die heutigen Sommertemperaturen häufig auf Werte um 50 Grad im Schatten ansteigen: »Es brannten die Äxte in der Soldaten Hände wie Feuer, und die Decke der Straßen versengte wie eine Flamme. In den Brunnen war kein Wasser ... die Kraft der starken Pferde ließ nach, und sogar den widerstandsfähigsten Soldaten wurden die Beine schwach«[37]. Nach derselben Inschrift »verdunkelte sich das Antlitz der

72 Die langatmige Inschrift auf diesem Grenzstein aus weißem Kalkstein beurkundet die Verleihung gewisser Privilegien durch Nebukadnezar I. an einen Lakti(?)-Marduk, Anführer der Kampfwagen des rechten Flügels im siegreichen Feldzug gegen Elam. Sehr lebendig ist hier die Vielfalt der magischen Symbole illustriert, die solche Wagenlenker beschützen sollten. Wiederum sehen wir Spaten und Drachen von Marduk sowie auch Griffel und Ziege von Nabu. Außerdem scheinen auch rein kassitische Gottheiten abgebildet zu sein – das Pferd in seinem Schrein symbolisiert die kassitische Göttin der Reitkunst. In der untersten Reihe erscheinen Blitz und Stier des Adad und die Lampe von Nusku, dem Gotte des Lichtes. Darüber sitzt Gula mit ihrem Hund. Die Bedeutung des Skorpionmannes ist ungewiß. London, British Museum; Höhe 56 cm.

Sonne durch die Wolken von Staub«, die durch die Schlacht aufgewirbelt wurden. Immerhin, Nebukadnezar trug den Sieg davon, und es dauerte viele Jahre, bis elamische Eroberer wieder den Fuß auf babylonisches Territorium zu setzen wagten. Die wichtigste Folgeerscheinung dieses Feldzugs war das Wiedererstarken des nationalen Bewußtseins in Babylon. Bewirkt wurde es vor allem durch die Rückführung der Marduk-Statuen, die schon vor einigen Generationen von Kudur-Nahunte nach Susa verschleppt worden waren. Denn seit der Zeit der altbabylonischen Könige hatte Marduk – einst eine unbedeutende und geringe Gottheit – eine Rolle von zunehmender Wichtigkeit gespielt (auf die Ausbreitung seines Kultes sogar bis nach Assyrien haben wir schon hingewiesen). Seine triumphale Wiedereinsetzung durch Nebukadnezar I. ist als entscheidende Wendemarke für den Aufstieg dieses ursprünglich untergeordneten Gottes zur Stellung der höchsten Gottheit angesehen worden, und vielleicht war dies eben der erste Schritt in Richtung auf einen Monotheismus[38]. Nebukadnezars überwältigender Sieg über die Elamer ließ ihn zu einem Nationalhelden werden, dessen Taten in zeitgenössischer und auch noch späterer Poesie gefeiert wurden. ›Der pflichtgetreue Prinz‹ oblag unverdrossen seinen Pflichten nicht nur gegenüber Marduk, sondern auch gegenüber den alten Heiligtümern Sumers. In Ur weihte er Gerät aus Gold und Silber und im Gipar-ku (siehe oben im Kap. III) errichtete er eine Stele, auf der die *entu*-Priesterin des Mondgottes in ihrem Kultgewand dargestellt ist, neben der Auflistung ihrer Pflichten und rituellen Tätigkeiten. Dieses Weihgeschenk läßt vermuten, daß Nebukadnezar, der alten Tradition der akkadischen und altbabylonischen Könige folgend, seine eigene Tochter als *entu* in Ur einsetzte.

Über die Beziehungen zu Assyrien in dieser Zeit wissen wir nichts. Nur hin und wieder werfen die Nachrichten über gelegentliche Grenzscharmützel Schlaglichter in das Dunkel. Wir besitzen jedoch die viel spätere Kopie eines Briefes, von dem angenommen wird, daß er aus dieser Zeit stammt. Er ist von einem babylonischen König (vielleicht, allerdings nicht mit Sicherheit von eben diesem Nebukadnezar[39]) an einen assyrischen Monarchen gerichtet und in beleidigendem und spöttischem Ton gehalten – es gibt allerdings keinerlei Anhalt dafür, daß der Babylonier sich in der Lage gesehen hätte, seine Drohungen wahrzumachen. Tatsächlich wandelte sich das Schicksal Assyriens mit der Thronbesteigung des Assur-rescha-ischi I., ›dem Rächer Assyriens‹ (1133–1116) und weiter unter seinem talentierten und energischen Sohn Tiglatpileser I. (1115–1077) rasch zum Besseren. Während die letzten Regierungsjahre Nebukadnezars I. und die seines Nachfolgers wieder in stärkeres Dunkel zurücksinken, konnte Tiglatpileser nach der Überlieferung seinen Herrschaftsbereich weiter ausdehnen als je zuvor, ja bis in den Libanon, wohin ihm der ägyptische König ein Krokodil als Geschenk sandte. Eine Aufzählung seiner militärischen, waidmännischen und baulichen Unternehmungen ist uns auf Tonprismen erhalten, die in Assur gefunden wurden[40]; die darauf eingeritzten Inschriften erlangten im Jahre 1857 in assyriologischen Kreisen große Berühmtheit, als nämlich gerade sie von der Königlichen Asiatischen Gesellschaft *(Royal Asiatic Society)* ausgesucht und zur Übersetzung an eigens dafür gewählte Wissenschaftler gesandt wurden, um so die Gültigkeit

früherer Versuche der Dechiffrierung der Keilschrift zu überprüfen. Die Berichte über Tiglatpilesers Feldzüge sind in diesen Texten in jenem außerordentlich blutrünstigen Stil abgefaßt, wie er den Assyrern zur Gewohnheit werden sollte; doch kommen auch andere, friedlichere Themen zu Wort, so zum Beispiel einer der ersten botanischen Gärten, in dem die Gewürze gezogen wurden, »die man nicht in meinem eigenen Land findet«, oder auch Jagd auf Elefanten, die zu jener Zeit in Nordsyrien noch anzutreffen waren. Löwen und wilde Stiere (Büffel) jagte man ebenso, entweder mit Pfeil und Bogen oder mit des Königs eigenem ›Eisenspeer‹. Dies ist das erste schriftliche Dokument über die zeremonielle Königsjagd, die auch sonst in Westasien bezeugt ist und deren Tradition sich weit zurückverfolgen läßt, bis sie sich im Dämmer der sumerischen Frühgeschichte verliert[41].
Während nun Tiglatpileser auf solche Weise durch seine Eroberungszüge im Ausland festgehalten war, wie sie in der erwähnten langatmigen Inschrift im einzelnen aufgezählt sind, ergriff der jüngere Bruder und zweite Nachfolger des Nebukadnezar, Marduk-nadin-ahhe (1100–1083), die Initiative: Er eroberte Ekallate, eine assyrische Stadt in der Nähe von Assur, und entführte von dort zwei Kultstatuen (die übrigens bis zum 7. Jahrhundert in Babylon bleiben sollten). Die genaue Abfolge der Geschehnisse läßt sich nicht mit Sicherheit rekonstruieren; jedenfalls aber übte Tiglatpileser grimmige Vergeltung, fiel in Nordbabylonien ein, eroberte bei dieser Gelegenheit die Städte Dur-Kurigalzu, Sippar, Opis und Babylon und ließ den Palast des Königs Marduk-nadin-ahhe in Flammen aufgehen. Gleichwohl, es gibt Berichte, nach denen der babylonische König bis in das 18. Jahr seiner Regierungszeit weiter in Amt und Würden blieb, bis zu einer entsetzlichen Hungersnot, während der die Einwohner Babylons gezwungen waren, Menschenfleisch zu essen; die assyrische Chronik vermeldet hierzu, daß Marduk-nadin-ahhe einfach ›verschwand‹[42].
In dieser Zeit mehren sich in Babylonien die Tendenzen allgemeiner Auflösung der Macht, ausgelöst durch den wachsenden Druck der aramäischen Stämme. Und gegen Ende der Regierung des Tiglatpileser wurde auch Assyrien von den Aramäern heimgesucht, und in beiden Reichen folgte eine Zeit des politischen Niedergangs. Diese nomadisierenden Stämme aus den Wüsten im Westen sind erstmals gegen Ende des 2. Jahrtausends bezeugt. Nach dem Muster der Amoriter (über ein halbes Jahrtausend zuvor) und noch früherer Eindringlinge siedelten sie sich überall dort an, wo die Autorität des örtlichen Gemeinwesens zu schwach war, um sie daran zu hindern. Diejenigen allerdings, die auf diese Weise seßhaft geworden waren, wurden durch ihre noch nomadischen Stammesbrüder bedrängt. An der Mittelmeerküste und in Nordsyrien gelang es den Aramäern sogar, Königreiche von lokaler Bedeutung zu errichten. In Babylonien bildete sich ein Kreis kleiner Stammesstaaten bzw. ›Häuser‹ *(bitu)*, die sich zeitweilig wohl gar bis unter die Tore der größeren Städte ausdehnen mochten, wie z. B. vor Babylon, Nippur und Uruk. Im 8. Jahrhundert schließlich hatten Angehörige der aramäischen Stämme bereits begonnen, sich in den babylonischen Dörfern und Städten selbst niederzulassen.
Die Sprache der Aramäer ist wie das Amoritische ein westsemitischer Dialekt. Als gesprochene Sprache nahm es in Babylonien nach und

73 Grenzstein aus schwarzem Kalkstein. Hier wird die Übergabe eines Feldes dokumentiert, das von einem königlichen Beamten, Marduk-nasir, erworben wurde. Der Kaufpreis bestand aus einem Wagen, 6 Sätteln, 2 Eseln, 2 Eselssätteln, einem Ochsen, Getreide, Öl, Kleidung usw. Dieses Stück stammt vermutlich aus der Zeit des Marduk-nadin-ahhe (11. Jh. v. Chr.). London, British Museum; Höhe 53 cm.

nach den Platz des Akkadischen ein und entwickelte sich zur *lingua franca;* damit übernahm es eine Rolle, die es bis zur arabischen Eroberung behalten sollte. Das Aramäische ist die erste mesopotamische Sprache, die nicht in Keilschrift geschrieben wurde, sondern in einer alphabetischen Kursive; ihr schlichter Stil kam der raschen Verbreitung entgegen; es ist im übrigen auch die Sprache des neutestamentlichen Palästina, und sowohl die modernen arabischen als auch die hebräischen Buchstaben leiten sich von dieser Kursivschrift her.

Im 11. Jahrhundert war der Druck der aramäischen Stämme auf die westlichen Grenzen Babyloniens und Assyriens fraglos besonders stark. Diese Bedrohung scheint Babylonier wie Assyrer veranlaßt zu haben, ihre Meinungsverschiedenheit zu vergessen, und wir sehen den neuen babylonischen König Marduk-schapik-zeri (1082–1070) nach Assur reisen, um bei Assur-bel-kala Hilfe zu suchen. Freilich, bei seiner Rückkehr nach Babylon fand er seine Stadt in der Hand des Adad-apla-iddina (1069–1048), den eine babylonische Chronik als ›Aramäer‹ bezeichnet[43]. Der assyrische König scheint seinerseits diesen ›Usurpator‹ anerkannt zu haben – vielleicht auch war er sogar für diesen Staatsstreich verantwortlich – jedenfalls besiegelte er diesen Handel, indem er dessen Tochter ehelichte. Zeitgenössische Inschriften allerdings beschreiben den ›aramäischen Usurpator‹ als pflichtbewußten Monarchen, der seine Aufgaben insbesondere gegenüber den ehrwürdigen Heiligtümern Sumers wohl beachtete. Vor weiteren Plünderungen durch seine marodierenden Stammesgenossen aber konnte auch seine Herrschaft auf dem babylonischen Thron das Land nicht bewahren.

Man nimmt an, daß die Aufstände und Verheerungen jener Zeit den Hintergrund eines literarischen Werkes bilden, das unter dem Namen ›Erra Epos‹ bekannt ist. In diesem Gedicht wird von einer Katastrophe in Babylon berichtet, und die Schuld daran wird niederen Göttern zugeschoben; sie sollen nämlich ungeschickt und tölpelhaft regiert haben, während Marduk durch Abwesenheit glänzte. Dieser selbst wird als trunksüchtiger Versager geschildert, der Erra die Regierungsgeschäfte überließ, »um seine Kronjuwelen zu putzen«[44]. Das so heraufbeschworene Unheil wird im Text im einzelnen genau beschrieben: Die Städte liegen in Trümmern, die Bewohner weinen um ihre verwüsteten Heiligtümer. Die tatsächlich historisch für diese Zeit belegten Zerstörungen in Babylonien durch die Sutu, einen Stammesverband, der auf nicht näher zu bestimmende Weise mit den Aramäern in Verbindung stand, lassen sich gut mit den vom Epos geschilderten Geschehnissen in Einklang bringen. Weiter ist darin noch die Rede davon, daß die Bürger Babylons sich gegen ihren König erhoben, der daraufhin Truppen gegen sie einsetzte; die Stadt Uruk sei gefallen, Der und Dur-Kurigalzu habe man geplündert. Es ist vermutet worden, daß der ›aramäische Usurpator‹ der oben genannten Chroniken als der geeignetste Anwärter für die Rolle dieses ungenannten Königs im Epos in Frage käme. Dieser König blieb auch in der späteren Überlieferung unpopulär. Auf der anderen Seite aber gibt es keinerlei zeitgenössischen Beleg für einen Bürgerkrieg in seiner Regierungszeit.

Wenn die Einfälle der Sutu sich auch gegen Ende des 11. Jahrhunderts erschöpft zu haben scheinen, so war doch die Zerrüttung des Landes und des Außenhandelsnetzes so grundlegend, daß einschneidende wirtschaftliche Schwierigkeiten und allgemeine Unsicherheit die Folge sein mußten. Abermals versank die Geschichte sowohl Babyloniens als auch Assyriens für über ein Jahrhundert im Dunkel.

Die 5. bis 8. Dynastie von Babylon

Von den letzten Königen der 4. Dynastie von Babylon (2. Dynastie von Isin) wissen wir wenig, ja wir kennen nicht einmal mit Sicherheit ihre Namen. Um 1026 übernahm eine zweite Dynastie aus dem ›Seeland‹ die Herrschaft. Ihre Vertreter tragen kassitische Namen, wenngleich sie wohl aus dem Süden stammen. Diesen ›Seeländern‹ folgte sehr bald, wenn auch nur für eine kurze Zeit, die 6. Dynastie, die auch unter dem Namen ›Haus des Bazi‹ bekannt ist, eine Familie, die unter Marduk-nadin-ahhe hohe Staatsämter innegehabt hatte. Die dritte ›Dynastie‹ in dieser schwankenden Zeit besteht aus einem einzigen König von elamischer Abkunft, einem Außenseiter, der von den späteren Verfassern der Königsliste zur Dynastie hochstilisiert wurde (etwa 985–980). Auch die dynastische Anbindung der nachfolgenden Herrscher Babylons, der sogenannten 8. Dynastie, ist nicht sicher bezeugt; vielmehr werden ihre Monarchen für gewöhnlich mit fünf anderen zusammengefaßt, die in der Königsliste als Angehörige der ›Dynastie E‹ aufgeführt werden, wobei E vielleicht nichts anderes bedeutet als Babylon[45]. Diese recht unbedeutende Dynastie herrschte etwa zwei Jahrhunderte, in einer Zeit, in der Assyrien zur stärksten Großmacht im Mittleren Osten aufsteigen sollte.

Bei der Thronbesteigung des Nabu-mukin-apli (979–944) war das Land nach den unruhigen Verhältnissen des voraufgegangenen halben Jahrhunderts noch sehr geschwächt; die Verhältnisse lagen zuweilen sogar so sehr danieder, daß noch nicht einmal das Neujahrsfest abgehalten werden konnte. Dies mußten die Babylonier als schmerzhafte Einbuße empfinden, denn dieses Fest war nicht nur das bedeutendste religiöse Ereignis des Jahres, wenn der König »die Hand Marduks ergriff«, sondern man betrachtete auch den Segen des Gottes, der in diesem Ritual empfangen wurde, als wesentliche Voraussetzung für das ständige Wohlergehen des Landes. Aus dieser Einstellung heraus ergibt sich auch die Bedeutung, die die Babylonier der körperlichen Gegenwart der Gottesstatuen beimaßen. Ohne sie konnte die Zeremonie nicht stattfinden. Aus dieser Tatsache wird erklärlich, daß den mesopotamischen Chronisten nicht nur das Neujahrsfest so überaus wichtig war, sondern auch die Geschicke der Statue selbst, wie Raub und Rückkehr. Eine Chronik, die sich wahrscheinlich auf das Jahr 960 bezieht, weiß zu berichten, daß »seit den letzten neun Jahren weder Marduk ausgehen, noch Nabu kommen konnte«. Die Worte machen deutlich, daß noch nicht einmal in der unmittelbaren Nachbarschaft der Hauptstadt die Verhältnisse sicher genug waren, als daß man die Neujahrsprozession, die sich auch außerhalb der Stadt bewegte, hätte durchführen können. Auch war es aus diesem Grunde für den Gottessohn Nabu nicht möglich, aus dem ganz nahe gelegenen Heiligtum in Borsippa nach Babylon zu kommen.

Mit der Regierungszeit von Schamasch-mudammiq (etwa 905) begann ein Jahrhundert enger, wenn auch nicht immer freundschaftlicher Kontakte mit Assyrien. Ein Austausch königlicher Bräute besiegelte den Vertrag zwischen der nördlichen Macht und dem Nachfolger von Schamasch-mudammiq. Der damit begründete Friede währte immerhin 80 Jahre, wenn man von einigen geringfügigen Reibereien absieht. Für solche Friedlichkeit war sicherlich das Bewußtsein mit ausschlaggebend, daß man ja eine ›feindliche‹ Königin am eigenen Hofe hatte. – Unter Tukulti-Ninurta II. (890–884) präsentierte sich allerdings die assyrische Militärmacht im Norden Babylons in geradezu unverschämter Offenheit: Der assyrische König marschierte den Tigris abwärts, legte am verlassenen Wadi Thartar eine Pause ein, um Wildrinder zu jagen, campierte dann mit seinem Heer in Dur-Kurigalzu und Sippar und zog schließlich den Euphrat aufwärts nach Hause zurück. »um die Grenzen seines Reiches zu markieren«. Freilich, es gibt keinerlei sichere Anzeichen für eine wirkliche Oberherrschaft der Assyrer noch für einen babylonischen Widerstand. Erst der anhaltende Erfolg assyrischer Expansionspolitik unter dem Sohne Tukulti-Ninurtas, Assurnasirpal II. (883–859), kennzeichnet den tatsächlichen Beginn des neuassyrischen Reiches, das schließlich im 7. Jahrhundert den größten Teil des Mittleren Ostens, bis nach Ägypten hinein, kontrollierte.
Freilich scheint Assurnasirpal seinen babylonischen Zeitgenossen Nabu-apla-iddina weitgehend in Ruhe gelassen zu haben. Dieser babylonische Monarch ließ Ebabbar, den Tempel des Sonnengottes in Sippar, restaurieren, dessen Statue zwei Jahrhunderte früher von den Sutu

74 Die ›Sonnengott-Tafel‹ aus Sippar. Auf ihr berichtet Marduk-apla-iddina über die durch ihn erfolgte Wiederherstellung des alten Kultbildes des Sonnengottes und des entsprechenden Tempels (um 870 v. Chr.). Der König ist dargestellt, wie er zu einem Altar geführt wird, auf dem die Sonnenscheibe des Schamasch ruht. London, British Museum; Höhe 28 cm.

geraubt worden war. Der Bericht über diese seine Aktion ist auf einer berühmten Steintafel – heute im Britischen Museum in London – aufgezeichnet. Oberhalb des Textes ist Nabu-apla-iddina dargestellt, der neben einer sorgfältig gearbeiteten Palmstammsäule vor dem Heiligtum des Sonnengottes steht. Die Inschrift berichtet von der Wiederherstellung der Statue zu Ebabbar und bietet auf ihre Art ein amüsantes Beispiel antiker Fälschungskunst. Entsprechend den alten babylonischen Bräuchen war es im Normalfalle nämlich nicht möglich, einfach eine neue Statue einer Gottheit herzustellen; stets erneuerte man unter Anwendung ganz bestimmter Zeremonien das alte Götterbild. Die Schamasch-Statue nun war bekanntlich aus Sippar geraubt worden, doch ein vom Glück begünstigter Priester von Ebabbar ›fand‹ ein Tonmodell des Originals, nach dem – und das war erlaubt – eine neue Statue angefertigt werden konnte. Angesichts so verdächtig günstiger Umstände kann man sich der Vorstellung nicht erwehren, daß hier ein frommer Schwindel im Spiel war. Etwa 250 Jahre später restaurierte ein anderer babylonischer König, Nabupolassar, der Vater jenes berühmten Nebukadnezar II., Ebabbar aufs neue, und er berichtete, daß er im Verlaufe der Arbeiten auf die Tafel des Nabu-apla-iddina gestoßen sei[46].

Die Regierungszeit dieses babylonischen Monarchen des 9. Jahrhunderts war ebenso ereignislos wie von allgemeinem Wohlstand geprägt. Es blühte die Literatur – wahrscheinlich entstand in dieser Zeit das Erra Epos, und gegen Ende seiner Ära schloß Nabu-apla-iddina noch einmal einen neuen Vertrag mit dem Sohne Assurnasirpals, Salmanassar III. (858–824). Schon der nachfolgende babylonische König, Marduk-zakir-schumi sollte sich bald auf diesen Vertrag berufen müssen: Wegen eines von seinem jüngeren Bruder in Babylon angezettelten Aufstandes sah er sich gezwungen, Assur um Hilfe zu bitten. Auf einer mächtigen Thronbasis, die 1962 im Palast Salmanassars in seiner

75 Dieser Ausschnitt aus dem Mittelfeld eines Thronsockels (aus massivem Kalkstein), der in Nimrud gefunden wurde, zeigt eine feierliche Begegnung zwischen dem assyrischen König Salmanassar III. (rechts) und Marduk-zakir-schumi (links), dem der Assyrer dazu verholfen hatte, wieder auf den Thron von Babylon zu gelangen. Die Könige scheinen sich hier als gleichrangig gegenüberzutreten. Die Szene selbst ist in der mesopotamischen Kunst einzigartig. Bagdad, Iraq Museum; Höhe des Frieses ca. 21 cm.

Hauptstadt Kalhu (dem heutigen Nimrud) entdeckt wurde, sind der assyrische König und Marduk-zakir-schumi händeschüttelnd dargestellt (Abb. 75); die begleitende Inschrift berichtet von der Wiedereinsetzung des babylonischen Monarchen[47]. Und wiederum ergibt sich keinerlei Anhaltspunkt für eine assyrische Oberherrschaft über Babylonien – beide Könige sind auf der Thronbasis als gleichrangig dargestellt. In der Tat besuchte Salmanassar auch persönlich die Hauptkultzentren im Norden Babyloniens, brachte Opfer dar und machte großzügige Geschenke und Stiftungen. Den Bürgern von Babylon und Borsippa gab er ein Fest und »ließ ihnen Speise und Wein auftischen, kleidete sie in farbenprächtige Gewänder und überschüttete sie mit Geschenken«[21]. All dies ist kaum das übliche Verhalten eines assyrischen Königs gegenüber unterjochten Völkern, und vielleicht kann man hierin wieder einmal einen Beweis für den bemerkenswerten kulturellen Einfluß sehen, den Babylon auf seinen nördlichen Nachbarn ausübte. Im Gegensatz dazu etwa erpreßte Salmanassar in einem Feldzug gegen chaldäische Stämme, die in jener Zeit weite Teile Südbabyloniens beherrschten, gewaltige Tribute. Dieser Feldzug wird übrigens nicht nur auf der Thronbasis aus Nimrud dargestellt, sondern findet sich auch auf den berühmten Bronzetoren von Balawat abgebildet (heute im Britischen Museum, London). Hier beginnt sich ein Verhaltensmuster abzuzeichnen, das uns während der ganzen Periode der assyrischen Oberherrschaft immer wieder begegnen wird: Es ist gekennzeichnet einerseits durch die Bemühungen der Assyrer um die Versöhnung mit den Göttern Babylons und die Anerkennung von Sonderrechten für die Bürger bestimmter babylonischer Städte, andererseits aber auch durch die fortgesetzten Anstrengungen zur Beherrschung jener ungezähmten, untereinander verfehdeten Stämme, die eben dieselben Städte immer wieder mit Plünderung überzogen – sie sollten sich als Stachel im Fleisch des assyrischen Reiches erweisen.

Die letzten Jahre der langen Regierungszeit Salmanassars wurden durch einen großen Aufstand getrübt, in dessen Verlauf der alte König starb. Sein Sohn Schamschi-Adad V. (823–811) erhielt bei der Niederschlagung der Revolte, die sich inzwischen über ganz Assyrien ausgebreitet hatte, Unterstützung von Marduk-zakir-schumi. Auf diese Weise beglich der Babylonier die Schuld bei seinem früheren Wohltäter, doch der nun neu aufgesetzte Vertrag enthielt demütigende Bedingungen für Schamschi-Adad; das war eine verhängnisvolle Fehleinschätzung der wahren Machtverhältnisse, und sie kam die Babylonier teuer zu stehen. Der assyrische König zögerte nicht lange mit seiner Rache, und binnen kurzem waren zwei der unglückseligen Nachfolger des Marduk-zakir-schumi nach Assyrien verschleppt. Babylon versank in den Zustand völliger Anarchie. Die assyrischen Königsannalen geben diese Ereignisse in der für sie typischen blutrünstigen Weise wieder: In Dur-Papsukal, einer Inselfestung, wohin sich die babylonischen Truppen geflüchtet hatten,

»schlug ich 13000 ihrer Krieger mit dem Schwerte nieder. Ihr Blut strömte wie die Wasser eines Flusses, den ich über die Plätze ihrer Städte fließen ließ. Die Körper ihrer Soldaten schichtete ich zu Haufen ... sein (des babylonischen Königs) königliches Bett, sein königliches Lager, den Schatz seiner Paläste, seinen Besitz und zahllose Dinge aus seinem Palast trug ich hinweg. Seine

76 Eine der schönsten assyrischen Stelen. Abgebildet ist der König Adadnirari III., Sohn der berühmten Semiramis. Unter den Göttersymbolen im Hintergrund erkennt man die geflügelte Scheibe von Assur, den Spaten von Marduk und den Griffel von Nabu, um dessen Kult in Assyrien sich Adadnirari und seine Mutter so bemüht hatten. Der unleserlich gemachte Anteil der Inschrift bezieht sich auf den Stifter der Stele, der vermutlich dadurch, daß er sein Amt als örtlicher Statthalter zu sehr ausnützte, in Ungnade gefallen zu sein schien. Das Stück stammt aus al Rimah und befindet sich nun im Iraq Museum; Höhe 1,30 m.

gefangenen Krieger verteilte ich unter die Soldaten meines Landes wie Grashüpfer. Die Stadt, die ich zerstörte, verwüstete ich, ich brannte sie mit Feuer nieder.«[21]

Eine babylonische Chronik weiß zu berichten, daß es nach der Gefangennahme der beiden unglücklichen Könige für die nächsten zwölf Jahre »keinen König im Lande mehr gab«. Inzwischen erhob Schamschi-Adad Anspruch auf das gesamte Land, und zwar kennzeichnenderweise unter dem altehrwürdigen Titel ›König von Sumer und Akkad‹.
Wir können das Kapitel über Schamschi-Adad und seine Regierung nicht abschließen, ohne vorher seiner Gemahlin zu gedenken, einer der wenigen Orientalinnen, derer sich auch die Griechen erinnerten. Ihr Name, Sammu-ramat, ist uns in seiner griechischen Form, Semiramis, besser vertraut. Diese assyrische Königin herrschte fünf Jahre lang nach dem Tode ihres Mannes, Schamschi-Adad, als Regentin für ihren Sohn Adadnirari III. Ganz ohne Zweifel hatte sie tatsächlich die Macht im Reiche inne, und auf ihren Schenkungsurkunden wird ihr Name vor dem ihres Sohnes aufgeführt. In Assur wurde auch für sie eine Gedächtnis-Stele aufgestellt (Abb. 76), ebenso wie für Könige und hohe Beamte des Landes, für eine Frau eine ganz ungewöhnliche Ehre in jener Zeit.

Die Chaldäer

Auf die Eroberungen Schamschi-Adads folgt in der Geschichte Babyloniens abermals eine Periode, die im dunkeln liegt. Die assyrische Macht scheint nach dem Tode Adadniraris (783) für kürzere Zeit verfallen zu sein. In das politische Vakuum, das sich daraus ergab, stießen die Chaldäer vor, die erstmals im 9. Jahrhundert in den Annalen Salmanassars III. erwähnt worden waren und von denen jetzt einer der Stammesfürsten den babylonischen Thron erklimmen konnte. Die Chaldäer lebten inmitten der Sümpfe und Seen am Unterlauf von Euphrat und Tigris (Abb. 3). Sie waren nach Stammesverbänden gegliedert, und jedem chaldäischen *bitu* (›Haus‹) stand ein Scheich vor, der sich zuzeiten wohl auch ›König‹ nennen konnte. Die Stammesgrenzen waren freilich nur sehr ungenau bezeichnet, und die politische Macht eines einzelnen Scheichs stand und fiel mit seinem persönlichen Ansehen und seinem eigenen Geschick. Der größte unter diesen Stämmen, die Bit-Dakuri, war südlich von Borsippa ansässig, nicht weit von Babylon. Weiter südlich saßen die Bit-Amukani und am Ostufer des Tigris, nach Elam zu, schließlich die Bit-Yakin. Zeitgenössische Belege lassen erkennen, daß diese Stammesverbände von einem armseligen Nomadendasein tatsächlich weit entfernt waren. Die assyrischen Reliefs stellen sie inmitten blühender Dattelpalmen dar, und manches deutet darauf hin, daß es unter ihnen auch Stadtbewohner gab. Die Chaldäer hielten riesige Pferde- und Rinderherden, und nach den von ihnen erpreßten Tributen zu urteilen, hatten sie, wenn sie nicht gar selber Handel trieben, doch zumindest die südlichen Straßen unter Kontrolle, auf denen solche exotischen Luxusgüter wie Ebenholz, Elfenbein, Dalbergie (indisches Rosenholz-Palisander), Elefantenhäute und Gold transportiert wurden.

Nichts spricht dafür, daß die Chaldäer eine andere Sprache als das Babylonische sprachen. Im Gegenteil, die meisten von ihnen, die in Briefen oder historischen Texten erwähnt sind, tragen gute babylonische Namen. Wohl tauchen auch einige wenige, vielleicht aramäische Namen auf, was man gelegentlich zum Anlaß genommen hat anzunehmen, daß die Chaldäer einen lokalen aramäischen Dialekt gesprochen hätten. Doch die antiken Schriftquellen unterscheiden sehr genau zwischen den Chaldäern und den aramäischen Stämmen, die im Norden lebten. Nur wenig weiß man über den ersten Chaldäer-König von Babylon; sein Nachfolger, ein anderer Scheich von den ›Seelanden‹ mit Namen Eriba Marduk (etwa 770), scheint immerhin mit einigem Erfolg das direkte Umland von Babylon und Borsippa vor den ständigen Übergriffen der Aramäer geschützt zu haben. Die späteren chaldäischen Könige erinnern sich seiner als des wahren Begründers ihrer Dynastie. Unter seinen unmittelbaren Nachfolgern jedoch waren wiederum Anarchie und Bürgerkrieg an der Tagesordnung.

Erst mit der Thronbesteigung Nabonassars (Nabunasir) im Jahre 747 beginnt dann ein neues Kapitel in der Geschichte Babylons. Von nun an kennen wir genaue Aufzeichnungen aller historischen Ereignisse, und sowohl die babylonische Chronik als auch der ›Ptolemäische Kanon‹ beginnen ihre Erzählung mit der Inthronisation dieses Königs. Die Ära Nabonassars begann tatsächlich – nach einer späteren babylonischen

77 Rekonstruktion der frühesten, uns bekannten, Klapptafel zum Schreiben. Die Tafeln lagen vertieft im Rahmen, damit sich eine Wachsschicht auftragen ließ, in die der Text eingeritzt werden konnte. Das hier abgebildete Beispiel war eine Sonderanfertigung, das die astrologische Omensammlung *enuma Anu Enlil* enthielt und für König Sargon II. von Assyrien bestimmt war (721–705). Aus Nimrud. Nach Howard.

Berechnung – genau am Mittag des 26. Februar 747 v. Chr.! Seit dieser Zeit sind auch außerordentlich genaue astronomische Beobachtungen durchgeführt worden, wie wir aus der historischen Überlieferung wissen. Man stellte nun astronomische ›Tagebücher‹ zusammen, von denen eine ganze Reihe erhalten ist, und es hat den Anschein, daß diese Aufzeichnungen manchen späteren Chronisten als Quelle dienten[48]. Diese Texte enthalten die monatlichen astronomischen Beobachtungen, aber daneben auch Nachrichten über Preisschwankungen von Verbrauchsgütern, über wechselnde Wasserstände und über das Wetter. In ihnen haben wir eine bemerkenswerte und sehr viel ältere Parallele für den Kalender der römischen Republik vor uns, in dem ja ähnlich die Namen von Konsuln und anderen hohen Beamten, Daten über Kriege und Unruhen, Seuchen und Pestilenz sowie über die Getreidepreise von den Pontifices eingetragen wurden. Die römischen Priester schrieben ihre Angaben auf ›geweißte Bretter‹, und es hat den Anschein, als ob auch einige der babylonischen Aufzeichnungen auf wachsbeschichtete Tafeln geschrieben wurden. Eine dieser mesopotamischen Chroniken weiß tatsächlich zu berichten, daß die historischen Daten nun auf solchen Klapptafeln festgehalten wurden. Die frühesten Beispiele für solche Geräte (Abb. 77) lassen sich übrigens in die Jahre unmittelbar nach der Regierungszeit Nabonassars (also nach 734) datieren[49].

Ein Forscher von besonderer Autorität hat vermutet, daß die Intensivierung der astronomischen Beobachtungen von einer ungewöhnlichen Konstellation von Mond und Planeten im ersten Regierungsjahr Nabonassars angeregt worden sei. Zugleich aber ist in Rechnung zu stellen, daß die politischen Verhältnisse seit dieser Zeit immer stabiler wurden: das mag der Grund dafür sein, daß mehr und mehr von diesen Berichten sich erhalten haben. Die hellenistische Gelehrsamkeit hat für das neue Geschichtsinteresse der Babylonier eine recht bizarre Erklärung bereit:

Von der Zeit Nabonassars an zeichneten die Chaldäer Zeiten und Bewegungen der Gestirne sorgfältig auf. Die Gelehrten unter den Griechen erfuhren von den Chaldäern, daß Nabonassar, wie Alexander Polyhistor und Berossos, die Kenner der chaldäischen Antiquitäten zu berichten wissen, die Chroniken der Taten der Könige gesammelt und sie dann zerstört haben, damit die Reihe der chaldäischen Könige erst mit ihm selbst beginnen sollte[50].

Die Nabonassar-Ära wurde allerdings auch in der hellenistischen Gestirnskunde als Wendepunkt in der Wissenschaftsgeschichte betrachtet und der Begriff ›Chaldäer‹ wurde geradezu gleichbedeutend mit dem Begriff ›Astronom‹.

Auch Assyrien erlebte in dieser Zeit einen Wendepunkt seiner Geschichte. Im Jahre 746 führte ein Aufstand zur Ermordung der königlichen Familie. Den Thron bestieg Tiglatpileser III. (744–727), der ›Pul‹ des Alten Testaments, ein assyrischer General und ein hochbegabter Monarch, dem über ein Jahrhundert lang niemand gleichkommen sollte. Unter seiner Führung erlangte Assyrien seine militärische Vormachtstellung im Mittleren Osten zurück und konnte sie nachhaltig konsolidieren. Diese günstige Entwicklung beruhte nicht zum geringsten Teil auf einer von Tiglatpileser III. durchgeführten Verwaltungsreform. Er organisierte vor allem die assyrischen Provinzen neu und schuf so im mächtigen Reich eine imperiale Regierungsform von hohem Wirkungsgrad, die für die nächsten hundert Jahre Bestand haben sollte. Hierzu gehörte auch die Einrichtung eines Netzes von Poststationen, um die rasche Übermittlung von Nachrichten zu sichern. Was den Namen Pul oder Pulu (›phul‹ in der Herder-Bibel, 2. Könige 15.19) angeht, so hat man häufig angenommen, es handle sich um den offiziellen Namen des Königs in Babylon. Doch haben wir dafür keinen zeitgenössischen Beleg, und der Name taucht erst in späteren Schriftquellen auf, wie dem Alten Testament, bei Berossos und Josephus. Auch seine Herkunft ist ungewiß.

Zu Beginn der Regierungszeit Nabonassars gab es wieder einmal Unruhen unter den Stämmen in Babylonien. Tiglatpileser benutzte diese Gelegenheit, im eigenen Interesse, zum Eingreifen; sein Feldzug führte ihn in Gebiete, die offiziell unter babylonischer Herrschaft standen, doch erhob er ungerührt Tribut von verschiedenen Chaldäer-Stämmen und maßte sich auch die ›Königswürde‹ über die aramäischen Scheichs in Nordbabylonien an. Obwohl er zur gleichen Zeit auch den altehrwürdigen Titel ›König von Sumer und Akkad‹ für sich beanspruchte – zweifellos strebte er letztlich die Oberherrschaft über Babylonien an –, so scheint er doch nicht unmittelbar Nabonassars Stellung in Babylon in Frage gestellt zu haben. Und der babylonische König hat sich danach offenbar – zwar im Schatten seines assyrischen ›Gönners‹ – einer friedvollen und glücklichen Regierungszeit erfreut. Bei seinem Tode jedoch brachen abermals Unruhen aus; und im Verlaufe einer Revolte in Babylon kam Nabonassars Sohn und Thronerbe ums Leben, und Tiglatpileser sah sich erneut gezwungen, im Süden zu intervenieren.

Der Loyalitätskonflikt der Städte Nordbabyloniens in dieser Zeit spiegelt sich deutlich in einer Serie von Briefen, die 1952 in der assyrischen Hauptstadt Kalhu (Nimrud) gefunden wurde. In ihnen ist oft die Rede von Intrigen und Verschwörungen zwischen den proassyrischen und antiassyrischen Parteiungen. In einem Brief wird von einer öffentlichen Debatte berichtet, die in Anwesenheit eines Beamten des Usurpators Mukin-zeri zwischen offiziellen Repräsentanten des assyrischen Königs und der Bürgerschaft von Babylon stattfand. Die Babylonier wurden daran erinnert, daß ihre Privilegien als Bürger Babylons von den Assyrern anerkannt worden seien, worauf sie zur Antwort gaben, sie würden sich dem assyrischen Monarchen unterwerfen, falls er tatsächlich *in persona* käme, »obwohl sie nicht glaubten, daß der König kommen würde«[51]. Aber Tiglatpileser schickte sich an, eben dieses zu tun, und nach einem erfolgreichen Feldzug, in dessen Verlauf sich so manche babylonische Stadt und tatsächlich auch viele Stämme auf seine Seite schlugen, stellte er Babylonien unter assyrische Verwaltung. Bei der Neujahrszeremonie in Babylon, im Jahre 729, ergriff Tiglatpileser »die Hand Bels (Marduks)«. In einer Anzahl von bedeutenden nordbabylonischen Heiligtümern brachte er Opfer dar und verfolgte damit, wie schon manche seiner Vorgänger, die wohlkalkulierte Politik, sich in Babylonien Freunde zu machen. Bis 626 stand nun Babylonien unter assyrischer Oberherrschaft. Diese Zeit ist geprägt von einer seltsamen Haßliebe zwischen Babyloniern und Assyrern. Der Widerspruch ergab sich aus dem kulturellen Übergewicht der einen und der militärischen Vormachtstellung der anderen.

Während des nächsten Jahrhunderts folgten die meisten der Thronerben dem Beispiel Tiglatpilesers III., indem sie nämlich beide Staaten in Personalunion regierten. Damit war ›die babylonische Frage‹ freilich nicht gelöst. In immer wiederkehrenden Versuchen mußten sich die Assyrer bemühen, die unruhigen Stämme im Süden unter Kontrolle zu bringen und wandten dabei Kräfte und Mittel auf, die ihr kleines Land aufzubringen gar nicht in der Lage waren. Die Chaldäer hingegen stritten entweder untereinander oder um die Aufrechterhaltung ihrer Unabhängigkeit von Assur, und stets konnten sie auf moralische Unterstützung oder Militärhilfe seitens ihrer Nachbarn im Osten, der Elamer, rechnen. So wurden die Chaldäer zum Symbol der antiassyrischen Bewegung und, ohne es zu wissen, auch zu Helden des babylonischen Nationalismus. Die Bürger der nordbabylonischen Städte aber liebten Frieden und Sicherheit – koste es, was es wolle – und blieben streng proassyrisch orientiert, selbst noch in den letzten Jahren, als der Verfall des assyrischen Reiches nicht mehr zu übersehen war.

5. Assyrer und Babylonier, Perser und Griechen

Die Geschicke Babyloniens erfuhren im Jahre 722 eine entscheidende Wende. In den Wirren, die auf den Tod Salmanassars V. (726–722), des Sohnes Tiglatpilesers, folgten, gelangte ein chaldäischer Scheich des mächtigen Yakin-Stammes auf den Thron. Es war das jener Marduk-apla-iddina II., den die Assyrer bereits als König des ›Seelandes‹ anerkannt hatten und der als erster Babylonier namentlich in der Bibel erwähnt wird (Merodach-Baladan bzw. Berodach-Baladan, 2. Könige 20.12). Er ist der einzige, der nach der Überlieferung der Königslisten zweimal König wurde, nämlich von 721–710 und noch ein weiteres Mal im Jahre 703[1]. Als scharfsinnige politische Führernatur und Mann mit überragenden Fähigkeiten gelang es ihm als einem der ersten chaldäischen Herrscher, sich mit Tiglatpileser III. zur Zeit der Rebellion des Mukin-zeri (vgl. Kapitel 4) zu arrangieren. Es steht fest, daß die Assyrer ihn als den bedeutendsten chaldäischen Scheich einschätzten; dementsprechend widmeten sie dem Bericht über seine Unterwerfung in den amtlichen Annalen viel Raum, ebenso wie der Aufzählung seiner reichen Tributzahlungen: aufwendige Goldschmiedearbeiten, Gold im Rohzustand (»Staub seiner Berge«), kostbare Steine, exotische Hölzer und Pflanzen, leuchtendfarbige Gewänder, Weihrauch sowie schließlich Rinder und Schafe[2]. Man fand auch besonders erwähnenswert, daß sich der Chaldäer nie zuvor einem assyrischen König unterworfen hatte. An keiner Stelle aber liefern die assyrischen Annalen einen Hinweis darauf, daß Merodach-Baladan besiegt oder zum Untertanen Tiglatpilesers gemacht worden wäre. Seine ›Unterwerfung‹ scheint also nichts anderes gewesen zu sein als ein kluger Schachzug zum Schutze seines eigenen Territoriums.

Aus der Zeit der Herrschaft Merodach-Baladans in Babylon sind zahlreiche historische Urkunden erhalten. Sie lassen erkennen, daß er ebenso wie schon viele vor ihm den überkommenen Traditionen huldigte, die bedeutenderen Heiligtümer restaurierte und – im Gegensatz zur assyrischen Propaganda – die ererbten Privilegien der alten akkadischen Städte respektierte. Er betrachtete sich als Retter des Landes und als Mittelsmann, durch den der Gott Marduk die Feinde des babylonischen Volkes schlug. Spätere Überlieferung weiß zu berichten, daß er auch exotische Gartenpflanzen sammelte und während seiner Regierung in Babylon ein astronomisches Observatorium benutzte. Auch in seinem Bemühen, die vorher miteinander verfeindeten chaldäischen Stämme zu einer antiassyrischen Allianz zusammenzuschmieden, scheint der junge König anfänglich durchaus Erfolg gehabt

zu haben. Gleichzeitig benutzte er den offenbar sehr erheblichen Reichtum des Bit-Yakin, um den Beistand der Elamer und ihre Waffenbrüderschaft gegen Assyrien zu erkaufen. Mit diesen Maßnahmen war die Richtschnur für die babylonische Außenpolitik im nächsten Jahrhundert abgesteckt; freilich, auch in dieser Zeit gab es vor allem in Akkad viele Städter, die weiterhin ihre Vorliebe für assyrische Vorherrschaft bekundeten, in dem Glauben, daß nur unter dieser ihnen Ordnung und Wohlstand gesichert bleiben könnten.
Auch in Assyrien selbst ist das Jahr 722 das Jahr eines Thronwechsels. Auf Tiglatpilesers Sohn Salmanassar (726–722) folgte nun ein außergewöhnlich tüchtiger und energischer Herrscher, der anscheinend einer Nebenlinie der Familie Tiglatpilesers entstammte. Bei seiner Inthronisation nahm er den illustren Namen Sargon an (Scharru-ken, der ›wahre bzw. rechtmäßige König‹), eine Wahl, die vielleicht sowohl seinen Ehrgeiz kennzeichnet als auch dem Gerede über seine zweifelhafte Abstammung entgegenwirken sollte[3]. Mit seinen Truppen kämpfte sich Sargon durch das ganze ausgedehnte Reich, gelangte bis nach Palästina – wie uns die Bibel berichtet – und bis vor die Tore Ägyptens, das zum ersten Mal im Kampf mit einer mesopotamischen Macht unterlag und zu Tributzahlungen gezwungen wurde. In Babylonien scheint in diesen Jahren die wirtschaftliche Lage wenig glücklich gewesen zu sein: Trotz der Bemühungen von Merodach-Baladan wurden die Handelswege immer wieder von unbotmäßigen Stammesverbänden gestört und unterbrochen, und auch die Übergriffe auf die Städte nahmen kein Ende. Diese Situation, in der auch die elamischen Bundesgenossen zum Unglück Babylons in ihrer Heimat beschäftigt waren, machte sich Sargon zunutze und marschierte 710 gegen die Chaldäer und, wenn man den assyrischen Annalen Glauben schenken darf, überrannte das Territorium des ›Seelandes‹ und brannte seine Hauptfestung bis auf die Grundmauern nieder. Merodach-Baladan selbst floh in die Sümpfe. Von den Städten Nordbabyloniens dagegen wird behauptet, daß sie den assyrischen König willkommen hießen, indem sie ihm ihre Tore »mit großer Freude« öffneten. Überall in Babylonien wurden nun assyrische Statthalter eingesetzt, während Sargon, dem Beispiel Tiglatpilesers und Salmanassars V. folgend, die Hand Bels ergriff und den Königstitel für Babylonien annahm (709–705). Es möchte scheinen, daß Merodach-Baladan abermals aus diplomatischen Gründen sich unterwarf. Jedenfalls hat man den Eindruck, als ob Sargon ihn wiederum als König über das Haus Yakin eingesetzt hätte.
Im Jahre 705 aber fand Sargon den Tod, wahrscheinlich bei Kämpfen an der Nordgrenze – ein für einen mesopotamischen Monarchen seltenes Schicksal. Sein Sohn Sanherib (704–681) erbte die Doppelmonarchie über Assyrien und Babylon – doch das sogenannte ›babylonische Problem‹ bestand weiter. Sanherib tat seinerseits nur wenig, um sich in Babylon Autorität zu verschaffen, und so konnte um 703 ein ansonsten unbekannter Emporkömmling namens Marduk-zakir-schumi II. den Thron besteigen. Dies wiederum trieb Merodach-Baladan, dessen Loyalität gegenüber Sargon sich nicht notwendigerweise auf dessen Sohn übertrug, auf den Plan. Abermals versuchte er den Griff nach der Macht. Dieses Mal bemühte er sich, gleichzeitig einen Aufstand der

78 Grenzstein des Merodach-Baladan (712 v. Chr.) aus schwarzem Marmor. Abgebildet ist der König bei einer Landvergabe an den Statthalter von Babylon. Berlin, Vorderasiatisches Museum; Höhe 46 cm.

palästinensischen Vasallen Sanheribs anzuzetteln, um das Augenmerk der Assyrer nach Westen zu lenken, wenn wir den Bericht des Alten Testaments über eine babylonische Mission zu Hiskia, dem König von Juda, richtig verstehen. Sanherib ließ sich davon nicht beirren und marschierte nach Süden, schlug die elamischen Verbündeten Merodach-Baladans in der Ebene von Kisch nahe Kutha, und wiederum mußte der Chaldäer in die Sümpfe fliehen, während die Assyrer unterdes seinen Palast plünderten. Sanherib rühmte sich, 75 der stark befestigten Städte des babylonischen Königs eingenommen zu haben und außerdem noch 420 kleinere Ansiedlungen; 208000 Menschen sollen als Kriegsbeute nach Assyrien verschleppt worden sein. Die chaldäischen Stammesgebiete wurden jetzt assyrischen Beamten unterstellt, und in Babylon selbst wurde ein babylonischer Adliger namens Bel-ibni auf den Thron gesetzt, der am assyrischen Hofe erzogen worden war – in Sanheribs Worten »aufgewachsen in meinem Palast wie ein junger Hund«. Der judäische Aufstand des Hiskia brach erst 701 los, zu spät, um für Merodach-Baladan noch von Nutzen zu sein. Bel-ibni (702–700) erwies sich als völlig unfähig für die Regierungsgeschäfte, und es gelang ihm noch nicht einmal, in Babylonien auch nur den Anschein einer Regierungsgewalt aufrechtzuerhalten. Wiederum sah sich Sanherib gezwungen, gegen den Yakin-Stamm zu Felde zu ziehen. Auf dem Weg nach Süden benutzte er die Gelegenheit, auch den Stammeshäuptling Schuzubu zu unterwerfen, der uns sieben Jahre später unter dem Namen Muschesib-Marduk als König von Babylon wieder begegnen wird. Als das assyrische Heer näher kam (700 v. Chr.), floh Merodach-Baladan zu Schiff; offenbar ließ er einige Mitglieder seiner Familie zurück, führte aber die Stammesgötter mit sich und ebenso die Gebeine seiner Vorfahren. Diese scheinbar bizarre Verhaltensweise entspricht den in den Chroniken erhaltenen Nachrichten, denen zufolge in den ›Seelanden‹ eine eigene Verehrung für die Gebeine der Vorfahren geübt wurde. Die einzige Tatsache nämlich, die in der sogenannten dynastischen Chronik über einen jeden König der 2. Dynastie der ›Seelande‹ und über die Bazi-Dynastie getreulich aufgezeichnet wurde, ist der Ort seiner Beisetzung. Farbe kommt in dieses Bild durch eine viel spätere Grabinschrift, in der es heißt, daß der assyrische König Assur-etel-ilani (626–623) den Leichnam eines seiner Offiziere, ein Mitglied des Hauses Yakin, auf sein Stammesgebiet überführen ließ, zur Bestattung »im Hause der Festung«[4]. Doch zurück zu Babylon: Hier wurde jetzt der älteste Sohn Sanheribs Assur-nadin-schumi (699–694) als König eingesetzt, wo er sechs Jahre lang einigermaßen friedlich regierte. Kurz nach dessen Thronbesteigung ereilte auch den greisen Merodach-Baladan der Tod. In der Erinnerung lebte er fort als der hartnäckigste Vorkämpfer babylonischer Unabhängigkeit unter den Stammesfürsten der Chaldäer.

Elam aber blieb eine ständige Bedrohung, und so entschloß sich Sanherib zu einem direkten Angriff, diesmal von See aus. Syrische Handwerker wurden nach Ninive geholt und bauten eine große Flotte von Kriegsschiffen, die anschließend von phönizischen Seeleuten aus Sidon und Tyrus den Tigris hinunter bis nach Opis gebracht und dann auf Walzen einige vierzig bis fünfzig Kilometer weit über Land zum Euphrat befördert wurden. Sanheribs Annalen berichten über einen großen Sturm: »Die mächtigen Wogen der See kamen heran, drangen in mein Zelt und umgaben mich ganz und gar, fünf Tage und Nächte lang mußten deshalb meine Leute wie in Käfigen auf ihren Schiffen ausharren.« Als der assyrische König endlich den Persischen Golf erreicht hatte, brachte er Opfer dar: »Ea, dem König der Tiefe, werfe ich in die See einen goldenen Fisch, zusammen mit einem Schiff aus Gold.« Der Angriff gegen Elam erwies sich als erfolgreich, und der verbliebene Rest der Stammesangehörigen des Bit-Yakin wurde mitsamt seinen Göttern in die Gefangenschaft geführt. Während aber die assyrischen Truppen auf diese Weise im Süden festgehalten waren, überquerten die Elamer den Tigris, nahmen in einem kühnen Handstreich Sanheribs Sohn in Sippar gefangen und setzten einen gewissen Nergal-uschesib als elamische ›Marionette‹ auf den Thron von Babylon (694). Nur wenige Monate später wurde dieser von den zurückkehrenden Truppen der Assyrer bei Nippur ergriffen und in Ketten nach Assyrien gebracht.

79 Detail eines Steinreliefs aus dem Palast des assyrischen Königs Sargon II. in Khorsabad (721–705). Es zeigt einen für Assyrien bestimmten Holztransport entlang der phönizischen Küste. Paris, Louvre.

In Sanheribs Annalen finden wir zu diesem Zeitpunkt keine Nachrichten über Babylon, doch handelt es sich offenbar um den Moment, in dem Muschesib-Marduk mit aramäischer Unterstützung den Thron bestieg. Der neue König und seine elamischen Verbündeten, deren Hilfe mit dem Gold aus dem Tempelschatz des Marduk erkauft worden war, stellten ein mächtiges Heer auf, das »wie ein Heuschreckenschwarm« in Assyrien einfiel. Bei Halule am Tigris stellte sich Sanherib dem Feind. Nach der assyrischen Chronik muß nun ein grauenvolles Gemetzel begonnen haben; Sanheribs Soldaten sollen angeblich 150000 Feinde getötet haben, und unter ihren Gefangenen befand sich auch ein Sohn von Merodach-Baladan. Die babylonische Chronik dagegen vermeldet einen »assyrischen Rückzug«, und es hat in der Tat den Anschein, daß die Assyrer trotz ihrer Prahlerei ganz erhebliche Verluste, wenn nicht gar eine Niederlage hinnehmen mußten. Schließ-

lich scheint Sanherib nichts weiter gegen Muschesib-Marduk unternommen zu haben; auf der anderen Seite geht aus einem kürzlich veröffentlichten Brief hervor, daß Babylon bereits im folgenden Jahr (690) sich abermals im Belagerungszustand befand[5].

Im Jahre 689 wurde der elamische König »von einer Lähmung befallen, und sein Mund war so in Mitleidenschaft gezogen, daß er nicht mehr sprechen konnte«. Durch diesen königlichen Schlaganfall verlor Muschesib-Marduk einen mächtigen Bundesgenossen. Die chaldäischen Truppen hielten sich zwar noch weitere neun Monate in Babylon, aber schließlich wurden sie von Seuchen und Hungersnot überwältigt. Sanherib seinerseits war durch die ständigen Schwierigkeiten im Süden verbittert und hatte auch den Verlust seines Sohnes nicht verschmerzt. Wenn die Assyrer sonst gegenüber der Stadt, die sie als kulturellen Brennpunkt der Welt betrachteten, Milde hatten walten lassen, so galten diese Spielregeln nicht länger: Der assyrische König ließ die Stadt ohne jede Beschränkung plündern, Babylon wurde systematisch zerstört und niedergebrannt, die Trümmer in den Euphrat geworfen. In voller Absicht wurde die Stadt durch Öffnung der Schleusen unter Wasser gesetzt, so daß »sogar ihre Grundmauern zerstört wurden«:

»Ich zerstörte die Stadt vollständiger als eine Flut es vermag, auf daß man sich in den Tagen, die da kommen werden, an die Stätte dieser Stadt und ihre Tempel und ihre Götter nicht wird erinnern können; ich löschte sie völlig aus mit den Wasserfluten und machte sie zu einer Wiese«[2].

80 Detail eines Steinreliefs aus dem Palast Assurbanipals in Ninive (7. Jh. v. Chr.), mit einer der wenigen antiken Darstellungen einer Zikkurat. Besonders hinzuweisen ist auf das mit Hörnern versehene Heiligtum. Gezeigt wird eine Ansicht aus Elam, die Stadt kann allerdings nicht näher bezeichnet werden, auch wenn wir wissen, daß die Zikkurat in Susa Hörner aus polierter Bronze trug. Die Abbildung ist eine Wiedergabe der Zeichnung des Künstlers William Boutcher aus dem vorigen Jahrhundert. Das Original-Relief ging 1854 verloren, als Banditen ein Floß mit vielen assyrischen Skulpturen auf dem Wege von Bagdad nach Basra in der Nähe von Qurna versenkten.

Die Statue Marduks wurde nach Assyrien verschleppt, und die Götterbilder, die Marduk-nadin-ahhe 418 Jahre zuvor aus Ekallate geraubt hatte, wurden wieder an ihren rechtmäßigen Platz zurückgebracht. Sanherib verließ Babylon in der Überzeugung, nun für immer jeden Herrschaftsanspruch erstickt zu haben, der vom Süden ausgehen mochte. Er selbst nahm den altehrwürdigen Titel ›König von Sumer und Akkad‹ an und betraute seinen zum Kronprinzen aufgestiegenen Sohn Asarhaddon (Assur-aha-iddina) mit der Verwaltung Babyloniens. Es folgten einige Jahre der Ruhe. Aber schon 681 wurde Sanherib von seinen Söhnen umgebracht, möglicherweise in Babylon[6]. Asarhaddon hatte während seiner Statthalterschaft ein wohlwollendes Verständnis für die babylonischen Angelegenheiten entwickelt und verfolgte von seiner Thronbesteigung an eine Politik der Versöhnung. Ganz klar hatte er erkannt, daß die negative Haltung seines Vaters zu nichts führen konnte, und nachdem das politische Klima günstiger geworden war, ließ er den Wiederaufbau Babylons in großzügigster Weise vorantreiben (Abb. 81). Man gab den Bürgern Babylons ihre alten Rechte und Privilegien zurück und richtete eine leistungsfähige Verwaltung ein. Die Frau des Königs, eine Babylonierin, trug viel zur Verbesserung der Beziehungen bei, und gemeinsam mit der Königsmutter Naqia-Zakutu forderte sie in Assyrien die Ausbreitung des Kultes nicht nur von Marduk selbst, sondern auch seines Sohnes Nabu, der sich dort seit dem ausgehenden 9. Jahrhundert einer wachsenden Beliebtheit erfreute. Somit herrschte Frieden und Wohlstand, und im Jahre 676 sah sich Asarhaddon sogar in der Lage, Babylon als Ausgangspunkt für einen Feldzug nach Persien zu benutzen.

81 Gedenkstein Asarhaddons aus schwarzem Basalt. Aufgezeichnet ist hier ein Bericht über die Wiederherstellung der Mauern und Tempel Babylons. In der oberen Reihe sind der assyrische ›Heilige Baum‹ und eine auf einem Altar ruhende Hörnerkrone dargestellt. Die untere Reihe bietet eine der deutlichsten Wiedergaben eines babylonischen Pfluges mit Sämaschine (vergl. Abb. 132). London, British Museum; Höhe 21,5 cm.

Nachdem Asarhaddon sich Babylons sicher wußte, konnte er sich der Eroberung Ägyptens zuwenden, das die assyrischen Könige schon seit langem mit begehrlichen Augen betrachtet hatten. Nach zwei ersten ergebnislosen Kampagnen in den Jahren 675 und 674 wurde der nun alternde König sich seiner umstrittenen Nachfolge bewußt und setzte, bevor er abermals ins Feld zog, seinen Sohn Assurbanipal mit voller Regierungsgewalt ein. 672 wurde Assurbanipal in einer prächtigen Zeremonie zum Kronprinzen und Erben des assyrischen Throns proklamiert. Gleichzeitig wurde auch Assurbanipals Bruder (Zwillingsbruder?) Schamasch-schuma-ukin der Titel eines Kronprinzen verliehen, der sich jedoch nur auf den babylonischen Thron bezog. Provinzstatthalter und Vasallenfürsten mußten einen Eid darauf ablegen, daß sie diese Regelung anerkennen würden und versprechen, beim Tode Asarhaddons den beiden Brüdern bei der Übernahme ihrer gleichberechtigten Herrschaftsgewalt behilflich zu sein[7]. Ein Jahr später, 671, kehrte Asarhaddon nach einem spektakulären Sieg aus Ägypten zurück. Er hatte Memphis erobert und Ägypten unter assyrische Verwaltung gezwungen. Wie es einst vor langer Zeit Ramses II. getan hatte, legte er am ›Hundefluß‹, am Nahr-el-Kelb in der Nähe von Beirut, eine Pause ein, um dort eine Inschrift im Fels anbringen zu lassen, die seinen Sieg feierte.

In Ägypten eroberte der Pharao Tarqu (Taharka) die Stadt Memphis bald zurück. Noch einmal machte sich der betagte Asarhaddon im Jahr 669 nach Westen auf, doch dieses Mal verließ ihn sein Glück: Er erkrankte und starb auf dem Weg. Jetzt trat die so sorgfältig vorbereitete doppelte Nachfolge in Kraft, aber schon vom ersten Augenblick an gab es bedrohliche Zeichen von Rebellion. Auf Betreiben der ›Königin-Großmutter‹ Naqia-Zakutu, der Witwe Sanheribs, einer wahrhaft furchtverbreitenden und machtvollen königlichen Dame, wurde jegliche Opposition erstickt und der Loyalitätseid erzwungen. Das Kultbild des Marduk, das 20 Jahre zuvor von Sanherib nach Assur gebracht worden war und dem Asarhaddon merkwürdigerweise seine ungehinderte Thronbesteigung in Assyrien zugeschrieben wissen wollte, wurde nun in einer großen und feierlichen Prozession nach Babylon zurückgeführt.

Der Doppelmonarchie war kein Erfolg beschieden. Obwohl in der Theorie das Königtum des Schamasch-schuma-ukin dem des Assurbanipal gleichrangig war, so zeigte sich doch in der Praxis, daß der assyrische König weiter in Nippur eine Garnison unterhielt, die einzig und allein seiner eigenen Befehlsgewalt unterstellt war. Zur gleichen Zeit haben sich wohl auch andere Garnisonen im Süden des Landes mehr ihm als dem König in Babylon verantwortlich gefühlt. Texte aus Ur zeigen ganz eindeutig, daß der dortige Statthalter (Sin-balassu-iqbi), obschon nominell zur Gerichtsbarkeit von Babylon gehörend, sich besonders um die Gunst Assurbanipals bemühte. Auf der anderen Seite machen zahlreiche Weihgeschenke deutlich, daß der König beim Wiederaufbau auch in Babylon selbst aktiv beteiligt war: Auf einer Stele im Britischen Museum in London wird der junge Assurbanipal wegen der Wiederherstellung von Esagila gefeiert (Abb. 82), eine zweite in demselben Museum berichtet über seine Wiederherstellung von Ezida, dem Nabu-Heiligtum in Borsippa. Diese Stele zeigt ihn mit

einem Korb voll ›Erde‹ auf dem Kopfe, die für den ›ersten Ziegel‹[9] bestimmt ist, eine symbolische Darstellung der Verantwortlichkeit des Königs für Behausung und Pflege der Götter. Diese ›königliche Pflicht‹ läßt sich bis in das 3. Jahrtausend zurückverfolgen. In der Inschrift Asarhaddons in Esagila finden wir dazu eine ausführliche Beschreibung des uralten Rituals:

Ich rief alle meine Kunsthandwerker und das gesamte Volk von Karduniasch (Babylonien) zusammen. Ich ließ sie den Korb tragen und legte ihnen das Kopfpolster auf. In ausgewähltem Öl, Honig, Butter, Wein und Wein von den schimmernden Bergen legte ich die Grundmauern. Ich nahm den Kopfkorb auf mein eigenes Haupt und trug ihn. In einer Ziegelform aus Elfenbein, Ahorn, Buchsbaum und Maulbeere, in der eine Inschrift geschrieben war, formte ich einen Ziegel. Esagila, den Tempel der Götter zusammen mit seinen Schreinen, Babylon ... ich baute sie aufs neue.

Die Weihinschriften Assurbanipals wiederholen stets ein frommes Gebet für Schamasch-schuma-ukin: »Mögen seine Tage lang sein.« 652 aber führten die wachsenden Schwierigkeiten zwischen den beiden Brüdern zu offener Empörung. Dem babylonischen König schlossen sich nicht nur die bekannten südlichen Bundesgenossen an, das heißt die Elamer und die hartnäckig gegen die Assyrer eingestellten chaldäischen Stämme, sondern auch die »Könige der Guti, Amurru und Melukka«, Stämme der westlichen Wüste und sogar aus Arabien. Nach zwei Jahren erbitterten Kampfes wurden Babylon und Borsippa eingeschlossen (650). Zur gleichen Zeit hatten die Assyrer auf dem südlichen Kriegsschauplatz durchschlagende Erfolge errungen, und in Elam brach ein Bürgerkrieg aus. Babylon, jetzt ohne jegliche wirksame militärische Unterstützung, blieb allein. 648 hatte die Stadt alle Hoffnung aufgegeben, und schrecklicher Hunger zwang sie zur Übergabe. Die Lage war so verzweifelt, daß die Überlebenden zum Kannibalismus Zuflucht nehmen mußten. In den Straßen türmten sich die Leichen. Kurz bevor die Stadt kapitulierte, stürzte sich Schamasch-schuma-ukin in die Flammen seines eigenen Palastes – eine Begebenheit, deren man sich in der griechischen Legende von Sardanapal erinnerte. Was vom Palast übriggeblieben war, schleppten die Assyrer als Kriegsbeute fort, die Führer der Aufständischen wurden getötet:

Was diese Männer angeht ..., die Übles gegen mich geplant hatten, so riß ich ihnen die Zungen heraus und vernichtete sie mit Stumpf und Stiel. Die anderen zerschmetterte ich bei lebendigem Leibe zusammen mit den Statuen ihrer Schutzgötter, mit denen sie einst meinen eigenen Stammvater Sanherib zerschmettert hatten – als ein verspätetes Totenopfer für seine Seele. Ich verfütterte ihre Leichname, in kleine Stücke geschnitten, an die Hunde, Schweine, zibu-*Vögel und die Geier, an die Vögel des Himmels und an die Fische des Ozeans*[6].

Als das schreckliche Gemetzel vorüber war, ließ Assurbanipal die Stadt säubern und rituell reinigen. Diejenigen, die dem Blutbad entgangen waren, wurden wieder dort angesiedelt. Als König von Babylon erscheint nunmehr in den Quellen ein rätselhafter Herrscher mit Namen Kandalanu (647–627): Allgemein wird angenommen, daß dies lediglich ein Thron-Name war, den Assur-banipal nun in Babylonien annahm;

←82 Sandstein-Stele zum Gedenken an den Wiederaufbau von Esagila in Babylon durch Assurbanipal. Der König trägt einen Korb mit Lehm auf seinem Kopf, was zum Ritual der Formung des ersten Ziegels gehörte. London, British Museum; Höhe 37 cm.

er kehrte so zur staatspolitischen Institution der Personalunion zurück und hat in Babylon bis zu seinem Tode regiert[10].
Der übrigen Welt muß das Assyrien des 7. Jahrhunderts unbesiegbar vorgekommen sein. Doch waren die Kräfte Assyriens durch die anhaltenden Kriege ernsthaft geschwächt. Handelte es sich doch bei diesen nicht nur um lebensnotwendige Maßnahmen, die durch die problemreiche Situation in Babylon diktiert gewesen wären, vielmehr ging es ebensosehr darum, die ausgedehnten und ferngelegenen Provinzen unter Kontrolle zu halten, von deren Luxusgütern und wichtigen Importwaren (z. B. Metalle und Hölzer) dieses kleine Volk der Assyrer abhängig geworden war. Die Invasionen in Ägypten, die zwar das Ansehen der Assyrer hoben, waren gewiß nicht dem gesunden Menschenverstand entsprungen, und die wiederholten Feldzüge gegen das mächtige Königreich Urartu und gegen andere, weniger bedeutende Staaten im Norden und Osten hatten zu einem Aderlaß an Menschen und Material geführt, der sich nicht länger verkraften ließ. Tatsächlich hatte sich dieses kleine Land politisch und militärisch völlig übernommen, und zwei Jahrzehnte nach dem Tode Assurbanipals war Assyrien, das größte Reich, das die Welt bis dahin gesehen hatte, untergegangen.

Nachkassitische Kunst und Architektur

Die babylonische Geschichte vom Ende der Kassitenherrschaft bis zum Zusammenbruch des assyrischen Reiches im Jahre 612 ist in jeder Hinsicht besonders schlecht dokumentiert. Im Grunde genommen gibt es nicht einmal archäologische Zeugnisse, obschon sowohl in Ur als auch in Babylon einige schlecht erhaltene Siedlungsschichten ausgegraben werden konnten. Neues Material verspricht man sich von einigen jüngeren Grabungsplätzen wie z. B. Isin. Gegenwärtig aber ist

83 Abdruck eines assyrischen Siegels. Gezeigt wird ein Beter vor einer Reihe von Göttersymbolen und einem Tempelturm bzw. einer Zikkurat (9. bis 8. Jh. v. Chr.). Berlin, Vorderasiatisches Museum; Höhe 7,2 cm.

man selbst mit der Allerweltskeramik aus der uns interessierenden Zeit, die zu Abertausenden von Scherben über so viele mesopotamische Tells verstreut liegt, noch so wenig vertraut, daß es kaum möglich ist, archäologische Fundstätten aus der Zeit zwischen der Kassitenherrschaft und dem Ende des assyrischen Reiches zu erkennen. Erhalten sind freilich eine Reihe von steinernen Stelen und *kudurru,* und zwar vor allem aus Sippar und Babylon, und außerdem verschiedene sehr reizvolle Objekte der Kleinkunst, die man in Häusern und Gräbern jener Zeit entdeckt hat (Abb. 71). Insgesamt aber ist das, was an archäologischer Information über das Babylon dieser Zeit vorhanden ist, minimal.

Aus dem Assyrien dieser Spätzeit stammen dagegen einige der eindrucksvollsten Denkmäler der alten Welt (Abb. 84). Die Steinreliefs und kolossalen geflügelten Tierstatuen, mit denen die spätassyrischen Paläste und Tempel geschmückt waren, sind den meisten Besuchern der großen internationalen Museen wohlbekannt. Dank der unermüdlichen Anstrengungen der irakischen Antiken-Verwaltung werden heute auch Tore und Paläste von Ninive und Nimrud ausgegraben und restauriert; viele dieser großen Monumente sind nun wieder in ihrem

84 Aus der neubabylonischen Zeit sind uns nur wenige Steinreliefs bekannt, in Assyrien dagegen hat sich eine große Anzahl derselben erhalten. Das unfertige Bruchstück, dessen Fundort unbekannt ist, ist wahrscheinlich babylonischen Ursprungs und zeigt die Göttin Ischtar auf ihrem Löwen. New York, Metropolitan Museum of Art; Höhe 40 cm.

85 Das einzige gut erhaltene Denkmal Babylons ist das von Nebukadnezar II. (604–562) erbaute Ischtar-Tor. Es führt, neben dem königlichen Palast gelegen, durch die innere Stadtmauer. Nur der früheste, unglasierte Teil des Bauwerks, der später mit Erde angefüllt wurde, kann heute noch an Ort und Stelle besichtigt werden. Die Mauern sind mit Stieren und Drachen in Ziegelrelief-Technik geschmückt.

ursprünglichen Glanz zu sehen. Tatsächlich stammt der überwiegende Teil des Quellenmaterials für die politische Geschichte Babylons nicht aus Babylonien selbst, sondern ist in den assyrischen Königsannalen erhalten, die in diese Steindenkmäler eingemeißelt wurden, sowie von Keilschrifttafeln, die bei den Ausgrabungen in den assyrischen Königsstädten gefunden wurden. Das hat natürlich unweigerlich dazu geführt, daß die Ereignisse jener Zeit aus der befangenen Sicht der Assyrer gesehen werden. Vor dem 8. Jahrhundert nämlich lassen die amtlichen babylonischen Berichte ein profundes Desinteresse an den meisten militärischen und politischen Geschehnissen erkennen, und sie bieten auch kaum, nicht einmal in den späteren Perioden, jenen Detailreichtum, den wir aus den assyrischen Annalen kennen, und der in dem so erzählfreudigen Darstellungsstil der assyrischen Reliefs seine Entsprechung findet.

Eine weitere und für die moderne Welt vielleicht noch bedeutendere Hinterlassenschaft Assurbanipals ist die in Ninive offenbar von ihm persönlich zusammengestellte Bibliothek. Sie wurde 1853 von britischen Ausgräbern entdeckt und lieferte der modernen Wissenschaft die ohne jeden Zweifel wichtigste Sammlung von Keilschrifttafeln überhaupt. Sie enthält eine Unzahl von Texten, unter ihnen Kopien literarischer Meisterwerke wie z. B. das Gilgamesch-Epos und die Schöpfungsgeschichte, die sogenannte ›babylonische Genesis‹. In Assurbanipal haben wir das seltene Phänomen eines Gelehrten-Königs vor uns, obwohl damit noch nichts über seinen eigenen Bildungsstand gesagt ist. Zu einer Zeit, als nur wenige Menschen (außer den Schreibern) lesen und schreiben konnten, war er auf seine akademischen Erfolge besonders stolz. In einer berühmten Inschrift erzählt er von seiner eigenen Schulzeit, als er »den verborgenen Schatz aller Schreibkunde« entdeckte. »Ich bewältige verwickelte mathematische reziproke Aufgaben und löse Produkte der Multiplikation auf, auch wenn die Lösung nicht offen zutage liegt. Ich lese komplizierte Tafeln, deren Sumerisch dunkel und deren Akkadisch kaum wörtlich zu übersetzen ist ...«. Außerdem erhielt Assurbanipal auch Unterweisung in der Kunst des Bogenschießens und des Wagenlenkens, im Speerwerfen sowie in »königlichem Anstand«[11].

Auf Inschriften lesen wir zwar, daß sowohl Assurbanipal als auch sein Vater in Babylon ausgedehnte Bauprogramme durchführen ließen, aber bis jetzt ist von der großen Stadt, deren Schutzpatrone sie waren, nur wenig gefunden worden. In Ur jedoch gelang es Woolley, ein Bauwerk des proassyrischen Statthalters Sin-balassu-iqbi nachzuweisen, der die öffentlichen Gedenkstätten der Stadt wieder aufrichtete, und zwar um eine ganze Stufe großartiger als alles, was seit Kurigalzu erbaut worden war. Genau wie Assurbanipal war auch Sin-balassu-iqbi an alten Texten interessiert; seine eigenen Bauinschriften waren in Altsumerisch abgefaßt, und offensichtlich stiftete er während seiner Zeit als Statthalter die Kopie eines Textes des Königs Amar-Sin von Ur III. in ein öffentliches ›Tempel-Museum‹[12].

Selbst auf dem Gipfel der assyrischen Macht blieb die kulturelle Vorherrschaft der Babylonier unangetastet. In Nimrud und auch in Khorsabad, einer neuen von Sargon erbauten Hauptstadt nordöstlich von Ninive, waren die größten Tempel Nabu geweiht, Nabu, dem Sohne Marduks, dessen Kult einst von Semiramis und deren Sohn Adadnirari III. in Assyrien verbreitet worden war. Sargons neue Hauptstadt rühmte sich auch einer freistehenden Zikkurat wie in Babylon, und die Fassade des Nabu-Tempels war nicht etwa im assyrischen Stil geschmückt, sondern mit Einzelmotiven nach babylonischer Art: sie erinnert stark an die späteren Friese auf dem berühmten Ischtar-Tor in Babylon (Abb. 85).

Die spätbabylonische Dynastie

Unter Kandalanu (= Assurbanipal) hatte Babylonien keine politische Bedeutung, während die chaldäischen Scheichs ihre Kraft und ihren politischen Ehrgeiz bewahrt hatten. So bestieg nach dem Tode Assurbanipals wieder einmal ein chaldäischer Scheich den Thron. Die Macht der Assyrer war zu diesem Zeitpunkt kurz vor dem Zusammenbruch, und so sollte dem neuen König Nabupolassar (Nabu-apla-usur, 625–605) das gelingen, was Merodach-Baladan einst vergeblich angestrebt hatte: die reichen und politisch klugen Chaldäer nicht nur zu den Thronerben der Assyrer zu machen, sondern kurz und bündig zur politischen Hauptmacht Westasiens. Mit der Thronbesteigung Nabupolassars trat also eine neue Dynastie auf die Bühne der Weltgeschichte, die von der modernen Wissenschaft als ›neubabylonisch‹ oder auch ›chaldäisch‹ bezeichnet wird und die dazu bestimmt war, Babylon zu höchstem Ruhm zu führen.

Der Weg Nabupolassars zur Macht war keineswegs bequem: Sowohl in

Assyrien als auch in Babylonien brachen beim Tode Assurbanipals alsbald Kämpfe zwischen den rivalisierenden Parteien aus; in Babylon währten sie über ein Jahr und ließen in diesem Zeitraum die Anerkennung eines Königs gar nicht zu. Nach der spätbabylonischen Chronik bestieg Nabupolassar schließlich im November 626 den Thron, aber seine ersten Regierungsjahre waren durch den fortgesetzten Kampf mit Assyrien unruhig und zerrissen. Der Gang der Ereignisse ist auch in Babylon selbst in jener Zeit verworren gewesen, und die erhaltenen Quellen widersprechen sich öfters. Assyrien konnte seine Garnison in Nippur zunächst halten, und zwei Assyrer, der Heerführer Sin-schumu-lischir, und der vorletzte König, Sin-schari-ischkun, waren beide, allerdings nur für kurze Zeit, in Babylon als Regenten anerkannt (?623–622)[13]. In mehreren Archiven finden wir Berichte über langanhaltende Belagerungszustände, vor allem in Nippur und Uruk; im Jahre 620 sahen sich die Einwohner sogar gezwungen, ihre Kinder zu verkaufen, um sich das nötige Geld für Nahrung zu verschaffen. Aus zeitgenössischen Briefen geht hervor, daß in dieser unruhigen Zeit die Herrschaft in verschiedenen babylonischen Städten von Partei zu Partei wechselte, wobei bald politische Machenschaften, bald militärische Aktionen dahinterstehen mochten[14].
Um 616 saß Nabupolassar dann schon sicherer im Sattel, und er konnte sein Heer den Euphrat aufwärts in Gebiete führen, die lange unter assyrischer Herrschaft gestanden hatten. Die Bedrohung durch das neue Babylonien war so groß, daß Ägypten, obwohl noch keine 50 Jahre seit der Eroberung Thebens durch Assurbanipal vergangen waren, sich mit seinem ehemaligen Feind verbündete. Das hatte zur Folge, daß sich Nabupolassar nach Babylon zurückziehen mußte. Im Jahre 615 wagte Nabupolassar einen kühnen Angriff auf die alte Hauptstadt Assur, doch er wurde zurückgeschlagen und nahm in Tikrit Zuflucht, wo er alsbald von der nachfolgenden assyrischen Armee eingeschlossen wurde.
Inzwischen aber hatte ein neues Volk die mesopotamische Szene betreten: die Meder, Erben der elamischen Macht im westlichen Iran. Ursprünglich handelte es sich nur um einen von einer Anzahl verbünderter, aber getrennt lebender indoeuropäischer Stämme. Doch dem tüchtigen Herrscher Huvakschatra, der uns bei dem griechischen Historiker Herodot unter dem bekannteren Namen Kyaxares begegnet, war es gelungen, sie zu einem einzigen Königreich zusammenzuschweißen. Im Jahre 614 zog Kyaxares gen Ninive; Nimrud wurde vernichtet, und auch die Mauern Assurs hielten dem Ansturm nicht stand: Die Stadt wurde eingenommen und geplündert. Nabupolassar, der beim großen Halali nicht fehlen wollte, marschierte eilig nach Norden, doch es gelang ihm nicht, noch vor dem Fall Assurs den Kriegsschauplatz zu erreichen. In der Nähe der verwüsteten Stadt traf er sich mit Kyaxares. Ein formeller Vertrag wurde aufgesetzt und durch die Heirat zwischen Nebukadnezar, dem Sohn des Nabupolassar, und Amyitis, der Enkelin des Mederkönigs, ratifiziert, wie eine spätere Überlieferung zu berichten weiß.
Es ist offenkundig, daß die Assyrer den bevorstehenden Untergang ihres Reiches nicht voraussahen; im Jahre 613 traten sie erneut zur Offensive an und wandten sich südwärts gegen die Babylonier, die mit

einem Stammesaufstand in ihrer unmittelbaren Umgebung beschäftigt waren. Das Ausmaß ihrer Ahnungslosigkeit läßt sich vielleicht am besten an der Tatsache zeigen, daß sie zu dieser Zeit die Befestigungswerke von Nimrud, die durch den Angriff der Meder im Jahre 614 in Mitleidenschaft gezogen worden waren, hatten schleifen lassen, um sie von Grund auf wieder aufzubauen[15]. Im Jahre 612 kam es dann zur Belagerung von Ninive durch die Babylonier und Meder, zu denen noch die Skythen gestoßen waren. Nach drei Monaten kapitulierte die Stadt, und es wird von Sin-schari-ischkun berichtet, er sei in den Flammen der untergehenden Stadt umgekommen – neuerliche Nahrung für die Sardanapalus-Legende. Dieser eine einzige Schlag führte den endgültigen Zusammenbruch des großassyrischen Reiches herbei. Es sollte nie wieder erstehen.
In Harran, in der südlichen Türkei, überlebte noch kurze Zeit ein nominelles assyrisches Schattenkönigreich, doch schon 610 fiel auch dieser letzte Stützpunkt in die Hände der Babylonier, die alsbald eine Garnison dort einrichteten. Nabupolassar unternahm nun etliche Feldzüge in das Hügelland nördlich von Assyrien, und der letzte assyrische König (Assuruballit II., 611–609) mußte nach Süden fliehen, um dort Anschluß an seine ägyptischen Bundesgenossen zu finden, die nun zum Hauptgegner Babylons werden sollten. Unter dem Pharao Necho II. dringen bald darauf ägyptische Truppen in Syrien ein, schlagen Josia, der sich ihnen bei Megiddo mit einem kleinen Heer entgegenstellt und in dieser Schlacht getötet wird (um 608), und verbinden sich dann mit den Überresten des assyrischen Heeres in Karkemisch. Im Frühjahr 605 erfolgte der Gegenangriff des Kronprinzen Nebukadnezar. Die Verluste waren auf beiden Seiten groß, »denn der Mächtige hatte sich gegen den Mächtigen erhoben, und Held an Held ist gefallen, beieinander liegen sie da« (Jeremias 46,12). Schließlich wurden die Ägypter entscheidend geschlagen, und ihre aufgelösten Truppen ergriffen panikartig die Flucht durch Syrien, das babylonische Heer auf den Fersen. Der Tod Nabupolassars machte der siegreichen Verfolgungsjagd ein plötzliches Ende. Mit einigen wenigen Getreuen begab sich Nebukadnezar im Eilmarsch nach Babylon, um dort Anspruch auf den Thron zu erheben – ein historischer Augenblick, der den Beginn des nochmaligen Aufstiegs Babylons zur Großmacht einläutete, unter dem berühmtesten Herrscher seiner Geschichte. Karkemisch sah das Aufeinanderprallen der beiden übriggebliebenen großen politischen Mächte: Ägypten und Babylonien. Der Sieg Babylons war diesmal entscheidend, und Assyrien war in diesem Ringen verschwunden, ohne Spuren zu hinterlassen.

Nebukadnezar

Nebukadnezar (Nabu-kudurri-usur, 604–562) bedarf keiner Vorstellung. Er ist eine der berühmtesten Gestalten der alten Geschichte. Staatsmann und Heerführer von außergewöhnlichen Fähigkeiten, war er zugleich auch ein ehrgeiziger Bauherr mit großer Schöpfergabe. Seine Bauwerke sind in Mesopotamien ohne Beispiel. Das Babylon Herodots, das sich auch dem modernen Besucher heute darbietet (falls

86 Übersichtsaufnahme vom südlichen Palast Nebukadnezars in Babylon, in Richtung nach Nordosten, auf die ›Hängenden Gärten‹ zu, gesehen. Dieses Foto wurde nach der Ausgrabung durch die Deutsche Orient-Gesellschaft gemacht, aber vor der jüngst erfolgten Restaurierung vom Directorate-General of Antiquities, Bagdad.

er in der Lage ist, mit seiner Vorstellungskraft die beklemmenden Berge zerfallener Lehmziegel zu überwinden) ist in der Tat weitestgehend das Werk der Architekten Nebukadnezars (Abb. 86). Dieser babylonische König ist uns von den biblischen Erzählungen her vielleicht am besten bekannt, doch waren seine Feldzüge gegen Jerusalem nur von untergeordneter Bedeutung, wenn man sie im Kontext der gesamten politischen Szene des Mittleren Ostens in jener Zeit betrachtet. Nach seiner Thronbesteigung begab sich Nebukadnezar zunächst auf einen längeren Kriegszug nach Syrien, der allerdings kaum mehr gewesen sein dürfte als eine ungehinderte Demonstration seiner militärischen Macht, dazu bestimmt, das Eintreiben der Tribute zu erleichtern. Solche sogenannte Sicherungen der Reichsgrenzen sollten eine alljährlich wiederkehrende Routine werden, und dabei wurden nicht nur Steuern und Tribute eingezogen, sondern gleichzeitig auch widerspenstige Städte und Regionen bestraft. In dieser Hinsicht zeigte sich der Babylonier als gelehriger und erfolgreicher Schüler der Assyrer. In dieser Zeit unterwarf sich auch Jojakim freiwillig Nebukadnezar, und eine Anzahl von Juden, unter ihnen möglicherweise auch der Prophet Daniel, gelangten als Geiseln nach Babylon.

Im Jahre 601 wandte sich Nebukadnezar dann gegen Ägypten; in einer Schlacht irgendwo in der Nähe der ägyptischen Grenzen erlitten beide Seiten schwere Verluste. Nebukadnezar sah sich gezwungen, nach Babylon zurückzukehren, sein Heer neu auszurüsten und wieder zu vervollständigen. Der Pharao Necho jedoch hielt sich künftig zurück und verzichtete auf weitere Versuche, in Syrien Boden zu gewinnen. Für einen allerdings war die Nachricht von den Verlusten der Babylonier Grund genug, seine Tributzahlungen an Babylon einzustellen: Jojakim, der, unbeirrt von den Warnungen des Propheten Jeremias, nicht nur auf diesem Entschluß beharrte, sondern auch wieder zu seinem Bündnis mit den Ägyptern zurückkehrte. Die nun kommenden Ereignisse sollten dem Propheten recht geben, denn 597 ließ Nebukadnezar seine Truppen Jerusalem belagern. Jojakim starb, vielleicht schon während der Belagerung, doch sicherlich bevor die Hauptstreitkräfte Babyloniens die Stadt erreichten[16]. Sein Sohn Jojachin aber wurde zusammen mit seiner Familie, den führenden Staatsbeamten und Offizieren, Handwerkern und Soldaten als Gefangener nach Babylon verbracht. Hebräische Berichte geben die Gesamtzahl der Kriegsgefangenen mit 10000 an. Jerusalem selbst wurde zwar nicht zerstört, aber es waren doch »hohe Tributzahlungen« zu leisten, wobei auch die Schätze in Salomons Tempel und im Königspalast nicht geschont wurden. Ein Onkel Jojachins, dessen Name in Zidkia umgewandelt worden war, wurde als Herrscher über die Restbevölkerung eingesetzt. Die jüdischen Verbannten siedelte man in Babylonien an. Jojachin und seine Familie blieben als Gefangene im Palast zu Babylon, wo man Tafeln fand, auf denen die ihnen zugedachten Verpflegungsrationen verzeichnet sind[18]. Einige Juden, darunter auch der Prophet Hesekiel, wurden in der Region um Nippur seßhaft gemacht.

Trotz der Beliebtheit Nebukadnezars bei den Babyloniern späterer Generationen scheint der Anspruch des Chaldäers auf den babylonischen Thron doch nicht unumstritten gewesen zu sein. In seinem zehnten Regierungsjahr kam es zu einer ernstzunehmenden Revolte, die offensichtlich erst nach einem großen Blutbad unter seinen Truppen erstickt werden konnte. Mittlerweile hatte auch das erneute ägyptische Engagement in Palästina Zidkia so überzeugt, daß er die Fronten wechselte. Nebukadnezar reagierte prompt und sandte eine starke Armee nach Westen, worauf die Ägypter eilends ihre vorherigen Vasallen im Stich ließen. Die Babylonier eroberten Lachisch und eine Reihe anderer Städte zurück und schlossen einen Belagerungsring um Jerusalem. Nach 18 Monaten – die Stadt litt unter schwerster Hungersnot – durchbrachen die Babylonier die Mauern (586). Zidkia gelang zunächst die Flucht, er wurde aber bei Jericho gefangengenommen und ins Hauptquartier Nebukadnezars gebracht, das sich am Orontes in Syrien befand. Dort wurden seine Söhne vor seinen Augen getötet, er selbst dann geblendet und gefangen nach Babylon geschleppt. Jerusalem wurde geplündert, seine Mauern geschleift und Tempel sowie Palast bis auf den Grund niedergebrannt. Die Anführer der antibabylonischen Partei wurden hingerichtet und der Großteil der überlebenden Bevölkerung nach Babylon verschleppt.

Zu den Medern scheint Nebukadnezar freundschaftliche Beziehungen unterhalten zu haben; jedenfalls wird über Störungen an der östlichen Reichsgrenze kaum berichtet. Kyaxares hatte Urartu überrannt und stieß dann westwärts nach Kleinasien in Richtung auf das Königreich Lydien vor, ein blühendes Handelszentrum, das nach dem Untergang Assyriens ganz erheblich an Bedeutung gewonnen hatte. Der erbitterte

87 Kampfszenen kommen auf spätbabylonischen Siegeln häufig vor. Eine frühe Gruppe zeigt oft den geflügelten Helden, ein Tier oder Ungeheuer angreifend. Die Inschrift enthält ein Gebet an Nabu für das Wohlergehen des Eigners. Karneol-Siegel, nun in New York, Pierpont Morgan Library; Höhe 3,9 cm.

Krieg zwischen diesen beiden Reichen endete in jener berühmten Schlacht, die durch eine Sonnenfinsternis (28. Mai 585) unterbrochen wurde; danach kam es zum Waffenstillstand. Bei dem Unterhändler, der in dieser Angelegenheit die Meder vertrat, handelte es sich nach Herodot (I 74) um einen der Generäle Nebukadnezars, den Babylonier Labynetus, vielleicht mit Nabonidus identisch, dem späteren Nachfolger auf dem Thron Babyloniens. Obgleich die Beziehungen der Babylonier zu den Medern anscheinend weiter freundlich blieben, müssen Nebukadnezar noch vor dem Ende seiner Regierungszeit die Absichten der Meder verdächtig geworden sein. Nördlich von Babylon ließ er einen großen Verteidigungswall bauen, der von Sippar nach Opis verlief. Es war die berühmte Meder-Mauer, die dazu dienen sollte, barbarische Stämme außerhalb des Landes zu halten und einen Angriff aus dem Norden zu erschweren[19].

Über die letzte Phase der Regierung Nebukadnezars besitzen wir leider keine historischen Nachrichten. Das Buch der Könige spricht vom Mord am Statthalter Jerusalems, der von den Babyloniern eingesetzt worden war, was vielleicht auf Veranlassung durch die Ägypter geschehen sein könnte. Auch soll es nach einem fragmentarisch erhaltenen Text eine babylonische Invasion in Ägypten gegeben haben, doch sind nähere Einzelheiten darüber nicht bekannt[20]. Nebukadnezar starb 562, und die Nachfolge trat sein Sohn Amel-Marduk (Evil-Merodach) an, von dem wenig mehr bekannt ist als die Tatsache, daß er in Babylonien unbeliebt war. Berossos behauptet, er habe sich bei seinen Übeltaten weder durch Gesetz noch durch Anstand zurückhalten lassen. Doch muß zu seinen Gunsten immerhin angeführt werden, daß er gegenüber Jojachin von Jerusalem Milde zeigte, der aus dem Kerker entlassen wurde und hinfort für den Rest seines Lebens an des Königs Tafel speisen durfte. Nach einer nur kurzen Regierungszeit wurde Amel-

Marduk bei einem Aufstand getötet. Sein Nachfolger wurde Nergalscharra-usur (559–556, der Neriglissar des Alten Testaments), ein erfahrener babylonischer General, der bei der Belagerung Jerusalems das hohe militärische Amt des *rab mag* innegehabt und eine Tochter Nebukadnezars geehelicht hatte. Auch aus seiner Regierungszeit ist wenig bekannt außer der Tatsache, daß er in Babylon und Borsippa Tempel wiederherstellen ließ; ein einziger historischer Text überliefert außerdem Einzelheiten über einen Feldzug in Kilikien[21], woraus sich schließen läßt, daß er eine aktive militärische Politik betrieben haben muß. Er starb 556 unter Umständen, die nie geklärt wurden. Sein kleiner Sohn Labaschi-Marduk versuchte, sich des Thrones zu bemächtigen, stieß aber auf allgemein verbreitete Opposition. Nach nur drei Monaten brachte ein Putsch der höchsten Offiziere Nabu-na'id (Nabonid) auf den Thron.

88 Auf späteren Siegeln herrscht eine symmetrische Gruppe vor, mit einem geflügelten Heros, der zwei wilde Tiere ergriffen hat. Berlin, Vorderasiatisches Museum; Höhe 3,2 cm.

Nabonid

In Nabonid (555–539) hat man häufig nichts anderes sehen wollen als einen alternden Antiquar. Freilich, sein Interesse für die Vergangenheit und für die Wiedereinführung des entsprechenden Zeremoniells und auch für die Ausgestaltung der alten Heiligtümer von Sumer und Akkad grenzte schon fast an Besessenheit; doch handelt es sich bei diesem König höchstwahrscheinlich um jenen berühmten General, der etwa 30 Jahre zuvor den Frieden zwischen Lydien und den Medern zustande gebracht hatte, und die Berichterstattung über sein früheres Leben attestiert ihm eine erfolgreiche militärische Karriere. Der neue Herrscher gehörte nicht der Familie Nebukadnezars an: »Ich bin Nabonid und habe nicht die Ehre, jemand von Geblüt zu sein – das

Königtum ist nicht in mir.« Seine Mutter war Adda-Guppi, eine langlebige Jüngerin des Gottes Sin zu Harran. Man kennt ihre Biographie von einer Stele, die 1956 als Pflasterstein mit der Inschrift nach unten in der großen Moschee zu Harran gefunden wurde[22]. Ihren Lebenslauf würde man auch unter heutigen Umständen als höchst ungewöhnlich bezeichnen: Sie erlebte nicht nur vier regierende assyrische Könige, sondern auch die gesamte neubabylonische Dynastie bis in das neunte Jahr ihres letzten Königs, ihres eigenen Sohnes, als sie im gesegneten Alter von 104 Jahren starb.

Harran war lange ein wichtiges wirtschaftliches und religiöses Zentrum gewesen und war auch, wie wir uns erinnern, der letzte Zufluchtsort der Assyrer. Es ist daher keineswegs abwegig anzunehmen, daß die besondere Stellung der Adda-Guppi von ihrer Verbindung mit der königlichen assyrischen Familie herrührte. Eine der ersten Unternehmungen Nabonids war es denn auch, den Tempel seiner Mutter restaurieren zu lassen. Dieser war durch die Meder und Babylonier bei der Plünderung von Harran zerstört worden und, allem Anschein nach, immer noch in der Hand der Meder. Auf einem Tonzylinder (Abb. 89) ist uns die Niederschrift eines Traumes erhalten, in dem Marduk den neuen König anweist, das Werk in Harran auszuführen:

Am Anfang meiner Regierung ließen mich die Götter einen Traum sehen: In ihm standen beide, Marduk, der große Herr, und Sin, das Licht des Himmels und der Erde. Marduk sprach zu mir: ›Nabonid, König von Babylon, bringe mit deinem eigenen Pferd und Wagen Ziegel herbei und baue den Tempel von Ehulhul (das Heiligtum des Mondgottes, wörtlich ›das Haus der Freude‹), so daß Sin, der große Herr, dort Wohnung nehmen kann‹. Ich antwortete Marduk, dem obersten der Götter: ›Die Umman-manda (barbarische Horden, in diesem Falle die Meder) belagern genau diesen Tempel, den du mir aufzubauen befiehlst und ihre Waffengewalt ist sehr groß‹. Marduk sprach zu mir: ›Die Umman-manda, von denen du sprichst, sie und ihr Land und all die Könige, die ihnen zur Seite stehen, werden nicht mehr sein!‹ Und so geschah es, als das dritte Jahr zu Ende ging, ließ Marduk Kyros, den König von Persien, seinen jungen Diener sich gegen sie erheben, und Kyros zerstreute die

89 Zylinder aus gebranntem Ton mit einer langen Keilschrift-Inschrift des Nabonid, in der er seinen berühmten Traum über den Wiederaufbau des Mondgott-Tempels in Harran niedergelegt hat. Nabonid (555–539) beschreibt hier auch, wie er den Tempel des Sonnengottes in Sippar wiederherstellte, wo er im Verlaufe der Arbeiten eine Inschrift Naram-Sins von Akkad fand, der den ursprünglichen Tempel dort erbaut hatte. London, British Museum; 15,6 × 9,2 cm.

zahlreichen Umman-manda mit seinem kleinen Heer und fing Astyages, den König der Umman-manda und brachte ihn in Fesseln in sein (des Kyros) Land. Das war die Tat des großen Herrn Marduk, dessen Befehlen man sich nicht widersetzen kann[23].

Bei der Wiederherstellung des Tempels des Ehulhul mag für Nabonid die Sohnespflicht das einzige Motiv gewesen sein, doch seine zunehmende Verehrung für den Gott Sin – die im Traum geäußerten Anspielungen auf Marduk waren offensichtlich als Propaganda für die Babylonier bestimmt und fehlen bezeichnenderweise vollständig auf den öffentlichen Inschriften in Harran – stellte eine religiöse Neuerung dar, die sich bei den konservativen Kräften in Babylonien als höchst unerwünscht erwies. Diese Unbeliebtheit sollte der »junge Diener« im Traum später noch sehr geschickt ausnützen. Die Harran-Inschrift berichtet weiter über eine Rebellion in Akkad:

Die Söhne von Babylon, Borsippa, Nippur, Ur, Uruk und Larsa, Priester und Volk der Hauptstädte Akkads vergingen sich gegen seine große Göttlichkeit ... Sie vergaßen ihre Pflicht, und wann immer sie redeten, war es Verrat und nicht Treue, wie Hunde verschlangen sie sich gegenseitig; Fieber und Hunger in ihrer Mitte ...

Ganz offensichtlich riefen die Religions- und Verwaltungsreformen des Nabonid große Entrüstung hervor; das Land litt noch unter den schweren Bürden, die Kriege und Bauprogramme der Vorgänger ihm auferlegt hatten, seine Reserven schienen erschöpft. Eine größere Anzahl von Texten berichtet von besorgniserregenden inflationären Verhältnissen. Zwischen 560 und 550 stiegen die Preise um 50%, und von 560 bis 485 machte die Preissteigerungsrate insgesamt etwa 200% aus[24].

Nabonid tat nun einen sehr seltsamen Schritt, der noch immer einer ausreichenden Erklärung bedarf. Er setzte nämlich seinen Sohn Belschar-uschur (Belsazar) als Regenten in Babylon ein und führte selbst ein Heer durch Syrien und den Libanon bis zur Oase Taima in Nordwestarabien, wo er für die nächsten zehn Jahre bleiben sollte.

Doch ich flüchtete mich weit von meiner Stadt Babylon ... Zehn Jahre betrat ich meine Stadt Babylon nicht[25].

Obwohl der König in Babylon unbeliebt war, hat er die Stadt wohl aus freien Stücken verlassen. Zwar sind für dieses anscheinend unerklärliche Verhalten eine ganze Reihe von Gründen angeführt worden, doch hat sich keiner als wirklich stichhaltig erwiesen. Vielleicht fürchtete Nabonid die zunehmende Macht Persiens, vielleicht wurde er durch seine Fixierung auf religiöse Reformen getrieben oder auch durch den Widerwillen gegenüber der nach seiner Ansicht offenkundigen Gott- und Gesetzeslosigkeit seiner Untertanen, wie das in seinen Weihinschriften zum Ausdruck kommt. Eine Stelle in der Harran-Inschrift läßt göttliche Weisung durchblicken, vielleicht auch einen anderen ›Traum‹:

in zehn Jahren kam die festgesetzte Zeit, die Tage waren erfüllt, wie Sin, König der Götter, gesprochen hatte.

In diesem Zusammenhang sind auch die Verse im Buche Daniel zu erwähnen (IV, 28–33), in denen Nebukadnezar eine Periode des Wahnsinns zugelegt wird. Zweifellos handelt es sich hier um eine Verfälschung einer Geschichte über Nabonid; ja, aus den kürzlich in Qumran entdeckten Schriftrollen geht hervor, daß andere jüdische Überlieferungen diesen langen Aufenthalt in der Wüste durchaus auf den richtigen babylonischen König beziehen, dem eine sieben Jahre währende Krankheit nachgesagt wird, die durch den Zorn Gottes über ihn gekommen sei[26].

Es ist aber auch möglich, daß die Gründe Nabonids vernünftiger waren, als es die spätere babylonische Überlieferung wahrhaben wollte. In Taima nämlich kreuzten sich Karawanenstraßen aus Damaskus, Scheba, vom Persischen Golf und aus Ägypten: Die Stadt war ein natürliches Handelszentrum Arabiens, und der Zuerwerb eines neuen Handelsgebietes in Südarabien würde eines Königs würdig gewesen sein, der sich selbst aus demselben Holz geschnitzt sah wie Nebukadnezar.

Freilich, es hieße weit über die gesicherten historischen Quellen hinausgehen, wollte man dem nun schon alternden Nabonid so ein Motiv unterstellen. Eines aber ist gewiß: Nabonid kann keineswegs gehofft haben, seine Popularität in Babylon durch die lange Abwesenheit zu steigern, denn während dieser Zeit konnten ja unter anderem die beliebten Festlichkeiten zum Neujahr nicht stattfinden.

Ebenso unklar wie die Beweggründe für den Fortgang des Königs aus Babylon sind auch diejenigen für seine Rückkehr. Nach zehn Jahren, und nun sicherlich schon an die 70 Jahre alt, verließ er Taima. Die Arbeit in Harran war getan, und diese Stadt hielt sich viele Jahrhunderte lang als Kultzentrum des Mondgottes, dessen Symbol (der zunehmende Mond) sogar auf römischen Münzen bis in das 3. Jahrhundert n. Chr. hinein geprägt wurde. Aber für Babylon war das Urteil schon auf die Wand geschrieben: Der babylonische König war »gewogen und zu leicht befunden«, der junge Diener aus Nabonids Traum hingegen wurde zur Eroberung eines Reiches eingesetzt, das bald selbst die kühnsten Hoffnungen der Babylonier übersteigen sollte. Dieser ›junge Diener‹ war Kyros, ein Perser, aus der königlichen Linie des Achaimenes, des im 7. Jahrhundert anzusetzenden Stammvaters jener Dynastie, die seinen Namen tragen sollte und auf den sich der Überlieferung nach das iranische Königshaus noch heute beruft.

Die Perser waren ein indo-europäisches Volk, das sich im Gebiet des ehemaligen Elam angesiedelt hatte. Sein Name leitet sich ab von Parsua (das heutige Fars), einem ihrer ersten Bollwerke. Kambyses, ein achämenidischer Prinz, hatte die Tochter des Meder-Königs Astyages geehelicht, der vielleicht die aufsteigende Macht der Perser erkannt hatte. Aus dieser Verbindung ging Kyros hervor. Dieser Kyros ist der Held einer der von dem griechischen Historiker Herodot überlieferten Legenden, die im übrigen denjenigen, die über den Akkader Sargon im Umlauf waren, nur zu sehr gleichen. Eine wohlbekannte Geschichte gibt den Traum des Astyages wieder: Es erschien ihm eine wuchernde Weinrebe; die Deutung besagte, daß das Kind, das seine Tochter Mandane damals erwartete, dazu bestimmt war, ganz Asien zu beherrschen. Astyages packte die Furcht, und er befahl das neugeborene Kind zu töten. Doch ein Verwandter, Harpagos, übergab den Säugling einem

Schäfer, der ihn als den von seinem eigenen Weib gerade geborenen Sohn ausgab. Nach einer dramatischen, wenn auch apokryphen Geschichte wurde das Täuschungsmanöver dadurch aufgedeckt, daß der kleine Kyros ›König spielte‹. Astyages aber ließ sich erweichen und Kyros wurde ein ›junger Diener‹, der sich alsbald mit Harpagos zusammen erfolgreich gegen seinen Großvater erhob (um 550). Nach der babylonischen Chronik rebellierte das Meder-Heer gegen Astyages, übergab den König an Kyros, der dann seinerseits in der Hauptstadt Ekbatana (das heutige Hamadan) als der neue und rechtmäßige König willkommen geheißen wurde.

547 überquerte Kyros den Tigris und führte sein Heer nach Westen über den Khabur nach Kleinasien hinein. Am Halys kam es zu einer Schlacht gegen Krösus von Lydien. Sie brachte zwar keine Entscheidung, doch mußte sich Krösus in seine Hauptstadt Sardes zurückziehen und sandte Hilferufe an Nabonid und die Ägypter. Unnötig zu sagen, daß er aus Taima keine Antwort erhielt. In einem unmittelbar anschließenden Überraschungsangriff nahm Kyros Sardes ein und machte Lydien zu einer persischen Provinz, wobei er sich gleichzeitig der Unterstützung durch die griechischen Kolonien in Kleinasien versicherte. Auch scheute Kyros keine Mühe, in einer über das gesamte babylonische Reich sich erstreckenden, groß angelegten Propaganda-Kampagne um Unterstützung für das zu werben, was er seine liberale Politik nannte. Die griechischen Historiker berichten uns, daß er Krösus freundlich und respektvoll behandelte, und gewiß brachte ihm sein großzügiges Entgegenkommen gegenüber den Priestern in Kleinasien den Ruf ein, milde zu sein und in Glaubensfragen Toleranz zu üben. Diese ausgeklügelte Propaganda, die ohne Zweifel von erheblichen finanziellen Überredungsgaben begleitet war, scheint auch in Babylon ihre Wirkung nicht verfehlt zu haben; als die Stadt schließlich fiel, so wird gesagt, hat man Kyros als dem Befreier zugejubelt, der das Volk vom Tyrannen Nabonid befreit habe. Aus Gründen der Gerechtigkeit jedoch muß gesagt werden, daß die griechischen Berichte auf persischen Quellen beruhen, die alle verständlicherweise gegenüber Nabonid von Vorurteilen diktiert sind.

Im Jahre 539 wurde dann offenbar das erste Mal, seitdem sich Nabonid nach Taima zurückgezogen hatte, wieder das Neujahrsfest gefeiert; nach dem persischen Bericht soll der babylonische König mehrfach gotteslästerliche Handlungen während der Feierlichkeiten begangen haben[27]. Große Mengen von Wein gelangten zur Verteilung und nach den Berichten von Herodot, Xenophon und dem Verfasser des Buches Daniel zu urteilen wurde auch die Dauer des Festgelages verlängert. Noch jahrelang sollte man von der Erinnerung daran zehren. Doch schon rückte Kyros gegen Babylonien vor. Nabonid befahl, die Götter des Landes zur Sicherung ihres Schutzes in Babylon zusammenzutragen; aber die Propaganda des Perserkönigs hatte bereits ihre Wirkung gezeitigt, und so rief diese Maßnahme erheblichen Widerstand hervor. Borsippa, Kutha und Sippar weigerten sich schließlich, dem Befehl zu folgen. Im Monat Tischri nahm Kyros die Stadt Opis am Tigris im Sturm ein und wandte sich dann gegen Sippar, das ohne Gegenwehr in seine Hände fiel. Nabonid mußte fliehen, und zwei Tage später zogen »Ugbaru, Statthalter der Guti, und das persische Heer kampflos in

Babylon ein«[28]. Herodot schreibt den unbestrittenen Fall der Stadt dem Umstand zu, daß die Wasser des Euphrat in die Senke bei Aqar Quf abgeleitet wurden, was den persischen Truppen gestattete, die Stadt trockenen Fußes zu betreten. Es gibt keinen besonderen Grund, an dieser Geschichte zu zweifeln, obwohl gesagt werden muß, daß sich die betreffende Überlieferung möglicherweise eher auf eine Änderung des Flußlaufes des Tigris bezieht, die man zum Zwecke der Eroberung der Stadt Opis herbeigeführt hatte. In jedem Falle ist es sicher, daß die Babylonier keinen entscheidenden Widerstand leisteten:
»Aber nun waren die Perser ganz unvermutet in der Stadt. Weil Babylon so groß ist, wußten, wie man dort im Lande erzählt, die Leute inmitten der Stadt noch nichts vom Eindringen der Feinde, als die äußeren Stadtteile bereits in Feindeshand waren. Man feierte gerade ein Fest, tanzte noch und war guter Dinge, bis die Kunde endlich auch zu ihnen drang. So wurde Babylon zum ersten Mal erobert.« (Herodot I 191)

Es hat den Anschein, daß die von Kyros vertretene Liberalität in Religionsfragen nach den Ketzereien Nabonids, die allgemeine Unzufriedenheit ausgelöst hatten, willkommen geheißen wurde. Tatsächlich berichtet eine Inschrift des Kyros in Babylon, wie Marduk, den Nabonid ja vernachlässigt hatte, mit ihm und seinem Heer marschierte »wie ein Freund und Kamerad«[29]. Nabonid selbst wurde dann später in Babylon gefangengenommen und dort, nach dem Bericht des Xenophon, auch getötet. Kyros jedenfalls zog im Triumph in Babylon ein, verbot das Plündern und benannte einen persischen Statthalter. Die religiösen Einrichtungen und die Zivilverwaltung ließ er unangetastet. Damit war es zu Ende mit der Herrschaft der letzten einheimischen babylonischen Dynastie. Zu Beginn des darauffolgenden Jahres scheint Kambyses im Bemühen um die Legitimierung der Perserherrschaft seinen Vater bei den Neujahrsfestlichkeiten vertreten zu haben.

Die Perser in Babylon

Babylon hatte vor der Zeit des Kyros bereits so manche fremde Dynastie kommen und gehen gesehen und sie alle der Reihe nach erfolgreich assimiliert. Nun aber waren im Mittleren Osten neue Kräfte am Werk, und neue religiöse und politische Ideen verdrängten nach und nach die überkommenen Vorstellungen des alten Mesopotamien. Auch die soziale Struktur änderte sich und sogar die Schreibschrift, lange Zeit ein starkes und einigendes Band, wurde durch das sehr viel besser zu handhabende aramäische Alphabet mit seinen nur 22 Buchstaben ersetzt. Wohl wurde die Keilschrift noch weiter benutzt; aber ihr Gebrauch war doch vornehmlich auf Texte aus dem Bereich der Religion und der Sternkunde beschränkt. So ist uns z. B. eine Reihe von astronomischen Aufzeichnungen in Keilschrift noch aus dem 1. Jahrhundert n. Chr. bekannt. Schließlich bediente man sich auch in bestimmten Urkunden aus dem Wirtschaftsleben weiterhin der Keilschrift, und es sind uns zahlreiche Texte in dieser Schrift erhalten, in denen von wohlhabenden Kaufleuten und ›Bankhäusern‹ in Babylon und Nippur die Rede ist[30]. So scheint sich also, oberflächlich betrachtet,

90, 91 Aus dem Assyrien des 8./7. Jh. v. Chr. hat sich eine große Anzahl von Elfenbeinschnitzereien erhalten, aus dem zeitgenössischen Babylon dagegen kennen wir nur höchst wenige Stücke. Dieses seltene und sehr ansprechende kleine Köpfchen wurde in Babylon in einem reich ausgestatteten Kindergrab gefunden; es stammt wahrscheinlich aus achämenidischer Zeit. Berlin, Vorderasiatisches Museum; Höhe 3,5 cm.

das Leben der babylonischen Bürger im privaten Bereich auch unter der Perserherrschaft kaum geändert zu haben. Die Kultformen blieben die alten, und die Handelstätigkeit konnte zunehmen.
Kyros bot allen Menschen Frieden und Freundschaft an und entschädigte diejenigen, die unter Nabonid oder sonstwie zu leiden gehabt hatten, oder jedenfalls behauptete er dies. Gleichzeitig begann eine Verleumdungskampagne gegen den letzten babylonischen König. Wohin auch immer Kyros sich begab, er rief die Hilfe der Lokalgottheiten an, eine Politik, die sich als höchst wirksam erweisen sollte. Ebenso akzeptabel war offensichtlich auch die neue persische Verwaltung. Größtenteils beließ man die örtlichen Beamten in ihren Ämtern, und es wurden in den verschiedenen Provinzen lediglich Statthalter, Satrapen, eingesetzt. Ihre Machtposition war eingeschränkt und bezog sich nur auf die Aufgabe des Schatzmeisters und des Befehlshabers der Garnison in einer jeden Provinzhauptstadt. Sie waren einzig und allein dem persischen König Rechenschaft schuldig. Es war dies ein System, das bereits seit dem 3. Jahrtausend mit Erfolg in Babylon angewandt worden war. Darüber hinaus führte ein königlicher Inspecteur alljährlich seine Visite durch – das sprichwörtliche ›Auge des Königs‹.
Im Jahre 530 fand Kyros in einer Schlacht den Tod. Seine sterblichen Überreste brachte man zurück nach Pasargadae bei Persepolis und setzte sie dort in einer Grabstätte bei, die noch heute erhalten ist. Kambyses II. (529–522), der Nachfolger seines Vaters, fügte Ägypten dem persischen Imperium hinzu, das nun ein Ausmaß besaß, wie es die Welt bis dahin nicht gesehen hatte. Die Verhältnisse in Babylon jedoch konnten alles andere als friedlich genannt werden, nachdem zwei falsche ›Nebukadnezars‹ im Verlauf von lokalbegrenzten Aufständen

92 Siegel der persischen Periode verdeutlichen in Stil und Ornamentik häufig die weitgespannten persischen Kontakte zu Ägypten und zum östlichen Mittelmeerraum. Beim hier abgebildeten Stück durch den Falken und die den Rand zierenden Udjat-Augen, Symbol des ägyptischen Gottes Horus und, bezeichnenderweise, der Königswürde. London, British Museum; Höhe 2,6 cm.

93 Dieser Abdruck eines Zylindersiegels aus Chalcedon zeigt einen König mit einem Löwen und einen Helden mit einem Steinbock. Es ist eine achämenidische Variante der bereits abgebildeten mesopotamischen ›Kampfszene‹ (Abb. 20). British Museum; Höhe 4,8 cm.

94 Stempel-Siegel kannte man schon im prähistorischen Mesopotamien. In der spätbabylonischen und persischen Zeit erlangten sie neue Beliebtheit. Der vorliegende Abdruck stammt von einem achämenidischen Siegel aus Bergkristall. Cambridge, Fitzwilliam Museum; 2,0×1,5 cm.

vorübergehend Anspruch auf den Thron erhoben hatten. Schließlich stellte Darius (521–486) die Ordnung wieder her. Er organisierte das Imperium neu, das nun in 20 Satrapien aufgeteilt wurde, erließ für alle verbindliche Gesetzesvorschriften und überzog das Land mit einem Straßensystem, dessen Erhaltung große Sorgfalt gewidmet wurde. Außerdem befaßte sich Darius mit einem ausgedehnten Bauprogramm, das auch die Errichtung der neuen Hauptstadt in Persepolis einschloß sowie den Bau eines Kanals, der den Nil mit dem Roten Meer verband. In den letzten Jahren seiner Regierung brach der persisch-griechische Krieg aus, in dessen Verlauf die Perser bei Marathon eine empfindliche Niederlage hinnehmen mußten (490).
In Babylon gingen die Menschen weiterhin ungestört dem Handel und dem Gewerbe nach, doch die schnell steigenden Preise und eine zunehmende Einmischung von seiten der Regierung lassen vermuten, daß die wirtschaftlichen Verhältnisse nicht gerade stabil waren. Darius hatte sich angewöhnt, den Winter in Babylon zu verbringen, und als Xerxes zu seinem Erben und Nachfolger ausgerufen worden war, machte der König seinen Sohn zu seinem persönlichen Repräsentanten in der alten Stadt. Es wurde ein neuer Palast gebaut (ein Teil davon, eine Säulenhalle mit Ornamenten aus glasierten Ziegeln, wurde zu Beginn dieses Jahrhunderts ausgegraben), in dem Xerxes residierte. Als Darius starb, akzeptierte Babylon bereitwillig und loyal den neuen König, der so lange Zeit als Kronprinz in der Stadt verbracht hatte.
Xerxes (485–465) unternahm in Erinnerung an seines Vaters erfolglosen Kampf einen erneuten Feldzug nach Griechenland, der in den denkwürdigen Schlachten bei den Thermopylen und vor Salamis (480) gipfelte. Die Babylonier leisteten dabei ihren Beitrag, indem sie Truppenkontingente zur Verfügung stellten und erhöhte Steuerabgaben aufbrachten. Freilich, sie haben dies wohl kaum ganz freiwillig getan, und die Repressalien, die der Großkönig gegenüber Babylon anwandte, hatten die stets wachen und rebellischen Gemüter erhitzt. Der Ablauf der Ereignisse ist im einzelnen nicht ganz geklärt, doch scheint soviel festzustehen, daß in einer raschen Folge von Aufständen zwei örtliche Usurpatoren zu Königen ausgerufen wurden (482). Die klassisch-griechischen Autoren wissen zu berichten, daß Xerxes die rebellische Stadt nach mehrmonatiger Belagerung einnahm, zur Plünderung freigab und ihre Befestigungsanlagen schleifen ließ. Der große Marduktempel und mit ihm andere Kultanlagen wurden bis auf die Grundmauern niedergebrannt und die Mardukstatue als Kriegsbeute nach Susa verschleppt. Xerxes setzte den Babyloniern auf sehr schmerzhafte Weise zu: Die Satrapie wurde aufgelöst und derjenigen von Assyrien einverleibt; die westlichen Landesteile wurden zu einer getrennten Einheit zusammengefaßt. Die großen Besitztümer wurden beschlagnahmt und gingen in persische Hände über, schließlich belegte man das Land hinfort mit grausamen Steuern.
Im Jahre 465 wurde Xerxes ermordet. Sein jüngerer Sohn, Artaxerxes (464–424) trat die Nachfolge an und scheint gegenüber Babylon eine versöhnlichere Haltung eingenommen zu haben. Den Mardukpriestern gab er ihr Amt und auch ihr Land zurück; freilich bleibt zweifelhaft, ob überhaupt zu dieser Zeit noch viel von ihrem Tempel aufrechtstand. Aus der ausführlichen Beschreibung Herodots (um 450) ist

allerdings zu entnehmen, daß die Stadt trotz der rücksichtslosen Behandlung durchaus nicht vollständig zerstört war. Herodot liefert uns auch Hinweise auf die Steuerlast, die im ganzen Reich ihresgleichen suchte. Es heißt, daß pro Jahr 30 Tonnen Silber eingefordert wurden, zusammen mit dem ›Geschenk‹ von 500 Knaben, die zu Eunuchen gemacht wurden. Darin waren aber noch nicht die Versorgung der persischen Truppen enthalten und auch nicht die Aufwendungen für den Unterhalt des Hofes für jeweils vier Monate im Jahr. Die tägliche Silbermenge, die notwendig war, um die Ausgaben für den Haushalt des Statthalters zu decken, soll angeblich groß genug gewesen sein, um ein Gefäß von 13 Gallonen (= 59 Liter) zu füllen. Vier Dörfer waren von der Steuer ausgenommen; dafür mußten sie die Meute von Jagdhunden, die dem Satrapen gehörte, versorgen und betreuen. Das Ergebnis dieser Politik war eine zunehmende Verknappung des Silbers und in deren Folge eine schwere Inflation.

Die Periode nach dem Tode des Artaxerxes I. war in Babylon weiter durch Thronstreitigkeiten und Intrigen gekennzeichnet. Die Entwicklung gipfelte in jenem berühmten Feldzug seines Enkelsohnes Kyros des Jüngeren, der eine Streitmacht von 13000 griechischen Söldnern gegen seinen älteren Bruder Artaxerxes II. führte. Von Kleinasien aus, wo er Satrap war, zog er den Euphrat hinunter. Bei Kunaxa, nicht weit von Babylon, trafen die beiden feindlichen Brüder aufeinander (401). Kyros wurde getötet, als er gerade den Sieg errungen hatte. Der Rückzug der überlebenden 10000 Griechen an das Schwarze Meer hat in der Weltliteratur in der berühmten ›Anabasis‹ des Xenophon ihren Niederschlag gefunden.

Durch den geschickten Einsatz von Gold gelang dann Artaxerxes in Griechenland nahezu dasselbe, was seine Vorgänger durch Gewalt nicht zu erreichen vermocht hatten. Aber gerade als die Welt unter dem von Persien ›verhängten‹ Frieden zur Ruhe zu kommen schien, brachen in den Ländern östlich des Euphrat abermals Revolten aus. Etwa zur gleichen Zeit rüstete sich in Makedonien eine Macht zum politischen Aufstieg, die schon bald ein Imperium schaffen sollte, das dasjenige der persischen Achämeniden an Größe noch übertraf.

Im Jahre 331 macht sich Alexander, inzwischen Herrscher des gesamten östlichen Mittelmeergebietes einschließlich Ägyptens, auf den Weg, um sich gegen die Perser unter Darius III. (335–331) zu beweisen. Mit einem Heer von nur 7000 Reitern und 30000 Mann an Fußtruppen rückt er an und überquert den Euphrat bei Thapsacus auf zwei Pontonbrücken. Darius, in der Annahme, daß Alexander nun dem Lauf des Euphrat bis nach Babylon folgen würde, stationiert seine Truppen am Oberlauf des Tigris, von wo er die makedonischen Versorgungseinheiten anzugreifen gedenkt. Alexander aber überlistet ihn, wendet sich ostwärts und überquert den Tigris ungehindert oberhalb von Ninive. Nun konzentriert Darius seine Truppen bei Gaugamela, dem heutigen Keramlais unweit östlich der assyrischen Hauptstadt. Hier war das Gelände eingeebnet worden, um ein freies Manövrieren der persischen Streitwagen zu ermöglichen. In der folgenden Schlacht aber siegt Alexander. Darius kann sich nur durch schmähliche Flucht retten. So fand mit einem Schlag das größte und wirksamste imperiale Gefüge, das die antike Welt bis dahin gekannt hatte, sein Ende.

Babylon unter makedonischer Herrschaft

Die Bürger von Babylon bereiteten Alexander einen herzlichen Empfang und wurden dafür mit der Erlaubnis belohnt, Esagila wieder aufzubauen. Der neue König beschloß, Babylon zu seiner östlichen Hauptstadt zu machen und blieb dort einen Monat lang, bevor er nach Persepolis aufbrach, um sich dann auf seinen berühmten Zug nach Baktrien und Indien zu begeben. 324 starb in Ekbatana Hephaistion, der große Freund Alexanders. Ihm zu Ehren errichtete man in Babylon einen Scheiterhaufen, dessen Kosten sich auf 10000 Talente beliefen; östlich des Königspalastes wurde sogar ein Teil der Stadtmauern niedergelegt, um genügend Schüttmaterial für die Plattform zu gewinnen.

Überreste dieser Plattform, die an ihrer versengten und rotgebrannten Oberfläche noch zu erkennen waren, wurden von Robert Koldewey bei seinen Ausgrabungen in Babylon am Anfang dieses Jahrhunderts gefunden.

Die Rückkehr Alexanders nach Babylon, im Frühjahr 323, war von einer ganzen Anzahl beunruhigender Vorzeichen begleitet. Eine Stelle in der Alexanderbiographie bei Plutarch berichtet über diese Ereignisse und gibt zugleich Aufschluß über die Konfrontation zwischen griechischem und orientalischem Gedankengut, die ja zu den bedeutenderen Ergebnissen des Alexanderzuges gerechnet werden muß:

Und eines Tages, nachdem er sich entkleidet hatte, um sich einölen zu lassen, und sich dem Ballspiel hingab, gerade als man seine Kleider zurückbringen wollte, da bemerkten die jungen Männer, die mit ihm spielten, einen Mann, angetan mit den Gewändern des Königs, ein Diadem auf dem Kopfe, der schweigend auf seinem Throne saß. Sie fragten ihn, wer er wäre, worauf er eine ganze Weile keine Antwort gab, bis er schließlich zu sich kam; dann sagte er ihnen, sein Name wäre Dionysios, er käme aus Messenia und wäre wegen irgendeines Verbrechens, dessen man ihn angeklagt hätte, hierher verbracht worden. In seiner langen Gefangenschaft sei ihm Serapis erschienen, hätte ihn von seinen Ketten befreit, ihn an diesen Platz geleitet und ihm befohlen, des Königs Gewand und Diadem anzulegen und sich dort hinzusetzen, wo sie ihn gefunden hätten, und nichts zu sagen. Als Alexander dies hörte, ließ er auf Weisung seiner Wahrsager den Mann hinrichten; danach aber war sein Elan dahin, er verlor das Vertrauen in den Schutz und die Hilfe der Götter und begann, seinen Freunden zu mißtrauen.

Es ist ganz eindeutig, daß die jungen Ballspieler unvermutet in das hineingestolpert waren, was zum Ritual eines alten mesopotamischen Aberglaubens gehörte: Der Schein-(Ersatz-)König wurde immer dann inthronisiert, wenn dem echten König den Voraussagen nach Gefahr drohte, ein Brauch, der offenbar auch zu jener Zeit noch sehr lebendig war[31].

Der Wiederaufbau von Esagila hatte noch keine großen Fortschritte gemacht, wurde aber nun ernsthaft in Angriff genommen. Strabon sagt, daß 10000 Arbeiter zwei Monate lang brauchten, um den Schutt beiseitezuräumen; er wurde in der Nähe des Scheiterhaufens für Hephaistion abgeladen und dort auch noch von Koldewey gefunden. Am 2. Juni 323, kurz bevor er zu seinem geplanten arabischen Feldzug aufbrechen wollte, erkrankte Alexander. Er starb am 13. Juni, im Alter von nur 32 Jahren. Babylon, das sich unter seiner Herrschaft schon die frühere Größe zurückgewinnen sah, mußte nun unter seinen miteinander im Streit liegenden Nachfolgern leiden. Die Auseinandersetzungen zwischen den Feldherren Alexanders, den Diadochen (›Nachfolger‹), führten dann schließlich zur Gründung von zwei neuen Reichen, dem der Ptolemäer in Ägypten und dem der Seleukiden in Vorderasien. Nur äußerst bruchstückhaft sind die Ereignisse dieser Jahre in einer babylonischen Chronik wiedergegeben, und es finden sich darin unter anderem auch Hinweise auf »Weinen und Trauern im Land« und auf die »Plünderung der Stadt und des Landes«. Im Jahre 312 eroberte Seleukos, ehemals Satrap von Babylon, die Herrschaft über die Provinz Asia; er kehrte nach Babylon zurück und bemächtigte sich der Zitadelle, und obwohl das Schicksal Babylons auch weiterhin umstritten bleiben sollte, hat Seleukos die Ereignisse dieses Jahres offenbar als entscheidende Wende zugunsten seines Machtanspruches betrachtet. Seine ›offizielle Regierungszeit‹ beginnt mit dem Herbst desselben Jahres; dieses Datum bezeichnete auch künftig den Anfang der Seleukidenära und ist der feste Ausgangspunkt eines noch heutzutage im westlichen Asien gebräuchlichen Systems der Zeitrechnung. Seine Nachfolger setzten seine Herrschaft in Syrien fort, bis Pompeius dieses Land 64 v. Chr. zu einer römischen Provinz machte.

Das hellenistische Babylon

Die Zeit war an Babylon nicht spurlos vorübergegangen; vielmehr hatten Xerxes und später auch die Feldherrn Alexanders in ihren Auseinandersetzungen um die Vormachtstellung der Stadt schwere Zerstörungen zugefügt. Der siegreiche Seleukos fällte nun eine Entscheidung, die von weitreichender Bedeutung sein sollte. Auf der Suche nach einer neuen Stadt, die er zu gründen gedachte, fiel seine Wahl auf Seleukia am Tigris, etwa 90 km nördlich von Babylon. Besiedelt wenigstens seit neubabylonischer und achämenidischer Zeit, wird dieser Ort von manchen für den alten Hafen von Opis gehalten. Es ist möglich, daß dieser Entschluß einfach aus dem Bemühen entsprang, den obdachlos gewordenen Einwohnern Babylons wieder zu einer Bleibe zu verhelfen; doch mag Seleukos sich ebenso von wirtschaftlichen Erwägungen haben leiten lassen, denn der Tigris bot zu dieser Zeit einen weitaus besseren Zugang zum Persischen Golf und somit nach Indien als der Euphrat. Und obwohl diese Stadtgründung sehr wahrscheinlich nicht etwa ein ausgeklügelter Schachzug war, um das Ansehen Babylons zu schmälern, hatte es doch diesen Effekt, und die Babylonier dürften die zunehmende Vernachlässigung und Isolierung ihrer einst so bedeutenden Hauptstadt kaum mit Begeisterung hingenommen haben.

Unter Seleukos' Nachfolger, Antiochos I. (281–261), wurde Seleukia dann offiziell als Königsstadt anerkannt (um 275), und die Bürger Babylons erhielten die Order, hierher überzusiedeln. Diese beiden Dekrete bedeuteten letztlich das Ende der bürgerlichen Existenz Babylons. Zur gleichen Zeit ordnete Antiochos den Wiederaufbau von

95 Viele Gegenstände aus der hellenistischen und parthischen Zeit kamen aus den oberen Schichten zutage, als man den Merkes, das zentrale Wohnquartier in Babylon, ausgrub. Unter ihnen befand sich dieses grün glasierte Rhython oder Trinkhorn, in Gestalt eines Kalbskopfes. Berlin, Vorderasiatisches Museum; Länge 36 cm.

Esagila an. Auf diese Weise erhielten die Babylonier ihr Kultzentrum zurück und damit einen Sammelplatz, der bis in das 1. vorchristliche Jahrhundert Bestand haben sollte. Leider lassen sich die Motive des Antiochos für dieses Vorgehen nicht eindeutig ausmachen: Vielleicht handelte es sich um eine Art Wiedergutmachung, vielleicht besaß er wirkliches Geschichtsbewußtsein, vielleicht aber auch konnte es sich einfach kein babylonischer Herrscher leisten, den Gott Marduk nicht zu respektieren. Ebenso wurde in Borsippa Ezida, der Tempel des zweiten großen babylonischen Gottes Nabu, wieder aufgerichtet. Antiochos, der eigens von Syrien herkam, vollzog das altehrwürdige Ritual der Ausformung des ersten Ziegels[32].

Um diese Zeit scheint auch das Interesse an keilschriftlichen Texten wieder erwacht zu sein. Man weiß, daß die Bibliothek von Esagila ausführliche historische Aufzeichnungen besaß, und es scheint, daß diese Texte immer wieder kopiert und studiert wurden. Auch haben wir Anhaltspunkte für das besondere Interesse der Schreiber an der Astronomie und der Astrologie. Möglicherweise konnten sich diese Bemühungen der ausdrücklichen Förderung durch Antiochos erfreuen; jedenfalls steht fest, daß Berossos, der Priester am Marduktempel war, sein Geschichtswerk dem seleukidischen Monarchen widmete. In diesem berühmten, auf Griechisch abgefaßten Buch, ist die Geschichte Babylons über den Zeitraum von vor der Sintflut bis zu Alexander aufgezeichnet; unglücklicherweise liegt es uns nur in Bruchstücken vor, die von Josephus, Eusebius und anderen Autoren überliefert wurden. Auf seine Aktivitäten in Babylon scheint Antiochos stolz gewesen zu sein, benutzte er doch unter seinen Titeln auch die Ehrennamen ›König von Babylon‹ und ›Wiedererbauer von Esagila‹.

Antiochos II. (261–246) und Seleukos II. (246–225) setzten die Bemühungen ihres Vorgängers fort, sich das Wohlwollen der Babylonier zu

96 Das griechische Theater in Babylon, ursprünglich in der Zeit Alexanders des Großen erbaut oder nicht lange danach, wurde unter seinen seleukidischen Nachfolgern erneuert. Die Ansicht von Norden zeigt das Theater nach der Ausgrabung (im Hintergrund die Palästra). Inzwischen ist das Theater vom Directorate-General of Antiquities, Bagdad, restauriert worden.

erhalten. 237 überschrieb Seleukos II. Babylon, Borsippa und Kutha große Schenkungen an Landbesitz und anderen Werten. Esagila ist in der Urkunde eigens erwähnt, womit betont wird, daß diese Schenkung auf ewig zum Tempelbesitz bestimmt war[33]. Die Tatsache, daß das Dokument unter Antiochos IV. Epiphanes im Jahre 173 noch einmal kopiert wurde, läßt den Schluß zu, daß auf der einen Seite der Seleukidenherrscher dessen noch immer bestehende Gültigkeit deutlich machen wollte und daß auf der anderen Seite Esagila das Kultzentrum Babyloniens geblieben war. Unter diesem späteren Antiochos kam es auch zur Gründung einer griechischen Kolonie in Babylon, und es wurde der Versuch unternommen, die Stadt zu hellenisieren, ja vielleicht, sie zu einer neuen Hauptstadt zu machen[34]. Als einzige unter all den seleukidischen Gründungen behielt diese Stadt ihren angestammten Namen. Keilschriftliche Texte grüßen Antiochos als ›Gründer der Stadt‹ und ›Retter Asiens‹. Es hat den Anschein, als ob Babylon unter seiner kurzen Herrschaft zu neuem Wohlstand gelangte. Man baute ein Theater (Abb. 96) und ein Gymnasium, und es wurden Gesetze zur Regelung geschäftlicher Transaktionen und zur Stabilisierung der Währung erlassen.

Die Herausforderung der seleukidischen Macht kam aus dem Osten. Um 256 war in Turkestan von einem gewissen Arsakes ein neuer iranischer Staat gegründet worden. Dieser hatte sich nach Parthien (südöstlich des Kaspischen Meeres) ausgedehnt und drängte nun Schritt für Schritt weiter nach Westen, was notwendigerweise zu Konflikten mit seinen seleukidischen Nachbarn führen mußte. Zwischen 161 und 122 spielte sich der Kampf auf mesopotamischem Boden ab, und Babylon sah die Herrscher kommen und gehen, wobei jeder Wechsel seine Spuren in Form neuer Zerstörungen hinterließ. So muß die Stadt eine traurige Ruinenlandschaft gewesen sein, als schließlich Mithradates um 122 dort eine Residenz des Partherreiches errichtete. Wir erfahren aus einem Text, der in die späte Phase der Seleukidenherrschaft datiert, daß das Heiligtum Esagila seine Funktion als Kultzentrum behalten hatte. So lesen wir über den Tempel, seinen Verwalter und sein Priesterseminar, ›die Anu-Enlil-Priesterschaft‹; überraschenderweise wird nun allerdings Marduk nicht mehr erwähnt[35]. In einem weiteren Text aus dem Jahre 93 v. Chr. ist vermerkt, daß auch noch in dieser späten Zeit Teile der Anlage von Esagila zu kultischen Handlungen benutzt wurden[36]. Danach versiegen alle originalen keilschriftlichen Quellen, soweit sie sich auf die Stadt und ihren Tempel beziehen.

Wohl aber fahren klassische Schriftsteller fort, ein Bild von der Verödung Babylons zu zeichnen. Freilich, ihre Schilderungen decken sich nicht in allen Teilen, so dachten sie etwa, daß die Stadt Ninive seit dem Jahre 612 v. Chr. nur noch aus Ruinen bestünde, während wir heute wissen, daß dieser Ort sowohl in seleukidischer als auch in parthischer Zeit eine beachtliche und lebendige Stadt gewesen sein muß. In Babylon wurden, in der Nähe von Esagila, Reste eines großen parthischen Gebäudes mit Säulenhallen gefunden, und auch das Theater ist in dieser Zeit offenbar wieder aufgebaut und vergrößert worden. Um 24 n. Chr. gründeten dann Kaufleute aus der Karawanenstadt Palmyra dort eine Handelskolonie, die allerdings schon ein halbes Jahrhundert später an einen neuen Siedlungsplatz am Tigris auf der anderen Flußseite Seleukia gegenüber verlegt wurde. Und mit diesem Auszug scheint Babylon nun endgültig aufgegeben worden zu sein.

Nach einer nahezu 2000jährigen Geschichte als kulturelles und politisches Zentrum der Alten Welt war von der Stadt kaum mehr übrig, als ihr Ruhm und ihre weitläufigen Befestigungsmauern. Die babylonische Keilschrift hielt sich bis in das 1. nachchristliche Jahrhundert, wenn auch nur als Wissenschaftssprache im Bereich von Mathematik und Astronomie. Der späteste solcher Texte stammt aus Babylon und datiert in das Jahr 75 n. Chr.[37]. Diodorus Siculus, der uns als römischer Schriftsteller aus Sizilien aus dem späten 1. Jahrhundert v. Chr. bekannt ist, weiß über Esagila ebenso wie über die Königspaläste und andere Gebäude nur noch als Ruinen zu berichten (II 9); einzig ein kleiner Bezirk der Stadt war bewohnt, wohingegen der größere Teil des Areals innerhalb der Stadtmauern unter den Pflug genommen worden war. Auch Strabon beschreibt Babylon im Jahre 24 v. Chr. als größtenteils wüst und leer. Nur die Mauern seien erhalten, Zeugen der einstmaligen Größe der Stadt. Er zählt sie unter die sieben Weltwunder (XVI 5). Der römische Flottenoffizier, Naturforscher und Universalhistoriker Plinius der Ältere jedoch vermutete im 1. Jahrhundert n. Chr., daß Esagila noch existiere (VI 30). Der römische Kaiser Trajan überwinterte während seines Feldzugs gegen die Parther im Jahre 116 n. Chr. in Babylon. Auch er fand nichts außer Ruinen, doch mit seinem Gespür für geschichtliche Größe brachte er in dem Raum, in dem Alexander der Große gestorben war, ein Opfer dar. In einem von Lukian im 2. nachchristlichen Jahrhundert verfaßten Dialog, in dem immer wieder die Vergeblichkeit menschlichen Strebens herausgestellt wird, heißt es, Ninive sei dahingegangen, ohne Spuren zu hinterlassen,

und bald schon werde man vergeblich nach Babylon suchen (XII 23): »Was willst du, Freund, was Ninive betrifft, so ist es dahingegangen vor langer Zeit und hat keine Spuren hinterlassen; es gibt keine Nachricht, wo es wohl gelegen habe.«
Die Lage Ninives, an dessen Stelle sich heute Mossul befindet, ist jedoch in Wirklichkeit niemals in Vergessenheit geraten, und nur mit Babylon sollte Lukian Recht behalten; nach einer Erwähnung bei Zosimus, anläßlich eines Hinweises auf den Angriff des Septimius Severus auf Ktesiphon bleibt die Stadt bis in das 17. Jahrhundert hinein vergessen, und noch bis in das 19. Jahrhundert wurden die Zikkurats von Birs Nimrud (Borsippa) und Aqar Quf (Dur-Kurigalzu) als der Turm von Babel mißverstanden. Der Name freilich überlebte im Flurnamen *Tell Babil,* womit man den nördlichen Hügel der Stadt bezeichnete, und das Gebiet der einstigen Stadt wurde von den Bewohnern der Umgebung *ardh Babil,* d. h. Boden oder Land von Babylon, genannt. Und auch heute, trotz der Restaurierung seiner größeren Gebäude, bleibt die Verwüstung der Stadt endgültig; einst das Zentrum der Welt, dient die Stadt heute als ergreifende Mahnung an die Unbeständigkeit des Lebens, und entlang des einst so geschäftigen Flusses bietet sie nun ruhige Plätze für das Picknick der Touristen.

Babylon als Grabungsstätte

»Ist das nicht das große Babel, das ich durch meine gewaltige Macht und zum Ruhme meiner Majestät als Herrschersitz gebaut habe?« (Daniel 4,27)

Das Babylon, das sich heute dem Auge des Besuchers darbietet, ist weitgehend ›das große Babylon‹, das Werk der neubabylonischen Könige Nabupolassar und Nebukadnezar. Wohl haben verschiedene Monarchen aus den Dynastien der Achämeniden und Seleukiden Gebäude in der Stadt restauriert und wieder aufgerichtet, die zerstört waren, doch von ihren eigenen Baudenkmälern ist weit weniger erhalten als von denen des Nebukadnezar, in dessen Regierungszeit Babylon eben die bauliche Bedeutung erlangte, derentwegen es ›groß‹ genannt wird. Aus den keilschriftlichen Quellen erfahren wir verhältnismäßig wenig über das Aussehen der antiken Stadt, immerhin aber besitzen wir das Zeugnis einer Reihe von klassischen Schriftstellern[38]. Hier ist vor allem Herodot zu nennen, der zwar vermutlich selbst die Stadt nie besucht hat, sich jedoch offensichtlich auf Berichte von Augenzeugen stützen konnte, sowie Ktesias, Arzt des Artaxerxes II. Memnon, der in der Schlacht bei Kunaxa dabei war, wo er das Leben des persischen Großkönigs gerettet haben soll. Unglücklicherweise sind seine Schriften heute verloren, doch sind sie von späteren Autoren, so unter anderem von Diodorus Siculus und Plutarch ausgiebig als Quelle benutzt worden und lassen sich teilweise dadurch rekonstruieren. Unsere unmittelbaren Kenntnisse über Babylon aber besitzen wir aufgrund der Grabungsergebnisse, die Robert Koldewey in den Jahren zwischen 1899 und 1917 dort erzielte (Abb. 97), finanziert von und im Auftrag der Deutschen Orient-Gesellschaft. Seit 1958 hat die Generaldirektion der Altertümer des Irak weitere archäologische Forschungen

unternommen und insbesondere für die Restaurierung der Ruinen Beachtliches geleistet. Während dieser Zeit haben auch der verstorbene Professor Heinrich Lenzen und Dr. Jürgen Schmidt vom Deutschen Archäologischen Institut dort eine Reihe kürzerer Grabungskampagnen geleitet[39].

Die Ruinen Babylons umfassen ein Areal von etwa 850 ha und stellen damit den größten antiken Siedlungsplatz in Mesopotamien dar (Abb. 98). Ninive dagegen deckt eine Fläche von nur etwa 750 ha, und Ur umfaßt gar nur 55 ha. Die Ausgrabung einer Stadt vom Umfang und von der Komplexität Babylons stellt den Archäologen vor schier unüberwindliche Probleme. Koldewey arbeitete das ganze Jahr über dort, wobei allein schon der Aufenthalt bei Sommertemperaturen von häufig 50° C im Schatten eine mehr als schweißtreibende Strapaze ist. Nach 13 Jahren Tätigkeit als Ausgräber schrieb er im Vorwort zu der meisterhaften Zusammenfassung seiner Grabungsergebnisse ›Das wiedererstandene Babylon‹, daß er der Überzeugung sei, nur erst die Hälfte der notwendigen Arbeiten erledigt zu haben[40]. So war er weit davon entfernt, seine geplanten Grabungsprojekte beendet zu haben, als ihn im März 1917 die Ankunft des britischen Expeditionscorps unter General Maude zwang, seine Ausgrabungen von einem Tag zum anderen abzubrechen.

97 Diese Fotografie wurde am 1. April 1902 aufgenommen, dem ersten Tage der Ausgrabung des Ischtar-Tores in Babylon. Der sichtbare Teil befindet sich auf der Ostseite des zweiten Eingangs des äußeren Tores und liegt genau unter dem gepflasterten Niveau des spätesten (glasierten) Tores. Nur die obersten Ziegel sind glasiert; der Stier ist das am höchsten gelegene, erhaltene Tier, das den frühen Bau aus unglasierten Ziegeln schmückt.

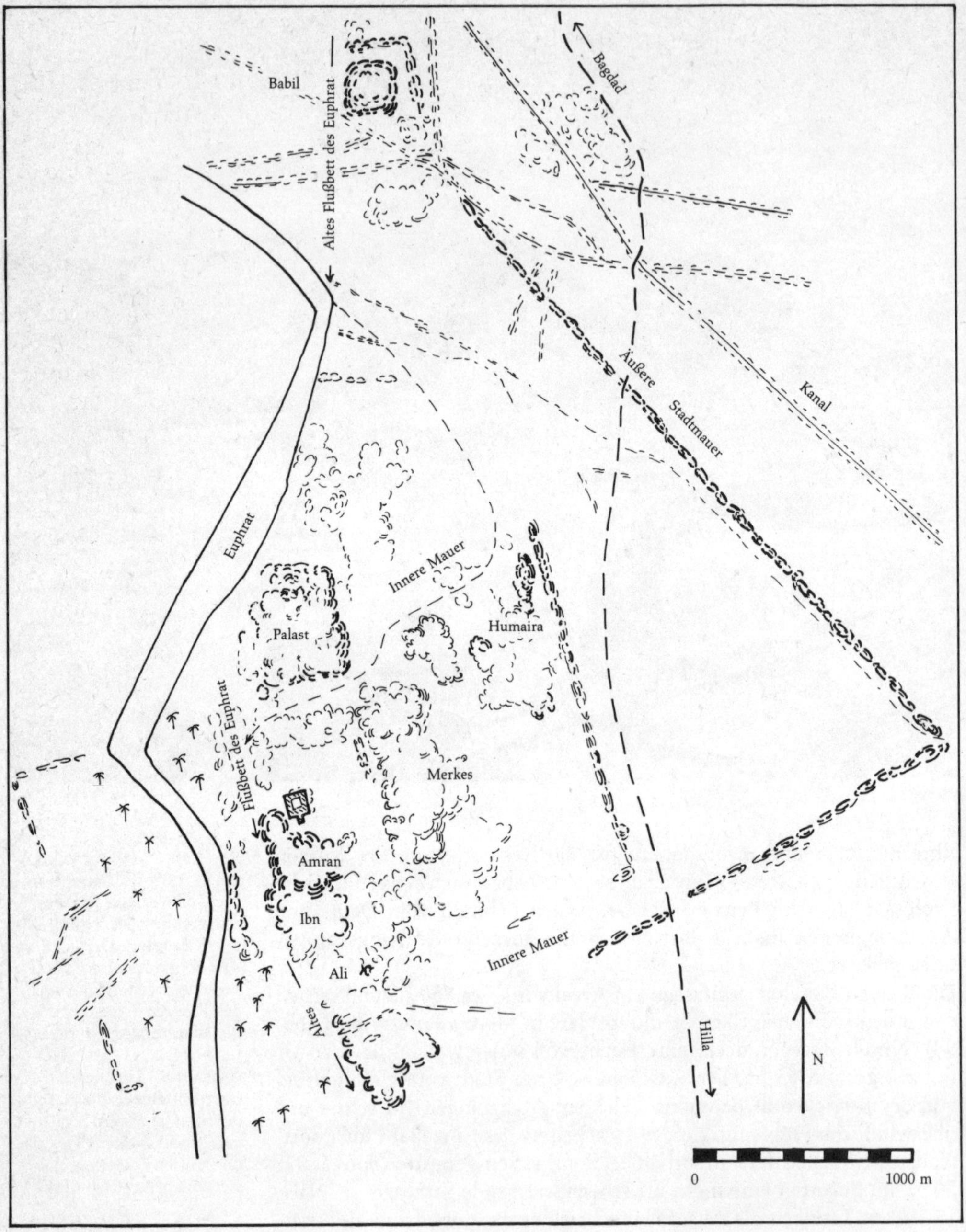

98 Kartenskizze von Babylon vor der Ausgrabung. Nach Wetzel. Der Umriß der Zikkurat, des ›Turmes von Babel‹ läßt sich (oberhalb von Amran) deutlich ausmachen. Er bezeichnet den ursprünglichen Umfang des Bauwerks. Die schönen, gebrannten Ziegel der Verkleidung wurden zum Zwecke der Wiederverwendung entfernt, zurück blieb in der Mitte ein unbedeutender Lehmziegelstumpf.

99 Die Luftaufnahme, aus ca. 2000 m Höhe aufgenommen, zeigt annähernd dasselbe Areal.

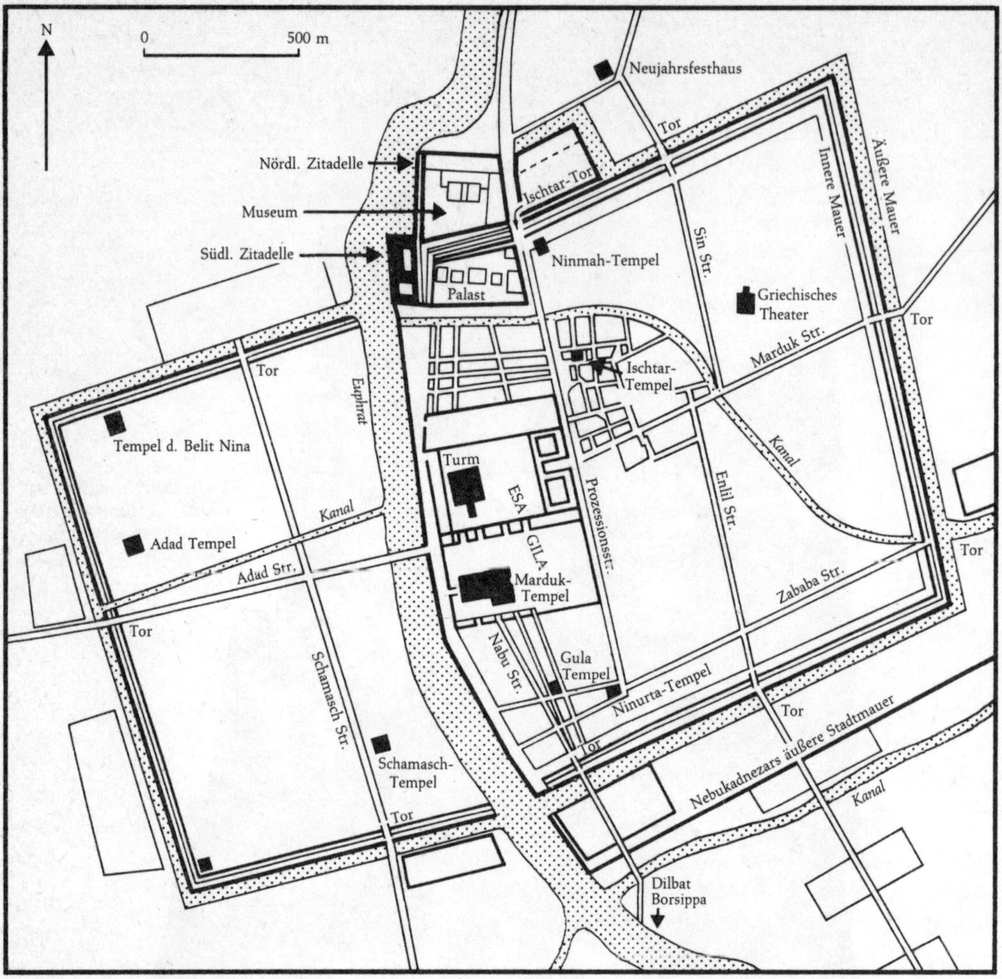

100 Schematischer Plan der Innenstadt von Babylon in der spätbabylonischen Periode. Die Ausgrabungen konzentrierten sich weitgehend auf den westlichen Teil der Altstadt, östlich des Euphrat. Nach Unger.

Die Luftaufnahme (Abb. 99) zeigt in einer Übersicht das Weichbild der Stadt mit Tell Babil, dem Sommerpalast Nebukadnezars, in der äußersten Nordwestecke; die Zitadelle und der Palastbezirk sind deutlich in der Mitte des Bildes auszumachen. Zur Zeit Nebukadnezars floß der Euphrat östlich von seinem heutigen Lauf und teilte die Innenstadt in zwei Teile (Abb. 100). Die Ausgrabungen waren hauptsächlich auf den älteren östlichen Sektor konzentriert, wo die meisten wichtigen Gebäude standen, und so wissen wir wenig über denjenigen Bezirk, der früher westlich des Euphrat lag und heute teilweise unter das Flußbett geraten ist. In der Ära der Achämeniden hatte der Fluß schon einmal seinen Lauf geändert und floß damals weiter östlich um die Zitadelle herum, was nicht nur die Gestalt der Stadt veränderte, sondern schließlich auch für ihr Schicksal entscheidend war (vgl. oben den Bericht über die Einnahme der Stadt durch die Perser). In seleukidischer und parthischer Zeit hatte man begonnen, die ausgezeichnet gebrannten Ziegel

aus den neubabylonischen königlichen Bauten abzubauen und für neue Bauprojekte wieder zu verwenden. Seither ist die Stadt immer wieder als ›Ziegel-Steinbruch‹ mißbraucht worden, und erst in unseren Tagen konnte dieses Werk der ständigen Zerstörung dank sorgfältiger Aufsicht durch die örtliche Altertümerverwaltung gestoppt werden.
Zwei Mauern umschlossen die Stadt. Auf der Fotografie lassen sich am östlichen Rand Spuren der sogenannten inneren Stadtmauer ausmachen. Diese großzügige Verteidigungsanlage wurde von Nabupolassar geplant und begonnen und von seinem Sohn Nebukadnezar vollendet. Von den ursprünglichen Stadtmauern des Sumu-abum und auch von denen des kassitischen Babylon haben die Ausgräber keine Spuren finden können. Die sogenannte äußere Stadtmauer, die die innere Stadtmauer und den Sommerpalast im Norden der Stadt einschloß, beschränkte sich nur auf das östliche Flußufer. Nebukadnezar berichtet:
»Um die Verteidigungsanlagen von Esagila zu stärken, damit das Übel und das Böse Babylon nicht bedränge, errichtete ich, was kein König vor mir getan hatte, an der Peripherie Babylons nach Osten eine große Mauer. Ihren Graben grub ich, und ihre innere Grabenmauer baute ich mit Mörtel und Ziegeln turmhoch. An den Seiten von Babylon häufte ich rundum große Erdwälle auf. Mächtige Fluten zerstörerischen Wassers, wie die großen Wogen des Meeres, ließ ich um sie herum fließen; und mit Sumpf umgab ich sie[41]*.«*

Diese äußere Mauer setzte sich tatsächlich aus drei voneinander getrennten Mauerzügen zusammen: der innere, etwa 7 m breit, bestand aus luftgetrockneten Lehmziegeln; 12 m von diesem entfernt befand sich eine weitere, etwas dickere Mauer aus gebrannten Ziegeln, und außerhalb dieser und an sie angelehnt eine weitere, dritte Backsteinmauer, etwa 3 m stark, welche die Eskarpe eines wohl an die 100 m breiten Grabens bildete. Auf der inneren Mauer befanden sich rittlings und in regelmäßigen Abständen nach innen vorspringende Türme (sogenannte ›Kavalierstürme‹), und ähnliche Türme müssen auch die äußere Einfriedung zusätzlich geschützt haben, doch sind von diesen keine Überreste erhalten. Der Raum zwischen den Mauern war mit Schotter aufgefüllt, vermutlich als Grundlage für eine geschützte Straße, breit genug, um die von Herodot erwähnten »vierspännigen Wagen die Ronde fahren zu lassen«. Die Länge dieser östlichen Anlage beträgt über 18 km. Es verblüfft, daß ausgerechnet die am wenigsten haltbare innere Mauer die Zeiten überlebt hat, und sie ist es, die man auch heute sieht. Die Backsteine der äußeren Mauer aber, von ganz ausgezeichneter Qualität, wie auch sonst überall an diesem Platz, sind schon vor langer Zeit geraubt worden.
Die innere Verteidigungsanlage bestand aus zwei Lehmziegel-Mauern, deren innere, etwa 6,5 m stark, *Imgur-Enlil* genannt wurde, während der äußere, etwas unter 4 m dicke Mauerzug *Nimitti-Enlil* hieß (Abb. 100). Der Raum zwischen beiden Mauerzügen war knapp über 7 m breit, offenbar nicht aufgefüllt und diente als Militärstraße. Eine Berme (Erdböschung) von 20 m Breite trennte die äußere Mauer von der in Backstein ausgeführten Eskarpe des inneren Grabens mit einem Querschnitt von etwa 50 m. Dieser war an beiden Enden mit dem Euphrat verbunden. Nebukadnezar fügt in seinem Bericht hinzu:

»Um keinem plündernden Räuber den Zugang zu diesem Wasserkanal möglich zu machen, schloß ich den Flußzugang mit glänzenden Eisengittern, in Gitter von Eisen setzte ich sie ein und befestigte sie mit Angeln. Die Verteidigungsanlagen von Esagila und Babylon verstärkte ich und sicherte meiner Herrschaft fortdauernden Ruhm[41]*.«*

Zur Uferbefestigung hatte man den Fluß entlang Steinmauern gesetzt, von denen in bestimmten Abständen Stufen zu den Landungsstegen hinabführten. Erst zur Zeit des Nabonid errichtete man hier, an der schwächsten Stelle in Babylons Verteidigungssystem, Befestigungsmauern. In den Türmen und Kurtinen dieser Flußmauer befanden sich Tordurchlässe, die sich zum Uferkai hin öffneten. Damit aber war der auf dem Westufer gelegene Vorort vom ›Großen Babylon‹ ausgeschlossen. Dieses läßt sich nunmehr beschreiben als eine dreieckige, befestigte Insel mit einem Umfang von etwa 12–13 km. Ungefähr ein Drittel ihres Areals füllte die innere Festung mit ihren überaus starken Verteidigungsanlagen, die die alte Stadt mit dem Königspalast, den Marduktempel und einen Wohnbezirk von immer noch ansehnlicher Größe einschloß.

Die Paläste

Die hauptsächlichen Paläste zur Zeit Nebukadnezars waren der sogenannte Nördliche Palast, der Südliche Palast (von Koldewey Nordburg und Südburg genannt) und der Sommerpalast; letzterer lag auf dem Hügel an der nördlichen Stadtgrenze, und nur für ihn hat sich der ursprüngliche Name erhalten. Außer den gewaltigen Substruktionen, die immerhin noch bis zu einer Höhe von 18 m anstehen, ist vom Sommerpalast kaum etwas erhalten. Seinen Namen erhielt er wegen der senkrechten Lüftungsschächte – von einem Typus, der auch heute noch zur Kühlung der Häuser im Orient benutzt wird. Der Palast wurde, so wie er sich uns erhalten hat, von Nebukadnezar gebaut. Er erfuhr eine Umgestaltung und Erweiterung in der Zeit der Perser und Seleukiden. Der Hauptpalast von Babylon war der Südliche Palast (Abb. 101). Unter Nebukadnezar und wahrscheinlich auch unter den persischen Königen, die ihn häufig als Winterresidenz benutzten, enthielt er fünf große Höfe, die von einer Vielzahl verschiedener Räume umgeben waren. Der Eingang lag im Osten und öffnete sich auf den ersten kleinen Hof. Ganz in der Nähe befanden sich die Räume, in denen die Palastwache und andere Mitglieder des königlichen Haushalts untergebracht waren; zeitweilig muß hier auch eine Werkstatt für Alabastervasen gelegen haben. Von diesem Hof aus gelangte man in einen zweiten, der wahrscheinlich den Verwaltungsbeamten vorbehalten war. An dessen östlicher Seite wiederum führte ein monumentaler Torbau in den dritten und wichtigsten Hof mit einer Ausdehnung von 60×55 m. Hier befand sich an der südlichen Hofseite der Thronsaal des Königs. Es fällt nicht schwer, sich in diesem Saal das Fest des Belsazar vorzustellen, und ebenso läßt sich denken, daß in diesem Raume Alexander der Große starb. Die Fassade des Hofes war einst üppig und in der für die spätbabylonische Palast-Architektur charakteristischen

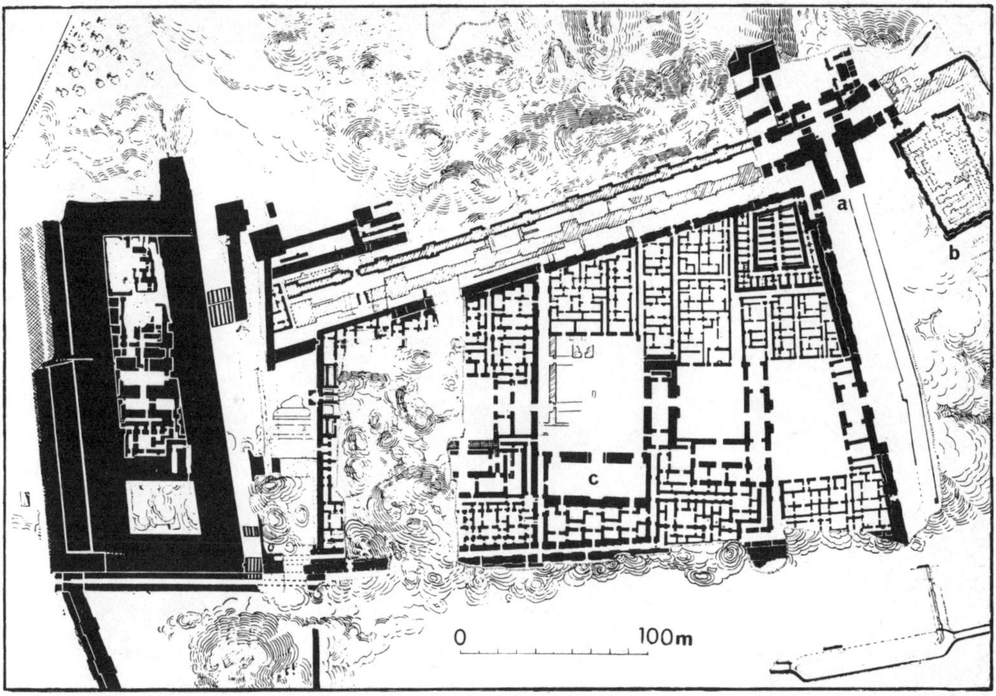

101 Der Haupt-Palast von Babylon, auch der Südliche Palast genannt, liegt zwischen der Prozessionsstraße im Osten, wo auch sein Eingang ist, und der mit einer dicken Mauer umgebenen Zitadelle im Westen. Angrenzend an das Ischtar-Tor (a), im Norden des Palastes ein Teil der inneren Stadtmauer. Nebukadnezars Thron-Saal (c) ist an der Südseite des dritten Hofes zu sehen. Man betrat ihn durch ein monumentales Tor im Osten. Östlich der Prozessionsstraße liegt *E-mah*, der Ninmah-Tempel (b). Nach Koldewey.

Weise mit vielfarbigen glasierten Ziegeln geschmückt (Abb. 102). Im Westen schloß sich der ursprüngliche Palast des Nabupolassar an, der in späterer Zeit vermutlich als Bedienstetenflügel diente. Hinter diesem errichtete Nebukadnezar eine mächtige Zitadelle mit Mauern von 25 m Stärke, die besonders sorgfältig konstruiert waren, um die Feuchtigkeit des angrenzenden Flusses fernzuhalten.

An der äußersten Nordostecke des großen Südlichen Palastes fanden die Ausgräber eine unterirdische ›Krypta‹, die aus einer Folge von 14 überwölbten Räumen besteht und von einer unerwartet dicken Mauer umgeben ist. Die Räume hatten zweifellos eine gewaltige Last aufzufangen. Diese massive Konstruktion ist ganz und gar ungewöhnlich, und zu diesem sonderbaren Befund gesellt sich noch ein weiterer, der ebenfalls bis dahin im alten Babylon nicht beobachtet worden war: ein bohnenartiges Gebilde mit drei nebeneinanderliegenden Schächten. Robert Koldewey hat hier an ein Endlos-Schöpfwerk gedacht »im Sinne unserer Paternosterwerke, bei dem sich die wie eine Kette aufgereihten Schöpfgefäße über einem Rad drehen, das auf dem Brunnen angebracht ist«. Dieser merkwürdige Befund brachte den Ausgräber zu der Annahme, er sei hier auf die Überreste der so berühmten ›Hängenden Gärten von Babylon‹ gestoßen, die von den klassischen Schriftstellern zusammen mit den Mauern Babylons zu den sieben Weltwundern gezählt wurden. Es muß hier jedoch zur Einschränkung erwähnt werden, daß an diesem Ort auch die Listen mit den Verpflegungsrationen für die in Babylon im Exil lebenden Juden gefunden wurden[42]. Und der Bauplan der Anlage selbst läßt eher vermuten, daß es sich bei diesem höchst

102 Rekonstruktion des aus glasierten Ziegeln bestehenden Frieses aus dem Thron-Saal Nebukadnezars (vergl. Abb. 101, c). Der Hintergrund ist in dunkelblau gehalten, die Säulen und Löwen erscheinen in Weiß, Blau und Rot, was zu Grün verwittert ist (vergl. auch MDOG 99, 1968). Berlin, Vorderasiatisches Museum; Höhe 12,40 m.

eigenartigen Bauwerk um ein Magazin gehandelt hat, in dem auch Räume für die Magazinverwaltung untergebracht waren. Die Überlieferung der klassischen Schriftsteller verbindet die berühmten Gärten mit Semiramis, während Berossos dieselben dem Nebukadnezar zuschreibt, von dem es heißt, er habe sie für seine medische Gemahlin Amyitis anlegen lassen, um sie an ihr gebirgiges Heimatland zu erinnern.

In seinen letzten Regierungsjahren baute Nebukadnezar genau im Norden seiner Residenz einen zweiten Palast. Der Graben zwischen den beiden Palästen bzw. Zitadellen wurde aufgefüllt, und gleichzeitig errichtete man eine massive Bastion, um über der Straße nach Osten ein zusätzliches Verteidigungswerk zur Verfügung zu haben. Dieser Nördliche Palast ist noch nicht vollständig ausgegraben worden. In seinen Ruinen fand man eine große Anzahl von ›Antiquitäten‹, und offenbar unterhielten Nebukadnezar und seine Nachfolger an dieser Stelle ein Museum. Zu den herausragenden Fundstücken gehört der

berühmte Löwe von Babylon (Abb. 103), Statuen von Statthaltern aus Mari, Stelen von Assurbanipal (Abb. 82) und seinem Zwillingsbruder Schamasch-schuma-ukin, eine aus dem 8. Jahrhundert stammende Stele eines Statthalters von Mari mit Namen Schamasch-rescha-usur, der die Honigbienenzucht in Mesopotamien eingeführt haben soll (Abb. 133), die Basaltstele eines hethitischen Wettergottes und zahllose andere Fragmente und Inschriften aus der Vergangenheit, bis hinauf zur 3. Dynastie von Ur (2112–2004); eine Reihe von ebenfalls dort gefundenen Tontafeln spricht dafür, daß sich hier auch eine königliche Bibliothek befand. Seitdem an dieser Stelle auch eine Stele des persischen Großkönigs Darius entdeckt wurde, wissen wir, daß das Museum sogar in persischer Zeit weiterbestand.

Unmittelbar nördlich dieses Palastes lag eine weitere große Verteidigungsanlage, deren äußere Bastion durch mächtige Kalksteinblöcke verstärkt war. Vor ihnen verlief nun der Wassergraben.

Das Ausmaß all dieser Konstruktionen ist wahrhaft grandios und läßt sich allein vom Plan her kaum vorstellen. Nur Vergleiche können helfen: Die große, von zyklopischen Mauern umgebene Akropolis von Tiryns in Griechenland fände bequem innerhalb des Südlichen Palastes Platz, und der Thronsaal Nebukadnezars (52×17 m) läßt sich im Hinblick auf seine Größe ohne weiteres mit dem Spiegelsaal in Versailles (73×10,4 m) vergleichen.

103 Das wohl berühmteste Wahrzeichen Babylons ist diese nicht fertiggestellte Basaltfigur eines Löwen, der auf einem unter ihm liegenden Menschen steht. Dorfbewohner fanden sie 1776 in den Ruinen des Nördlichen Palastes, wo sie im königlichen Museum der spätbabylonischen Zeit Aufstellung gefunden hatte. 1784 wurde sie von Joseph de Beauchamp wieder ausgegraben. Bei dieser Gelegenheit wurden erstmalig in Mesopotamien einheimische Arbeiter und ein einheimischer Vorarbeiter (aus Hilla) bei einer archäologischen Ausgrabung beschäftigt. Länge des Löwen 2,60 m.

104 Die Prozessionsstraße, die von Norden auf das Ischtar-Tor zuführt, war von hohen Verteidigungsmauern gesäumt (vergl. Abb. 112). Ihre Innenwände waren mit glasierten Ziegeln verkleidet, die von in Relief ausgeführten Löwen geschmückt waren. Die Löwen sind vor blauem Grund entweder weiß mit gelben Mähnen oder gelb mit roten Mähnen, nun zu grün verwittert. Das abgebildete Stück befindet sich heute in New York, im Metropolitan Museum of Art. Höhe 1,05 m.

Die Prozessionsstraße und das Ischtar-Tor

Die Innenstadt war hervorragend geplant; die Hauptstraßen verliefen alle entweder parallel zum Fluß oder im rechten Winkel dazu und endeten stets an großen Bronzetoren in der Stadtmauer. Ein keilschriftlicher Text, der die Topographie Babylons beschreibt – er stammt aus der Zeit der Seleukidenherrschaft, ist vielleicht aber die Kopie eines noch älteren Dokuments –, nennt die Namen von acht Toren, und außerdem diejenigen einer großen Anzahl von Tempeln, Straßen und Stadtvierteln[43]. Die vornehmste aller Straßen war die ›Prozessionsstraße‹, die an der Ostseite des Südlichen Palastes entlang verlief, durch das großartige Ischtar-Tor (Abb. 105) hindurchzog und weiter außerhalb der Innenstadt zu einem besonderen Festgebäude im Norden, dem *Bit Akitu* führte. Diese Straße war es, auf der z. B. während des Neujahrsfestes die Götterbilder in der Prozession einhergetragen wurden. Die Babylonier kannten sie als *Aibur-schabu,* »der Feind soll nicht darauf gehen«. Wenn man sich dem Ischtar-Tor von Norden her näherte (Abb. 112), tat man das auf dieser *Aibur-schabu,* hier eine breite, gepflasterte Straße, die über eine Länge von 200 m zwischen hohen Mauern verlief, nämlich der Ostmauer der Nordburg (bzw. des Nördlichen Palastes) und der westlichen Mauer der östlichen äußeren Bastion. Die Mauerstirnen waren geschmückt mit etwa 120 Löwen, dem Wahrzeichen Ischtars, die in Relief aus glasierten Ziegeln ausgeführt waren. Auf der Straße selbst, die zum Tor hin sanft ansteigt, sind noch die großen Pflastersteine aus dem 6. Jahrhundert erhalten; über diese Steine müssen Nebukadnezar, Daniel und Darius geschritten sein, und das sicherlich zu wiederholten Malen. Der Mittelstreifen des Straßendammes war mit riesigen Kalksteinplatten belegt. Zu beiden Seiten befanden sich kleinere Platten aus rot-weiß-geädertem Brecciakalk. Jeder der Pflastersteine trägt an einer Ecke die Weihinschrift Nebukadnezars, die nur dem Gott sichtbar war.

Das Tor selbst war eine Doppelanlage, die die beiden Festungsmauern integrierte. Das Tor ist häufig um- und wiederaufgebaut worden, dreimal allein von Nebukadnezar. Bei einem jeden solchen Anlaß wurde das Straßenniveau innerhalb des Tores angehoben. Die heute sichtbaren Ruinen lagen vollständig im Boden, nachdem Nebukadnezar den letzten Bauabschnitt, mit den glasierten Ziegeln, hatte aufsetzen lassen. An der älteren Toranlage lassen sich in flachem Ziegelrelief noch ungefähr 150 Stiere und Drachen erkennen, die heiligen Tiere Adads und Marduks. Das jüngere Tor war auf das prächtigste geschmückt mit eben denselben Tieren, die dieses Mal jedoch in glasierten Ziegeln ausgeführt waren. Der Reliefgrund war in lebhaftem Blau, die Tiere selbst abwechselnd in Gelb und Weiß gehalten. Die originalen Teile dieses Tores befinden sich heute in den staatlichen Museen in Ostberlin und sind dort zu einer imposanten Fassade rekonstruiert worden. Ein Rekonstruktionsmodell im halben Maßstab hat man zur besseren Anschauung für die Touristen in der Nähe des offiziellen Zugangs zum Ruinengelände errichtet. Nach dem Verlassen des Tores setzt sich die Prozessionsstraße fort, hinter dem Südlichen Palast langsam abfallend, knickt sie etwa 900 m weiter südlich nach Westen ab, führt zwischen der Einfriedung der Zikkurat und dem Marduktempel hindurch und endet schließlich an der Euphratbrücke, die entweder von Nabupolassar oder seinem Sohn errichtet worden ist.

105 Übersichtsaufnahme vom Ischtar-Tor in Babylon, das durch die innere Stadtmauer führt, gesehen von der Südost-Ecke des Nördlichen Palastes. Sie zeigt die früheste, nicht glasierte Bauphase des Tores, wie sie heute an Ort und Stelle zu sehen ist, jedoch vor der Rekonstruktion des Ninmah-Tempels (vergl. Abb. 109).
Die Wände des Tores stehen noch bis zu einer Höhe von gut 12 m an.

106, 107 Detailwiedergaben von Tieren aus unglasierten, aus der Form gezogenen Ziegeln, von der ersten Phase des Ischtar-Tores des Nebukadnezar, *in situ* (vergl. Abb. 85). Der Stier ist das Wahrzeichen Adads, der Drache (darunter) das des Marduk. Höhe 1,30 m.

108 Diese Rekonstruktion des spätesten Stadiums von Nebukadnezars Ischtar-Tor, geschmückt mit Tieren und Rosetten aus glasierten Ziegeln, ist in Berlin, im Vorderasiatischen Museum ausgestellt; Höhe 14,30 m. Das Originaltor war jedoch noch viel höher, vielleicht sogar über 23 m. Nach Nebukadnezar war das Tor außerdem von »mächtigen Stier- und Drachenkolossen aus Bronze« bewacht. Eine Reproduktion des Tores in halber Größe ist in Babylon am Eingang zur Ruinenstätte aufgestellt.

Die Tempel

Wenn der Besucher auf der *Aibur-schabu* das Ischtar-Tor durchschritten hat, hat er zu seiner linken, gegenüber dem Südlichen Palast, *E-mah* vor sich, den Tempel der Muttergottheit Ninmah, den die Altertümerverwaltung des Irak vor kurzem hat restaurieren lassen (Abb. 109, 110). Außerdem wurden noch eine ganze Anzahl anderer Tempel ausgegraben, einschließlich des alten Heiligtums der Ischtar von Akkad, das im Merkes-Viertel liegt. Diese Tempel folgen in ihrer Ausführung alle dem traditionellen babylonischen Bauplan, mit einer breitgelagerten Cella an der einen Seite des Innenhofes und einer Nische mit Basis, vermutlich für die Statue der Gottheit, an der Rückwand gegenüber der Eingangstür.

Der weitaus bedeutendste Tempel in Babylon war *Esagila,* die Wohnstatt des Stadtgottes Marduk. Er lag fast einen Kilometer südlich des königlichen Palastes. Unglücklicherweise befinden sich seine Überreste unter dem später errichteten Damm des Amran ibn Ali in einer solchen Tiefe, daß eine regelrechte Ausgrabung für Koldewey unmöglich war. Bei einem Probeschnitt jedoch stieß er zufällig, in einer Tiefe von 21 m (!), auf ein Plattenpflaster mit Inschriften, aus denen hervorgeht, daß die Pflasterung in Esagila von den assyrischen Königen Assurbanipal und Asarhaddon angeordnet wurde. Die Umrisse des Tempels erforschte man bergmännisch; das Hauptgebäude, so stellte sich heraus, bedeckte ein Areal von etwa 78×86 m, und im Osten waren noch zwei Außenhöfe angelagert, so daß sich die Maße auf etwa 90×116 m erweitern. Im Haupttempel befand sich eine Reihe von Kapellen, von denen eine, an der Nordseite, nach der Vermutung Koldeweys Ea geweiht war, dem Vater des Marduk. Dieser Ea wurde in griechischer Zeit mit Serapis identifiziert. Wahrscheinlich war es dieser Ort, an dem die Feldherrn Alexanders des Großen wegen der Erkrankung des Königs Rat bei der Gottheit suchten mit der Frage, ob man ihn in das Heiligtum bringen solle, damit er wieder gesunde. Das eigentliche Heiligtum Marduks lag im Westen; man betrat es durch eine monu-

109 Ansicht des Ischtar-Tores in Babylon. Im Hintergrund der rekonstruierte Tempel *E-mah,* der der Muttergottheit Ninmah geweiht war. Nach babylonischen Maßstäben handelt es sich hierbei um einen kleinen Tempel, jedoch um ein besonders schönes Beispiel eines Breitraum-Cella-Baues.

110 Innenhof des *E-mah*-Tempels, mit Blick von der Antecella gegen die von Türmen flankierte Torkammer. Im Vordergrund der Tempelbrunnen.

mentale Fassade, die mit Türmen besetzt war. Von der inneren Cella des Tempels rühmt sich Nebukadnezar: »Ich habe ihre Wände mit funkelndem Gold bedeckt, ich ließ sie scheinen wie die Sonne«. Hier befand sich, nach den Worten Herodots,

die große sitzende Statue des Marduk, ganz aus Gold und auf einem goldenen Thron, getragen von einer goldenen Basis; ein goldener Tisch stand daneben. Die Chaldäer berichteten mir, daß man zur Herstellung all dessen mehr als 22 Tonnen Goldes gebraucht habe. Außerhalb des Tempels ist ein goldener Altar, und da ist auch noch ein anderer, nicht aus Gold, aber von großem Umfang ... auf dem größeren Altar opferten die Chaldäer über zweieinhalb Tonnen Weihrauch jedes Jahr am Feste des Bel (Marduk).

Nach den Hängenden Gärten, Babylons berühmtestem Denkmal, nimmt der große abgetreppte Turm oder die Zikkurat, Etemenanki, sicherlich den zweiten Rang ein. ›Das Haus, das gegründet ist von Himmel und Erde‹ befand sich, eingeschlossen von einer weiträumigen Einfriedung, im Norden von Esagila. Während nun dieser Tempel bekanntlich seit der 1. Dynastie in keilschriftlichen Texten erwähnt wird, stammt die älteste Nachricht über die Zikkurat, obwohl sie etwa gleichalt sein muß wie der Tempel, erst aus dem 7. Jahrhundert, nachdem Sanherib beide Monumente zerstört hatte[44].
Der darauffolgende Wiederaufbau wird von den assyrischen Königen Asarhaddon und Assurbanipal erwähnt, und später auch bei Nabupo-

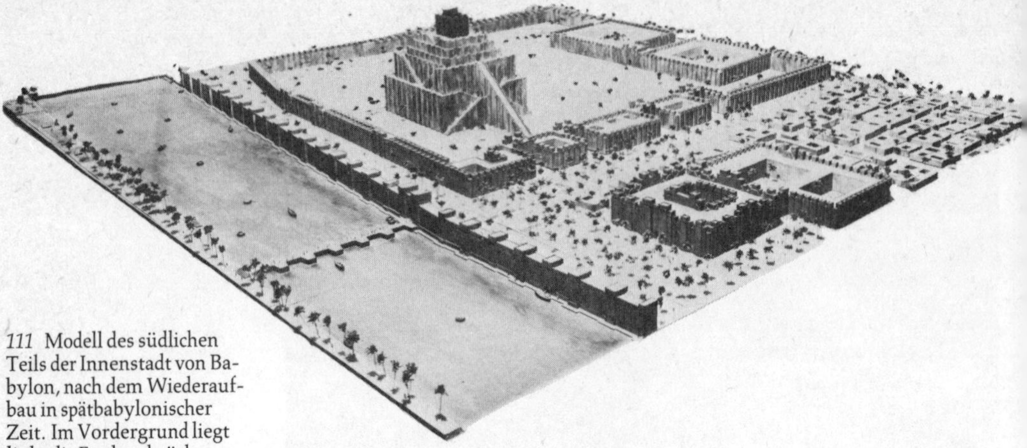

111 Modell des südlichen Teils der Innenstadt von Babylon, nach dem Wiederaufbau in spätbabylonischer Zeit. Im Vordergrund liegt links die Euphratbrücke, rechts Esagila, der Tempel Marduks, dahinter Etemenanki, die Zikkurat von Babylon in ihrer großen Einfriedung. Babylon, Museum.

112 Modell des Ischtar-Tores und der Prozessionsstraße von Norden gesehen. Dargestellt ist die späteste (glasierte) Phase des Nebukadnezar-Baues; darunter liegt das frühere, unglasierte Stadium das noch *in situ* zu sehen ist. Prozessionsartig schreitende Löwen (vergl. Abb. 104) schmücken beidseits die sehr soliden Befestigungsmauern der Straße. Babylon, Museum.

lassar und Nebukadnezar; letzterer vollendete das Werk seines Vaters und baute den ›hohen Tempel‹, den obersten Abschnitt des Heiligtums. Als Robert Koldewey seine Ausgrabungen begann, waren von diesem Turm nur noch die Grundmauern übrig. Auf der Luftaufnahme aber sind noch die Umrisse des untersten Abschnittes und die vom Süden her ansteigende monumentale Treppenanlage zu erkennen, und zwar in den tiefen und weiten Raubgräben, den die Ziegelräuber in den Boden gegraben haben. Die Verkleidungsschicht des Turmes aus gebrannten Ziegeln war tatsächlich über 15 m stark, wodurch sich die bemerkenswerte Breite dieser Raubgräben erklärt. Heiße Diskussionen hat es um die Rekonstruktion dieses ›Turmes von Babel‹ gegeben, der

nicht nur in den griechischen, sondern auch in den babylonischen Texten beschrieben wird; in den letzteren, den sogenannten Esagila-Tafeln, finden wir auch die Abmessungen des Heiligtums angegeben[45]. Was die unterste Stufe betrifft, so unterscheiden sich diese Angaben nicht wesentlich von den Abmessungen, die bei den Ausgrabungen festgestellt werden konnten (annähernd 91 m im Quadrat), doch bleiben die Anzahl der Stufen und die Anordnung der Treppen weiterhin strittig. Ebenso bestehen Zweifel über die wirkliche Zeitstellung der äußeren Einfriedungsmauern, wie sie in Koldeweys Plan angegeben sind. Große Teile dieses Bezirks wurden nämlich in parthischer Zeit und auch noch später überbaut, während auf der Pflasterung des Esagila-Heiligtums eine Reihe von Bauten aus der seleukidischen Zeit beobachtet wurde[46].

Wohnhäuser

Es ist in Babylon eine ganze Anzahl von Wohnhäusern ausgegraben worden, insbesondere in dem Sektor der Stadt, der als Merkes-Viertel bekannt ist. Hier liegt, wie oben schon erwähnt wurde, auch die einzige Stelle, an welcher Reste der Stadt Hammurabis oberhalb des heutigen Grundwasserspiegels noch anstehen. Die späteren Häuser sind denen aus der Zeit der altbabylonischen Könige ähnlich: Es handelt sich um Häuser mit offenen Höfen (Hofhaustypus). Ein einzigartiges Kennzeichen der späteren Periode, allerdings nicht nur in Babylon, sondern auch in Ur belegt, ist die ›Sägeschnitt‹-Fassade, ein genialer architektonischer Trick, der es ohne Schwierigkeiten erlaubte, schräg zum Hauptbauplan des übrigen Gebäudes verlaufende Mauern exakt einzubinden[47]. Zahlreiche Gerätschaften des täglichen Gebrauchs, aber auch Kleinkunst und Dekorationselemente wurden in diesen Häusern gefunden (Abb. 91, 95, 113, 125).

113 Kleines Tontäfelchen mit einer sitzenden Frau, die eine mit Türmchen besetzte Krone trägt. Das Stück wurde in Babylon gefunden und stammt aus dem frühen 2. Jahrtausend. Istanbul, Museum; Höhe 11 cm.

Babylon in persischer und griechischer Zeit

Die Spuren der persischen Okkupation lassen sich an so manchen Stellen in Babylon nachweisen. Besondere Erwähnung verdient die *apadana* oder Säulenhalle, die an der Nordwestecke des Südlichen Palastes gefunden wurde. Möglicherweise handelt es sich hierbei um einen Teil des vom persischen Großkönig Darius erbauten Palastes, den Xerxes als Kronprinz bewohnte, derselbe, der später die Zerstörung Babylons befehlen sollte. Der spätbabylonischen Bautradition folgend war auch dieser persische Palast mit glasierten Ziegeln ausgeschmückt. Eine zeitgenössische Beschreibung überliefert Diodorus Siculus (II 1), der sich auf Ktesias beruft. Dieser schrieb allerdings die Ornamente nicht Darius, sondern Semiramis zu, deren Bild er in einer Frau zu Pferde erkennen wollte. Diese Gruppe bildete den Teil einer Jagdszene, die auf den Palastwänden dargestellt war. Und tatsächlich befand sich unter den von Koldewey zutage geförderten Ziegelbruchstücken auch »das weiße Gesicht einer Frau«, wohl sicher ein Fragment jener von Ktesias beschriebenen Gestalt[48]. Aus dem Areal des persischen Palastes

114 Eine Vielzahl griechisch beeinflußter Figuren, sowohl aus Stein als auch aus Terrakotta, kamen in Babylon zutage. Zu den reizvollsten Stücken gehört diese ruhende Dame aus Alabaster. Angeblich stammt sie aus Hilla, kommt aber wohl eher aus einem der vielen parthischen Gräber im Amran-Hügel. Paris, Louvre; Länge 21 cm.

stammen auch Ziegel mit Blumenmustern sowie Säulen mit jonischen Doppelvoluten-Kapitellen und schließlich Fragmente weiterer menschlicher Gestalten, offenbar Angehörige der königlichen Gardetruppen, der »zehntausend Unsterblichen«.

Deutlicher noch als die persische hat die hellenistische Epoche ihre Spuren in der Stadt hinterlassen. Dicht an der inneren Stadtmauer, östlich des Palastes, liegt eine Gruppe von Hügeln, die wegen ihrer rötlichen Farbe von den dort ansässigen Bewohnern ›Humaira‹ genannt werden. Der südlichste von ihnen enthält die Überreste eines griechischen Theaters (Abb. 96), das jetzt von der irakischen Altertümerverwaltung wieder rekonstruiert worden ist, sowie angrenzend eine Palästra bzw. ein Gymnasium. Aus diesem Grabungsgebiet stammt auch eine in griechisch geschriebene Weihinschrift. Das Theater war in seleukidischer Zeit, vielleicht sogar schon von Alexander dem Großen errichtet worden, lag aber in Trümmern, als es unter den Parthern in seiner heute erhaltenen Form wieder aufgerichtet wurde. Der mittlere Hügel besteht aus Ziegelschutt, unter dem man ein künstlich angelegtes Podium beobachtet hat, das sich durch intensive Brandspuren auszeichnet. So wird angenommen, daß hier der große Scheiterhaufen brannte, der auf Alexanders Geheiß für die Einäscherung und zu Ehren des verstorbenen Hephaistion aufgerichtet wurde. Der nördlichste Hügel, etwa 16 m hoch, enthält nichts weiter als künstlich aufgehäuften Ziegelschutt. Einige Ziegelbruchstücke tragen den Namen Nebukadnezars und stammen von Etemenanki, das heißt aus der Zikkurat. Und es sieht ganz so aus, als habe Alexander tatsächlich, nachdem er sich entschlossen hatte, die zerstörte Zikkurat wieder aufzubauen, den Schutt an eben diese Stelle bringen lassen. Der Überlieferung zufolge soll Alexander 10000 Arbeiter zwei Monate lang beschäftigt haben, um die Stelle zu enttrümmern (Strabon XVI 1), das heißt, daß er immerhin ungefähr 600000 Tagelöhne investierte. Der Ausgräber Koldewey bemerkte dazu, daß er in 11 Jahren kontinuierlicher Grabungstätigkeit die nur wenig größere Menge von 800000 Tagelöhnen ausgegeben hätte.

Der große Hügel, Amran, der die Ruinen des Esagila-Heiligtums verbirgt, ist der am längsten besiedelte Teil Babylons. Wahrscheinlich gab es dort noch bis zur Gründung des nahe gelegenen Hilla im 11. Jahrhundert n. Chr. ein bewohntes Dorf. Auch sonst sind sehr beträchtliche Reste griechischer und parthischer Besiedlung beobachtet worden. Hierzu gehören ein massives, mit Säulen ausgestattetes Gebäude und, nicht weit entfernt davon, eine Stoa (Säulenhalle). Außerdem ist eine große Zahl von Gräbern freigelegt worden, unter deren Grabbeigaben hellenistische Statuetten aus Ton und Alabaster hervorzuheben sind (Abb. 114).

Spätbabylonische Ruinen außerhalb der Hauptstadt

Auch in den alten Städten von Sumer und Akkad betätigten sich die letzten ›eingeborenen‹ Könige Babylons als große Bauherrn; Überreste aus dieser Zeit sind in nahezu jeder wichtigen ausgegrabenen Stadt zutage getreten, so z. B. in Sippar, Ur, Borsippa, Nippur, Uruk, Isin und auch in Kisch, wo die Ruinen eines von Nebukadnezar errichteten großen Tempels noch in eindrucksvoller Höhe anstehen (Abb. 115). Wir wissen, daß Nabupolassar den Schamasch-Tempel in Sippar restaurieren ließ, wo er auch »das Bett des Euphrat zur Stadt hin aushob«; der Fluß war um diese Zeit nämlich von seinem ursprünglichen Lauf abgewichen. Nebukadnezar baute den Nabu-Tempel und die große Zikkurat in Borsippa wieder auf, und sowohl dieser als auch Nabonid konnten die Stadt Ur bei ihrem Bauvorhaben nicht aussparen. Dem schwärmerischen Nabonid war es ein ganz besonderes Anliegen, sich gerade um Ur, das Zentrum für den Kult des Mondgottes in Babylonien, zu kümmern; so entstanden die Zikkurat und eine größere Anzahl von weiteren Monumenten in der Stadt wieder in neuem Glanze. Besondere Bedeutung erhielt der von ihm veranlaßte Wieder-

115 Diese ungewöhnlich gut erhaltenen Überreste zweier nebeneinander liegender spätbabylonischer Tempel erheben sich auf dem südöstlichen Hügel von Kisch (Hursagkalama; das historische Kisch weist zwei Stadthügel auf). Die Tempelanlage wurde von Nebukadnezar II. errichtet; sie zeigt deutlich die in Nischen zurückspringenden Fassaden, durch die solche Lehmziegelbauten gegliedert waren. Die Mauern stehen bis zu einer Höhe von 5,60 m an.

116 Drache *(muschhuschhu)* aus glasiertem Ziegelrelief von der letzten Bauphase des Ischtar-Tores. Die *muschhuschhu* sind Fabelwesen; ihr Körper ist bedeckt von einem Schuppenkleid, der Kopf trägt die Doppelhörner der arabischen Hornviper (vergl. Abb. 136) – hier im Profil –, die Vorderbeine sind katzenartig, die Hinterbeine enden in den hornigen Krallen eines Greifvogels und der Schwanz in einem Skorpionstachel. Berlin, Vorderasiatisches Museum; Höhe 1,30 m.

aufbau der Residenz der Hohenpriesterin des Mondgottes. Bei den dabei durchzuführenden Arbeiten wurde Nabonid durch die Entdekkung »von Inschriften ehemaliger, alter Könige« aufs höchste entzückt; zu diesen Fundstücken gehörte auch ein Keilschrift-Zylinder der Enanedu, der Tochter von Kudur-mabuk und letzter bezeugter Hohenpriesterin bzw. *entu* (s. Kap. 3). »So wie ehedem« baute Nabonid das Heiligtum und die zugehörigen Nebengebäude wieder auf und, indem er seine eigene Tochter En-nigaldi-Nanna (früher als Bel-schalti-Nannar gelesen) als *entu* einsetzte, förderte der letzte babylonische König und Altertumsfreund die Wiederbelebung eines alten, lange vernachlässigten Brauches. Schließlich fand Nabonid während der Restaurierungsarbeiten »eine alte Erinnerungstafel des Nebukadnezar (des ersten dieses Namens), eines königlichen Vorgängers, auf der er das Abbild einer *entu*, ihre Insignien, ihre Gewänder und ihren Schmuck dargestellt hatte«[49].

Dieses Vergnügen an archäologischen Entdeckungen wurde übrigens auch vom Vorgänger des Nabonid, von Nebukadnezar II. geteilt; dieser berichtet, daß er bei der Restaurierung eines Tempels in Marad (nahe bei Nippur) während der Suche nach den alten Fundamenten – bei jeder solchen Unternehmung eine wichtige Voraussetzung – zu seiner Freude auf die Grundmauern »eines alten Vorgängers«, nämlich des großen Naram-Sin gestoßen sei: »Die Inschrift meines Namens fügte ich an die des seinigen, und auf den Fundamenten *(temennu)* des Naram-Sin, des Königs, errichtete ich die (neuen) Fundamente«[49]. In Larsa baute Nebukadnezar den Tempel des Sonnengottes wieder auf. Diese Ruinen waren durch einen großen Sturm vom Sand völlig freigefegt worden, ein Geschenk des Gottes, das dem modernen Ausgräber dieses heute vom Sand völlig überdeckten Platzes sicherlich höchst willkommen gewesen wäre. Auf der Suche nach den Grundmauern dieses Tempels fand Nebukadnezar den *temennu* des Burnaburiasch. In seinem Finderglück an dieser ›Grabungsstätte‹ wurde er nur von Nabonid übertroffen, dessen spätere Bemühungen ihm eine Inschrift Hammurabis einbrachten[50]. Aus demselben Text geht auch die vielleicht fesselndste aller archäologischen Unternehmungen der letzten neubabylonischen Könige hervor, der die Suche nach den Fundamenten von Eulmasch, dem Ischtar-Tempel in Akkad, schildert. Nabonid bemerkt dazu, daß eine ganze Reihe von Königen vor ihm ohne Erfolg gesucht hätte – Kurigalzu, Asarhaddon, Assurbanipal und auch Nebukadnezar – und auch Nabonid hatte bereits drei Jahre lang vergeblich danach geforscht, als schließlich ein schwerer Wolkenbruch eine große Rinne öffnete, in der alsbald der *temennu* des Naram-Sin von Akkad zum Vorschein kam, eine Entdeckung, die »des Königs Herz froh machte und seine Miene strahlen ließ!« Natürlich war die Lage des schon lange verlassenen Akkad für die neubabylonischen Könige kein Geheimnis, und der zu dieser Zeit durchaus bezeugte synonyme Gebrauch der Namen Akkad und Babylon[51] verleiht der Theorie Glaubwürdigkeit, daß die beiden Städte dicht beieinander lagen, wenn nicht die Stadt Sargons tatsächlich irgendwo unter den sehr ausgedehnten Trümmern Babylons selbst zu suchen ist.

Obwohl die archäologischen Bemühungen der spätbabylonischen Könige im wesentlichen durch religiöse Motive bestimmt waren, läßt sich ihnen ein echtes Interesse an Tradition und Geschichte und auch an den Fundstücken selbst, die in den Siedlungshügeln Mesopotamiens verborgen waren, keineswegs absprechen. Museen in Babylon und Ur sind uns bereits bekannt geworden, aber auch in Nippur gab es in dieser Zeit eine archäologische Sammlung; sie war in einem irdenen Vorratsgefäß enthalten, das in der Bibliothek der Schreiber in Nippur gefunden wurde. Einer der Schreiber Nabonids – vielleicht war er als ›Sachverständiger‹ mit der Verantwortung für die Ausgrabungen in Akkad betraut – hat tatsächlich sogar von einer Inschrift des Scharkalischarri, die er »im Palaste Naram-Sins gefunden hatte«[52] einen Tonabdruck genommen, der heute im Museum von Philadelphia aufbewahrt wird. Freilich, diese Beschäftigung mit dem Altertum in neubabylonischer Zeit war eigentlich nichts grundlegend Neues, besitzen wir doch deutliche Belege aus früheren Epochen, die von einer ähnlichen Interessenlage sprechen, so z. B. die Bibliothek des Assurbanipal in Ninive, oder auch jenen ›frommen Schwindel‹ des Nabu-apla-iddina aus dem 9. Jahrhundert in Sippar (aufgezeichnet auf einer Tontafel, auch diese von Nabupolassar sorgfältig gehütet; Abb. 74). Und auch der einfache babylonische Bürger war sich seit langem der Reichtümer bewußt, die in den Siedlungshügeln verborgen waren. Das läßt sich unschwer aus einem Brief entnehmen, der über 1600 Jahre früher von einem Sohn an seinen Vater gesandt wurde:

Niemals zuvor habe ich dir wegen einer Kostbarkeit geschrieben, die ich mir wünschte. Aber wenn du wie ein Vater zu mir sein möchtest, beschaffe mir eine schöne Perlenschnur, die um den Kopf zu tragen ist. Siegele sie mit deinem Siegel und gib sie dem Träger, so daß er sie mir bringen kann. Wenn du keine zur Hand hast, so grab sie aus dem Boden, wo auch immer solche Gegenstände gefunden werden, und schicke sie mir. Ich wünsche sie mir sehr ...[53].

6. Das Vermächtnis Babylons

Schule und Erziehung

Keine andere Einrichtung hat so viel zur Bewahrung der mesopotamischen Tradition beigetragen wie die Schule, die im Sumerischen *edubba* genannt wird, was für gewöhnlich mit ›Haus der Tontafeln‹ übersetzt wird. Ihre vornehmste Aufgabe war es zunächst, Schreiber für den Verwaltungs- und Staatsdienst auszubilden, doch bei weitem mehr noch leistete sie in ihrer übergeordneten Rolle als Zentrum des Wissens und der Wissenschaft. Das reiche Erbe der sumerischen und babylonischen Kultur wurde hier für spätere Generationen bewahrt, und darüber hinaus war die *edubba* wesentlich an der Verbreitung von Wissen und Literatur im westlichen Asien beteiligt. Die frühe Ausbreitung der Handelsbeziehungen – und später auch die des Imperiums – trugen das sumerische Keilschrift-System und mit ihm auch eine Art Imitation des mesopotamischen Schulwesens von Sumer in den Iran, nach Syrien und nach Kleinasien. Das hohe Ansehen, dessen sich die Sumerer schon in der Frühzeit ihrer Entwicklung erfreuen konnten, muß in großem Maße von ihrem einzigartigen Bildungsbeitrag, der Erfindung der Schrift, bestimmt gewesen sein. Der hohe Schwierigkeitsgrad, der das System der Keilschrift kennzeichnet – die Studenten von heute müssen über 500 Grundzeichen lernen, die in jeder Epoche noch dazu ihre eigenen Veränderungen aufweisen –, beschränkte die Kunst des Lesens und Schreibens auf die wenigen, die als Schreiber ausgebildet waren; denn diese schwer zu handhabende Schrift erforderte Jahre des berufsmäßigen Trainings, bis man sie beherrschte. Früh im 2. Jahrtausend wurde in Assyrien der Versuch unternommen, die Keilschrift auf ca. 100 Zeichen zu reduzieren, doch hat sich dies trotz allen Bemühens nicht durchsetzen können. Es blieb den persischen Achämeniden vorbehalten, eine sehr vereinfachte, alphabetisierte Form dieser Schrift für den Gebrauch zu entwickeln. Obwohl die Schule offensichtlich häufig mit Tempel oder Palast verbunden gewesen ist – allerdings gab es durchaus Abweichungen von dieser Regel, wie z. B. die Schule Igmil-Sins in Ur –, gehörten die Schreiber dem Laienstande an. Die Priester und auch die Könige waren durchweg, von einigen wenigen rühmlichen Ausnahmen abgesehen, ebenso wie die Statthalter und sogar die Richter des Lesens und Schreibens unkundig. So läßt sich leicht vorstellen, welche Machtposition sich die wenigen ausgebildeten Schreiber unter den obwaltenden Umständen verschaffen konnten. Ein Brief aus Mari soll hier diese Situation beleuchten:

117 Die babylonischen Gelehrten stellten zahlreiche ›Wörterbücher‹ oder Wörterlisten zusammen. Oft enthielten sie alle Bezeichnungen innerhalb einer bestimmten Kategorie, und sie sind für den Studierenden von heute von unschätzbarem Wert. Auf der hier abgebildeten Tontafel ist eine Silbentabelle aufgezeichnet, die in persischer Zeit kopiert wurde und Namen, Aussprache und Bedeutungen einer Reihe von keilschriftlichen Zeichen enthält. Sie konnte in das 10. Regierungsjahr des Artaxerxes I. (um 455) datiert werden. British Museum; Höhe ca. 14 cm.

Weil du derjenige bist, der die an den König gerichteten Tafeln immer schon gelesen hat – und es sonst niemanden gibt, der sie lesen könnte –, habe ich keine Antworten mehr auf die (an mich gerichteten) Tafeln des Königs an dich abgesandt. Nun aber schicke ich eine Tafel an den König und ein Duplikat an dich. Ich werde dir die vorherige Botschaft wiederholen. Lies diese Tafel, und – wenn sie geeignet ist – lies sie dem König vor[1].

Eine ganze Anzahl keilschriftlicher Texte, von denen einige in die Form von Dialogen zwischen Lehrer und Schüler oder zwischen Schülern gekleidet sind, verrät uns etwas über die Arbeitsweise der Schule und auch zugleich über den zeitgenössischen Humor[2]. Der Schüler wird als ›Sohn des Hauses der Tafeln‹ bezeichnet; sein Lehrer ist der ›Vater‹. Auch gibt es ›ältere Brüder‹, fortgeschrittene Schüler, die wohl ein Gutteil der Lehraufgaben auf sich genommen haben dürften. In der Anwendung körperlicher Züchtigung (Prügelstrafe) war man nicht kleinlich; es gab sogar einen ›Mann, der die Peitsche in Obhut hat‹, und wir lesen:

wenn der junge Sohn der edubba seine Aufgabe nicht ordentlich aufgesagt hat, werden der ältere Bruder und sein Vater ihn schlagen[3].

Die Lehrmethode beruhte im wesentlichen auf dem Auswendiglernen, aber der Lehrplan schloß auch das ein, was man heute ›wissenschaftlichen Unterricht‹ nennen würde: Mathematik, Grammatik, die Arbeit mit literarischen Texten, wozu auch das Abschreiben gehörte. Schon unter den frühesten Tafeln mit Bilderschrift finden sich Wörterlisten, die offenbar zum Lernen angefertigt waren. Die Sumerer waren große Freunde des Systematisierens bzw. der klassifizierenden Einteilung, wozu sich ihre Sprache auch besonders gut eignete. Diese Wörterlisten oder ›Glossare‹, denen später die akkadische Übersetzung für jedes einzelne Wort hinzugefügt wurde, enthielten schließlich alles, was die Sumerer und Babylonier an Kenntnissen besaßen. Unter diesen lexikalischen Texten finden sich Listen von Pflanzen, Tieren (einschließlich der Insekten und Vögel), Ländern, Städten, Mineralien, Geräten usw. und sogar auch Formen aus der sumerischen Grammatik, die noch studiert und kopiert wurden, als das Sumerische schon lange keine gesprochene Sprache mehr war. Solche ›Wörterbücher‹ (Abb. 117) sind natürlich für den heutigen Wissenschaftler von ganz ungeheuerem Wert; außerdem aber zeigen sie die außerordentliche Breite und Wißbegierde und zugleich die Grenzen sumerischer Gelehrsamkeit auf. Die Anfangsübungen des Schreibens beschränkten sich häufig auf das Abschreiben und Auswendiglernen solcher Listen, die in der altbabylonischen Periode dann schon zum abgedroschenen Lehrstoff herabgesunken waren. Das Lehrangebot erstreckte sich auch auf Spezialfächer, einschließlich solcher praktischen Fähigkeiten wie Mengen- und Landvermessung und sogar Musik.

Die ›Schulalltag‹-Texte betonen die Härte und schlechte Behandlung, denen die Schüler ausgesetzt waren und gegen die sie sich wohl auch aufgelehnt haben. Auf seiten der Lehrer beklagen sie Eitelkeit, vermischt mit Ansätzen zur Grausamkeit. Der satirische Ton in diesen Texten ist allerdings unverkennbar, und es dürfte sich wohl um stark überzogene, ja burleske Schilderungen des Schulalltags handeln. Der Schüler war von Sonnenaufgang bis Sonnenuntergang in seiner Schule; in einem Text bittet ein Schüler beim Zubettgehen seine Mutter inständig, ihn morgens nur ja rechtzeitig zu wecken. Der Schulbesuch währte von früher Jugend bis zum Beginn des Mannesalters:

Komm mein Sohn, setz dich zu meinen Füßen. Ich werde zu dir sprechen und du wirst mir Auskunft geben! Von deiner Kindheit an bis zum Erwachsenenalter hast du deine Zeit im ›Haus der Tontafeln‹ zugebracht. Beherrschst du die Schreiberkunst, die du gelernt hast?[4].

Derselbe Text führt im weiteren Verlauf eine Anzahl von ›Examensfragen‹ an, die sich für den modernen Wissenschaftler als ebenso schwierig erwiesen haben, wie sie für die armen babylonischen Studenten gewesen sein müssen. Unter den behandelten Themen finden sich die geheimen Bedeutungen sumerischer Wörter, alle Arten von Liedern, wie man einen Chor leitet, die Fachausdrücke der Silberschmiede und Juweliere, die Zuteilung von Rationen, die Einteilung von Feldern und der Gebrauch und die Technik verschiedener Musikinstrumente. An dieser Stelle des Textes macht der Kandidat, unfähig zu antworten, gegenüber seinem Prüfer geltend, daß er in diesen Fächern keinen Unterricht erhalten habe, weder durch den Lehrer noch durch den älteren Bruder. Daraufhin wird der Dialog mit einem ernsthaften Verweis des Lehrers fortgesetzt:

Was hast du getan, was ist bei deinem Herumsitzen Gutes herausgekommen? Du bist schon ein reifer Mann und dicht davor, alt zu werden! Wie ein alter Esel bist du nun nicht mehr lernfähig. Wie verdorrtes Korn hast du die Zeit des Wachsens und Reifens verpaßt. Wie lange willst du noch herumspielen? Aber, noch ist es nicht zu spät! Wenn du Tag und Nacht lernst und in Bescheidenheit und ohne Hochmut arbeitest, wenn du deinen Mitschülern und deinen Lehrern lauschest, dann kannst du noch ein Schreiber werden! Dann kannst du an der Schreiberkunst teilhaben, die für den, der ihrer mächtig ist, Glück bedeutet, die ein guter Engel ist, der dich führt, wie ein strahlendes Auge, das dir gehört, und eben das ist es, was der Palast braucht[4].

Wir wissen nicht, ob und in welchem Ausmaß auch Spezialisten herangezogen wurden, jedenfalls aber ermöglichte die Ausbildung als Schreiber den Einstieg in viele verschiedene Laufbahnen, ja man konnte bis zum königlichen Ratgeber oder zum Vorsitzenden eines der verschiedenen Ministerien der Regierung aufrücken. Wir kennen ferner die Berufsbezeichnung von einer ganzen Reihe in verschiedenen Bereichen tätiger Schreiber, z. B. den ›Namen-Schreiber‹, den ›Militär-Schreiber‹, den ›Feld-Schreiber‹, während die alte Sprache von einem besonderen Fachmann, dem ›Professor des Sumerischen‹ gelehrt wurde. Obwohl in altbabylonischer Zeit auch Straßenschreiber belegt sind, denen jedermann einen Brief diktieren konnte, scheinen die meisten Schreiber doch als Verwaltungssekretäre fest angestellt gewesen zu sein. In Nippur und in Babylon gab es sogenannte ›Universitäten‹ für Fortgeschrittene; irgendwann nach Samsu-iluna hatten sich diese beiden Städte zu Zentren der Gelehrsamkeit entwickelt. Nach der altbabylonischen Periode scheint die *edubba* als öffentliche Einrichtung untergegangen zu sein, und entsprechend der allgemeinen Verschiebung in Richtung auf ein stärker feudal orientiertes Gesellschaftssystem unter den Kassiten dürfte auch die Erziehung in dieser Zeit in die Hände einiger weniger Adelsfamilien übergegangen sein[5]. In Uruk und in Babylon wenigstens finden wir bis in seleukidische, ja bis in parthische Zeit hinein immer wieder dieselben Schreibernamen. Das unverbrüchliche Festhalten an der Tradition war überhaupt bestimmendes Kennzeichen für die Arbeit der kassitischen Gelehrten, die die Schriften ihrer altbabylonischen Vorgänger minuziös abschrieben und katalogisierten. Die babylonischen Schreiber dagegen sind weit mehr als bloße Kopisten gewesen, und vieles aus dem unermeßlichen Schatz der

Literatur, der uns aus jenen fernen Tagen überliefert ist, ist tatsächlich in den Schreiberschulen selbst entstanden. Den größten Beitrag hierzu dürften die Schreiber der altbabylonischen Epoche geliefert haben, die sich nicht nur als Bewahrer des literarischen und historischen Erbes von Sumer verstanden, sondern auch als Schriftsteller. Was wir ihnen verdanken, gehört mit zum eindrucksvollsten und lebendigsten, was wir an Literatur aus der vorklassischen Zeit kennen.

Literatur

Für unsere Kenntnisse von sumerischer und babylonischer Literatur besitzen wir in der Hauptsache zwei verschiedene Quellen: die königlichen Bibliotheken von Assur und Ninive (aus dem 12. bis 7. Jahrhundert) und die Schreiberschulen der altbabylonischen Zeit. Die frühesten uns bekannten literarischen Texte, irgendwann vor 2400 entstanden, wurden in den Archiven von Ebla (Tell Mardik), Fara (Schuruppak und Abu Salabikh) gefunden, aber von den Werken der Sumerer ist uns, außer in späteren Kopien, nur sehr wenig überliefert. Die von den altbabylonischen Schreibern so pflichtbewußt zusammengestellten literarischen ›Kataloge‹ (Werkverzeichnisse?) machen nur allzu deutlich, daß lediglich ein Bruchteil des sumerischen Schrifttums bislang von den modernen Archäologen entdeckt worden ist[6]. In welchem Maße die Babylonier sich den Sumerern in geistig-kultureller Hinsicht verpflichtet gefühlt haben, läßt sich unschwer an dem Umfang ablesen, in dem man sich durch die babylonische Geschichte hindurch mit sumerischer Sprache und Literatur beschäftigt hat. Allerdings, wir wissen weder etwas über den Ursprung dieses Schrifttums, noch kennen wir die Rolle, die die mündliche Überlieferung bei diesen frühen Werken gespielt haben mag. Es scheint wohl so, daß ganze Generationen sowohl von Geschichtenerzählern als auch von Schreibern an der endgültigen Fassung jeweils eines Stoffes beteiligt waren, wenn auch einige Werke den eindeutigen Stempel – und in späteren Perioden tatsächlich auch einmal die Signatur – einer einzigen Persönlichkeit tragen. Daß auch die Babylonier selbst nichts über das Entstehen dieser frühen Literatur wußten, scheint sich in der Nachricht des Berossos niedergeschlagen zu haben, der sich darauf bezieht, daß alle Literatur in Sippar »vor der Sintflut« begraben und später wieder entdeckt worden sei. Im 1. Jahrtausend hatten viele literarische Texte einen Standard bzw. eine ›kanonische‹ redaktionelle Form erhalten, was wohl weitgehend auf die kassitischen Schreiber zurückzuführen ist, die letzten großen schöpferischen Schriftsteller Babyloniens.

Eine außerordentliche Vielfalt literarischer Werke ist uns aus der altbabylonischen Zeit bekannt. Die Gesetzestexte, die in gewissem Sinne auch literarische Absichten verfolgten, haben wir bereits erwähnt, und ebenso die vielen verschiedenartigen Abhandlungen, die den Lehrstoff für die Schule bildeten. Zu den Schultexten müssen wir auch noch ein weiteres sumerisches literarisches Genre rechnen, die sogenannten ›Dialoge‹, deren Hauptkennzeichen ein Wort-Wettkampf zwischen zwei verschiedenen Charakteren ist. Bei diesen Dialogen ging es um die Feststellung, wer von beiden Partnern nützlicher für die

Menschheit sei: Dattelpalme oder Tamariske, Sommer oder Winter, Ackerbauer oder Hirt, Spitzhacke oder Pflug usw. Die Schreiber hatten einen besonderen Namen für diese Texte (adaman-dug-ga), von dem das erste Ideogramm (›Begriffszeichen‹) Mann-uuɐW geschrieben wurde, d. h. ›Mann gegen Mann‹ während der Rest der Phrase soviel bedeutete wie ›gesprochen‹. Für gewöhnlich gab es zum Schluß des Dialogs einen Urteilsspruch, gefolgt von einer Versöhnung, und die beiden Kontrahenten schieden als allerbeste Freunde. Streitgespräche in Prosa oder in Poesie erfreuten sich auch in der späteren orientalischen Literatur größter Beliebtheit, und es möchte scheinen, als ob diese dramatische Form der Auseinandersetzung über ein Thema in besonderem Maße ein Erbe der frühen mesopotamischen Schulen ist. Es liegt auch im Bereich des Möglichen, daß diese babylonischen Dialoge szenisch aufgeführt wurden, doch ist diese Vorstellung bislang nur Spekulation.

Während des 2. Jahrtausends scheinen die babylonischen Philosophen den Reiz moralischer und ethischer Problemstellungen entdeckt zu haben, und es entstand so eine Sammlung von ›Weisheits-Schriften‹, aus der wir mehrere größere Werke kennen[7]. Die oben genannten Dialoge – manchmal nicht gerade glücklich ›Fabeln‹ genannt – werden gemeinhin mit zu dieser traditionellen Literaturgattung gezählt, und ebenso die reichlich überlieferten Sprichwörter und Lebensregeln. Viele von ihnen haben moderne oder biblische Entsprechungen. Die akkadische Version z. B. von »Wie du mir, so ich dir« heißt: »Du gehst und nimmst das Feld des Feindes, der Feind kommt und nimmt dein Feld«. Die Schwatzhaftigkeit der Barbiere und Friseure scheint ebenso eine universelle Erscheinung gewesen zu sein: »Wo Diener sind, gibt es Zank; wo ›Kosmetiker‹ sind, da gibt es üble Nachrede«. Und auch dem modernen Leser dürften die Gefühle vertraut sein, die mit den folgenden Worten ausgedrückt werden: »Freundschaft dauert nur einen Tag, Geschäftsverbindungen für immer«, und »Unter Kollegen gibt es Zank und unter Bischöfen üble Nachrede«[8].

Vielleicht aber sind es die späteren, ›philosophischen‹ Schriften, die besonderes Interesse verdienen. Das Ideal eines abstrakten Begriffes von Gerechtigkeit tat sich schwer, in Mesopotamien an Boden zu gewinnen, obwohl, wie wir schon feststellen konnten, die Anteilnahme des Königs am Geschick der Armen und Unterdrückten sich bereits in Edikten nachweisen läßt, die bis in das 3. Jahrtausend zurückreichen. Die grundlegende mesopotamische Überzeugung, daß das Universum von Göttern regiert werde, die diejenigen bestraften, die ihnen nicht huldigten, aber diejenigen, die ihnen treulich dienten, dafür belohnten, scheint bis zur Kassitenzeit nicht ernsthaft in Frage gestellt worden zu sein. Und auch dann noch wurde die traditionelle Lebensmaxime, daß das Schicksal eines jeden in seiner eigenen Hand läge, durch die Bank bejaht. Das beste historisch belegte Beispiel für diese Philosophie läßt sich vielleicht der Weidner-Chronik entnehmen; hier wird von einer Reihe früher Herrscher berichtet, deren Erfolg oder Mißerfolg im Leben von ihrer Verehrung gegenüber Esagila abhängig gewesen sei (wohlgemerkt wird dies in eine Zeit zurückprojiziert, in der es Esagila noch gar nicht gab!). Mit dem Beginn der Kassitenzeit finden wir dann jedoch Texte, in denen die Frage des gerechten Dulders untersucht wird. Der früheste dieser Texte, benannt nach der Anfangszeile *ludlul bel nemiqi,* »preisen will ich den Herrn der Weisheit«, ist oft mit dem Buch Hiob verglichen worden; er ist freilich, was das Philosophische angeht, sehr viel schlichter gehalten. Und der Begriff des schuldhaften Handelns aus Unwissenheit läßt sich zwar schon im späten 3. Jahrtausend nachweisen, doch erlangt diese Vorstellung erst in kassitischer Zeit allgemeine Geltung:

Das Menschengeschlecht ist dumm und weiß nichts. Was für ein Wissen hat jemand überhaupt? Er weiß weder, ob er eine gute, noch, ob er eine schlechte Tat getan hat[9].

Der Verfasser von *ludlul* macht voller Verzweiflung geltend, daß der Mensch niemals Gut von Böse unterscheiden könne, weil die Götter so fern seien. Das Gedicht endet dann jedoch mit der Rückkehr des Leidenden in den Zustand des Glücks. Eine andere, wenig später entstandene Dichtung, die sogenannte ›babylonische Theodizee‹, behandelt unter anderem die Frage, warum Menschen andere Menschen unterdrücken. Dieses Werk, das gelegentlich auch als ›babylonischer Prediger‹ (vgl. Prediger Salomonis) bezeichnet wird und sich im 1. Jahrtausend offenbar großer Beliebtheit erfreute, ist ein poetischer Dialog aus Akrosticha (Wechselverse); gegenübergestellt sind ein Skeptiker, der die Mißstände der gegenwärtigen Sozialordnung anprangert, und ein pflichtgetreuer Jasager, der versucht, die Lebensumstände mit seinen religiösen Überzeugungen in Einklang zu bringen.

Weil die Babylonier keine Hoffnung auf eine Belohnung im Leben nach dem Tode hatten, war der Tod für sie eine weitere Ungerechtigkeit, mit der sie sich auseinanderzusetzen hatten. So ist das Verlangen nach Unsterblichkeit das große Thema eines der berühmtesten Werke mesopotamischer Dichtkunst, des Epos' von Gilgamesch[10]. Ohne jeden Zweifel ist dieses Epos das längste und für den heutigen Menschen auch das schönste, was die babylonische Literatur hervorgebracht hat, doch es gibt auf der anderen Seite keinen Anhaltspunkt dafür, daß es in der babylonischen Überlieferung einen besonderen Rang eingenommen hätte. Im frühen 2. Jahrtausend wurde es, auf der Grundlage von vier oder unter Umständen auch mehr voneinander unabhängigen sumerischen Geschichten, zu einem einzigen Gedicht zusammengefügt. Das Epos berichtet von den Abenteuern Gilgameschs, eines legendären Königs von Uruk (es scheint, daß es für diese Gestalt einen gewissen geschichtlichen Hintergrund gibt) und seines Gefährten Enkidu, der aus der unbehausten Welt der Natur kommt. Meisterhaft eingeblendet in dieses Grundmotiv sind eine ganze Reihe anderer Themen: Mensch und Natur, Liebe und Abenteuer, Freundschaft und Kampf, um hier nur einige zu nennen. Eine ihrer Unternehmungen richtet sich gegen Humbaba, ein schreckliches Ungeheuer des Zedernwaldes. Später entscheidet dann Enlil, daß Enkidu zur Strafe für die Tötung Humbabas sterben muß, und es ist dieses Ereignis, sein Tod, das den Wendepunkt im Epos darstellt. Gilgamesch, der den Tod seines Freundes nicht verwinden kann, hat nun nur noch einen Gedanken: das immerwährende Leben zu finden. Er verfolgt dieses Ziel trotz der Ratschläge, mit denen man ihn davon überzeugen will, daß seine Suche vergeblich sei.

Gilgamesch, wohin läufst du?
Das Leben, nach dem dich verlangt, wirst du niemals finden.

Denn als die Götter den Menschen erschufen, da ließen sie
den Tod ihm als seinen Teil, aber das Leben behielten sie in eigener Hand.
Gilgamesch, fülle dir deinen Leib –
Tag und Nacht freue dich nur,
tanzen und musizieren sollst du Tag und Nacht.
Lege reine Gewänder an
wasche und salbe dein Haupt und bade den Leib in frischem Wasser!
Siehe hin auf das Kind, das an der Hand dich hält,
und laß dein Weib sich erfreuen in deiner Umarmung.
Dies sind die Dinge, denen des Menschen Sinnen und Trachten gilt[11].

118 Im Gilgamesch-Epos erschlägt Enkidu den Dämon Humbaba. Von diesem Dämon ist uns eine Vielzahl maskenähnlicher Darstellungen erhalten. Sie sind aus Ton geformt, das Gesicht häufig, wie auch hier, aus Eingeweiden von Opfertieren zusammengesetzt. Das Stück stammt vermutlich aus Sippar. London, British Museum; Höhe 8 cm.

Gilgameschs Suche nach dem ewigen Leben wird umrankt von einer Reihe weiterer Episoden, einschließlich einer Begegnung mit Utnapischtim (dem babylonischen Noah). Utnapischtim erzählt ihm die berühmte Geschichte von der Großen Flut (die in einem anderen akkadischen Epos, Atrahasis, mit größerer Ausführlichkeit wiedergegeben ist). Schließlich aber bleibt Gilgamesch ohne Erfolg, und die Geschichte findet ihr unausweichliches, unglückliches Ende.
Ein anderes großes Werk babylonischer Dichtkunst ist das sogenannte ›Weltschöpfungsepos‹, das nach seiner Eingangszeile auch *enuma elisch*, ›als oben ...‹ genannt wird[12]. Dieses Gedicht rezitierte man in den späteren Epochen der babylonischen Geschichte am vierten Tage des Neujahrsfestes. Es ist nicht der einzige babylonische Schöpfungsmythos, aber der bei weitem längste. Sein eigentliches Entstehungsdatum ist unbekannt; die uns überlieferte Form ist aber sicherlich nicht früher als in kassitischer Zeit verfaßt worden. Das *enuma elisch* berichtet davon, daß den Göttern Apsu und Tiamat, den Personifikationen der Urwasser unter der Erde (das Grundwasser bzw. die männliche Schöpferkraft) und des Meeres (weibliche Schöpferkraft), eine Reihe von göttlichen Kindern und Enkeln geboren werden. Diese jungen Götter aber sind so schwer zu bändigen, daß Apsu auf Anraten seines Wesirs Mummu beschließt, sie zu vernichten. Ea, der Gott der Weisheit, erfährt von diesem Vernichtungsplan und versetzt Apsu durch seine Zauberkraft in Schlaf; dieser wird nun, leblos, zum unbewegten Wasser der Tiefe. Über ihm errichtet Ea sein Haus in Eridu (Abb. 8), und hier wird Marduk, der eigentliche Held des Mythos, geboren:
Ganz erwachsen erschien er,
der Mächtigste unter den Starken.
Tiamat läßt sich nun überreden, an Ea Rache für ihren Gatten zu nehmen und erschafft zu diesem Zwecke ein Heer von Ungeheuern. In dieser schwierigen Lage weiß sogar Ea keinen Rat mehr, doch Marduk bietet sich an, zur Rettung der anderen Götter gegen Tiamat zu kämpfen, allerdings um den Preis, daß alle ihn als die höchste Gottheit anerkennen sollen, was ihm in der Götterversammlung feierlich zugesichert wird:
Du, Marduk, bist es, der am meisten geehrt wird unter den großen Göttern,
dein Schicksal ist ohne Beispiel, dein Wortführer ist Anu;
O Marduk, du bist am höchsten geehrt unter den großen Göttern.
Unveränderlich soll sein von diesem Tage an dein Befehl.
...
Wir haben dir zuerkannt das Königtum über den ganzen Kosmos.

Nun wollen die Götter wissen, ob Marduk auch das in ihn gesetzte Vertrauen rechtfertigt. So setzen sie ein Sternbild an den Himmel und verlangen, recht kindisch, daß Marduk dieses Sternbild verschwinden und wiedererscheinen lassen soll. Entzückt darüber, daß Marduk dieses ›Gottesurteil‹ meistert, überreichen sie ihm die königlichen Insignien und senden ihn aus, Tiamat zu besiegen. Nachdem er auch diese Tat vollbracht hat, fährt Marduk mit der Erschaffung von Himmel und Erde fort, und die dankbaren Götter errichten für ihn Babylon und Esagila. Das Epos endet mit der Aufzählung der 50 Ehrennamen Marduks.

Wir kennen noch eine ganze Reihe von anderen babylonischen Mythen und ebenso Werke aus weiteren Gattungen der Literatur wie z. B. Hymnen und Gebete an verschiedene Götter, Königshymnen und so hervorragende Schöpfungen wie die Klage über Urs Zerstörung und das Erra-Epos, das wir schon erwähnt haben. Es bleibt aber eine offene Frage, für welches Publikum diese so unterschiedlichen Erzeugnisse babylonischer Dichtkunst bestimmt waren. Hierfür gibt es nur wenige und vage Anhaltspunkte, ja wir wissen nicht einmal, in welchem Maße das allgemeine Publikum überhaupt Kenntnis von der schriftlichen Literatur haben konnte. Die Tatsache, daß nur die Schreiber lesen und schreiben konnten, legt die Vermutung nahe, daß einige Werke lediglich zur eigenen Erbauung oder zum eigenen Vergnügen von ihnen verfaßt wurden. Sie dürften kaum über die Schultore hinaus bekannt gewesen sein. Sicherlich gab es eine Art höfischer Poesie, und dann dürfen wir die Möglichkeit nicht außer acht lassen, daß die Dialoge vielleicht szenisch aufgeführt worden sind; einige Hymnen und Epen wurden mit Sicherheit an religiösen Feiertagen rezitiert, und weiter lassen einige Textstellen die Vermutung zu, daß auch der Kampf zwischen Marduk und Tiamat mimisch dargestellt worden ist. Aber in allen diesen Fällen wissen wir wiederum nicht, in welchem Umfang es der Öffentlichkeit gestattet war, hieran Anteil zu nehmen. Weiter dürfen wir wohl annehmen, daß es eine breitgefächerte und starke Überlieferung von Volksdichtung gab, die sich bis zu einem gewissen Grade schließlich auch in den frühen Dichtungen niedergeschlagen haben muß. Mit der Kassitenzeit allerdings dürfte diese volkstümliche Überlieferung abgerissen sein. Zurück blieb eine Literatur von hohem intellektuellem Anspruch, von Schreibergeneration zu Schreibergeneration weitergegeben, eine Literatur, die außerhalb dieser kleinen, hochgebildeten Gruppe kaum bekannt gewesen sein dürfte.

Religion[13]

Ein Assyriologe von Weltrang hat einmal geschrieben, daß »eine systematische Darstellung mesopotamischer Religion nicht geschrieben werden kann und sollte«[14]. Gewiß, erhellen doch die erhaltenen Zeugnisse nur einige wenige Aspekte jenes menschlichen Lebensbereiches, der in der Betrachtung von einer jeden, anders gearteten Gemeinschaft aus zu Mißverständnissen geradezu herausfordert. Vieles von dem, was über mesopotamische Religion geschrieben wurde, gibt nur wieder, welche unmittelbare Bedeutung sie für Priester und Könige hatte. Eine offene Frage hingegen ist, was für eine Rolle diese offizielle Religion denn im Leben des einfachen Bürgers gespielt hat. Dabei darf mit gutem Grund vermutet werden, daß ihr Einfluß verhältnismäßig gering war. Und schließlich bilden hier vielleicht mehr als in jedem anderen Bereich mesopotamischen Lebens die zeitliche Kluft und die Entfernung des eigenen Erfahrungshorizontes, die uns von der babylonischen Welt trennen, eine fast unüberwindliche Schranke vor dem Verständnis babylonischer Religion. Nur vor dem Hintergrund dieser Einschränkungen dürfen die folgenden kurzen Anmerkungen verstanden werden.

Die Ursprünge der babylonischen Religion reichen weit zurück in die prähistorische Vergangenheit. Zu der Zeit, in der in ausreichendem Umfang schon schriftliche Zeugnisse vorhanden sind, haben wir bereits ein kompliziertes und oft scheinbar widersprüchliches Gemisch aus sumerischen und semitischen religiösen Vorstellungen vor uns[15]. In späteren Zeiten lassen sich dann Verschmelzungen einer göttlichen Figur mit einer anderen beobachten, häufig mit der Beibehaltung beider ursprünglicher Namen, und diese Entwicklung führt schließlich zu der Entstehung einer verwirrenden Vielzahl von geringeren Gottheiten. Die Grundstruktur des mesopotamischen Pantheons, zumindest soweit sie uns aus den frühesten erhaltenen Texten überliefert ist, geht auf Götterlisten zurück, die etwa im 3. Jahrtausend aufgezeichnet wurden. Ursprünglich stand Anu, der Himmel – der freilich nur schemenhaft in der mesopotamischen Religionsgeschichte auftaucht –, an erster Stelle. Später wurden einige seiner Attribute übertragen, zunächst auf Enlil, dann auf Marduk in Babylonien und Assur in Assyrien[16]. Sein Hauptkennzeichen ist die Königswürde, und er war es, der das Königtum und dessen Insignien der Menschheit gebracht hat. Antum, Anus reichlich farblose Gefährtin, wurde schon in früher Zeit durch Ischtar ersetzt, die Göttin der Liebe und – in anderer Gestalt – des Krieges. Ihre Bedeutung als Fruchtbarkeitsgöttin geht zumindest bis in das 4. Jahrtausend zurück: als sumerische Göttin Inanna ist sie auf der berühmten Uruk-Vase dargestellt. Und unter verschiedenen Namen sollte sie schließlich später zur wichtigsten Göttin ganz West-Asiens werden. Sie überschattete in ihrer Bedeutung auch den Himmelsgott Anu in seiner eigenen Stadt Uruk, denn ihr heiliger Bezirk, Eanna, umschloß schon im 4. Jahrtausend eine höchst stattliche Anzahl öffentlicher Großbauten.

Enlil (Ellil, ›Herr der Winde‹) die Schutzgottheit von Nippur, war Anus Sohn. Ebenso wie sein Vater wurde er als ›Vater‹ oder ›König‹ der Götter anerkannt und war der erste, der in der Mythologie an Anus Stelle treten sollte. Auf seine Rolle als Nationalgott Sumers und als derjenige, der die Investitur des Königtums vornimmt, sind wir schon eingegangen. Ursprünglich ihm zugeordnet war auch die Tafel des Schicksals, auf der das Schicksal der Menschen und Götter festgeschrieben war, und die später auf Marduk überging. Ein anderer der großen Götter, obwohl vielleicht nicht gleichrangig mit Anu und Enlil, war Ea (Enki), der Herr des unterirdischen Ozeans oder der Urtiefe (Abb. 70), auf der nach der babylonischen Mythologie die Welt ruhte (vgl. oben). Er galt nicht nur als Freund der Menschen und Ursprung aller geheimen magischen Weisheit, sondern auch als derjenige, der die Men-

119 Viele Tonplaketten haben sich in Mesopotamien erhalten. In der Hauptsache hatten sie Votivcharakter oder dienten einem Unheil abwehrenden (›apotropäischen‹) Zweck. Dargestellt waren oft religiöse Gegenstände oder Themen. Diese Abbildung zeigt einen besonders schönen Drachen, das heilige Tier des Marduk (vgl. Abb. 116). Die Herkunft des Fundstückes ist unbekannt. London, British Museum; Höhe 9,2 cm.

schen die Künste und das Handwerk lehrte. Sein Kultzentrum befand sich in Eridu. Nach der *enuma elisch* ist Marduk Eas Sohn, doch sonst liegt die Abstammung dieses Gottes im dunkeln. Möglicherweise wurde er ursprünglich unter dem Namen Asalluhi mit der Stadt seines Vaters, Eridu, in Verbindung gebracht, und jedenfalls steht fest, daß Esagila zunächst einmal der Name eines Tempels in Eridu war; Marduk (Abb. 136) erscheint auch, ebenso wie Asalluhi, zusammen mit Ea bei Zauberritualen. Überraschenderweise bleibt Marduk seinem Vater im Bereich der Magie unterlegen; entsprechende Texte pflegen eine Wendung zu enthalten, in der Marduk seinen Vater Ea nach dem richtigen und besonders wirksamen Vorgehen fragt. Wie wir schon gesehen haben, vollzog sich der Aufstieg Marduks zur zentralen Gottheit im babylonischen Pantheon nicht vor der Zeit der Kassiten und vielleicht sogar erst zur Zeit Nebukadnezars I. Vielleicht dürfen wir hierin einen ausgeklügelten Schachzug sehen, um Babylon, das zu dieser Zeit im politischen Bereich die Hauptstadt geworden war, nun auch mit jener Aura von Autorität und Königswürde zu umgeben, die einstmals Enlils Stadt Nippur gebührt hatte. In der Spätzeit Babylons wurde dann der Titel *Bel*, ›Herr‹, als Synonym für Marduk gebraucht, der sich, ebenso wie auch Ischtar, verschiedene Aufgabenbereiche anderer Gottheiten angeeignet hatte:

Ninurta ist Marduk mit der Hacke,
Nergal ist Marduk des Angriffs,
Zababa ist Marduk des Kampfes von Mann gegen Mann,
Enlil ist Marduk der Herrschaft und des Rates,
Nabu ist Marduk der Abrechnung,

120 Kampfszenen, auf Siegeln sehr gebräuchlich, finden sich auch im Repertoire der Tonplaketten, wie aus diesem altbabylonischen Exemplar zu ersehen ist. Bagdad, Iraq Museum; Höhe ca. 10 cm.

Sin ist Marduk, der die Nacht erhellt,
Schamasch ist Marduk der Gerechtigkeit,
Adad ist Marduk des Regens ...[17]

Es wäre allerdings falsch, hier eine Entwicklung zum echten Monotheismus erkennen zu wollen, wurden doch auch die anderen Götter weiterhin angebetet. Mit Marduk eng verbunden war sein Sohn Nabu, der Gott von Borsippa, der Schutzherr der Schreiber und wie Ea und Marduk eine Gottheit der Weisheit. Im Laufe des 1. Jahrtausends erlangte Nabu einen solch hohen Grad an Beliebtheit (möglicherweise auf Betreiben der Schreiber selbst), daß er zu gewissen Zeiten seinem Vater Konkurrenz zu machen schien, ja wohl auf dem besten Wege war, Marduk aus seiner Stellung als oberste Gottheit in der Mythologie zu verdrängen.
Eine zweite Göttergruppe bildeten die Gestirnsgottheiten, die Sonne, der Mond, der Planet Venus, von denen vielleicht der Mondgott Sin (Nanna) der bedeutendste war (Abb. 74, 121). Sins eigentliches Kultzentrum befand sich in Ur, doch hatte er auch enge Beziehungen zu Harran, wo, wie wir bereits gelesen haben, Nabonid seine unpopulären Versuche unternahm, den Kult des Mondgottes wiederzubeleben. Sein Symbol war der zunehmende Mond. Der Sonnengott, Utu oder Schamasch, hatte eine einzigartige Position als Richter sowohl des Himmels als auch der Erde. Als Gott der Gerechtigkeit hatte er die besondere Aufgabe, die Armen zu beschützen. Schamasch, dessen Kennzeichen die Sonnenscheibe bildete, war ein Sohn des Mondgottes und genoß in Sippar und Larsa besondere Verehrung. Eine andere

121 Der Sonnengott, gekennzeichnet durch seine Säge und die von seinen Schultern ausgehenden Strahlen, wird auf akkadischen Siegeln oft abgebildet und zwar in seinem Boot. Der Bootsbug endet auf diesem Muschelsiegel aus Tell Asmar in der Gestalt eines Gottes oder Dämonen, der ein gegabeltes Stechpaddel hält; am Bug festgebunden ist ein menschenköpfiger Löwe. Chigago, Oriental Institute Museum; Höhe 3,7 cm.

bedeutende Gottheit, die oft im Zusammenhang mit dieser Gruppe genannt wird, haben wir in Adad, dem Wettergott, vor uns; sein Symbol ist der gezackte Blitzstrahl, und unter den Tieren ist der Stier ihm heilig. Bei den westsemitischen Völkern, aber ebenso auch in Assyrien, erfreute sich Adad (Hadad) ganz besonderer Wertschätzung. Es ist auffällig, daß in der Frühphase der hebräischen Religion Yahweh (Jehova) als Gott des Sturmes mit Attributen erscheint, die denen Adads ähnlich sind; wie dieser reitet Yahweh auf den Wolken und seine Stimme ist Donnergrollen. Ischtar, Göttin der Liebe und des Krieges, war wie Schamasch ein Kind des Mondgottes (Abb. 133); man sah sie in der Venus, dem Morgen- und Abendstern, und findet sie häufig als Reiterin auf dem Löwen, ihrem heiligen Tier dargestellt. Ähnlich wie Artemis führt sie gelegentlich eine Meute von Jagdhunden mit sich, und als geflügelte Kriegsgöttin erscheint sie bewaffnet mit Bogen und Köcher. Ihre Stadt ist Uruk, doch auch in Kisch, in Akkad und in einer Reihe assyrischer Städte wurde sie in Tempeln verehrt. Im 2. Jahrtausend war Ischtar zur bestbekannten babylonischen Gottheit geworden, die auch die am weitesten verbreitete Verehrung genoß. Ja, der Name Ischtar bekam schließlich die umfassende Bedeutung ›Göttin‹.

Eine eng mit Ischtar verbundene Gestalt ist Tammuz (Dumuzi); sein wahrer Rang im Pantheon der babylonischen Götter bleibt unklar, es scheint sich jedoch um eine niedrigere Gottheit zu handeln. Sein Tod und sein Verschwinden allerdings wurde an gewissen Kultstätten mit feierlichen Wehklagen rituell betrauert. Über Tammuz ist viel geschrieben worden, doch die Anhaltspunkte für den mit seinem Namen verknüpften Mythos der alljährlichen Wiederauferstehung bleiben widersprüchlich[18]. Die Gestalt Dumuzis scheint auf einen frühdynastischen König von Uruk (oder vielleicht Bad-tibira) zurückzugehen, der, ähnlich wie Gilgamesch, später zum Helden mancher Legende wurde.

Als Herrin der Unterwelt, die für gewöhnlich das ›Land, aus dem es keine Wiederkehr gibt‹ genannt wird, lernen wir die machtvolle Göttin Ereschkigal kennen, die in späterer Zeit mit dem so gefürchteten

Pestgott Nergal verschmolz. Ereschkigals Bote, Namtar (›Schicksal‹), erscheint oft in Zaubertexten; er war der Herold des Todes und führte in seinem Gefolge 60 Krankheiten mit sich, die er auf die Menschheit loslassen konnte. Ein anderer Gott, der sich häufig zu Nergal gesellt, ist Erra, der Herr der Pest und des Kriegs, gegen dessen Macht man oftmals amulettartige, unheilabwehrende Tafeln in den Häusern anbrachte. Den Vorstellungen vom Tode und vom Leben nach dem Tode fehlt in der babylonischen Mythologie jegliche Folgerichtigkeit. Es heißt zwar, daß es einen Palast mit sieben Toren gäbe, in dem Ereschkigal Hof hielte, doch wo er gestanden haben soll, bleibt unklar[19]. Es scheint auch, daß eine Art von ›Gericht‹ über die Toten abgehalten wurde; aber aufs Ganze gesehen waren die babylonischen Vorstellungen vom Tode eher pessimistisch, und im Leben nach dem Tode sah man bestenfalls eine trübe Spiegelung des Lebens auf der Erde. Das Verlangen nach ewigem Leben, das im Gilgamesch-Epos seinen höchsten Ausdruck fand, war allgemein verbreitet. Und nach den vielen Weihinschriften zu urteilen, in denen für die Stifter um ein langes Leben gebeten wird, betrachtete man das Leben selbst als kostbarstes Gut.

122 Altbabylonische Tonplakette mit einer mutmaßlichen Darstellung Nergals, des Gottes der niederen Regionen, hier in einem Sarkophag liegend. Er hält Zepter mit Löwenköpfen in den Händen und trägt im oberen Gürtel fünf Dolche, im unteren zwei Äxte und ein weiteres Zepter. New York, Metropolitan Museum of Art; Höhe 13,7 cm.

Die offizielle Religion: Dienst für die Götter

In Mesopotamien sind sowohl der Tempel als auch der Palast im Hinblick auf ihre ökonomische Funktion als ›Haushalt‹ zu bezeichnen. Beide spielten eine wichtige wirtschaftliche Rolle; und schon in früher Zeit scheint der Tempel auch eine gewisse soziale Verantwortung übernommen zu haben, vor allem im Hinblick auf einen Ausgleich der miserablen Lage der wirtschaftlich Unterprivilegierten. In der Praxis äußerten sich die daraus abgeleiteten Aufgaben in der Standardisierung von Gewichten und Maßen und der Festsetzung von Zinsraten. Nach der altbabylonischen Zeit scheint der Tempel in dieser Rolle an Bedeutung verloren zu haben, als nämlich die wirtschaftliche Macht des Palastes zunahm und das Amt der Rechtsprechung säkularisiert wurde.

Kern des mesopotamischen Glaubens war die Vorstellung, daß der Mensch geschaffen sei, um den Göttern zu dienen. Dies wurde stets buchstabengetreu ausgelegt, und man sorgte für die Gottheit wie für den König, versah sie mit Speise, Kleidung usw., wofür eigene Höflinge zuständig waren – die Tempeldiener sind in Anbetracht vieler ihrer Ämter mit dieser Bezeichnung wahrscheinlich besser beschrieben als mit dem Wort ›Priester‹. Eine Tempelhierarchie im üblichen Sinne ist an keiner Stelle belegt. Zum Tempelpersonal gehörte nicht nur der *sanga*, der ›Oberpriester‹, der allerdings in Wirklichkeit ebensogut ein Verwalter wie ein Priester war, weiter verschiedene Exorzisten, die *naru* oder Sänger und die *kalû*, die auch die Beruhigung des Gottes durch Musik zur Aufgabe hatten, sondern es zählten zum Tempel auch Leute wie Schreiber und Aufseher, die die Geschäfte des Tempelhaushalts abwickelten.

In der babylonischen Religion nahm das Bildnis des Gottes die zentrale Stellung ein. Man sah die Gottheit in ihrem Bilde als gegenwärtig an, so

123 Abdruck eines altbabylonischen Zylindersiegels aus Braunstein, gefunden in Tell Asmar. Auf der rechten Seite ist ein Beter zu sehen, der dem Sonnengott Schamasch ein Zicklein zum Opfer darbringt. Links davon steht Ischtar in Göttergestalt, mit ›Löwenzepter‹ und Krummsäbel. Chicago, Oriental Institute Museum; Höhe 3 cm.

daß, wenn ein Götterbild während eines Krieges etwa verschleppt worden war, die Gottheit bis zu dessen Rückkehr abwesend blieb. Daß das Bildnis auch beim Gebet ›im stillen Kämmerlein‹ eine bedeutende Rolle spielte, zeigt die weite Verbreitung wohlfeiler Tonrepliken von Götterbildern, und es wird auch berichtet, daß ein Sohn durchaus die ›Götter‹ seines Vaters erben konnte. Die Götterstatuen in den Tempeln waren in der überwiegenden Mehrzahl aus kostbaren Hölzern hergestellt, bedeckt mit prächtigen goldüberzogenen Gewändern, geschmückt mit Pektoralen (Brustplatte) und bekrönt mit Tiaren (Tiara = die Götterkrone). Sie wurden in besonderen Werkstätten angefertigt und, wenn nötig, auch repariert und anschließend einem komplizierten und streng geheimen Konsekrationsritual unterzogen, das sie mit ›Leben‹ erfüllte[20]. Das Bildnis stand auf einer Basis in der Cella des Tempels; hier ›lebte‹ dann der Gott mit seiner Familie und wurde ebenso wie der König in höfischer Manier bedient. Der Gott empfing die Besuche geringerer Gottheiten und nahm die Gebete von Bittstellern entgegen, wobei freilich zu bedenken ist, daß die Tempelcella den gewöhnlichen Sterblichen kaum zugänglich gewesen sein dürfte. Der Gott erfreute sich also wohl eher der Gesellschaft von göttlichen Höflingen und von Beterstatuen. Auch der König selbst konnte eine den Gott anbetende Statue von sich aufstellen. An bestimmten Festtagen wurde das Götterbild in feierlicher Prozession durch die Straßen getragen.

Tempelritual und Hofzeremoniell waren eng miteinander verknüpft. So können wir z. B. lesen, daß der Gott Nabu ebenso wie auch der König in den Tierpark ging, um zu jagen[21] (!). Man servierte dem Kultbild in aller Form und unter Tafelmusik seine Mahlzeiten, die aus Opfergaben bestanden sowie aus den Produkten von Land- und Viehwirtschaft des Tempels selbst. Wenn der Gott ›aß‹, dann war er – zumindest in späteren Epochen – den Blicken menschlicher Wesen und auch der Priester verborgen; leinene Vorhänge umgaben das Bildnis und seine Tafel. Wenn das Mahl beendet war, zog man die Vorhänge zurück, um sie alsbald wieder zu schließen, damit der Gott die Möglichkeit hatte, unbeobachtet seine Hände zu waschen. Es gibt zwar keinen direkten Anhaltspunkt dafür, daß der babylonische König hinter Vorhängen speiste, man darf aber vermuten, daß auch diese Praxis, ein fester Bestandteil des Rituals, ursprünglich am Königshof entstanden ist. Sicherlich übte man sie am persischen Hofe. Die Beschreibung des morgendlichen Zeremoniells liegt uns in einem Text aus Uruk vor; man fühlt sich bei der Lektüre stark an das europäische ›lever du roi‹ erinnert, und vielleicht war auch dieses Zeremoniell ursprünglich eine Eigenart des babylonischen Hofes[22]. Wenn der Gott ›gegessen‹ hatte, sandte man die Schüssel mit seiner Mahlzeit dem König zum Verzehr. Was nicht für die Tafel der Obergottheit, seiner Gemahlin, seiner Kinder oder seiner göttlichen Diener bestimmt war, wurde unter die Tempelverwalter und Handwerker verteilt. Die Menge der hierfür notwendigen Nahrungsmittel konnte durchaus beträchtlich sein: Ein seleukidischer Text aus Uruk zählt neben anderen Opfergaben den täglichen Bedarf für die Mahlzeit auf: Über 500 kg Brot, 40 Schafe, zwei Bullen, einen Ochsen, acht Lämmer, 70 Vögel und Enten, vier wilde Eber, drei Straußeneier, Datteln, Feigen, Rosinen und 54 Gefäße mit Bier und Wein[23].

Es hat den Anschein, daß es in Babylonien eine beträchtliche Anzahl von regelmäßig wiederkehrenden Festen gab, einschließlich der Feiern zum Erntedank und zur Schafschur; einige Städte hatten ihren eigenen Festkalender. Der höchste Feiertag war der Anfang des neuen Jahres. In neubabylonischer Zeit feierte man dieses Ereignis in den ersten elf Tagen des Monats Nisan, in welchen die Frühlings-Tagundnachtgleiche fiel. Das Zeremoniell schrieb für die ersten Tage verschiedene feierliche Waschungen und Gebete vor, und am Abend des vierten Tages wurde dann das ganze Epos der Weltschöpfung öffentlich vorgetragen. Nach Ansicht einiger Wissenschaftler geschah dies allerdings eher in der Art eines mittelalterlichen Mysterienspiels. Am fünften Tag, der weiteren Reinigungszeremonien vorbehalten war, kam der Gott Nabu aus Borsippa, um selbst am Feste teilzunehmen, und auch der König, dessen Anwesenheit für die Durchführung der Feierlichkeiten unerläßlich war, machte nun seine Aufwartung. Es war ihm gestattet, das Innere des Heiligtums zu betreten, freilich erst nachdem ihm der Oberpriester alle Insignien der Königswürde abgenommen hatte. Er mußte sich Demütigungen gefallen lassen, so etwa indem man ihm Wangenstreiche versetzte und ihn an den Ohren zog, und erst dann durfte er sich vor Marduk auf die Knie werfen; er hatte dem Gott zu versichern, daß er während des vergangenen Jahres weder Sünden begangen noch Esagila oder Babylon vernachlässigt habe. Nach einer Ansprache des *urigallu*-Priesters wurden dem König seine Insignien wieder zurückgegeben, und er wurde ein weiteres Mal auf die Wange geschlagen. Je schmerzhafter diese Angelegenheit war, desto besser ließ sich die Sache an, und tauchten gar Tränen in des Königs Augen auf, so glaubte man, Marduk sei zufriedengestellt. Am Abend nahm der König dann an einer Feier teil, bei der ein weißer Stier geopfert wurde. An dieser Stelle bricht der Text ab, doch wissen wir aus anderen Quellen, daß die nachfolgenden Zeremonien nicht nur jene berühmte Prozession zum Akitu-Haus außerhalb der Stadt einschloß, bei der der König ›die Hand Marduks hielt‹ und ihn von seinem Heiligtum den Prozessionsweg entlang und durch das Ischtar-Tor führte, sondern daß an einem der letzten Feiertage auch die sogenannte Heilige Hochzeit stattgefunden haben muß. Einzelheiten über den Ablauf dieses Zeremoniells im 1. Jahrtausend in Babylon sind nicht bekannt. Es scheint aber so zu sein, daß sowohl die Heilige Hochzeit als auch die Akitu-Prozession ursprünglich eigenständige Feste gewesen sind, die im Laufe des 1. Jahrtausends in die großen Feierlichkeiten zum Neuen Jahr einbezogen wurden.

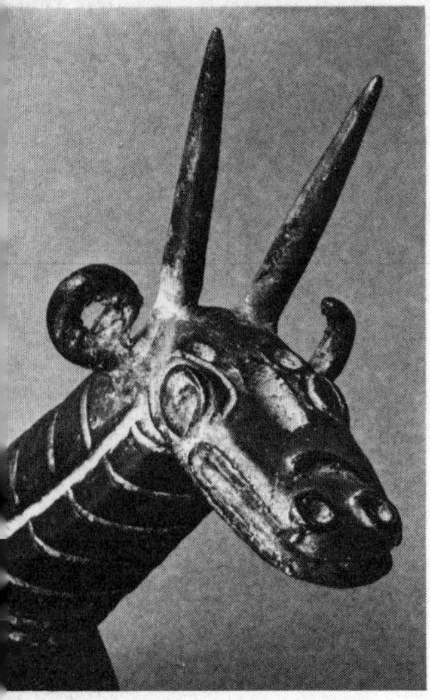

124 Bronzekopf eines *muschhuschhu*, des Drachen des Marduk, gefunden in Babylon. Deutlich zu sehen sind die Vipernhörner, die auf den Reliefs des Ischtar-Tores nur im Profil dargestellt sind (vergl. Abb. 116) 6. Jhr. v. Chr. Paris, Louvre; Höhe 14,6 cm.

Die Religion des einzelnen

Es ist unbekannt, bis zu welchem Grade die allgemeine Öffentlichkeit an diesen vielfältigen offiziellen Feierlichkeiten teilnahm. Sicherlich war sie als Zuschauer bei der großen Prozession anwesend; in einem überlieferten Text werden auch einzelne Vorschriften dazu gemacht: »Das Volk im Lande soll in seinen Häusern die Feuer anzünden und soll all den Göttern Festmahle bereiten. Sie sollen (die Texte) aufsagen . . .«[24]. Es hat den Anschein, als ob es dem einfachen Manne in Babylon nicht erlaubt war, das Heiligtum des Gottes zu betreten, und andere Texte beziehen sich darauf, daß bestimmte Teile des Tempels für den Außenstehenden geradezu verboten waren. In solchen Dokumenten ist auch von Ritualen die Rede, die man an einem »Ort, der nicht öffentlich ist« vollzog. Die riesige Einfriedigung aber, die die Zikkurat von Babylon umgab, muß Platz genug geboten haben, um dem Volk die Möglichkeit zu geben, wenigstens aus der Ferne jeglicher Zeremonie beizuwohnen (Abb. 111).
Die mesopotamischen Götter waren den Menschen nachgebildet: Auch ihnen hafteten Unzulänglichkeiten an, und ihr Verhalten war, genau wie bei den geringeren Wesen, nicht immer fehlerlos. Jeder Babylonier hatte seine eigene, persönlich-private Gottheit, der er Gebete und Opfergaben darbrachte und deren Pflicht es war, für ihn bei den

125 Abdruck eines Achat-Siegels aus Babylon. Abgebildet ist ein Priester vor einer fünfgeschossigen Zikkurat (oder Tempelturm), hinter ihm ein Fuchs, der einen Fisch fängt. Das Stück ist im Stil assyrisch, es wurde im Merkes gefunden und ins 9. bis 8. Jh. v. Chr. datiert. Berlin, Vorderasiatisches Museum; Höhe 7,2 cm.

anderen Göttern Fürsprache zu halten sowie ihm Schutz zu gewähren gegen die vielen Teufel und bösen Geister, die nach allgemeiner Überzeugung das Universum bevölkerten und auch den Göttern Schaden zufügen konnten. Zur Vorbeugung trug man Amulette, außerdem gab es eine Auswahl von ›Priestern‹ *(aschipu, maschmaschu)*, deren Aufgabe es war, mit Zauberformeln und einem bestimmten Ritual die bösen Mächte zu bannen. Wir kennen einige dieser Zaubersprüche; im allgemeinen richten sie sich an Gottheiten, die für ihre exorzistischen Fähigkeiten bekannt waren, oder beziehen sich auf die Hilfsmittel – z. B. das Feuer –, die man benutzte, um Puppen als Ebenbilder des Feindes zu zerstören. Diese magischen Texte sind von sehr unterschiedlicher Qualität, und ihre Bandbreite reicht von kurzen poetischen Meisterwerken wie z. B. dem ›Gebet an die Götter der Nacht‹ bis zu mehr oder weniger sinnlosem Wortgeklingel vom Typus des ›Abrakadabra‹[25]. Besonders gefürchtet waren die Geister von Menschen, die eines unnatürlichen Todes oder unter besonders ungünstigen Vorzeichen gestorben waren. Aber auch Beisetzungen mußten nach den überkommenen Riten fehlerfrei durchgeführt werden, sonst machten sich die Geister solcher Verstorbenen unangenehm bemerkbar. Viele böse Dämonen, so glaubte man, waren Kinder der beiden Obergottheiten Anu und Enlil, die der Menschheit nun wirklich nicht immer wohlgesonnen waren. Im Gegensatz zu ihnen war Ea stets freundlich und schenkte den Menschen die Wohltat der Magie und der Zauberkünste. Freilich, durchaus nicht alle Dämonen hatten nur Böses im Sinn. Die *schedu* und *lamassu* z. B. hielten in Gestalt menschenköpfiger Löwen und Stiere Wache vor den Toren der assyrischen Paläste. Private Wohnhäuser schützte man durch Figuren, die unter ausgeklügeltem Ritual hergestellt und geweiht und dann neben der Türschwelle vergraben wurden. Einige dieser Figuren hatten Hundegestalt und trugen so sprechende Namen wie ›Hör nicht auf zu denken, beiß zu!‹ oder ›Lautes Bellen‹[26].

Wir wissen nicht genau, welche Rolle die Religion wirklich im Leben des einfachen Babyloniers gespielt hat; immerhin läßt sich aber aus den entsprechenden Texten, einschließlich Privatbriefen, der Eindruck gewinnen, daß die verschiedenen Teufelsaustreiber des Zuspruchs von Bittstellern nicht ermangelten und daß auch zu Hause den persönlichen Göttern des einzelnen Opfer und Gebete dargebracht wurden. Der Text *ludlul bel nemeqi* beschreibt die Andachtsübungen des ›guten Menschen‹ (einschließlich der Trankopfer für seinen Gott und der zu den Mahlzeiten gesprochenen Gebete):

... einzig denkend an Gebet und demütige Bitte:
Flehen war mein Anliegen, Opfer meine Vorschrift;
Der Tag der Götteranbetung war mein Entzücken,
Der Tag der Prozession meiner Göttin mein Gewinn und Reichtum.
Die Verehrung des Königs war meine Freude,
Und die Musik zu seinen Ehren genoß ich.
Ich lehrte mein Land die göttlichen Bräuche zu achten,
Den Namen der Göttin zu ehren, befahl ich meinem Volke.
Die Majestät des Königs setzte ich der eines Gottes gleich[7].

Auf der anderen Seite läßt sich den Texten auch entnehmen, daß ein geringschätzigeres Verhalten gegenüber den Göttern gar nicht so ungewöhnlich war, ja, die gelehrte Literatur deutet sogar auf eine gewisse Illusionslosigkeit hin:
oh, daß ich nur wüßte, ob dieses einem Gotte wohlgefällt! …
Wer nur begreift den Ratschluß der Götter in des Himmels Mitte?[7]

Die Weissagungen

Zweifellos war die Weissagung die wichtigste Disziplin, die ein Mesopotamier unter der Bezeichnung ›wissenschaftlich‹ verstanden haben würde; wir dürfen darin also nicht etwa irgendeine primitive magische oder okkulte Machenschaft sehen; vielmehr stellt sie einen der wesentlichen Grundzüge mesopotamischen Lebens dar. Die obersten Wahrsager waren Leute von großem Einfluß und standen in hohem Ansehen. Bei allen wichtigen Angelegenheiten wurden sie um Rat angegangen und das nicht nur von Privatleuten, sondern auch von Vertretern des Staates. Stets begleitete ein solcher Wahrsager das Heer; er scheint in altbabylonischer Zeit sogar den Rang eines Generals gehabt zu haben. Und von dem Wahrsager des kleinen Landes Karana, mit Namen Aqbahammu, wird berichtet, daß er nicht nur die Tochter des Königs ehelichte, sondern auch seinen Schwager vom Thron stieß[27].
Es gibt eine Aufzeichnung von ›geschichtlichen‹ Vorzeichen, auf die weiter oben schon hingewiesen wurde. Sie beginnt in altbabylonischer Zeit mit der systematischen Niederschrift von einer Vielzahl von Omina, die man in ›Büchern‹ zusammenfaßte. Diese Sammlung bildet heute mit ihrer übergroßen Zahl einzelner Texte die umfänglichste Gattung erhaltener akkadischer Literatur. Jede der einzelnen innerhalb der langen Folgen von Weisungen beginnt, vielleicht wohlüberlegt, vielleicht aber auch ohne Absicht, in genau derselben Art wie die einzelnen Bestimmungen in den zeitgenössischen Gesetzestexten: ›Wenn das und das geschieht oder beobachtet wird, dann muß eine ganz bestimmte Folge eintreten.‹ In der gesamten antiken Welt galt die Wahrsagekunst der Babylonier als große intellektuelle Leistung. Es ist bemerkenswert, daß sie als einzige unter den keilschriftlichen literarischen Gattungen in der biblischen Literatur keine Entsprechung hat und bekanntlich von den hebräischen Propheten sogar verspottet wurde.
Grundsätzlich war die Weissagung eine Art Kommunikation mit den Göttern, die nach der Glaubensvorstellung der Babylonier das Schicksal der Menschheit sowohl im einzelnen als auch im allgemeinen bestimmten. Der Zweck der Wahrsagung war es, den Willen der Götter in Erfahrung zu bringen, was für den Babylonier ebensoviel bedeutete wie die Vorhersage künftiger Ereignisse. Dieser Überzeugung liegt nichts weniger als die Vorstellung zugrunde, daß alle wahrgenommenen Erscheinungen auf eine übernatürliche Ursache und Wirkung zurückgeführt werden können, zugleich aber auch der Glaube an die Mitwirkung der Götter insofern, als sie bereit sind, ihre Zukunftsabsichten zu enthüllen. Das vorhergesagte Übel war nicht unvermeidbar, verfügte man doch über eine Vielzahl von Reinigungsritualen *(namburbi)* und

andere Möglichkeiten, um unwillkommene Voraussagen abzuwenden. Die Methoden der Wahrsagekunst waren bunt und mannigfaltig; sie erstreckten sich von der Eingeweideschau über die Beobachtung von Öl in Wasser, von Rauch, der über den Weihrauchkuchen aufstieg, vom Verhalten der Vögel und anderer Tiere bis hin zur Einbeziehung von Himmelserscheinungen und anderen natürlichen Phänomenen. Deutlich wurde dabei zwischen künstlich hervorgerufenen und nicht eigens herbeigeführten, das heißt also natürlichen Vorzeichen unterschieden. Auch gab es von Epoche zu Epoche und auch von Region zu Region merkliche Abweichungen im Hinblick auf die Bevorzugung einzelner Methoden. Was schließlich die Traumdeutung angeht, so besitzen wir zwar einige Texte, die sich mit der Auslegung von Träumen beschäftigen, aber im allgemeinen hat sich die mesopotamische Weltanschauung erstaunlicherweise gegen die Vorstellung gesträubt, die Götter benützten die Menschen selbst, um ihre göttlichen Absichten kundzutun; tatsächlich erhielt ein Traum seine Bedeutung erst mit der Interpretation durch einen ›Sachverständigen‹[28]. Die Elemente einer schamanistischen Glaubensvorstellung, die sonst für primitive Religionen charakteristisch ist, fehlten also in Mesopotamien.
Große Bedeutung wurde dem Verhalten von Tieren vor den Pforten einer Stadt oder eines Palastes oder auch innerhalb des Tempels zugemessen; man sammelte diese irdischen Omina in einer Serie, die wenigstens 107 Tafeln enthielt und uns nach ihrem *incipit* (die immer wiederkehrende Anfangsformel der einzelnen Omina) unter dem Namen *schumma alu* (›wenn eine Stadt‹) bekannt ist. Eine andere Reihe solcher Wahrsagungen, *schumma izbu* (›wenn ein neugeborenes Tier‹), hat die Bedeutung der Geburt mißgestalteter Tiere zum Gegenstand[29]. Eine weitere Sammlung von etwa 40 Tafeln Umfang wendet sich im wesentlichen medizinischen Themen zu (sie wird im nächsten Abschnitt behandelt). Um die Mitte des 1. Jahrtausends verlagerte sich der Schwerpunkt der Wahrsagerei auf die Himmelserscheinungen. Das entsprach einer Entwicklung, die man eher als ›wissenschaftlichen‹ Fortschritt in der Astronomie bezeichnen möchte. Tatsächlich ordneten die Babylonier ihre Sterndeuter in die Gruppe der gelehrtesten Wissenschaftler ein, und unter den babylonischen Wahrsagekünsten war es gerade die Astrologie, die dem Land den höchsten Ruhm einbrachte. Die Deutung astronomischer Vorzeichen von verhältnismäßig primitivem Typ ist schon aus altbabylonischer Zeit bekannt, aber der eigentliche Aufschwung dieses so wesentlichen Zweiges der babylonischen Wahrsagerei vollzog sich erst später im 1. Jahrtausend. In Assurbanipals Bibliothek in Ninive haben sich besonders viele Texte mit astrologischem Inhalt erhalten.
Diese Sammlung bestand aus mindestens 70 Tafeln, die nach ihrer Eingangszeile *enuma Anu Enlil* (›wenn Anu und Enlil‹) heißt; allein 23 Tafeln davon beziehen sich auf die Beobachtung von Erscheinungen des Mondes. Den astronomischen und meteorologischen Erscheinungen – Donner, Regen, Hagel, Erdbeben – sprach man eine besondere prophetische Bedeutung zu in all den Angelegenheiten, die König und Staat betrafen. In den Archiven von Ninive sind Hunderte von Berichten erhalten, die von Fachleuten in Diensten des Königs eingeschickt worden waren. Diese Experten hatten, verteilt über das ganze Land, wie

in modernen Observatorien ihre Beobachtungen anzustellen und in regelmäßigen Abständen Berichte in die Hauptstadt an den König zu schicken:

Der König hat mir den Auftrag erteilt: beobachte und berichte, was auch immer sich ereignet! So berichte ich nun dem König alles, was mir günstig erscheint für meinen Herrn, von guter Vorbedeutung und wohltuend zu wissen[30].

Einige Stationen haben, so hat es den Anschein, tatsächlich nur über himmelskundliche Beobachtungen berichtet, während andere, deren Schreiber vermutlich höhere Bildung hatten, in ihre Berichte auch ominöse Deutungen einschlossen, die sie aus ihren umfänglichen Kompendien zitierten. Die allermeisten dieser Beobachtungsstationen befanden sich in Babylonien – in Babylon, Borsippa, Dilbat, Nippur und Kutha; die Entwicklung und Vervollkommnung dieses besonderen Fachgebietes ist ganz offenbar ein spezifisch babylonischer Beitrag zum Wissensstand in der antiken Welt. Eine Vielzahl astronomischer Texte zeigt, daß zumindest zwei dieser Observatorien, nämlich in Babylon und in Uruk, auch noch in seleukidischer Zeit in Betrieb waren, der griechische Geograph Strabon erwähnt astronomische Schulen in Uruk und Borsippa, und bei Plinius wird außerdem noch Sippar genannt. Die uns erhaltenen Kopien des *enuma Anu Enlil* stammen aus Babylon, Borsippa, Dilbat, Ninive, Assur sowie aus Kalhu (dem heutigen Nimrud), wo sie auf den ältesten uns bekannt gewordenen Wachsschreibtäfelchen festgehalten sind (siehe oben Kapitel 4).

Der Einfluß, den diese Astronomen bei Hofe hatten, darf nicht unterschätzt werden, wie besonders die Texte aus Ninive erkennen lassen. Gelegentlich entdeckt man in ihnen auch Anzeichen von Eifersucht zwischen Kollegen und diskrete Kommentare über die Fähigkeiten der anderen ›Konkurrenten‹:

Der Himmel verbietet es, daß jemand an den König, meinen Herrn, schreibt: ›Dieses Omen ist wertlos‹: Der König, mein Herr, sollte sich das nicht zu Herzen nehmen!

Gelegentlich erfahren wir auch von einer gewissen königlichen Abneigung gegenüber ungünstigen Vorhersagen:

Der König sollte diesem ungünstigen Omen vollen Glauben schenken … wie leichtgläubig ist der König, solange man ihm von vielversprechenden Vorzeichen berichtet![30]

In einem anderen Bericht beklagt sich ein Schreiber,

der König, mein Herr, sollte nicht sagen, ›da waren Wolken, wie konntest du Beobachtungen machen?‹

Aber sogar Könige, die wie Asarhaddon im Rufe standen, ungewöhnlich abergläubisch zu sein, schenkten den Prophezeiungen ihrer Wahrsager nicht immer Glauben:

Dies ist, was der Text sagt über die Eklipse (Verfinsterung), die sich im Monat Nisan zutrug: ›Wenn der Planet Jupiter während einer Finsternis anwesend ist, ist es gut für den König, weil an seiner Stelle eine wichtige Person bei Hofe sterben wird‹, doch der König verschloß seine Ohren – und siehe, ein voller Monat ist noch nicht verstrichen, und der Oberste Richter ist tot[31].

Die Medizin[32]

Der Ruf der mesopotamischen Medizin hat, vielleicht ungerechtfertigterweise, unter der oft zitierten, gleichwohl einfach aus mangelnder Information entsprungenen Bemerkung Herodots, man hätte in Babylonien Ärzte kaum gekannt, gelitten. Ganz im Gegenteil, der Kranke hatte die Möglichkeit, sich an zwei grundverschiedene Typen von Heilkundigen mit der Bitte um Hilfe zu wenden: der *aschipu* genannte Sachverständige bediente sich bei seinen Heilungen magischer Mittel, die zweifellos eine hohe psychologische bzw. psychosomatische Wirksamkeit hatten, während der ›praktische‹ Arzt und Pharmazeut, *asu*, sich bei seiner Behandlung ganz im Sinne der Medizin auf die Verordnung einer großer Vielzahl von Heilmitteln stützen konnte.

Schon aus dem 3. Jahrtausend besitzen wir Belege über die Ausübung der Heilkunde. Bei dem ältesten medizinischen Text, den wir kennen, handelt es sich um ein sumerisch geschriebenes Arzneibuch aus der Zeit der 3. Dynastie von Ur. Es enthält mehr als ein Dutzend Rezepte, bei deren Herstellung Rohmaterialien wie Milch, Schlangenhaut und Schildkrötenschale verwendet wurden; an Pflanzen benutzte man z. B. Kassie (Zimtpflanze), Myrte, Stinkasant *(asa foetida)* und Thymian sowie Früchte der Weide, des Birnbaums, der Fichte, des Feigenbaums und der Dattelpalme[33]. Die verordneten Heilmittel gab es in zwei Darreichungsformen, als Salben zur äußerlichen Anwendung und als Filtrat, oft in Bier aufgelöst, zum Einnehmen. Auf indirekte Weise enthüllen die Texte eine erstaunliche Vertrautheit im Umgang mit komplizierten chemischen Vorgängen und Wirkungen; so wird z. B. salpetersaure Pottasche (Kaliumnitrat) erwähnt, zu dessen Gewinnung (wenn man kein natürliches Vorkommen ausbeuten kann, Anm. d. Übers.) gewisse chemische Kenntnisse Voraussetzung sind. Auch gibt es Anweisungen, wie bestimmte der benutzten Substanzen zu ›reinigen‹ sind. Zwar waren es nach Ansicht der Sumerer und auch der Babylonier gefährliche Dämonen, die im Körper des Patienten zahlreiche Krankheiten verursachten, doch im entsprechenden Text finden sich keinerlei Hinweise auf Zaubersprüche oder Beschwörungen, was den Schluß zuläßt, daß auch in dieser frühen Periode die praktische Medizin von der Magie durchaus unabhängig sein konnte. Leider sind die Krankheiten, bei denen die erwähnten Medikamente anzuwenden waren, in unserem Text nicht aufgeführt.

Ein etwas langatmiger Text aus der neuassyrischen Periode liefert uns weitere, wenn auch spärliche Hinweise auf medizinische Behandlung[34]. Dieser Text ist in drei Spalten angeordnet und gibt der Reihe nach die Namen der Heilpflanzen an, dann die Krankheiten, gegen die sie verschrieben werden, und schließlich die Anwendungsmethode. In der ersten Spalte ist eine *materia medica* von mehr als 150 Punkten aufgeführt, und dabei wird auch angegeben, welchen Pflanzenteil man zu verwenden hatte und welche Vorsichtsmaßnahmen zu treffen waren. Die dritte Spalte liefert uns Angaben über die Temperatur, die Zahl der Einzeldosen, die Tageszeit usw., in der die Applikation erfolgen soll, und außerdem, nicht zu vergessen, ob der Patient vorher fasten mußte. Die größte Sammlung ›medizinischer‹ Texte aus Mesopotamien beschäftigt sich jedoch mit der Tätigkeit der *aschipu*[35]. Dieses Handbuch,

›Wenn der Exorzist in das Haus eines Patienten geht‹, ist in der Spätzeit zusammengestellt worden und umfaßt etwa 40 Tafeln, die in fünf Abschnitte unterteilt sind. In seiner äußeren Form ähnelt es den sonst bekannten Wahrsagungstexten. Die *protasis* (der ›wenn-Satz‹) bezieht sich allerdings ausschließlich auf das körperliche Erscheinungsbild oder das Verhalten des Patienten, und jeder Eingangssatz unterrichtet den *aschipu* über die Natur der Erkrankung und häufig auch über die Prognose, in der Art: ›Er wird genesen‹, ›Er wird sterben‹. Mit Ausnahme des leider schwer beschädigten vierten Abschnittes werden sonst keine Therapieanweisungen gegeben. Die ersten beiden Tafeln befassen sich, wie die Eingangszeile nahelegt, einzig und allein mit ominösen Ereignissen, die der *aschipu* auf seinem Wege zum Hause des Patienten haben könnte. Im zweiten Teil (12 Tafeln umfassend) sind die Krankheitssymptome nach den betroffenen Körperteilen geordnet, beginnend mit dem Schädel und endend mit den Zehen. Die Namen der Krankheiten entsprechen nicht der medizinischen Terminologie, sondern benennen die Gottheit oder den Dämon, der sie verursacht hat:
Wenn der Patient dauernd schreit ›mein Schädel! mein Schädel!‹, so ist es die Hand eines Gottes. Wenn er mit den Zähnen knirscht und seine Hände und Füße schüttelt, so ist es die Hand des Gottes Sin; er wird sterben.

Im dritten Teil (10 Tafeln) finden wir entsprechend dem Krankheitsverlauf von Tag zu Tag die Prognosen chronologisch zusammengestellt. Und am Ende dieses Abschnittes sind Gruppen von Symptomen aufgeführt, die auf bestimmte Krankheiten hinweisen:
Wenn eines Menschen Körper gelb ist, sein Gesicht gelb ist und seine Augen gelb sind und das Fleisch schlaff ist, dann ist es die gelbe Krankheit (Gelbsucht).

Der vierte Teil ist sehr schlecht erhalten, bietet aber zumindest bruchstückhaft Behandlungsmethoden für einzelne Fälle und eine Beschreibung unterschiedlicher Syndrome:
Wenn ein Mann von einem Schlag im Gesicht getroffen ist und sein ganzer Körper gelähmt ist, dann ist das die Folge des Schlages; er wird sterben (Schlaganfall).

Der fünfte und letzte Teil des Werkes (6 Tafeln) war offenbar Frauenkrankheiten gewidmet, und insbesondere solchen, die durch Schwangerschaft und Unterernährung hervorgerufen werden.
Die medizinischen Texte, die sich auf die praktische Tätigkeit der *asu* beziehen, sind gleichfalls nach der Art der Wahrsagetexte geordnet, doch sind hier kennzeichnende Symptome aufgeführt, denen detaillierte Anweisungen für die geeignete Medikation folgen. Das Niveau der medizinischen Berufspraxis, das sich in diesen Texten widerspiegelt, läßt sich zumindest bis in die altbabylonische Zeit zurückverfolgen; es hat allerdings den Anschein, daß der *asu*, zu jener Zeit ein Praktiker von einigem Rang, später bis zu einem gewissen Grade vom *aschipu* verdrängt wurde. Leider sind bisher viele der entsprechenden Texte noch kaum gedeutet, ja praktisch unerforscht; wir wissen deshalb auch nicht, in welchem Ausmaß dieser Eindruck – und genauso natürlich auch jedes von uns rekonstruierte Bild von medizinischer Berufspraxis in Babylonien – nicht vielmehr nur das besondere Interesse eines gelehr-

ten Kreises widerspiegelt, der vor allem in Ninive und Assur gesessen haben dürfte, wo die Mehrzahl der erhaltenen Handbücher kopiert und studiert wurde. Auch hier wieder machen wir also dieselbe Erfahrung wie in so vielen anderen Bereichen mesopotamischen Lebens: Wir wissen zwar einiges über die Verhältnisse am Hof selbst, aber so gut wie nichts über die Lebensumstände des einfachen Mannes.
Freilich, man unterschied nicht immer so deutlich zwischen *aschipu* und *asu*, wie es diese kurze Zusammenfassung glauben machen könnte. Gewißlich traktierte der *aschipu* seine Patienten vorwiegend mit den Zaubersprüchen und anderen magischen Prozeduren; aber gelegentlich nahm er auch zu Drogen Zuflucht, freilich nur indem ihnen ein magischer Sinn unterlegt wurde: *Dies sind 25 Drogen für eine Salbe gegen die Hand eines Geistes . . . Das Geheimnis der aschiputu* (magische Prozedur).

Auf der anderen Seite weiß man, daß auch der *asu* in Verlegenheit kommen konnte, sich magischer Mittel zu bedienen, selbst wenn er diese unter der Einschränkung gebrauchte: »Es ist nicht mein Zauberspruch, es ist ein Zauberspruch von Ea . . .«, das heißt aus dem Wirkungsbereich des *aschipu.* Die beiden Behandlungsmethoden schlossen sich also nicht gegenseitig aus, ja wir haben durchaus Grund zu der Annahme, daß unter bestimmten Umständen *aschipu* und *asu* sogar zusammenarbeiteten.
Wenn das Wirken von Geisterhand (dem besonders Erkrankungen von Ohren und Augen zugeschrieben wurden) so quälend ist, daß der aschipu *ihm nicht Einhalt zu gebieten vermag, mische du (gemeint ist der* asu*) acht Drogen zusammen . . .*
Und ein assyrischer Brief lautet: *Laß ihn einen* aschipu *und einen* asu *rufen und laß sie in meinem Auftrag zusammen die Behandlung durchführen*[36].

Zwei Stellen aus dem *ludlul bel nemeqi* verdeutlichen sehr anschaulich die Komplexität, den untrennbaren inneren Zusammenhalt aller jener Bereiche babylonischen Gedankengutes, die wir hier so fein säuberlich unter den uns vertrauten Rubriken wie Weissagung, Religion, Medizin aufgegliedert haben:
Mein Jammer wächst, Recht kann ich nicht finden,
Ich flehte zu meinem Gott, aber er verzog keine Miene;
Ich betete zu meiner Göttin, aber sie hob ihr Haupt nicht,
Der Wahrsager (baru) *mit seiner Wahrsagerei erkannte die Situation nicht.*
Durch Weihrauchopfer klärte der Traumdeuter (sa'ilu) *mein Recht nicht.*
Ich betete zum Geist zaqiqu, *aber er gab mir keine Ratschläge.*
Der Zauberer (maschmaschu) *zerstreute durch seine Magie nicht die Unbill, der ich ausgesetzt bin.*
Woher kommt denn das Übel, das mich von allen Seiten umgibt?
Meine Krankheitszeichen beunruhigten den maschmaschu, *und meine Omina haben den* baru *verwirrt.*
Der aschipu *hat den Grund meiner Beschwernis nicht feststellen können,*
Und auch der baru *hat meine Krankheit nicht zum Stillstand gebracht*[37].

Mag auch für uns Kinder des 20. Jahrhunderts diese Zweigleisigkeit der babylonischen Medizin nur schwer zu verstehen sein, die Babylonier haben offenbar recht gut zwischen den spezifischen Bereichen der Medizin *(asutu)* und der Magie *(aschiputu)* zu unterscheiden gewußt. Soweit die Texte überhaupt über die Art und Weise und das Ausmaß medizinischer Berufspraxis in Babylonien Auskunft geben, sprechen sie für das Niveau einer typischen Kräutermedizin, die auf einer hochentwickelten Arzneimittelkunde beruht und auch eine Anzahl von Drogen einschließt, deren heilende Kraft unumstritten ist.

Weiter erfahren wir aus den entsprechenden Texten, daß die Babylonier eine große Vielzahl von Krankheiten zu diagnostizieren und zu behandeln wußten. So lesen wir auf den Täfelchen die näheren Umstände für Erkrankungen des Auges und der Luftwege, für Leberleiden und Magenkrankheiten; hier bereitet allerdings der Umstand, daß sich das akkadische Wort *libbu* sowohl auf das Herz, den Unterleib, die Eingeweide und auch die Gebärmutter beziehen kann, der Übersetzung mehr als die üblichen Schwierigkeiten. Erwähnt werden weiter Krankheitsbilder wie Darmkatarrh, Kolik, Durchfall, Verstopfung, und man glaubt auch die Symptome der Ruhr in den Texten wiedererkennen zu können; andere Tafeln wiederum behandeln Erkrankungen der Geschlechtsorgane und Beschwerden in den Beinen einschließlich der Gicht. Aufzeichnungen über klinische Untersuchungsmethoden wie die Messung der Temperatur an verschiedenen Körperteilen, die Bestimmung von Pulsfrequenz und Pulsstärke, die Feststellung von Hautverfärbungen und Entzündungen und in gewissen Abständen die Beobachtung der Urinfarbe finden sich ebenso wie Belege über die Diagnose ansteckender Krankheiten.

Von der Wundversorgung erfahren wir wenig. Es ist sicherlich bezeichnend, daß die Lanzette als ›Messer des Barbiers‹ angesprochen wird. Aus dem Kodex Hammurabi entnehmen wir jedoch, daß auch chirurgische Eingriffe durchgeführt wurden und daß die Wundärzte sich auf das Einrichten von Knochenbrüchen verstanden. In der Tat ist es durchaus wahrscheinlich, daß viel an ärztlicher Kenntnis und Geschicklichkeit durch Beobachtung und praktische Übung erworben wurde, daß aber dieses Wissen aus dem Erfahrungsschatz keinen Niederschlag in den Handbüchern fand. So werden z. B. Schädeltrepanationen in den uns vorliegenden Texten überhaupt nicht erwähnt, obwohl man sie durchgeführt haben muß, wie Funde von trepanierten Hirnschädeln beweisen; die jüngste Entdeckung eines trepanierten Schädels kann sogar bis in die Zeit um 5000 v. Chr. zurückdatiert werden[38]. In einem altbabylonischen Text lesen wir von einem Kaiserschnitt, der aber offensichtlich erst nach dem Tode der Mutter vorgenommen wurde. Die Geburtshilfe war den Frauen überlassen, und in einem altbabylonischen Text aus Larsa finden wir einen, freilich bisher den einzigen, Hinweis auf eine Ärztin[39]. Eine weitere, leider etwas verschwommene Stelle läßt die Vermutung zu, daß man auch den Grauen Star operativ anzugehen wußte; ein spätbabylonischer Text schließlich erwähnt als Spezialisten einen Augenarzt.

Aus dem Kodex Hammurabi erfahren wir noch einiges weitere über die Ärzte, z. B. wie sie bezahlt wurden (die Gebühren richteten sich nach dem Besitzstand des Patienten und nicht nach dem Bekanntheitsgrad des Doktors!). Fahrlässigkeit und medizinische Irrtümer wurden mit Verstümmelung, ja unter Umständen sogar mit dem Tode bestraft.

Ärzte mit Privatpraxis scheinen selten gewesen zu sein, obwohl wir dafür sowohl in der Periode von Ur III als auch in altbabylonischer Zeit Belege finden; in der überwiegenden Mehrheit jedoch sind sie wohl so eine Art von Palastangestellten gewesen. Aus dem 14. Jahrhundert, der Zeit der Amarna-Briefe, hören wir von Hofärzten, die in die Fremde gesandt wurden, vermutlich mit dem Hintergedanken, dadurch bei den dafür empfänglichen fremden Herrschern die Hochachtung vor den Ärzten des babylonischen Königs zu steigern. Ganz ähnliche Hinweise finden wir in den Briefen aus Mari. Einer der humorvollsten babylonischen Texte ist ›die Geschichte des armen Mannes aus Nippur‹[40], der auf seine Art an die Erzählungen aus ›Tausend und eine Nacht‹ erinnert. Es werden drei Streiche geschildert, die der arme Mann einem geizigen Bürgermeister spielt. In der zweiten Episode verkleidet sich dieser Possenreißer als Arzt *(asu)*. Es ist dies eine der wenigen Textstellen, aus denen wir etwas über die Allgemeinmedizin erfahren, ja auch über die äußere Erscheinung des Arztes: sauber rasiert und die beiden Insignien seiner Würde mit sich führend, ein Trinkgefäß und ein Weihrauchfäßchen. – Andere Textstellen zeigen, daß der Arzt auch noch einen Arzneibeutel bei sich trug. – Der Schelm von Doktor aus der Geschichte bezeichnet sich als gebürtig aus der gelehrten Stadt Isin, wo unlängst der Tempel der Göttin Gula (Abb. 61), der Göttin der Heilkunst, ausgegraben wurde (siehe oben Kapitel 4). Unser Wissen über die babylonische Medizin stammt freilich zum größten Teil aus den erwähnten Gelehrtenhandbüchern der Schreiberschulen und Bibliotheken. So macht uns die schlichte Erzählung vom ›armen Mann aus Nippur‹ nur allzu deutlich klar, wie beschränkt unsere Kenntnisse über die einfache, tagtäglich geübte ärztliche Praxis zu jener Zeit sind.

Mathematik[41]

Eine wahrhaft bemerkenswerte Leistung der Babylonier ist das von ihnen entwickelte komplizierte mathematische System. Da sich nur sehr wenige Texte spezifisch mathematischen Inhalts erhalten haben, wissen wir unglücklicherweise nichts über die Anfänge. Immerhin tauchen Zahlensymbole schon auf den ältesten Täfelchen auf (Abb. 5). Bei den meisten unter den uns vorliegenden Texten handelt es sich um Schrifttafeln für den Gebrauch an Schulen, so z. B. bei den Täfelchen von Tell Harmal (Abb. 56). Sie stammen aus der altbabylonischen Periode, zu welcher Zeit das System bereits vollständig entwickelt gewesen sein muß. Wir finden hier bereits die Multiplikation und Division vor, die Berechnung von Quadratzahlen und Quadratwurzeln sowie von Kubikzahlen und Kubikwurzeln, von reziproken Werten und Exponentialfunktionen sowie die Summierung von Flächen- und Rauminhalten, die für die numerische Lösung bestimmter kubischer Gleichungen benötigt werden usw. Auf einer Tafel sind die Annäherungswerte von reziproken irregulären Zahlen errechnet; auch kennt man bereits die Annäherungswerte für $\sqrt{2}$ und $\sqrt{3}$. Allein schon nach den Tafeln aus der Zeit um 1800 v. Chr. zu urteilen, waren die Babylonier die Spitzenmathematiker der antiken Welt!

126 Altbabylonische Tontafel mit Mathematikaufgaben (heute im British Museum). Die Fragestellung ist durch konzentrische Kreise anschaulich gemacht; diese bedeuten ein Dorf, umgeben von einem Graben und einem Deich (äußerer Kreis). Die Lösung erfordert bestimmte geometrische Berechnungen; gegeben sind der Umfang des Dorfes, eine konstante Entfernung zwischen Dorf und Graben und zwischen Graben und Deich, Tiefe und Rauminhalt des Grabens und die Neigung des Deiches. ». . . jenseits des Grabens machte ich einen Deich, eine Elle auf eine Elle beträgt seine Neigung. Welches sind die Maße seiner Basis, seiner Spitze und seiner Höhe? Und wie groß ist sein Umfang?« Höhe der Tafel 22,9 cm. (Lösung siehe RA 29, 1932, 60–61!)

Neben den theoretisch mathematischen Abhandlungen finden sich auch, und zwar in einer großartigen Variationsbreite, konkrete mathematische Aufgaben oder Lösungsvorschläge aus dem Bereich von Algebra und Geometrie (Abb. 126). Manche davon sind ausgesprochen sachbezogen und betreffen z. B. die Aushebung oder Erweiterung von Kanälen, das militärische Pionierwesen, Erdbewegungen, die Schätzung von Mengen usw. Zu den zahlreichen metrischen Tafeln gehören solche mit Angaben über Gewichte und Maße, ein eindeutiger Hinweis auf die primär praktische Nutzung der babylonischen Mathematik. Man verwendete Tafeln mit Exponentialfunktionen, um den Zinseszins zu berechnen, und bediente sich besonderer Listen mit ›Koeffizienten‹ im Umgang mit so alltäglichem Mengengut wie Ziegeln, Asphalt, Kupfer oder Gerste.

Die babylonische Mathematik scheint sich in den Rechenoperationen größtenteils auf algebraische Verfahren gestützt zu haben, obwohl der Schritt zu einer bewußten algebraischen Konzeption nie getan wurde. Zahlreiche Aufgabenstellungen hat man bewältigt, indem man sie auf die gängigen Formen quadratischer Gleichung reduzierte, was an sich schon eine bemerkenswerte Entwicklung darstellt. Allerdings gibt es auch Beispiele, die unseren Lösungsformen für Gleichungen vierten und sechsten Grades entsprechen, und eine Tafel aus Susa läßt sogar auf eine besondere Aufgabe einer Gleichung achten Grades schließen[42]. Geometrische Vorstellungen scheinen dagegen in der babylonischen Mathematik nur eine untergeordnete Rolle gespielt zu haben, obwohl in diesem Zusammenhang nicht verschwiegen werden sollte, daß sich die babylonischen Gelehrten des pythagoreischen Lehrsatzes und ähnlicher geometrischer Prinzipien zu bedienen wußten, tausend Jahre bevor der berühmte griechische Mathematiker das Licht der Welt erblickte. Ansonsten aber hat man die Geometrie wohl eher als einen der Gegenstände des praktischen Lebens angesehen, der mit arithmetischen Verfahrensweisen zu bewältigen war. Geometrie im euklidischen Sinne war unbekannt, wie aus Lösungen hervorgeht, in denen Flächen und Strecken addiert oder Flächen multipliziert werden. Eine Tafel allerdings – sie definiert Aufgaben, die den Flächeninhalt eines Kreises mit der Fläche von polygonalen Formen in Beziehung setzt – beruht offensichtlich zweifelsfrei auf theoretischen Überlegungen (Abb. 127)[43]. Wenn die Überlieferung reichlicher flösse, dürften wir unsere jetzige Vorstellung von babylonischer Geometrie wohl sicher korrigieren müssen.

127 Die altbabylonischen Mathematiker kannten eine ganze Reihe komplizierter geometrischer Zusammenhänge. Dieses Diagramm ist die Kopie aus einem der wenigen altbabylonischen, mathematischen Texte, die uns im Inhalt theoretisch zu sein scheinen. Die Tafel bot geometrische Aufgaben, bei denen der Studierende den Flächeninhalt verschiedener Figuren zu berechnen hatte. »Ein Quadrat, dessen Seite 1 ist. Es enthält 4 Viertelkreise und 16 Boots-Figuren. Ich habe 5 gleichseitige Vierecke mit konkaven Seiten gezeichnet. Welchen Flächeninhalt haben sie?« Nach Saggs.

Die babylonische Mathematik gründete sich auf das sexagesimale Notationssystem der Sumerer. In diesem System werden 60 Einheiten einer Ordnung in der nächst höheren Ordnung als 1 geschrieben (wir benutzen heute noch ein ähnliches System bei der Zeit- und Winkelmessung, *Anm. d. Übers*). Innerhalb dieses Zahlensystems läßt sich ein dezimaler Unterbau erkennen, der aber bei mathematischen Berechnungen selten herangezogen wurde. Die 60 als Grundzahl bietet viele Vorteile, einschließlich einer großen Anzahl von Divisoren, die unter anderem einfachere Berechnungen mit Bruchzahlen ermöglichen. Ursprünglich wurden die Zahlen der höheren Ordnung lediglich mit einem größeren Zeichen geschrieben, doch schon im 19. Jahrhundert v. Chr. hatte man ein Stellenwert-System entwickelt. In unserem eigenen Zahlensystem z. B. läßt sich 526 wie folgt faktorisieren: $(5\times10^2) + (2\times10) + 6$; im Sexagesimalsystem bedeutet dieselbe Zahl: $(5\times60^2) + (2\times60) + 6$ bzw. 18.126 in der dezimalen Schreibweise. Unter den antiken Mathematikern waren es also einzig und allein die Babylonier, die ein Stellenwert-System entwickelt haben, das ebenso wie unser hindu-arabisches System eine Flexibilität in der Zahlenfolge erlaubt: Erst diese Leistung machte die Entwicklung der höheren Mathematik überhaupt möglich.

Freilich hatte das babylonische System zwei ihm innewohnende Schwachpunkte: Die Zeichengebung war plump und unbeholfen, und außerdem gab es noch kein Symbol für den Wert 0. Offensichtlich haben schon in der altbabylonischen Zeit einige Mathematiker diesen Mangel empfunden, denn gelegentlich lassen sie dort, wo eine 0 stehen sollte, eine Stelle frei. Irgendwann im 1. Jahrtausend, wahrscheinlich in der persischen Periode, vielleicht aber auch schon um das Jahr 700, erfand man dann für die 0 ein eigenes Zeichen[44]. In den seleukidischen astronomischen Texten fand es regelmäßig Verwendung, wenn auch niemals am Ende einer Zahl. Es blieb schließlich, über 1000 Jahre später, den Mathematikern der Hindus überlassen, diesen letzten Schritt zu tun, nämlich Notationen für die kleineren Dezimalstellen einzuführen – unser heutiges System war damit vollendet. Seltsamerweise haben es die Griechen und Römer unterlassen, trotz der auf der Hand liegenden Vorteile, die Stellenwert-Notation zu übernehmen, obwohl sich die hellenistischen Astronomen, ihre Nachfolger in Indien, und später auch die islamischen und europäischen Wissenschaftler für ihre astronomischen Berechnungen das Sexagesimalsystem zu eigen machten. In der Tat benutzen wir es ja heute noch bei der Messung von Bögen, Winkeln und der Zeit. Der babylonische Tag gliederte sich in 12 ›Doppelstunden‹, deren jede in 60 ›Doppelminuten‹ eingeteilt war, von denen wiederum jede aus 60 ›Doppelsekunden‹ bestand. Dieses System wurde in der babylonischen Gefangenschaft von den Juden übernommen und ging von diesen auf Griechen und Römer über. Der 24-Stunden-Tag ist eine hellenistische Erfindung, die letztlich auf ägyptischen Ursprung zurückgeht.

Maße, Gewichte und Tauschhandel

Die Babylonier entwickelten eine systematische Reihe von Maßen und Gewichten, die in ihrer einfachen Handhabung, in der inneren Logik und in der Leichtigkeit bei der Umrechnung schon bemerkenswert zu nennen sind. Auch sie basierten im wesentlichen auf dem Sexagesimalsystem. Der absolute Wert allerdings konnte von Stadt zu Stadt und auch von einer historischen Epoche zur anderen schwanken, ein Umstand, der auch im heutigen Irak nicht ganz unbekannt ist, wo sich die *Huga* von Bagdad und Mossul in ihrem absoluten Gewicht unterscheiden. Es ist daher unmöglich, für die jeweils erwähnten Maße einen gleichmäßigen Wert auszurechnen. Die Gewichte gründeten sich auf der willkürlichen Vorstellung der ›Last‹, die von einem Mann oder Tier getragen werden konnte, während für die kleineren Einheiten konventionelle Werte festgesetzt wurden. So erfuhr die Last oder das ›Talent‹ *(biltu)* eine Einteilung in 60 ›Minen‹ (Akkadisch: *manû*) und die ›Mine‹ in 60 ›Schekel‹ *(schiqlu)*. Die ›Mine‹ wog etwa 0,5 kg, das ›Talent‹ also etwa 30 kg (Abb. 128). Gelegentlich wird auch die Gewichtseinheit *sche* (oder *schie*) verwendet. Wörtlich übersetzt bedeutet es ›Korn‹, eine Erinnerung daran, daß das Kornmaß früher sowohl eine Gewichtsangabe als auch eine Wertangabe ausdrücken konnte. In der spätbabylonischen Zeit wurden kleine Gewichte dann in Bruchteilen von Schekeln ausgedrückt. Die Längenmaße basierten auf der Elle (etwa 50 cm) und die babylonische ›Meile‹ *(beru)* war um 10 km lang. Diese Strecke entsprach der Zeit, die ein Mann benötigte, um eine solche Distanz in der babylonischen Doppelstunde zu überwinden, die ebenfalls *beru* genannt wurde. Die Grundeinheit für den Rauminhalt war *qa*, die von einer zur anderen Epoche erhebliche Unterschiede aufweisen konnte

128 Die babylonischen Gewichte bestanden in der Regel aus Hämatit (›Bluteisenstein‹) und hatten die Form einer Ente. Bei dem hier abgebildeten Stück handelt es sich um eines der größten, das je gefunden wurde. Sein Gewicht beträgt 26,680 kg. Es wurde in Babylon, in einem der Vorratsräume an der Ostseite der Zikkurateinfriedung entdeckt. Nach der Inschrift handelte es sich bei seinem Gewicht um ein ›genaues Talent‹. Istanbul, Archäologisches Museum; Länge 40 cm.

(von etwa 0,4 l bis etwa 0,85 l). In Assyrien wurde auch das *imeru* (›Eselslast‹) als Raummaß gebraucht. Die Grundlage des Landmaßes war *ikû* oder ›Feld‹, etwa 0,35 ha groß. Die größte Flächeneinheit war dagegen das *buru* (entsprechend 18 *iku,* etwa 6,3 ha). Von der Kassitenzeit an bediente man sich häufig, um die Größe eines bestimmten Stückes Land anzugeben, auch der Kornmenge, die man benötigte, um es einzusäen.

Wie schon gesagt, war Korn das ursprüngliche Maß sowohl für das Gewicht als auch für den Wert. Aber schon im 3. Jahrtausend war das Silber zum Standard im Zahlungsverkehr geworden. Als Zahlungsmittel benutzte man Silber in Gestalt von Barren und anderen Gußformen; es wurde stets gewogen. Bei der Abwicklung gewöhnlicher Geschäfte, die auf ›Silberwährung‹ beruhten, ging das Silber im Normalfall allerdings nicht von Hand zu Hand. Das ›zirkulierende‹ Silber war gestempelt, um einen gewissen Mindestgehalt dieses Metalls zu garantieren; in neubabylonischer Zeit führte das schließlich dazu, daß das in Zahlung gegebene Material minderwertiger wurde als industrielles Silber. Es wundert uns deshalb nicht, daß sich auch Belege finden, nach denen die Annahme der wertlosen Silberbarren verweigert wurde: »Gestempeltes Silber kann man nicht als Bezahlung annehmen. Nimm reines Silber«.

Die Lydier des 7. Jahrhunderts sind es, denen man im allgemeinen die Erfindung der Münzprägung zuschreibt. Ein eher beiläufiger Hinweis in den Jahrbüchern des Sanherib (704–681) bezeugt jedoch, daß um diese Zeit in Mesopotamien bereits kleine ›Kupfermünzen‹ in Umlauf waren: »Ich machte tönerne Gußformen, ließ Bronze in eine jede hineinfließen und machte die Stücke perfekt, wie beim Guß von Halbschekelstücken«[45]. Im Jahre 493 erließ dann Darius I. ein Edikt, das die Prägung von Silbermünzen im persischen Reich einführte, Babylon eingeschlossen. In der Seleukidenzeit hing der Wert der Silbermünzen nicht nur von ihrem Gewicht ab, sondern auch von dem Herrscher, der sie hatte prägen lassen.

Mit der zwangloseren Handhabung des Geldes, die erst der Münzumlauf ermöglichte, gelangten auch die Privatbanken zu einer bis dahin in Babylonien nicht gekannten Blüte; schon vom 6. Jahrhundert an kennen wir sogar eine ganze Anzahl regelrechter Dynastien von Bankiers, wie z. B. die Familie Egibi in Babylon und die Familie Muraschu in Nippur, die sich ungeheure Vermögen erwerben konnten – u. a. dadurch, daß sie ihr Geld zu Wucherzinsen ausliehen. In den westlichen Regionen des Reiches betrachtete man die babylonische Gepflogenheit, bei gewissen Darlehen Zinsen zu nehmen, als ausgesprochen unfeine Art, wenn nicht gar als geradezu gottlos. Besonders deutlich spiegelt sich diese Einstellung in der ablehnenden Haltung des Alten Testamentes gegenüber den Wucherern wider sowie in der Verachtung, die die Hebräer gegenüber den Kaufleuten aus Babylon an den Tag legten. Und ein Brief aus Ugarit (an der Küste Syriens) liest sich folgendermaßen: »Zahle die noch ausstehenden 140 Schekel aus deinem eigenen Vermögen, aber laß uns untereinander keine Zinsen berechnen – wir sind ja beide Edelmänner«[46]!

Astronomie

Die frühesten Berichte über die Beobachtung von Himmelserscheinungen in Mesopotamien finden sich in den Sterndeutungen aus der Regierungszeit des altbabylonischen Königs Ammi-saduqa (1646–1626). Sie berichten über das Erscheinen und Verschwinden des Planeten Venus hinter der Sonne. Diese Zeugnisse sind allerdings, wenn auch für die Chronologie von einiger Bedeutung, für die Geschichte der Astronomie mehr oder weniger wertlos. Immerhin ist ein zunehmender Bestand an himmelskundlichen Beobachtungen belegt, zunächst zwar immer noch in Verbindung mit der Auslegung von Omina, vielleicht aber doch auch schon von einiger Bedeutung für das babylonische Kalenderwesen. Dieselbe Verknüpfung war schon für die oben erwähnte *enuma Anu Enlil* kennzeichnend, jene lange Aufzählung von Himmelsvorzeichen, die ihre endgültige Form offenbar in der Kassitenzeit erhalten hat, und außerdem auch noch für die systematische Berichterstattung über astronomische Vorzeichen am babylonischen Hof, die möglicherweise bereits in die Zeit Nabonassars (747–734) fällt und dann vom 7. Jahrhundert an in Ninive gut dokumentiert ist. Einen Überblick über den Wissensstand der damaligen Zeit gibt eine weitere 3-Tafel-Reihe, nach ihrem Anfang *mul-apin*, ›der große Bär‹ genannt, die ebenfalls aus der Bibliothek Assurbanipals stammt. Sie ordnet die Fixsterne nach drei parallelen ›Bahnen‹ und beschreibt die Bewegungen des Mondes und der Planeten usw. Gleichzeitig führte man auch astronomische ›Tagebücher‹, in denen vornehmlich Himmelsbeobachtungen aufgezeichnet wurden, in denen man aber auch ›vorhergesagte‹ Daten festhielt über Sonnenwenden und Tagundnachtgleichen, Sonnenfinsternisse und sonstige planetarische Phänomene[47]. In ihrer frühen Phase stellt sich also die babylonische Astronomie als noch ziemlich unbeholfen dar, und ihr Charakter war bis dahin weitgehend qualitativer Natur; von einer echten mathematischen Astronomie dürfen wir erst von der Seleukiden-Ära an sprechen, obwohl in diesem Zusammenhang nicht vergessen werden darf, daß die Anfänge dieser

Entwicklung wohl schon in achämenidischer Zeit liegen[48]. In der Seleukidenzeit verfügten dann die Babylonier in der Astronomie über ein hochentwickeltes theoretisches Rüstzeug, das mit den zeitgenössischen griechisch-hellenistischen Systemen durchaus gleichrangig war. Ja, die Griechen selbst haben den Babyloniern eine alte astronomische Tradition zugeschrieben. Auf diesen Zusammenhang geht möglicherweise eine etwas zweifelhaft überlieferte Begebenheit zurück, die im 6. nachchristlichen Jahrhundert Simplicius berichtet: Danach habe Kallisthenes, ein Neffe des Philosophen Aristoteles, seinem Onkel aus dem Feldzug des Alexander eine vollständige Aufstellung von Sonnenfinsternissen übersandt, die die Babylonier angeblich über einen Zeitraum von 1900 Jahren beobachtet hätten (das würde heißen, vom Ende des 3. Jahrtausends an). Ein wichtiges Motiv für die Entwicklung der exakten Astronomie könnte durchaus in dem Bemühen gelegen haben, das Kalenderwesen verläßlich zu ordnen, verbunden mit der Notwendigkeit, astronomische Ereignisse genauer vorhersagen zu können. Wie in den meisten antiken Kulturen richtete sich auch der mesopotamische Kalender nach dem Mond. Das Mondjahr ist bekanntlich um mehr als 11 Tage kürzer als das Sonnenjahr, und so muß alle drei Jahre, wenn man die beiden Kalender in Übereinstimmung halten will, ein zusätzlicher Monat eingefügt werden. Bis um 450 v. Chr. etwa hatte die Kalenderregulierung durchaus zufälligen Charakter, was nur allzu deutlich aus einem Erlaß Hammurabis hervorgeht: »Dieses Jahr hat eine Lücke. Der folgende Monat soll zweiter Elulu heißen«. Dann beeilt sich der König hinzuzufügen, daß die Steuern bis zum 25. Tag des zusätzlichen bzw. ›interkalendarischen‹ Monats bezahlt werden müssen und nicht erst zum 25. des folgenden regulären Montas. Irgendwann nach der Mitte des 5. Jahrhunderts (mit Sicherheit von 380 v. Chr. an) bediente man sich einer bestimmten Kalenderschaltregel, des Metonischen Zyklus[49], so genannt nach Meton, einem griechischen Astronomen des 5. Jahrhunderts, dessen Verbesserungsvorschläge allerdings in Athen nicht angenommen worden waren. Es handelt sich dabei um einen 19-jährigen Zyklus von sieben Jahren mit je 13 Mondmonaten und 12 Gemeinjahren mit 12 Mondmonaten. Dieses gebundene Mondjahr oder Lunisolarjahr, das zuerst in Babylon benutzt wurde, bildete nicht nur die Grundlage für den seleukidischen Kalender, sondern später auch für den jüdischen und den christlichen Sakralkalender.

Die Einführung des Mondjahres mußte aber noch ein anderes Problem aufwerfen, dessen Lösung sich schwieriger anließ. Der babylonische Monat begann ebenso wie der jüdische und der islamische mit dem Auftauchen des zunehmenden Mondes. Nun aber lautet eine weit verbreitete irrige Annahme, die babylonischen Astronomen wären in ihren Beobachtungen äußerst genau gewesen, wozu der klare Nachthimmel über Mesopotamien die günstigsten Voraussetzungen geliefert hätte. Die Praxis aber zeigt, daß die babylonischen Sterngucker vor allem daran interessiert waren, das Erscheinen und Verschwinden von Himmelskörpern festzustellen. Dabei handelt es sich nun wiederum um Beobachtungen, die vornehmlich knapp über dem Horizont gemacht werden müssen, und dieser ist in Mesopotamien nur selten scharf abgegrenzt, dafür häufiger verschwommen durch die fast obliga-

129 Astronomischer Text aus der Zeit des Seleukidenherrschers Antiochos I., gefunden in Uruk. Zur Linken der Planet Jupiter; eine geflügelte Schlange mit den Vorderpfoten eines Löwen repräsentiert das Sternbild Hydra; auf diesem Fabelwesen steht ein Löwe, den seine Inschrift als zum Tierkreis gehörend ausweist. Berlin, Vorderasiatisches Museum; noch erhaltene Höhe der Tafel 9,5 cm.

torischen Staubwolken über der Ebene. So nimmt die Bemerkung des im 2. Jahrhundert n. Chr. in Alexandrien lebenden griechischen Astronomen Ptolemaios nicht wunder, der zwar bestätigt, daß ihm eine Liste aller Eklipsen (Verfinsterungen) bis zurück in die Regierungszeit Nabonassars (747) vorgelegen habe, der aber auf der anderen Seite ausdrücklich betont, daß er nur die Ungenauigkeit der babylonischen himmelskundlichen Beobachtungen habe feststellen können.
Es ging aber nicht nur darum, das Erscheinen des zunehmenden Mondes zu beobachten, sondern auch, dieses Datum exakt vorherzusagen. Dies veranlaßte die seleukidischen Astronomen dazu, sogenannte ›Ephemeriden‹ zusammenzustellen, die sich mit den heutigen nautischen Almanachen vergleichen lassen. Die Stellung von Sonne, Mond und den sichtbaren Planeten wurde darin für regelmäßige Zeitintervalle sorgfältig berechnet (Abb. 129) und in Listen zusammengestellt, deren Zweck es war, Voraussagen über die Bewegungen der Gestirne zu ermöglichen. Besondere Gegebenheiten, wie Umlaufgeschwindigkeit von Sonne und Mond, bestimmte komplizierte Korrekturen usw. wurden häufig für viele Jahre im voraus berechnet. In engem Zusammenhang mit diesen Schriften standen sogenannte ›Gebrauchsanweisungen‹, in denen Regeln und Methoden für die Benutzung solcher Berechnungen enthalten waren. Leider besitzen wir nur wenige solcher Texte, außerdem sind sie schlecht erhalten und ihre Sprache ist oft obskur. Immerhin ist hervorzuheben, daß die Babylonier für die Berechnung ihrer astronomischen Tabellen von der täglichen Stellung der Himmelskörper (die Ephemeriden) erstaunlich elegante Methoden benutzten, die wahrscheinlich im Laufe des 5. und 4. Jahrhunderts entwickelt worden waren und um 250 mit Sicherheit allgemein verwendet wurden. Soweit wir die Herkunft der seleukidischen astronomischen Texte kennen, entstanden sie in zwei Schulen, nämlich in

Babylon und Uruk. Das Archiv in Uruk scheint mit der Besetzung Babyloniens durch die Parther sein Ende gefunden zu haben, während die babylonische Schule noch einige Zeit länger bestand. Das jüngste Keilschrift-Dokument, das wir besitzen, ist bezeichnenderweise ein Almanach für ›das Jahr des Herrn‹ 75[50].

Astrologie

Eng verknüpft mit der Entwicklung der mathematischen Astronomie gegen Ende des 1. Jahrtausends waren die Erfindung des Tierkreises und der Beginn des astrologischen Horoskops. Wenn bisher von der ziemlich primitiven Lehre von den astrologischen Vorzeichen in altbabylonischer Zeit und später im *enuma Anu Enlil* bereits die Rede war, so muß noch einmal betont werden, daß es sich in diesem Zusammenhang nicht um Vorhersagen für eine Einzelperson handelte, sondern um solche für das Schicksal der Nation. Erscheinungen am Himmel wurden tatsächlich nur im Hinblick auf die Zukunft des Landes und/oder des Königs gedeutet:

Wenn die Sonne über oder unter dem Mond steht,
wird der Thron sicher sein.
Wenn Mond und Sonne zusammen am 6. Tage des Monats zu sehen sind,
wird man dem König den Krieg erklären[51].

Die modernen Tierkreiszeichen erscheinen erstmals in keilschriftlichen Texten aus der Mitte des 1. Jahrtausends; die Überlieferung der Konstellationen im Zodiakus reicht jedoch viel weiter zurück. Der älteste Beleg über ein individuelles Horoskop stammt ebenfalls aus Babylonien: Es läßt sich in das Jahr 410 datieren, und aus dem 3. Jahrhundert besitzen wir sogar mehrere Texte dieser Art[52]. Man hat oft angenommen, die Handhabung der Astrologie sei eine hellenistisch-griechische Tradition. Generell aber stammt unsere Kenntnis über die hellenistische Astronomie zum großen Teil aus römischer Zeit. Wir kennen kein griechisches Horoskop, das vor das Jahr 4 v. Chr. zu datieren wäre, mit einer einzigen Ausnahme, dem berühmten Monument des Königs Antiochos I. von Kommagene (62 v. Chr.). Die frühen Horoskope aus Babylon und Uruk geben das Geburtsdatum des Betroffenen an – und in einem Falle den Zeitpunkt der Empfängnis –, dann folgt der Bericht über die Stellung der Gestirne, eingeschlossen die Prophezeiungen für die Zukunft des Kindes. Zwei der erhaltenen Horoskope wurden von den babylonischen Astrologen tatsächlich für Personen mit griechischem Namen aufgestellt. Aber trotz dieser frühen Belege für individuelle Horoskope haben wir doch keinen Grund zu der Annahme, daß die babylonischen Astronomen sich nun vor allem mit der Astrologie beschäftigt hätten. Das Gegenteil ist der Fall, und noch in der Seleukidenzeit war ihr Hauptaugenmerk auf echte wissenschaftliche Problematik gerichtet.
Astrologie nicht weniger als Mathematik und Astronomie waren in der alten Welt von hoher Bedeutung. Die hellenistischen Naturwissenschaften beherrschten die Antike und sollten später, über die arabische Gelehrsamkeit nach Westeuropa vermittelt, bis zur Ära eines Newton

eine dominierende Stellung einnehmen. Aber es besteht kein Zweifel: die Wurzeln hierfür liegen in Babylon. Die babylonische Astronomie der Seleukidenzeit, aufbauend auf über einem Jahrtausend mathematischer Forschung und Erfahrung, war Ausgangsbasis und treibende Kraft zugleich für die Entwicklung der reinen Naturwissenschaften in der Antike.

Babylonische Technologie[53]

In den vorangegangenen Kapiteln sind bereits die unterschiedlichsten Bereiche antiker Technologie angesprochen worden, so die Herstellung von Glas, das Bierbrauen, der frühe Gebrauch von Kupfer, die späte Verbreitung von Eisen, der Gewölbebau und andere bautechnische Methoden, schließlich die pharmazeutischen Fähigkeiten der *asu* usw. Mit Ausnahme von wenigen Gerätschaften und einigen Produkten, die im Boden und von der Zeit nicht zerstört werden und deshalb von den Archäologen gefunden bzw. ausgegraben werden können, beziehen wir unser Wissen über die babylonischen Kenntnisse und Technologien fast ausschließlich aus den keilschriftlichen Texten, deren Reichtum an technischen Fachausdrücken es dem Übersetzer ganz besonders schwer macht, einen sinngebenden Zusammenhang herzustellen. Was diesen Bereich babylonischen Lebens angeht, so stoßen wir außerdem – ganz ähnlich wie auf dem Gebiet der täglich ausgeübten medizinischen Praxis – rasch auf unüberwindbare Grenzen. Es gibt zwar eine Vielzahl lexikalischer Texte, in denen Mineralien, chemische Substanzen und anderes technisches Vokabular aufgelistet werden und mit deren Hilfe wir einiges über die Klassifikationstechniken der Babylonier erfahren – meist allerdings nur durch die Assoziation – ebenso wie wir daran das Ausmaß des Interesses der Schreiber an, sagen wir, wissenschaftlicher Erkenntnis abschätzen können. Einfache technologische Praktiken aber sind nur selten beschrieben worden. Rezepte zur Herstellung von Glas, Parfum und Bronze bilden die Ausnahme, und auch bei ihnen vermissen wir noch allzuoft genaue Angaben über den konkreten Fertigungsprozeß. Wie wir wissen, war die Einstellung der Schreiber im allgemeinen stärker von empirischen und praktischen als von theoretischen Prinzipien bestimmt, und selten wurde aufgezeichnet, was allgemein geübt oder bekannt war. So setzt sich unser Wissen über die babylonische Technologie aus einem unübersehbaren Mosaik von Einzelzeugnissen zusammen. Zulieferer sind vor allem die Wirtschaftsarchive, in denen sich Rechenschaftsberichte von Fertigungsbetrieben erhalten haben, daneben Briefe und einige andere Texte, schließlich auch die Ergebnisse archäologischer Untersuchungen. Alles zusammengenommen, repräsentieren sie eine erstaunliche Kenntnis der physikalischen und chemischen Eigenschaften von vielen der in den lexikalischen Texten aufgelisteten Substanzen, aber auch ein beachtliches technisches Geschick, etwa auf dem Gebiet der praktischen Chemie und des Ingenieurwesens.

Der medizinische Gebrauch von Kräutern und Mineralien ist schon erwähnt worden, und wir haben keinen Zweifel daran, daß der babylonische *asu*, der ja sein eigener Apotheker war, sich mit den therapeutischen Eigenschaften von einer ganzen Reihe dieser Substanzen schon auskennen mußte. Ein assyrisches Kompendium über Pflanzen und Drogen, das sich in den Bibliotheken von Ninive und Assur erhalten hat, enthält mehr als 400 sumerische Namen für Pflanzen, Früchte etc. und nahezu doppelt so viele semitische Namen dafür (Synonyme)! Von den etwa 100 gebräuchlichsten und den 150 weniger häufig in den Rezepten genannten Kräutern hat der Großteil auch nach heutigen Maßstäben tatsächlich eindeutig medizinische Eigenschaften.

Ein ganzer Industriezweig widmete sich in Babylonien der Herstellung von aromatischen Substanzen, die in der Medizin, in der Kosmetik und für magische bzw. rituelle Zwecke Verwendung fanden. Daß gerade in der Parfumherstellung Frauen eine große Rolle spielten, ja sogar als ›Erfinder‹ von Rezepten sich einen Namen machten, verraten uns entsprechende Texte[54]. Im 4. Jahrtausend experimentierten bereits ›Chemiker‹ mit Kalk, Soda und Silikaten – in Verbindung mit farbigen mineralischen Substanzen –, um Glasuren, Fritten (Glasschmelzmasse) und schließlich echtes Glas zu gewinnen. Auch Seife, aus Pflanzenöl und pflanzlichem Alkali hergestellt, kannte man bereits seit dem 3. Jahrtausend. Sie wurde damals allerdings vornehmlich in der Medizin angewendet. Archäologische Funde bezeugen ebenso eine bemerkenswerte technologische Entwicklung. Unter den ans Tageslicht gebrachten chemischen Gerätschaften finden wir sowohl Schmelztiegel und Filtergefäße als auch Anlagen für die Destillation und Extraktion sowie Tropfflaschen.

In vielen Bereichen der babylonischen Technologie reichen die Anfänge bis weit in prähistorische Zeiten zurück, so daß es heute nicht mehr möglich ist, die Ursprünge aufzuspüren oder die Entwicklung genau zu verfolgen. Aus schriftlichen Quellen wissen wir zum Beispiel, daß die Wollindustrie im alten Sumer eine große Bedeutung erlangt hatte und daß bereits im 4. Jahrtausend die Techniken der Wollverarbeitung wie Bleichen, Spinnen, Walken, Färben und Weben voll entwickelt waren. In allen frühen bäuerlichen Siedlungen Mesopotamiens finden wir bei den Ausgrabungen Spinnwirtel und, wenngleich seltener, Abdrücke von Textilien, die sich auf Tongefäßen oder deren Verschlußkappen erhalten haben. Der Zufallsfund von originalen Stoffresten in ungewöhnlich guter Erhaltung aus Çatal Hüyük in der Türkei hat den Beweis erbracht, daß bereits im 6. Jahrtausend komplizierte und mannigfaltige Webtechniken beherrscht wurden. Auch die Gerberei war in Babylon weit verbreitet und ein traditionsreiches Handwerk. Leder und Häute wurden für vielerlei Zwecke verwendet, angefangen von Schilden und Harnischen bis hin zu kleinen Booten (aus Weiden geflochten, mit Leder überzogen, wie bei einigen noch heute gebräuchlichen Bootstypen) und Tierbälgen, die als ›Schwimmblasen‹ benutzt wurden, um sich in den Flüssen über Wasser zu halten (Abb. 130). Aus Ziegenleder wurden Trinkwassersäcke gefertigt, Beutel für Milch und Butter, Sandalen usw. Pergament ist für das 1. Jahrtausend belegt und wurde vor allem als Schriftträger für die kursive aramäische Schrift benutzt[55].

Töpferei und Metallverarbeitung gehören auch in Mesopotamien zu den ältesten Industriezweigen. Die früheste Keramik, die man bisher gefunden hat, stammt aus dem prähistorischen Siedlungshügel von

130 Schwertransporte wurden in Babylonien auf mit aufgeblasenen Häuten versehenen Flößen befördert. Der leichtere, örtliche Güterverkehr wurde dagegen mit Hilfe von Weidenbooten besorgt, wie dem auf der Abbildung und sehr ähnlich der heutigen arabischen *gufa,* die noch überall auf dem Euphrat anzutreffen ist. Die moderne *gufa* besteht aus einem Weidengeflecht, das mit Bitumen überzogen ist. Dieses hier abgebildete, assyrische Beispiel – ein Detail aus einem Relief des Sanherib, das sich im Britischen Museum befindet – scheint allerdings mit Häuten überzogen gewesen zu sein. Dicht neben dem Boot fischt ein Mann, auf einem aufgeblasenen Ziegenbalg reitend. Nach Layard.

Mureybet in Nordsyrien (um 8000 v. Chr.), und im 6. Jahrtausend ist die Variationsbreite der allenthalben in Mesopotamien gefundenen Gefäßtypen bereits weit gefächert. Um diese Zeit dürfen wir auch schon mit professionellen Töpfern rechnen, obwohl die einfache, für die Küche bestimmte Töpferware wahrscheinlich weiterhin nach Bedarf ›zu Hause‹ hergestellt wurde. In Yarim Tepe in Nordmesopotamien hat man ein regelrechtes Handwerkerviertel ausgegraben mit einer Anzahl von technisch ausgeklügelten zweikammerigen Brennöfen (Abb. 131). Sie wurden bereits zu Beginn des 5. Jahrtausends errichtet, und Untersuchungen mit dem Raster-Elektronenmikroskop haben erwiesen, daß schon in dieser Zeit Ofentemperaturen von über 1000 °C erreicht wurden[56]. Kurz nach der Wende zum 3. Jahrtausend findet dann auch die Töpferscheibe weitverbreitete Nutzung.

Aus der Frühzeit des Metalls wissen wir weit weniger, denn Metall kann eingeschmolzen und wieder neu verwendet werden: Es war ein zu kostbares Gut, als daß man es hätte verlorengeben können. Schon vor 7000 sind einfache Werkzeuge und Ornamente in Kaltschmiedetechnik aus gediegenem Kupfer hergestellt worden, und um 6000 wußte man Blei und Kupfer auch zu schmelzen (Funde in Çatal Hüyük und Yarim Tepe). Die Gußtechnik, zunächst vermutlich in offenen Mulden, ist seit dem späten 5. Jahrtausend belegt[57]. Die Herkunft des in der Antike im Mittleren Osten verwendeten Zinns ist zwar noch nicht bekannt, doch läßt sich Zinn-Bronze seit etwa 3000 v. Chr. nachweisen. Etwa 12% der bisher analysierten Kupfergegenstände des 3. Jahrtausends in Mesopotamien bestehen aus diesem Material[58]. Die hohe Kunstfertigkeit, mit der akkadische Metallhandwerker ihr Material zu beherrschen wußten, wird in so herrlichen Stücken offenbar, wie in dem Kopf des Naram-Sin (?) aus Ninive (Abb. 15) und der fast lebensgroßen unbekleideten Sitzfigur aus derselben Zeit (Abb. 17). Die Tatsache, daß der Kupferguß durch Beimischungen von Zinn, Blei oder Arsen sehr erleichtert wird – Kupfer bereitet wegen der großen Gasmengen, die

131 Stempelabdrücke auf einem Tonsiegel des späten 4. Jahrtausends, das in Susa gefunden wurde, zeigen Töpfer bei der Arbeit und ›kommerzielle‹ Töpferöfen. Einfache, zweikammerige Brennöfen finden sich bereits in Schichten des 6. Jahrtausends. Nach Amiet.

während des Abkühlungsprozesses freigesetzt werden, beim Guß besondere Schwierigkeiten –, war den Schmieden dieser Zeit, die ja mit Bronze gut vertraut waren, ohne Frage bekannt. Um so bemerkenswerter ist das Ergebnis einer neueren Analyse der Statue des Naram-Sin, die in ihrem jetzigen Erhaltungszustand ein Gewicht von immerhin noch 160 kg hat: Es geht daraus hervor, daß das verwendete Material ein fast reines Kupfer ist[59]! Leider gehört der Fund von Metallwerkstätten zu den großen Seltenheiten der mesopotamischen Archäologie. Deswegen war eine komplett ausgestattete Kupferschmiede des frühen 2. Jahrtausends, die 1965 in Tell al Dhiba'i ausgegraben werden konnte, eine besonders glückliche Entdeckung[60].
Die Verwendung von Gold wird erstmals für die Zeit um 4000 v. Chr. bezeugt, und das früheste Bildzeichen für Silber läßt vermuten, daß man sich im späten 4. Jahrtausend auch darauf verstand, dieses Metall in Barren zu gießen. Das Zeichen für Kupfer taucht häufig in den frühesten Texten aus Uruk IV auf, und zwar ebenfalls in Form eines Gußbarrens. Die wichtigsten Handwerker, die in diesen Dokumenten genannt werden, sind der Schmied und der Zimmermann. Andere Bildzeichen aus der damaligen Zeit zeigen den Streitwagen (sowohl zwei- als auch vierrädrig), ein Fuhrwerk mit Rädern, einen Schlitten, einen Säepflug (vgl. Abb. 132) sowie ein Musikinstrument, bei dem es sich möglicherweise um eine Art Harfe oder Leier handelt; als Waffen finden wir die Streitaxt, den Wurfspeer, den Dolch sowie Pfeil und Bogen dargestellt, die allesamt schon viel früher in prähistorischer Zeit durch archäologische Funde belegt sind. Für die Kunstfertigkeit der Goldschmiede, Steinschneider, Schmiede, Glashersteller und einer ganzen Anzahl anderer mesopotamischer Handwerker bieten schließlich die Schauräume eines jeden Museums genügend Anschauungsmaterial. Immer muß man sich dazu eine noch größere Vielfalt an vergänglichen Gebrauchsgütern vorstellen – Stoffe, Teppiche, Möbel –, von denen nichts erhalten geblieben ist.

Ernährung und Landwirtschaft

Wir haben schon weiter oben erwähnt, daß die ältesten in der Welt bekannten Siedlungsgemeinschaften der vorgeschichtlichen Ackerbauern im Tal des oberen Euphrat lagen und auf den an die mesopotami-

132 Der Abdruck dieses kassitischen Siegels liefert ein ausgezeichnetes Schaubild eines babylonischen Saatpfluges, der von zwei Buckelochsen (Zebus) gezogen wird. Die mittlere Gestalt trägt ein Saattuch über die Schulter geschlungen und füllt Saatgut in die Trichteröffnung einer Röhre, durch die dieses in die Sämaschine und dann in die Pflugfurche geleitet wird. In Nippur fand man mehrere dieser Abdrükke auf einer Ton-Tafel aus der Regierungszeit von Nazi-Maruttasch (um 1300). Nach Clay.

sche Tiefebene anstoßenden Terrassen. Bereits um 6000 wurden alle wesentlichen Feldfrüchte angebaut, auch der Grundstamm der Herdentiere – Schaf, Ziege, Rind und Schwein – war domestiziert[61]. Zumindest im nördlichen Babylonien verstand man sich um diese Zeit schon auf die Technik der Bewässerung, und der Gebrauch eines einfachen Pfluges ist zwar nicht mit letzter Sicherheit erwiesen, aber doch sehr wahrscheinlich (Abb. 5, 132). Die Entwicklung der Bewässerungstechnik sowie die Tatsache, daß das Land unter den Pflug genommen werden konnte, dazu die Existenz bzw. Entwicklung von so fruchtbaren Getreidesorten wie Weizen und Gerste, begünstigten das Wachstum der Landwirtschaft in großem Maßstab. Sie sollte Babylonien trotz seines trockenen Klimas zum reichsten Agrarland der antiken Welt machen. Doch wegen der außerordentlich flachen und ebenen Bodenoberfläche konnte das Wasser nicht abfließen – die Dränage war noch unbekannt –, und dies führte schließlich zur Versalzung des Bodens, wofür wir bereits aus der Zeit vor dem Jahre 2000 schriftliche Belege haben[62]. Dabei handelte es sich um einen irreversiblen Prozeß, er war der Grund dafür, daß weite Landstriche einst außerordentlich fruchtbaren Ackerbodens verlassen werden mußten. Die Bodenveränderung ist sicherlich auch der wesentliche Faktor für die Verschiebung des Siedlungsgebietes nach Norden, und dieser wiederum folgte dann auch die Verlagerung der politischen Macht auf den Fersen, wie das in der ersten Hälfte des 2. Jahrtausends nur zu deutlich wird.

Wohl wurde neben der Gerste in Babylonien auch Weizen angebaut, doch die Gerste, gegenüber dem höheren Salzgehalt des Bodens und dem trockenen Klima widerstandsfähiger, wurde alsbald zum Grundnahrungsmittel. Sie lieferte nicht nur das Mehl für das ungesäuerte Brot, das noch im heutigen Irak wichtige Ernährungsgrundlage ist *(khubz)*, sondern auch den Rohstoff für die Bierbrauerei, für jenes Getränk also, das »die Leber glücklich macht und das Herz mit Freude erfüllt«[63]. Die Hirse, die für die vorgeschichtlichen Siedlungen bisher noch nicht nachgewiesen ist, wurde nicht mit der gleichen Intensität angebaut; den Reis haben wahrscheinlich erst die Perser, im 1. Jahrtausend, eingeführt. Wichtiger Bestandteil des vorgeschichtlichen Speisezettels waren die Hülsenfrüchte. In späteren Texten werden sie nur selten erwähnt, aber man sollte dabei bedenken, daß diese Texte sich vor allem mit denjenigen landwirtschaftlichen Produkten beschäftigen, die als Tribut an Tempel und Palast geliefert wurden oder auch die

Verhältnisse in großen Besitztümern widerspiegeln, nicht aber den einfachen Gartenbau. Unter den am meisten genannten Gemüsesorten finden wir die Zwiebel, sodann, auch heute noch aus der südländischen Ernährung nicht wegzudenken, Knoblauch und Porree; auch weiße Rüben, Salat und Gurken sind bereits bekannt. Weiter wußte man eine ganze Reihe würziger und aromatischer Samen zu nutzen wie Kresse, Senf, Kümmel und Koriander. In den Texten erscheint auch eine akkadische Form des Namens für ›Sesam‹, doch sind unter den paläobotanischen Arten bisher noch keine Ölfrüchte beobachtet worden, mit der einzigen Ausnahme von Leinsaat, die man bereits vor 6000 v. Chr. kultiviert hatte. Nun ist Sesam dem Leinsamen sehr ähnlich und unterscheidet sich von ihm nur durch die hellere Färbung. So ist es durchaus denkbar, daß sich das akkadische Wort ursprünglich auf Leinsaat bezogen hat, die dann erst später, vielleicht sogar erst in islamischer Zeit, durch das ersetzt wurde, was wir heute als Sesam kennen. Diese Ölfrucht wurde aus dem Osten eingeführt[64]. Auch Pistazien und Mandeln könnten Pflanzenfett für die Nahrung beigesteuert haben, wenngleich diese Bäume nur auf den Vorgebirgsterrassen gedeihen. Olivenöl war bekannt, wurde aber in Mesopotamien nicht erzeugt. Es hat den Anschein, als habe Sanherib den Versuch gemacht, den ›Ölbaum‹ in den Gärten von Ninive heimisch zu machen, doch ist es nie gelungen, den Olivenbaum mit Erfolg in den Niederungen Mesopotamiens anzusiedeln[65]. Auf eben denselben assyrischen König geht im übrigen auch der Anbau von Baumwolle zurück (›der Wolle tragende Baum‹).

Die Dattelpalme hat in Mesopotamien einzigartige Bedeutung besessen, vergleichbar nur der Rolle des Olivenbaums im Mittelmeergebiet. Wahrscheinlich hat man die Dattel zuerst irgendwo im unteren Zweistromland kultiviert[66]. Nicht nur lieferte sie Früchte von hohem Nahrungswert, die zudem noch leicht gelagert werden konnten, sondern sie stellte auch den Rohstoff für vielerlei nützliche Produkte, wie Holz für leichtere Konstruktionen, Fasern für Seile, Blätter für die Dachabdekkung usw. Die jungen Palmsprossen sind ein wohlschmeckendes, sellerieähnliches Gemüse, und aus den Früchten braute man im 1. Jahrtausend ein alkoholisches Getränk. Aus den lexikalischen Texten seit dem frühen 2. Jahrtausend kennen wir rund 150 Bezeichnungen für die verschiedenen Palmenarten und die unterschiedlichen Teile des Baumes. Datteln dienten auch zum Süßen von Speisen. Der Honig war zwar bekannt (man hat offenbar Wildhonig gesammelt), aber er war in der alten Zeit rar und noch im 1. Jahrtausend ziemlich teuer. Das Wachs benutzte man zu einer Reihe von Zwecken, für medizinische Präparate und dazu, die Schreibtafeln mit einer Oberfläche zu versehen, in die man immer wieder Schriftzeichen einritzen konnte. Die Einführung der Imkerei wird auf einer Stele des Statthalters von Suhi und Mari aus dem 8. Jahrhundert beschrieben, die im Museum von Babylon gefunden wurde (Abb. 133):

Ich brachte die Fliegen, die Honig sammeln, ins Land, die in der Zeit meiner Vorgänger niemand gekannt noch eingeführt hatte, und ich stellte sie in den Garten der Stadt Gabbarini, daß sie Honig sammelten und Wachs; ich verstand mich sogar darauf, durch Sieden den Honig vom Wachs zu trennen; auch meine Gärtner kannten dies[67].

133 Kalksteinstele des Schamasch-rescha-usur, eines Statthalters von Suhi und Mari im 8. Jh. v. Chr. Die Inschrift gedenkt seiner Taten. Diejenige, die ihn am meisten mit Stolz erfüllte, war, im Lande von Suhi die Honigbienen eingeführt zu haben. Dargestellt ist der Statthalter vor Adad mit den Blitzstrahlen und Ischtar mit dem Bogen. Die Stele wurde im Museum des 6. Jahrhunderts im Nördlichen Palast in Babylon gefunden. Istanbul, Archäologisches Museum; Höhe der Reliefflache 60 cm.

Dattel und Granatapfel waren das am weitesten verbreitete Obst, daneben kannte man Äpfel, Feigen, Birnen und eine Art von Pflaumen.

An tierischen Produkten wurden Fleisch, Joghurt und Käse gegessen. Fleisch spielte für die Ernährung sicherlich keine bedeutende Rolle, und die Armen dürften es vermutlich nur an Festtagen gegessen haben. Milch, die in heißen Ländern schnell verdirbt, galt gemeinhin nicht als Getränk, sondern wurde hauptsächlich für die Herstellung von Arzneimitteln verwendet. Oft füllte man die Milch auch, um sie haltbar zu machen, in Tiermägen; durch den Kontakt mit dem darin verbliebenen Labferment entstand so ein Milchprodukt, das wie der Käse und die indische Büffelmilch-Butter länger genießbar blieb. Natürlich diente die Tierhaltung nicht nur der Gewinnung von Fleisch und Milch, sondern auch der von Wolle und Häuten. Eine lockige, gewerblich nutzbare Wolle lieferte das Schaf, das nach seiner Domestizierung eine entsprechende Mutation durchgemacht hatte; die Tonfigur eines Schafes aus Tepe Sarab (nahe Kermanschah), die deutlich krause Locken trägt, belegt diese Entwicklung der Art zumindest für das 6. Jahrtausend. Wir kennen rund 200 sumerische Wörter, die die verschiedenen Rassen und Spielarten des Schafes bezeichnen. Von besonderer wirtschaftlicher Bedeutung waren die ›gemästeten‹, die ›fettschwänzigen‹ und die ›Berg‹-Schafe. Auch das Ziegenhaar wurde genutzt, und zwar für die Herstellung von Teppichen und Tragetaschen. Die Schweinezucht diente zur Gewinnung von Fett, Häuten und Fleisch. Das einzige Zugtier der frühen Zeit ist der Ochse, doch auf Darstellungen des 4. Jahrtausends sieht man dann bereits den Wildesel (Onager) den berädерten Karren ziehen. Der Esel diente hauptsächlich als Lasttier und behielt seine Bürde auch nach der Einführung des Pferdes, das im 2. Jahrtausend vor allem den Streitwagen zu ziehen hatte und erst später,

134 Kamele waren bis zum 1. Jahrtausend in Mesopotamien nicht sehr verbreitet, und auch dann wurden sie hauptsächlich von arabischen Nomadenstämmen benutzt. Dieses Detail eines Steinreliefs aus Ninive (heute im British Museum) illustriert das. Das ganze Relief zeigt den Feldzug Assurbanipals gegen die Araber. Man sieht darauf das assyrische Heer mit Kampfwagen und Soldaten zu Pferde und zu Fuß gegen die Araber kämpfen, die auf dem Rücken ihrer Kamele das Heil in der Flucht suchen; dabei schießen sie nach rückwärts auf ihre Verfolger. Nach King.

im 1. Jahrtausend, zur Ausrüstung berittener Einheiten gehörte[68]. Das Kamel dagegen ist in Mesopotamien nie heimisch geworden. Obwohl schon in früher Zeit bekannt, wurde es erst im 1. Jahrtausend in Dienst gestellt und dann auch zur Hauptsache nur von den nomadischen Araberstämmen benutzt. Bei den im 7. und 6. Jahrhundert von den Sargoniden und den spätbabylonischen Monarchen gegen die Araber durchgeführten Strafexpeditionen fielen den Babyloniern große Kamelherden in die Hände, so daß der Preis dieser Tiere auf den babylonischen Märkten schließlich einen Tiefpunkt erreichte.

Der Fischfang hat in den frühen Perioden den Speisezettel wesentlich bereichert, und ökonomische Texte nennen bis hin zur altbabylonischen Zeit große Mengen von Fisch (etwa 50 verschiedene Fischsorten werden in den sumerischen Texten aufgeführt). Seitdem aber werden Fisch und Fischfang kaum noch erwähnt, ja im spätbabylonischen Uruk hat das Wort Fischer sogar den Beigeschmack des Gesetzlosen[69]. Ente, Gans und eine Reihe anderer, vielleicht wilder Vögel dürften die Nahrungspalette ergänzt haben; wir finden sie in den Texten ebenso erwähnt wie den Vogelfänger und den Geflügelhalter. Das Huhn dagegen gehört zu den Nachzüglern: Es taucht erst im 1. Jahrtausend auf und erreicht von hier aus Griechenland um 600 v. Chr.[70], ist in den phönizischen Kolonien Südspaniens allerdings schon im 7. Jahrhundert bezeugt. In Syrien war es unter dem Namen ›akkadischer Vogel‹ bekannt, ähnlich wie es dem Truthahn aus der neuen Welt ergangen ist, der in jüngster Vergangenheit aus dem Osten eingeführt wurde und in Bagdad als ›Basra-Huhn‹ bezeichnet wird. Heuschrecken waren eine Delikatesse auf dem Speisezettel des alten Mesopotamiers: Ein Steinrelief aus Khorsabad zeigt Diener, die Heuschrecken auf langen Spießen für ein königliches Festmahl servieren.

Zwei Mahlzeiten am Tag, nämlich am Morgen und zur Nacht, waren offenbar das übliche. Die Reichen ernährten sich natürlich üppiger, und es gehörten nicht nur Brot, Bier und Fleisch zu ihrer Mahlzeit, sondern auch noch verschiedene fettreiche Gerichte und mit Honig gesüßtes Gebäck. Bei der Versorgung des Heeres spielten Mehl und Wein die

135 Abdruck eines dunkelblauen Chalcedon-Siegels aus achämenidischer Zeit. Dargestellt sind zwei Soldaten, einer zu Pferde, einer auf dem Rücken eines Kamels. In der Inschrift trägt das Siegel den Namen des Eigners. London, British Museum; Höhe 2,9 cm.

Hauptrolle. Auch die Verwaltungsbeamten erhielten ihre Weinration, wobei sich die Menge nach ihrem amtlichen Rang richtete. Wein wurde aus einer Vielzahl von Früchten gekeltert und schließlich im 1. Jahrtausend auch aus roten und weißen Trauben.

Rückblick

Der aufmerksame Leser wird die Schwierigkeiten bemerkt haben, die mit dem Bemühen verbunden sind, das im letzten Kapitel behandelte Textmaterial einzuordnen. Nur allzu deutlich wird der tiefe Graben, der uns nicht nur im Bereich der Kultur, sondern auch im Hinblick auf den großen zeitlichen Abstand von der babylonischen Welt trennt. Ebenso wird ihm bewußt geworden sein, daß die Barrieren unserer Sprache und auch unserer Denkgewohnheiten uns daran gehindert haben, andere Begriffe und Kategorien anzuwenden als eben die unseres eigenen Erfahrungsbereiches. Das führt hier wie auch in den schon früher besprochenen Bereichen der Wirtschaft, der Religion und der Politik notwendigerweise dazu, daß wir Begriffe und Institutionen voneinander trennen, die in der babylonischen Vorstellung untrennbar zusammengehörten. Solche semantischen Probleme machen die wirkliche Struktur der babylonischen Gesellschaft nicht deutlicher; ohnehin leiden unsere Versuche, ihre Institutionen und ihre Ideologie, ja schließlich ihre Geschichte nachzuvollziehen, unter dem fehlenden inneren Zusammenhang unseres Quellenmaterials und der Zufälligkeit seiner Erhaltung und Entdeckung. Oft genug sehen wir uns gezwungen, uns auf Daten zu berufen, die im Hinblick auf Zeit oder Raum nur von begrenzter Bedeutung sind. Wollten wir aber auf das Bemühen um eine umfassendere Sicht gänzlich verzichten, so hieße das, Geschichte und Archäologie Mesopotamiens auf nichts anderes als langweilige Kataloge zu reduzieren. Das Bild, das wir hier entworfen haben, gründet sich auf Zeugnisse, die zum Teil durchaus auch anders gedeutet werden können. Jede Untersuchung der babylonischen Kultur ist und bleibt eine Mischung aus Halbwahrheiten, Mißverständnissen und

136 Auf einem Zylinder aus Lapislazuli sehen wir den Gott Marduk mit seinem Drachen. Dieser Zylinder *(kunukku)* war demselben Gotte gewidmet und zwar von Marduk-zakir-schumi I. (9. Jh. v. Chr.). Zusammen mit einer Reihe anderer Wertgegenstände wurde er aus dem Tempelschatz von Esagila geraubt. Man fand ihn in einem Haus auf dem Hügel von Amran in Babylon wieder. Dieses Haus gehörte einem parthischen Hersteller von Halsbändern. Der feine Schmuck auf dem Gewande Marduks war vielleicht ein Goldornament. Höhe des *kunukku* 19 cm. Nach Andrae.

Unwissenheit, wenn man es einmal kraß formulieren will. Freilich läßt sich dies über weit mehr Perioden in der Geschichte der Menschheit sagen als die meisten Historiker zuzugeben geneigt wären. In unserem Falle kann ein einziger Schlag, den ein Archäologe mit seiner Hacke führt, ganze Kapitel der alten Geschichte verändern. Jüngste Ausgrabungen wie z. B. die in Tell Mardikh und Habuba Kabira Süd legen dafür ein beredtes Zeugnis ab.

Die Geschichte Babylons mag uns zumindest in den groben Umrissen wohlbekannt vorkommen und ist anscheinend auch teilweise durch Texte und archäologische Funde gut dokumentiert. Gewiß besitzen wir für einige Perioden wertvolle Archive, wie sie den Historikern, die sich mit Griechenland und Rom beschäftigen, nicht vergönnt sind: Berichte und Korrespondenzen etwa eines Herrschers, eines Tempels oder eines Kaufmannes, die sich freilich nur erhalten haben, weil sie eben auf Tontafeln geschrieben wurden. In der klassischen Welt sucht man solche Dokumente nahezu vergeblich, und eine Ausnahme bilden hier vielleicht nur die Papyri, die unter sehr trockenen klimatischen Bedingungen lange überdauern konnten wie z. B. in Ägypten oder, sehr viel seltener, in Palästina und Syrien. Trotzdem macht es erhebliche Schwierigkeiten zu erklären, warum Babylon seine kulturelle Vormachtstellung in Westasien erlangen konnte. Die Augenblicke, in denen es über das südliche Mesopotamien hinaus politische und militärische Macht innehatte, waren ja jeweils nur sehr kurz, und stets war es den Babyloniern mehr um das Geldverdienen zu tun als Kriege zu führen. Bis hin zur Ära der Kassitenkönige – für die das Quellenmaterial noch magerer ist als sonst – existierte Babylon tatsächlich nicht als Nation. Und auch darin sehen wir einen der Widersprüche in der babylonischen Geschichte, daß die ersten Monarchen, denen die Zähmung der alten zerstrittenen und individualistischen Stadtstaaten gelang, eben Fremde waren. Denn die früheren ›Reiche‹ waren schließlich nichts anderes als vorübergehende ›Ausreißer‹ aus dem sonst üblichen vielgliedrigen Grundmuster. Es besteht kein Zweifel darüber, daß die mesopotamische Kultur viel von ihrer Vitalität und Überlebenskraft in späterer Zeit eben dieser nicht-babylonischen Dynastie verdankte, deren Herrscher so eifersüchtig über die Erhaltung von Traditionen wachten, die sie ihren eigenen gegenüber als eindeutig überlegen angesehen haben müssen. Es ist weiter ganz offensichtlich – und an diesem Punkt mag der uns von der Eigenart der offiziellen Berichterstattung aufgezwungene rein politische Aspekt der Geschichte den wahren Sachverhalt verschleiern –, daß der Reichtum der Babylonier in Wirklichkeit gegründet war auf ihre äußerst fruchtbaren Böden und ihre Lage im Brennpunkt des westasiatischen Handels. Dies stand in deutlichem Widerspruch zu den gelegentlichen imperialen Bestrebungen ihrer Herrscher. Aber der babylonische Imperialismus war, in welcher Periode auch immer, stets nur von kurzem Bestand, und es könnte durchaus sein, daß die Bauern und Kaufleute mit denjenigen Herrschern, die keine anspruchsvollen militärischen Ambitionen hatten, besser bedient waren. Und in jedem Falle steht fest, daß die babylonische Archäologie auch gerade darum so voller Faszination ist, weil viele der brennendsten Fragen immer noch der Beantwortung harren.

Chronologie Mesopotamiens

Frühdynastische Zeit

Könige von Kisch

(2630–2316)

Enmebaragesi	2630–2600
Mesilim	um 2550

Könige von Sumer

Enschakuschanna	2432–2403
Kubaba	
Puzur-Sin	
Urzababa Lugalzaggesi	2340–2316

Lagasch

(2570–2342)

Enhegal	um 2570
Lugalschagengur	um 2550
Urnansche	2494–2465
Akurgal	2464–2455
Eannatum	2454–2425
Enannatum I.	2424–2405
Entemena	2404–2375
Enannatum II.	2374–2365
Enentarzi	2364–2359
Lugalanda	2358–2352
Urukagina	2351–2342

Dynastie von Akkad

(2334–2154)

Sargon	2334–2279
Rimusch	2278–2270
Manischtuschu	2269–2255
Naram-Sin	2254–2218
Scharkalischarri	2217–2193
Igigi, Nanium, Imi, Elul-dan	2192–2190
Dudu	2189–2169
Schudurul	2168–2154

›Ensis‹ von Lagasch

(2230–2111)

Gudea	2141–2122

Dritte Dynastie von Ur (Neusumerische Zeit)

(2112–2004)

Urnammu	2112–2095
Schulgi	2094–2047
Amar-Suen (Amar-Sin)	2046–2038
Schu-Suen (Schu-Sin)	2037–2029
Ibbi-Sin	2028–2004

Altbabylonische Zeit

Erste Dynastie von Isin

(2017–1794)

Ischbi-erra	2017–1985
Schu-ilischu	1984–1975
Iddin-Dagan	1974–1954
Ischme-Dagan	1953–1935
Lipit-Ischtar	1934–1924
Ur-Ninurta	1923–1896
Bur-Sin	1895–1874
Lipit-Enlil	1873–1869
Erra-imitti	1868–1861
Enlil-bani	1860–1837
Zambiya	1836–1834
Iter-pischa	1833–1831
Urdukuga	1830–1828
Sin-magir	1827–1817
Damiq-iluschu	1816–1794

Dynastie von Larsa

(2025–1763)

Naplanum	(2025–2005)
Emisum	(2004–1977)
Samium	(1976–1942)
Zabaya	(1941–1933)
Gungunum	1932–1906
Abisare	1905–1895
Sumu-El	1894–1866
Nur-Adad	1865–1850
Sin-iddinam	1849–1843
Sin-eribam	1842–1841
Sin-iqischam	1840–1836
Silli-Adad	1835
Warad-Sin	1834–1823
Rim-Sin	1822–1763

Erste Dynastie von Babylon (1894–1595)		**Assyrische Könige**	
Sumu-abum	1894–1881		
Sumulael	1880–1845		
Sabium	1844–1831		
Apil-Sin	1830–1813		
Sin-muballit	1812–1793		
Hammurabi	1792–1750	Schamschi-Adad I.	1813–1781
Samsu-iluna	1749–1712	Ischme-Dagan I.	1780–1741
Abi-eschuh	1711–1684		
Ammi-ditana	1683–1647		
Ammi-saduqa	1646–1626		
Samsu-ditana	1626–1595		

Kassitische Dynastie			
Gandasch			
Agum II. (kakrime)	um 1570		
Burnaburiasch I.	um 1510	Puzur-Assur III.	um 1521–1498
Kaschtiliaschu III.	um 1490		
(Ulamburiasch)	? (um 1475)		
Agum III.	um 1465		
Kara-indasch	um 1415	Assur-bel-nischeschu	1419–1411
Kadaschman-Harbe I.	?		
Kurigalzu I.	um 1390	*(Amenophis III. Pharao in Ägypten, 1403–1364)*	
Kadaschman-Enlil I.	um 1370		
Burnaburiasch II.	um 1350	**Mittelassyrische Zeit**	
Kara-hardasch	?	Assuruballit I.	1365–1330
Nazi-Bugasch	?		
Kurigalzu II.	1345–1324	Enlil-nirari	1329–1320
Nazi-Maruttasch	1323–1298	Arik-den-ili	1319–1308
Kadaschman-Turgu	1297–1280	Adadnirari I.	1307–1275
Kadaschman-Enlil II.	1279–1265	Salmanassar I.	1274–1245
Kudur-Enlil	1264–1256		
Schagarakti-Schuriasch	1255–1243	Tukulti-Ninurta I.	1244–1208
Kaschtiliaschu IV	1242–1235		
(Interregnum)	(1234–1228)		
Enlil-nadin-schumi Kadaschman-Harbe II.	1227–1225		
Adad-schuma-iddina	1224–1219		
Adad-schuma-usur	1218–1189	Assur-nirari III.	1203–1198
Meli-Schipak	1188–1174		
Marduk-apla-iddina I.	1173–1161	Assur-dan I.	1179–1134
Zababa-schuma-iddina	1160	*(Schutruk-Nahhunte I. in Elam)*	*1185–1155*
Enlil-nadin-ahi (Enlil-schuma-usur)	1159–1157		

Zweite Dynastie von Isin (1158–1027)			
Marduk-kabit-ahheschu	1158–1141		
Itti-Marduk-balatu	1140–1133	Assur-resch-ischi I.	1133–1116
Ninurta-nadin-schumi	1132–1127		
Nebukadnezar I.	1126–1105	Tiglatpileser I.	1115–1077
Enlil-nadin-apli	1104–1101		
Marduk-nadin-ahhe	1100–1083		
Marduk-schapik-zeri	1082–1070	Assur-bel-kala	1074–1057
Adad-apla-iddina	1069–1048	Schamschi-Adad IV.	1054–1051
Marduk-ahhe-eriba	1047		
Marduk-zer-x	1046–1035		
Nabu-schumu-libur	1034–1027		

Zweite Dynastie des ›Seelandes‹
(1026–1006)

Simbar-Schipak	1026–1009
Ea-mukin-zeri	1009
Kaschschu-nadin-ahi	1008–1006

Dynastie von Bazi
(1005–986)

Eulmasch-schakin-schumi	1005–989
Ninurta-kudurri-usur I.	988–986
Schirikti-Schuqamuna	986

Dynastie von Elam

Mar-biti-apla-usur	985–980

Achte Dynastie (und ›Dynastie E‹) von Babylon
(979–732)

Nabu-mukin-apli	979–944		
Ninurta-kudurri-usur II.	944		
Mar-biti-ahhe-iddina	943–		
Schamasch-mudammiq	um 905	**Neuassyrische Zeit**	
Nabu-schuma-ukin I.	um 895	Adadnirari II.	911–891
Nabu-apla-iddina	um 870	Tukulti-Ninurta II.	890–884
Marduk-zakir-schumi I.	um 854–819	Assurnasirpal II.	883–859
Marduk-balassu-iqbi	um 818–813	Salmanassar III.	858–824
Baba-aha-iddina	812	Schamschi-Adad V.	823–811
(fünf unbekannte Könige)		Adadnirari III.	810–783
Ninurta-apla-x			
Marduk-bel-zeri		Salmanassar IV.	782–773
Marduk-apla-usur			
Eriba-Marduk	um 770	Assur-dan III.	772–755
Nabu-schuma-ischkun	um 760–748	Assur-nirari V.	754–745
Nabonassar	747–734	Tiglatpileser III.	744–727
Nabu-nadin-zeri	733–732		
Nabu-schuma-ukin II.	732		

›Neunte Dynastie von Babylon‹

Nabu-mukin-zeri	731–729		
Tiglatpileser III. (Pulu)	728–727		
Salmanassar V. (Ululaiu)	726–722	Salmanassar V.	726–722
Merodach-Baladan II.	721–710	Sargon II.	721–705
Sargon II.	709–705		
Sanherib	704–703	Sanherib	704–681
Marduk-zakir-schumi II.	703	*(Hiskia in Juda 727–698)*	
Merodach-Baladan II.	703		
Bel-ibni	702–700		
Assur-nadin-schumi	699–694		
Nergal-uschesib	693		
Muschesib-Marduk	692–689		
Sanherib	688–681		
Asarhaddon	680–669	Asarhaddon	680–669
Schamasch-schum-ukin	667–648	Assurbanipal	668–627
Kandalanu	647–627		
(Assyrisches Interregnum	626)	Assur-etel-ilani	626–623

Chaldäische Dynastie (Spätbabylonische Zeit)

(625–539)

Nabupolassar	625–605
Nebukadnezar II.	604–562
Awil-Marduk	561–560
Neriglissar	559–556
Labaschi-Marduk	556
Nabonid	555–539

Herrschaft der Achämeniden

Kyros II., der Große	538–530
Kambyses II.	529–522
Bardiya	522
Nebukadnezar III.	522
Nebukadnezar IV.	521
Darius I.	521–486
Xerxes I.	485–465
Bel-schimanni	482
Schamasch-eriba	482
Artaxerxes I.	464–424
Darius II.	423–405
Artaxerxes II. Memnon	404–359
Artaxerxes III. Ochus	358–338
Arses	337–336
Darius III.	335–331

Herrschaft der Madekonen

Alexander (III.) ›der Große‹	330–323
Philippos III. Arrhidaios	323–316
Alexander IV.	316–307 (?)

Dynastie der Seleukiden

(311 v. Chr. = 1. Jahr der seleukidischen Ära)

Seleukos I. Nikator	311–281
Antiochos I. Soter	281–261
Antiochos II. Theos	261–246
Seleukos II. Kallinikos	246–225
Seleukos III. Soter	225–223
Antiochos III. (der Große)	223–187
Seleukos IV. Philopator	187–175
Antiochos IV. Epiphanes	175–164
Antiochos V. Eupator	164–162
Demetrios I. Soter	162–150
Alexander Balas	150–145
Demetrios II. Nikator	145–139
Antiochos VI. Epiphanes	145–142
Antiochos VII. Sidetes	139–129
Demetrios II. Nikator	129–125
Alexander II. Zabinas	128–123
Antiochos VIII. Gryphos	125– 96
Seleukos V.	125

Sin-schumu-lischir	623
Sin-schari-ischkun	623–612
Assur-uballit II.	611–609

Parthische Herrscher (Arsakiden)

Arsakes	um 250–248
Mithradates II.	um 122

Die oben aufgeführten Jahreszahlen sind nicht im Sinne unseres modernen Kalenders völlig abgesichert. Von der Dynastie Ur III an abwärts beträgt der mögliche Irrtum jedoch kaum mehr als zwei bis drei Jahrzehnte und von etwa 900 v. Chr. an nicht mehr als ein bis zwei Jahre. Mit Ausnahme der frühen Kassiten, für die praktisch keine Zeugnisse vorliegen, sind alle Herrscher von Babylon aufgeführt. Die Königslisten der Assyrer und Seleukiden sind unvollständig und enthalten nur diejenigen Herrscher, die für Babylon eine Rolle spielen. Das hier übernommene chronologische System beruht im wesentlichen auf folgenden Arbeiten:

E. Sollberger – R.-R. Kupper, *Inscription Royales Sumériennes et Akkadiennes* (Paris 1971); J. A. Brinkman, *American Journal of Archaeology 76*, 1972, 272 f.; J. A. Brinkman, *A Political History of Post-Kassite Babylonia*, Analecta Orientalia 53 (1968); W.-H. Dubberstein, *Babylonian Chronology* 624 BC – AD 75 (Providence 1956).

Die späte kassitische Chronologie nach: J. A. Brinkman, *Materials and Studies for Kassite History* (Chicago 1976).

Anmerkungen

Zu Kapitel 1

1 D. Oates, Studies in the Ancient History of Northern Iraq (1968), 8.
2 A. H. Masry, Prehistory in Northeastern Arabia (Miami 1974); H. Kapel, Atlas of the Stone Age Cultures of Qatar (Aarhus 1967); J. Oates, in: Antiquity 50, 1976, 20–31; dies., Antiquity 51, 1977, 221–34.
3 G. M. Lees – N. L. Falcon, The Geographical History of the Mesopotamian Plains, in: Geographical Journal 118, 1952, 24–39; C. E. Larsen, The Mesopotamian Delta Region: a reconsideration of Lees and Falcon, in: Journal of the American Oriental Society 95, 1975, 43–57.
4 Die jüngste Übersicht zu diesem Problemkreis bei McG. Gibson, The City and Area of Kish (Miami 1972); vgl. auch H. Weiss, Kish, Akkad and Agade, in: Journal of the American Oriental Society 95, 1975, 434–53.
5 Gibson a.a.O. (vgl. Anm. 4); R. McC. Adams – H. J. Nissen, The Uruk Countryside (Chicago 1972) 42 ff.
6 C. H. Kraeling – R. M. Adams, City Invincible (Chicago 1960), 26. 36 f.; R. McC. Adams, The Study of Ancient Mesopotamian Settlement Patterns and the Problem of Urban Origins, in: Sumer 25, 1969, 111–124; vgl. auch unten Kapitel 6 Anmerkung 62.
7 J. J. Finkelstein, Mesopotamian Historiography, in: Proceedings of the American Philosophical Society 107, 1963, 463.
8 T. Jacobsen, The Sumerian King List, Assyriological Studies Bd. 11 (1939); I. J. Gelb, Two Assyrian King Lists, in: Journal of Near Eastern Studies 13, 1954, 209–230; B. Landsberger, Assyrische Königsliste und ›Dunkles Zeitalter‹, in: Journal of Cuneiform Studies 8, 1954, 31–73, 106–33; vgl. allgemein A. K. Grayson, Assyrian and Babylonian Chronicles (1975).
9 B. Landsberger, Three essays on the Sumerians, übers. v. M. D. Ellis (Los Angeles 1974); T. B. Jones (Hrg.), The Sumerian Problem (1969); S. N. K. Kramer, The Sumerians (1963), 41.
10 W. F. Albright, The Evidence of Language, in: Cambridge Ancient History, 3. Aufl. Bd. I 1, S. 145–152.
11 J. Oates, Ur and Eridu: the Prehistory, in: Iraq 20, 1960, 32–50.
12 J. S. Cooper, Sumerian and Akkadian in Sumer and Akkad, in: Orientalia 42, 1973, 239–46; R. D. Biggs, Semitic Names in the Fara Period, in: Orientalia 36, 1967, 55–66; vgl. auch I. J. Gelb, Old Akkadian Writing and Grammar (1961), 2–6; ders., Genava 8, 1960, 241–71.
13 D. Oates, Studies in the Ancient History of Northern Iraq (1968), 15.
14 R. McC. Adams, The Study of Ancient Mesopotamian Settlement Patterns and the Problem of Urban Origins, in: Sumer 25, 1969, 119.
15 S. Smith, Alalakh and Chronology (1940); für die jüngere Diskussion über die Probleme der mesopotamischen Chronologie vgl. M. B. Rowton, Cambridge Ancient History, 3. Aufl. Bd. I 1, S. 193–237; A. Parrot, Archéologie mésopotamienne Bd. II (1963), 332 ff.; B. Landsberger, in: Journal of Cuneiform Studies 8, 1954; D. Oates, Studies in the Ancient History of Northern Mesopotamia (1968), Kapitel 2; J. A. Brinkman, in: Orientalia 42, 1973, 306–18.
16 I. M. Diakonoff (Hrg.), Ancient Mesopotamia (Moskau 1969), 173–203; derselbe, Socio-economic Classes in Babylonia and the Babylonian Concept of Social Stratification, in: Abhandlungen der Bayerischen Akademie der Wissenschaften München, Philosophisch-historische Klasse, 1972, S. 41–52.
17 T. Jacobsen, Primitive Democracy in Ancient Mesopotamia, in: Journal of Near Eastern Studies 2, 1943, 159–72; derselbe, Early Political Development in Mesopotamia, in: Zeitschrift für Assyriologie, Neue Folge 52, 1957, 91–140.
18 W. W. Hallo, Early Mesopotamian Royal Titles (1957).
19 T. Jacobsen, in: Zeitschrift für Assyriologie, Neue Folge 52, 1957, 104–109.
20 E. Sollberger – J.-R. Kupper, Inscriptions Royales Sumériennes et Akkadiennes (1971), 59 f., vgl. bes. Anmerkung 2.

Zu Kapitel 2

1 E. Heinrich, E. Strommenger u. a., Ausgrabungsberichte in den Mitteilungen der Deutschen Orient-Gesellschaft, seit Band 101, 1969; handliche Information, einen neuen Gesamtplan und die Bibliographie bis 1979 bietet jetzt: E. Strommenger, Habuba Kabira – Eine Stadt vor 5000 Jahren. Katalog der Ausstellung Berlin – Krefeld, 10. Sendschreiben der Deutschen Orient-Gesellschaft (1980); vgl. auch A. Finet, Les Temples Sumériens du Tell Kannas, in: Syria 52, 1975, 157–174.
2 H. Weiss – T. C. Young Jr., The Merchants of Susa, in: Iran 9, 1975, 87–96; P. L. Kohl, The Balance of Trade in Southwest Asia in the Mid-third Millenium BC, in: Current Archaeology.
3 z. B. S. N. Kramer, Enmerkar and the Lord of Aratta (1952); vgl. jetzt S. N. Kramer, Commerce and Trade: Gleanings from Sumerian Literature, in: Iraq 39, 1977, 59–66.
4 E. Sollberger – J.-R. Kupper, Inscriptions Sumériennes et Akkadiennes (1971) 59, bes. 57 Anmerkung 10; dieses Werk ist die Hauptfundstelle für die meisten der in diesem Kapitel zitierten oder erwähnten Inschriften; einige weitere finden sich in: J. B. Pritchard, Ancient Near Eastern Texts, 3. Aufl. 1969, und S. N. K. Kramer, The Sumerians (1963); für die Chroniken vgl. A. K. Grayson, Assyrian and Babylonian Chronicles vgl. A. K. Grayson, Assyrian and Babylonian Chronicles (1975), für assyrische Inschriften A. K. Grayson, Assyrian Royal Inscriptions, Bd. I und II (1972 und 1976).
5 H. G. Guterbock, Sargon of Agade mentioned by Hattusili of Hatti, in: Journal of Cuneiform Studies 18, 1964, 1–6.
6 G. Pettinato, The Royal Archives of Tell Mardikh-Ebla, in: Biblical Archaeologist 39, 1976, 44–52; P. Matthiae, Ebla: un impero ritrovato (Turin 1977); über die Sprache von Ebla vgl. jetzt I. J. Gelb, Thoughts about Ebla, in: Syro-mesopotamian Studies Band I, 1 (1977).
7 Vgl. A. Moortgat, Die Kunst des Alten Mesopotamien. Die klassische Kunst Vorderasiens (1967) Taf. 125–127, und die Geierstele des Eannatum.
8 E. Sollberger – J.-R. Kupper, Inscriptions Royales Sumériennes et Akkadiennes (1971), 128.
9 Sollberger – Kupper a.O. (vorige Anmerkung) S. 122

und 129; W. W. Hallo unter dem Stichwort ›Gutium‹ in: Reallexikon der Assyriologie (1971), 712.
10 P. Delougaz – H. D. Hill – S. Lloyd, Private Houses and Graves in the Diyala Region, Oriental Institute Publications (Chicago) Nr. 88 (1967); C. C. Lamberg-Karlowsky, Trade Mechanisms in Indus-Mesopotamian Interrelations, in: Journal of the American Oriental Society 92, 1972, 222–229.
11 W. W. Hallo – J. J. A. van Dijk, The Exaltation of Inanna (1968).
12 A. Westenholz, Early Nippur Year Dates and the Sumerian King List, in: Journal of Cuneiform Studies 26, 1974, 154.
13 E. A. Speiser, Authority and Law in the Ancient Orient, Supplementband 17 des Journal of the American Oriental Society (1954), 8–9.
14 S. N. K. Kramer, The Sumerians (1963), 62–66; vgl. auch A. Falkenstein, in: Zeitschrift für Assyriologie, Neue Folge Bd. 57, 1965, 43–124.
15 E. Sollberger, Byblos sous les rois d'Ur, in: Archiv für Orientforschung 19, 1959–1960, 120–22.
16 A. Goetze, Šakkanakus of the Ur III Empire, in: Journal of Cuneiform Studies 17, 1963, 1–31.
17 S. T. Kang, Sumerian Economic Texts from the Umma Archive, Urbana (1973); von den Tausenden von Drehem-Texten sind einige veröffentlicht von T. B. Jones – J. W. Snyder, Sumerian Economic Texts from the Third Ur Dynasty (Minneapolis 1961); vgl. auch T. B. Jones, Sumerian Administrative Documents: an Essay, in: Assyriological Studies Bd. 20, S. 41–61.
18 J. B. Curtis – W. W. Hallo, Money and Merchants in Ur III, Hebrew Union College Annual 30, 1959, 103–39; für den Gebrauch des Silbers als Verrechnungseinheit in der Akkad-Zeit vgl. jetzt: B. R. Forster, Commercial Activity in Sargonic Mesopotamia, in: Iraq 39, 1977, 31–43.
19 A. Falkenstein, Die neusumerischen Gerichtsurkunden Bd. I–III (1956. 1957); vgl. auch S. N. K. Kramer, The Sumerians (1963), 85 ff.
20 J. J. Finkelstein, The Laws of Ur-Nammu, in: Journal of Cuneiform Studies 22, 1968–69, 66–82; für die Reformen des Urukagina vgl.: Kramer a.O. (vorige Anmerkung) 320–321.
21 M. E. L. Mallowan, Excavations at Brak and Chagar Bazar, in: Iraq 9, 1947; D. Oates, The Excavations at Tell Brak, 1976, in: Iraq 39, 1977, 233–44; über Tell Taya vgl. J. Reade, Iraq 30, 1968, 234–64 und Iraq 35, 1973, 155–87.
22 D. Oates, Form and Function in Mesopotamian Temple Architecture, Vortrag vor dem XXème/›Rencontre Assyriologique‹ Leiden (1972), vgl. Archaeology 26, 1973, 142.
23 D. Oates, Early Vaulting in Mesopotamia, in: D. E. Strong (Hrsg.), Archaeological Theory and Practice (1973), 184–91.
24 W. W. Hallo, The Coronation of Ur-Nammu, in: Journal of Cuneiform Studies 20, 1966, 133–141; vgl. auch W. W. Hallo, The Cultic Setting of Sumerian Poetry, in: XVIIème rencontre assyriologique, Bruxelles (hrsg. v. A. Finet, 1970), 116–34.
25 C. J. Gadd, Babylonia c. 2120–1800 BC, in: Cambridge Ancient History (3. Aufl.) I Kap. 2, S. 909–10.
26 D. Oates, The excavations at Tell al Rimah, 1971, in: Iraq 32, 1972, 80–82.
27 H. A. Groenewegen Frankfort; vgl. auch die Übersetzung bei J. B. Pritchard, Ancient Near Eastern Texts relating to the Old Testament, 3. Aufl. (1969), Nr. 455–463.
28 P. N. Weadock, The Giparu at Ur, in: Iraq 37, 1975, 104.
29 M. Civil, Šu-Sin's Historical Inscriptions, in: Journal of Cuneiform Studies 21, 1967, 31; vgl. auch S. N. K. Kramer, The Sumerians (1963), 164.
30 Einige Forscher unterscheiden zwischen einer ›amoritischen‹ Sprachgruppe in der Epoche von Ur III und einem ›westsemitischen‹ Dialekt in der altbabylonischen Zeit, so u. a. C. J. Gadd, Cambridge Ancient History (3. Aufl.) Bd. I 2, S. 627; im allgemeinen werden heute jedoch eher die starken Gemeinsamkeiten zwischen den Namen in den beiden Epochen herausgestellt, vgl. dazu G. Buccellati, The Amorites of the Ur III Period (1966); I. J. Gelb, An Old Babylonian List of Amorites, in: Journal of the American Oriental Society 88, 1968, 39–46. In unserem Buch werden beide Sprachgruppen nach akkadischem Brauch als Amoriter oder Amurru bezeichnet.
31 Archives Royales de Mari Bd. VI, S. 76.
32 J.-R. Kupper, Les nomades en Mésopotamie au temps des rois de Mari (1957); D. Oates, Studies in the Ancient History of Northern Iraq (1968), 8–15, 38.
33 A. L. Oppenheim, Ancient Mesopotamia. Portrait of a dead Civilization (1968), 96–68; Archives Royales de Mari Bd. I, S. 6; dasselbe Bd. II, S. 48.
34 A. L. Oppenheim, The Seafaring Merchants of Ur, in: Journal of the American Oriental Society 74, 1954, 6–17; das antike Reich Dilmun schloß mit Sicherheit auch die Insel Bahrein mit ein sowie das umliegende Festland. Vgl. auch W. W. Hallo – B. Buchanan, A ›Persian Gulf‹ Seal on an Old Babylonian Mercantile Agreement, in: Assyriological Studies 16 (1965), 199–209.
35 J. van Dijk, Une insurrection générale au pays de Larsa avant l'avenement de Nuradad, in: Journal of Cuneiform Studies 19, 1965, 1–25; T. Jacobsen – R. M. Adams, Salt and Silt in Ancient Mesopotamian Agriculture, in: Science 128, 1958, S. 1252; vgl. auch S. D. Walters, Water for Larsa (1970).

Zu Kapitel 3

1 M. Gibson, The City and Area of Kish (1972), 37, Anm. 49; für eine Zusammenfassung der frühen historischen Berichte über Babylon vgl. jetzt auch J. Renger, The City of Babylon during the Old Babylonian Period, in: Sumer 35, 1979, 204–9.
2 I. J. Gelb, The Name of Babylon, in: Journal of the Institute of Asian Studies 1, 1955, 1–4; vgl. jetzt auch B. Kienast, The Name of the City of Babylon, in: Sumer 35, 1979, 246–248.
3 J. J. Finkelstein, The Genealogy of the Hammurapi Dynasty, in: Journal of Cuneiform Studies 20, 1966, 95–118.
4 G. Dossin, Les archives épistolaires du Palais de Mari, in: Syria 19, 1938, 117.
5 Die Chronologie dieser Epoche ist keineswegs schon gesichert. Ein in Babylon geschriebener und in das zehnte Regierungsjahr Hammurabis datierter Vertrag verbindet in der Eidesformel die Namen von Hammurabi und Schamschi-Adad. Wenn man Hammurabis Thronbesteigung in das Jahr 1792 setzt, dann müßte also Schamschi-Adad 1782 noch am Leben gewesen sein. Dies

ist jedoch auf Grund der Daten der assyrischen Königsliste unmöglich. Vgl. dazu D. Oates, Studies in the Ancient History of Northern Iraq (1968), 27f. Auf der Grundlage unserer gegenwärtigen Kenntnis läßt sich dieses Problem nicht lösen.
6 Die Texte sind in Umschreibung und Übersetzung veröffentlicht in: Archives Royales de Mari, Bd. I–XIX (Paris 1950ff.). Die zitierten Briefe finden sich in: Bd. I 61; Bd. I 108; Bd. IV 70; Bd. II 23; Bd. II 31; Bd. II 34; Bd. II 49; Bd. II 72. Vgl. auch J. Laessøe, People of Ancient Assyria (1963), 44–53; J. R. Kupper, La Civilisation de Mari. XVème rencontre assyriologique (Lüttich 1967).
7 Archives Royales de Mari II 33; J. M. Munn-Rankin, Diplomacy in Western Asia in the Early Second Millenium BC, in: Iraq 18, 1956, 68–110.
8 Archives royales de Mari VI 76; M. S. Drower, The domestication of the horse, in: P. J. Ucko – G. W. Dimbleby (Hrsg.), The domestication and exploitation of plants and animals (1969); vgl. auch S. Bökönyi, An early representation of domesticated horse in North Mesopotamia, in: Sumer 28, 1972, 35–38 (es ist allerdings zu bedenken, daß die sog. Selenkahiye-Knochen heute nicht mehr als Pferdeknochen angesehen werden).
9 F. Thureau-Dangin, Sur les Etiquettes de Paniers à tablettes provenant de Mari, in: Studia et Documenta ad Iura Orientis Antiqui Pertinentia, P. Koschaker Dedicata (Leiden 1939), 119f.
10 I. M. Diakonoff, Socio-economic Classes in Babylonia and the Babylonian Concept of Social Stratification, in: Abhandlungen der Bayerischen Akademie der Wissenschaften München, Philosophisch-Historische Klasse, 1972; die beste zusammenfassende Diskussion über mesopotamische Sozialstrukturen findet sich bei: A. L. Oppenheim, Ancient Mesopotamia (1964); für die altbabylonische Zeit vgl. auch R. Harris, Ancient Sippar (1975), und A. L. Oppenheim, A New Look at the Structure of Mesopotamian Society, in: Journal of the Economic and Social History of the Orient 10, 1967, 1–16.
11 T. Jacobsen, Primitive Democracy in Ancient Mesopotamia, in: Journal of Near Eastern Studies 2, 1943, 163f.
12 Die jüngste Behandlung dieses Problemkreises findet sich bei: F. R. Kraus, Vom mesopotamischen Menschen der altbabylonischen Zeit und seiner Welt (Amsterdam 1972). Vgl. auch E. A. Speiser, The Muškênum, in: Orientalia 27, 1958, 19–28; W. von Soden, in: Zeitschrift für Assyriologie, Neue Folge 56, 1964, 133–141.
13 A. Goetze, The Laws of Eshnunna, in: Annual of the American Schools of Oriental Research 31, 1956, 51f.; E. Sollberger, Old-Babylonian Worshipper Figurines, in: Iraq 31, 1969, 90–93.
14 A. L. Oppenheim, Ancient Mesopotamia (1964), 356, Anmerkung 1; vgl. auch I. J. Gelb, Quantitative Evaluation of Slavery and Serfdom, in: Alter Orient und Altes Testament 25, 1976, 195–207.
15 J. Laessøe, IM 62100: A Letter from Tell Shemshara, in: Assyriological Studies 16, 1965, 189–196; D. Oates, Studies in the Ancient History of Northern Iraq (1968), 39.
16 B. Landsberger, Remarks on the Archive of the Soldier Ubarrum, in: Journal of Cuneiform Studies 9, 1955, 121–131.
17 R. Harris, The Organization and Administration of the Cloister in Ancient Babylonia, in: Journal of the Economic and Social History of the Orient 6, 1963, 121–157; derselbe, Ancient Sippar (1975).
18 G. R. Driver, A Problem of River-traffic, in: Zeitschrift für Assyriologie 40, 1931, 228; über den ›tamkarum‹ vgl. W. F. Leemans, The Old Babylonian Merchant (1950); derselbe, Foreign Trade in the Old Babylonian Period (1960).
19 J. J. Finkelstein, Ammisaduqa's Edict and the Babylonian ›Law Codes‹, in: Journal of Cuneiform Studies 15, 1961, 99 Anm. 11; vgl. auch A. Goetze, The Laws of Eshnunna (vgl. oben Anm. 13), S. 56ff.
20 Die genaue Bedeutung des Wortes mar-awilim ist nicht geklärt; im allgemeinen scheint es sich jedoch auf freie Männer zu beziehen (also vielleicht awilum, aber nicht die Vorsteher des Haushaltes?).
21 G. R. Driver – J. C. Miles, The Babylonian Laws (Oxford 1952, 1955), vgl. auch J. B. Pritchard, Ancient Near Eastern Texts (3. Aufl. 1969), sowie, als neuere Ausgabe, A. Finet, Le Code de Hammurapi (Paris 1973).
22 D. O. Eduard, The Old Babylonian Period, in: J. Bottéro – E. Cassin – J. Vercoutter, The Near East: the Early Civilization (1967), 221; vgl. auch F. R. Kraus, Ein Zentrales Problem des altmesopotamischen Rechts, in: Genava 8, 1960, 283–296.
23 F. R, Kraus. Ein Edict des Königs Ammisaduqa von Babylon (1968); vgl. auch J. J. Finkelstein, in: Journal of Cuneiform Studies 15, 1961, 91–104.
24 J. J. Finkelstein, Some New Misharum Material and its Implications, Assyriological Studies 16, 1965, 236.
25 Sir Leonard Woolley – Sir Max Mallowan, The Old Babylonian Period. Ur Excavations Bd. VII (1976). Sir Leonard Woolley, Excavations at Ur (1954), 175ff.
26 T. Baqir, Tell Harmal (1959).
27 H. J. Lenzen u. a., Der Sinkašid-Palast, 20. Vorl. Bericht über die Ausgrabungen in Uruk-Warka (1964), 28–32, Taf. 35.
28 D. Oates, The Excavations at Tell al Rimah, 1966, in: Iraq 29, 1967, 90 und 94f.
29 D. Oates, The Excavations at Tell al Rimah, 1965, in: Iraq 28, 1966, Taf. 34b.

Zu Kapitel 4
1 B. Landsberger, in: Journal of Cuneiform Studies 8, 1954, 70 Anm. 181; W. W. Hallo, Royal Hymns and Mesopotamian Unity, in: Journal of Cuneiform Studies 17, 1963, 116f.
2 O. Neugebauer, The Exact Sciences in Antiquity (1952); die neueste Veröffentlichung hierzu ist: E. Reiner – D. Pingree, Babylonian Planetary Omens, 1: the Venus Tablet of Ammisaduqa. Bibliotheca Mesopotamica 2.
3 A. L. Oppenheim, Glass and Glass Making in Ancient Mesopotamia (1970), 59ff.
4 J. A. Brinkman, The Monarchy in the Time of the Kassite Dynasty, in: Le Palais et la Royauté, XIXème rencontre assyriologique, Paris 1974, 396 Anm. 7. Vgl. noch E. Unger, Babylon: die heilige Stadt nach der Beschreibung der Babylonier (1931), 276–79.
5 Die übliche Deutung dieses Zeremoniells ist jüngst von A. K. Grayson in Frage gestellt worden, in: Chronicles of the Akitu Festival, XVIIème rencontre assyriologique, Bruxelles 1970, 164–170.
6 J. A. Brinkman, The Monarchy in the Time of the Kassite Dynasty (vgl. oben Anm. 4 zu Kapitel 4), 395. Im 19. Jahrhundert wurden allein in Nippur einige 18000

Tontafeln der kassitischen Zeit ausgegraben (vgl. H. V. Hilprecht, Explorations in the Bible Lands, 1903, S. 414). Grundlegende Veröffentlichungen für eine Untersuchung zu den Kassiten sind K. Balkan, Kassitenstudien: die Sprache der Kassiten, American Oriental Series Bd. 37 (1954); K. Jaritz, Quellen zur Geschichte der Kassu-Dynastie, in: Mitteilungen des Instituts für Orientforschung 6, 1958, 187–265. Die neuere Untersuchung von J. A. Brinkman, Materials and Studies for Kassite History I (1976), war mir bei der Abfassung dieses Buches leider nicht zugänglich.

7 Neuerdings sind Briefe des Mitanni-Königs Tuschratta, der vermutlich von Waschschukanni aus geschrieben hat, mithilfe der Neutronen-Aktivierungs-Analyse untersucht und mit Tonen aus dem Chabur-Dreieck in Nordsyrien verglichen worden. Dabei hat sich gezeigt, daß dieses Gebiet für die Lokalisierung der Hauptstadt der Mitanni nicht infrage kommt, und damit auch nicht Tell Fakhariyah, das am häufigsten mit Waschschukanni identifiziert worden ist (Mitteilung von A. Dobel).

8 M. S. Drower, Syria c. 1550–1400 BC, in: Cambridge Ancient History (3. Aufl.) Bd. II 1 (1973), S. 493 ff.; vgl. auch oben Kapitel 3, Anm. 8.

9 J. A. Knudtzon, Die el-Amarna-Tafeln (1915); eine Anzahl der auf Babylon bezüglichen Amarna-Briefe findet man auch bei A. L. Oppenheim, Letters from Mesopotamia (1968).

10 J. A. Brinkman, in: American Journal of Archaeology 76, 1972, 274.

11 D. O. Edzard, Die Beziehungen Babyloniens und Ägyptens in der mittel-babylonischen Zeit und das Gold, in: Journal of the Economic and Social History of the Orient 3, 1960, 38–55.

12 Vgl. die Besprechung von Ur Excavations VIII. The Kassite Period and the Period of the Assyrian Kings, von J. A. Brinkman, in: Orientalia 38, 1969, 315.

13 A. Boissier, Document Kassite, in: Revue Assyriologique 29, 1932, 93–104; W. G. Lambert, The Reign of Nebuchadnezzar I, in: W. S. McCullough (Hrsg.), The Seed of Wisdom (1964), S. 8.

14 EA = ›el-Amarna‹, die Ziffern beziehen sich auf die übliche Numerierung nach der grundlegenden Veröffentlichung von Knudtzon, s. o. Anm. 9.

15 A. L. Oppenheim, Letters from Mesopotamia (1968), 139–146.

16 J. A. Brinkman, Notes on Mesopotamian History in the Thirteenth Century BC, in: Bibliotheca Orientalis 27, 1970, 312 Anm. 136; E. Porada, Cylinder Seals from Thebes, in: American Journal of Archaeology 69, 1965, 173.

17 J. A. Brinkman, in: American Journal of Archaeology 76, 1972, 275.

18 J. A. Brinkman, in: Bibliotheca Orientalis 27, 1970, 308 Anm. 82.

19 A. K. Grayson, Assyrian and Babylonian Chronicles (1975), vgl. das Kapitel ›Synchronistic History and Chronicle P‹; vgl. auch A. K. Grayson, Problematical Battles in Mesopotamian History, Assyriological Studies 16, 1965, 337–42; für eine abweichende Einschätzung der Verläßlichkeit der Chronik P vgl. W. Röllig, in: Heidelberger Studien zum Alten Orient (1967), 173–84; vgl. dagegen J. A. Brinkman, Bibliotheca Orientalis 17, 1970, 302.

20 E. Sollberger – J.-R. Kupper, Inscriptions Royales Sumériennes et Akkadiennes (1971) 144 (IIIA2s).

21 Assyrische Königsinschriften bis zum Ende der Regierungszeit Assurnasirpals II. (859) werden zitiert nach A. K. Grayson, Assyrian Royal Inscriptions I (1972); II (1976); für das Spätere vgl. D. D. Luckenbill, Ancient Records of Assyria and Babylonia I (1926); II (1927).

22 W. G. Lambert, Three Unpublished Fragments of the Tukulti-Ninurta Epic, in: Archiv für Orientforschung 18, 1957–58, 38–51.

23 Eine ausführlichere Behandlung dieser Epoche bei J. M. Munn-Rankin, Assyrian Military Power 1300–1200 BC, in: Cambridge Ancient History Bd. II 2 (1975), S. 274–306; vgl. dazu die Darstellung von J. A. Brinkman, Bibliotheca Orientalis 27, 1970, 301–14, und: D. J. Wiseman, Assyria and Babylonia c. 1200–1000 BC, in: Cambridge Ancient History (3. Aufl.) Bd. II 2 (1975), S. 443 ff.

24 J. A. Brinkman, Bibliotheca Orientalis 17, 1970, 311.

25 R. Labat, Elam and Western Persia c. 1200–1000 BC, in: Cambridge Ancient History (3. Aufl.) Bd. II 2 (1975), 487; vgl. auch H. Tadmor, Historical Implications of the Correct Reading of Akkadian dâku, in: Journal of Near Eastern Studies 17, 1958, 138.

26 Vgl. Tadmor a.O. (vorige Anm.) 138, Zeile 10, dazu W. G. Lambert, in: Archiv für Orientforschung 18, 1957–58, 399; die Chronik P allerdings beläßt Marduk während dieser Zeit in Assur (Zeilen 12–13), vgl. oben Anm. 19.

27 T. Baqir, Iraq Government, Excavations at Aqar Quf. Iraq Supplement 1944 (1945); derselbe, in: Iraq 8, 1946, 73–93.

28 Aus der Gründungsschicht des Raumes 15 im Palastbereich stammt angeblich ein Fundstück, das in die Regierungszeit von Nazi-Maruttasch (1323–1298) und Kadaschman-Turgu (1297–1280) datiert wird; trifft dies zu, dann muß auch die Phase III des Palastes später sein als die Zeit Kurigalzus II; vgl. O. R. Gurney, Texts from Dur-Kurigalzu, in: Iraq 11, 1949, 133–35.

29 T. Baqir, Iraq Supplement (1945), 12. Die wirkliche Zahl derjenigen, die den Namen Kurigalzu getragen haben, ist keineswegs gesichert, vgl. J. A. Brinkman, Orientalia 38, 1969, 320 ff.; A. Goetze, The Kassites and Near Eastern Chronology, in: Journal of Near Eastern Studies 18, 1964, 97–101; K. Jaritz, in: Mitteilungen des Instituts für Orientforschung 6, 1958, 210 usw.; es sei im übrigen darauf hingewiesen, daß für Dur-Kurigalzu auch ein älterer Name existiert: Parsâ.

30 O. Reuther, Merkes, Die Innenstadt von Babylon. Wissenschaftl. Veröffentlichungen der Deutschen Orient-Gesellschaft Bd. 47 (1926), 16.

31 J.-L. Huot u. a., Larsa, rapport préliminaire sur la sixième campagne, in: Syria 53, 1976, 1–45.

32 E. Strommenger – M. Hirmer, Fünf Jahrtausende Mesopotamien (1962), Taf. 180.

33 W. G. Lambert, Ancestors, Authors and Canonicity, in: Journal of Cuneiform Studies 11, 1957, 1–9.

34 O. R. Gurney, The Hittites (1952), 83.

35 A. M. Snodgrass, Early Iron Working, in: British Academy/Russian Academy of Sciences Symposium Cambridge 1974 (o. J.); zur Einführung der Eisentechnologie allgemein vgl. R. Maddin – J. D. Muhly – T. S. Wheeler, How the Iron Began, in: Scientific American 237, 1977, 4.

36 J. A. Brinkman, American Journal of Archaeology 76, 1972, 278; Grundlage für die Darstellung der nachkassitischen Epoche ist die bedeutende und umfangreiche

Untersuchung von J. A. Brinkman, A Political History of Post-Kassite Babylonia 1158–722 BC, Analecta Orientalia 43 (1968), in den folgenden Anmerkungen mit ›Brinkman, Post-Kassite Babylonia‹ abgekürzt.
37 D. J. Wiseman, Cambridge Ancient History (3. Aufl.) Bd. II 2 (1975), S. 455; L. W. King, Babylonian Boundary Stones (1912), Nr. 6.
38 Lambert a.O. (vgl. Anm. 13).
39 Brinkman, Post-Kassite Babylonia 101ff.
40 A. K. Grayson, Assyrian Royal Inscription II (1976), 3ff.
41 D. Oates – J. Oates, The Rise of Civilization (1976), 134.
42 A. K. Grayson, Assyrian and Babylonian Chronicles (1975), 189; Brinkman, Post-Kassite Babylonia 130.
43 Die hier vertretene Deutung ist zwar nicht gesichert, scheint aber nahegelegt zu werden durch A. K. Grayson, Assyrian and Babylonian Chronicles (1975), Chronik 24 Zeilen 7 und 8, vgl. S. 165; Brinkman, Post-Kassite Babylonia 130ff.
44 T. Jacobsen, The Treasures of Darkness (1976), 227; vgl. auch W. G. Lambert, in: Archiv für Orientforschung 18, 1957–58, 395–401.
45 Brinkman, Post-Kassite Babylonia 166ff.
46 Lambert a.O. (Anm. 44), 398–99; King a.O. (Anm. 37), Nr. 36.
47 D. Oates, The Excavations at Nimrud (Kalhu), 1962, in: Iraq 25, 1963, 20ff.
48 Brinkman, Post-Kassite Babylonia 22, 227; A. K. Grayson, Assyrian and Babylonian Chronicles (1975), 13f.; A. Sachs, A Classification of the Astronomical Tablets of the Seleucid Period, in: Journal of Cuneiform Studies 2, 1948, 285f.; das früheste erhaltene Tagebuch wird in das Jahr 37 des Nebukadnezar datiert, vgl. A. Sachs, A Late Babylonian Star Catalog, in: Journal of Cuneiform Studies 6, 1952, 149.
49 Chronik 15, Zeile 23; vgl. auch R. Drews, The Babylonian Chronicles and Berossus, in: Iraq 37, 1975, 44f.; vgl. dazu D. J. Wiseman, Assyrian Writing-Boards, in: Iraq 17, 1955, 3–20.
50 Brinkman, Post-Kassite Babylon 227.
51 H. W. F. Saggs, The Nimrud Letters, in: Iraq 17, 1955, 24.

Zu Kapitel 5

1 II. Könige 20, 12ff.; Jesaja 39. Für die Geschichte des Merodach-Baladan vgl. J. A. Brinkman, Merodach-Baladan II, in: Studies Presented to A. Leo Oppenheim (1964); ders., in: Journal of Near Eastern Studies 24, 1965, 161–66.
2 Vgl. oben Kapitel 4, Anmerkung 21.
3 Daß Sargon tatsächlich doch der Sohn Tiglatpilesers III. war, ist zwar möglich, läßt sich aber nicht sichern, vgl. Archiv für Orientforschung 9, 1933/34, 79, dazu: R. F. Harper, Assyrian and Babylonian Letters 99, rev. 3–4, die Erwähnung eines Briefes an den König »vorher, als Dein Vater regierte«.
4 A. T. Clay, Miscellaneous Inscriptions. Yale Oriental Series: Babylonian Texts I (1915), 60f.; hierzu vgl. auch allgemein: A. K. Grayson, Assyrian and Babylonian Chronicles (1975).
5 J. A. Brinkman, Sennacherib's Babylonian Problem, in: Journal of Cuneiform Studies 25, 1973, 93.
6 II. Könige 19, 36–37; Brinkman a.O. (vorige Anm.) 95 Anm.34; vgl. auch J. B. Pritchard, Ancient Near Eastern Texts, 2. Aufl. 1955, S. 288, den hier auf S. . 03 zitierten Text.
7 D. J. Wiseman, The Vassal-Treaties of Esarhaddon, in: Iraq 20, 1958.
8 D. D. Luckenbill, Ancient Records of Assyria and Babylonia, Bd. II (1927), 381 (988).
9 Der Königsziegel wurde aus eher ausgefallenem Material geformt, vgl. R. S. Ellis, Foundation Deposits in Ancient Mesopotamia (1968), 178f.
10 J. Oates, Assyrian Chronology, 631–612 BC, in: Iraq 27, 1965, 135–59; J. Reade, The Accession of Sinschariscḥkun, in: Journal of Cuneiform Studies 23, 1970, 1–9.
11 Luckenbill a.O. (vgl. Anm. 8), 379; N. Postgate, The First Empires (1977), 133.
12 Sir Leonard Woolley, Ur Excavations Bd. IX. The Neo-Babylonian and Persian Periods (1962), Tafel 29.
13 Vgl. die Königs-Liste von Warka, J. van Dijk, 18. Vorläuf. Bericht über die ... Ausgrabungen in Uruk-Warka. Die Inschriftenfunde (1962), 53; vgl. auch J. Oates in: Iraq 27, 1965, 135–159.
14 A. L. Oppenheim, ›Siege-Documents‹ from Nippur, in: Iraq 17, 1955, 69–89; van Dijk a.O. (vorige Anm.) 39–62.
15 D. Oates, The Excavations at Nimrud (Kalhu), in: Iraq 23, 1960, 9; Iraq 24, 1961, 12f.
16 Der Bericht des Josephus unterscheidet sich im Inhalt erheblich von dem der Babylonischen Chroniken, vgl. D. J. Wiseman, Chronicles of the Chaldaean Kings (1956), 33–35.
17 II. Könige, 24, 14–16.
18 J. B. Pritchard, Ancient Near Eastern Texts, 3. Aufl. 1969, 308.
19 Die neuesten Erkenntnisse über die Mauer nördlich von Babylon, die lange Zeit als die Medische Mauer identifiziert wurde, bei: R. D. Barnett, Xenophon and the Wall of Media, in: Journal of Hellenic Studies 1963, 1–26; J. E. Reade, El Mutabbaq and Umm Rus, in: Sumer 20, 1964, 83–89.
20 II. Könige, 25, 22–26; vgl. Wiseman a.O. (vgl. oben Anm. 16), 94f.
21 A. K. Grayson, Assyrian and Babylonian Chronicles (1975).
22 C. J. Gadd, The Harran Inscriptions of Nabonidus, in: Anatolian Studies 8, 1958, 35–92; weitere Texte des Nabonid bei Grayson a.O. (vorige Anmerkung) und J. B. Pritchard, Ancient Near Eastern Texts, 3. Aufl. 1969). Vgl. auch H. Tadmor, The Inscriptions of Nabunaid: Historical Arrangement, in: Assyriological Studies 16, 1965, 351–63; R. P. Dougherty, Nabonidus and Belshazzar. Yale Oriental Series 15 (1929).
23 A. L. Oppenheim, The Interpretation of Dreams in the Ancient Near East, in: Transactions of the American Philosophical Society 46, 1956, 250.
24 H. W. F. Saggs, The Greatness that was Babylon (1962), 147f. 261ff.
25 Harran-Inschrift H 2, vgl. oben Anm. 22.
26 J. T. Milik, Prière de Nabonide et autres écrits d'un cycle de Daniel, in: Revue Biblique 62, 1956, 408. Zu Taima vgl. W. Röllig, Nabonid und Tema, in: XIème rencontre assyriologique, Leiden 1964, 21–32.
27 J. B. Pritchard, Ancient Near Eastern Texts, 3. Aufl. (1969), 314.
28 A. K. Grayson, Assyrian and Babylonian Chronicles (1975) 109–110.

29 Pritchard a.O. (vgl. Anm. 27), 315.
30 G. Cardascia, Les archives de Murašu, une famille d'hommes d'affaires babyloniens à l'Epoque perse (455–403) (1951); A. Ungnad, Das Haus Egibi, in: Archiv für Orientforschung 14, 1941/44, 57–64.
31 T. Jacobsen, Early Political Development in Mesopotamia, in: Zeitschrift für Assyriologie, Neue Folge 18, 1957, 139f. Anm. 115.
32 Pritchard a.O. (vgl. oben Anm. 27), 317; vgl. auch oben Anm. 9.
33 E. Unger, Babylon: die heilige Stadt nach der Beschreibung der Babylonier (1931), 168; S. A. Pallis, The Antiquity of Iraq (1956), 31 Anm. 2.
34 W. W. Tarn, The Greeks in Bactria and India (1951), 187f.
35 Unger a.O. (vgl. oben Anm. 33), 319ff.
36 J. N. Strassmaier, Arsaciden-Inschriften, in: Zeitschrift für Assyriologie 3, 1888, 146.
37 A. Sachs, The Latest Datable Cuneiform Tablets, in: Alter Orient und Altes Testament 1976, 25; für die späten Babylonischen Texte, die bereits im griechischen Alphabet geschrieben sind, vgl. E. Sollberger, Graeco-Babyloniaca, in: Iraq 24, 1962, 63–72.
38 Erwähnungen von Babylon in der klassischen und der biblischen Literatur sind in den Anhängen des ausgezeichneten, aber wenig benutzten Buches von W. H. Lane, Babylonian Problems (1923), zusammengestellt.
39 Die offizielle Publikation der Koldeweyschen Ausgrabungen ist in den Wissenschaftlichen Veröffentlichungen der Deutschen Orient-Gesellschaft erfolgt. Bd. 15, 32, 47, 48, 55, 59, 62 (1911–1957); als Zusammenfassung der älteren Ergebnisse aus diesen Grabungen dient das Buch von E. Unger (vgl. oben Anm. 33). Kurze Vorberichte der neueren Grabungen in der Zeitschrift Sumer, seit 1958.
40 R. Koldewey, Das wiedererstehende Babylon. Die bisherigen Ergebnisse der deutschen Ausgrabungen. 6. Sendschreiben der Deutschen Orient-Gesellschaft (4. Aufl. 1925).
41 S. Langdon, Building Inscriptions of the Neo-Babylonian Empire I (1905), 85.
42 Vgl. oben Anmerkung 18.
43 E. Unger, Babylon: Die heilige Stadt nach der Beschreibung der Babylonier (1931), 229ff.
Zusatz zu Anm. 43: O. R. Gurney, The Fifth Tablet of ›The Topography of Babylon‹, in: Iraq 36, 1974, 39–52. Vgl. jetzt auch A. R. George, The Cuneiform Text Tin. Tirki, Ba-bi-lu and the Topography of Babylon, in: Sumer 35, 1979, 232–26.

44 Zu der Möglichkeit, daß die frühere Zikkurat ein Teil der Esagila war, vgl. die Formulierung im Schöpfungsepos VI, 63 (Pritchard, Ancient Near Eastern Texts 69): »... sie machten hoch die Spitze von Esagila, daß sie Apsu gleichkam. Und nachdem sie einen Stufenturm errichtet hatten, so hoch wie Apsu ...«
Zusatz zu Anm. 44: Vgl. jetzt auch T. Baqir, The Ziggurrat of Babylon and the Problems involved in its Reconstruction, in: Sumer 35, 1979, 248D-A.

45 Unger a.O. (vgl. oben Anm. 43), 191, 246; vgl. auch T. A. Busink, Die Babylonische tempeltoren (1949); W. von Soden, Etemenanki vor Asarhaddon, in: Ugarit-Forschungen 3, 1971, 253–63; D. J. Wiseman, The Temple Tower again, in: Le Temple et le Culte, XXème rencontre assyriologique, Leiden 1975, 150.
46 R. Koldewey, Das wiedererstehende Babylon (4. Aufl. 1925), 212; die neuen deutschen Ausgrabungen haben im Bereich innerhalb der sog. neu-babylonischen Temenosmauern des Etemenanki islamische Baureste freigelegt (persönl. Mitteilung von H. Lenzen). Vgl. Sumer 23, 1967, 1.
47 Sir Leonard Woolley, Ur Excavations Bd. IX (1962), Taf. 15, 70.
48 Koldewey a.O. (vgl. Anm. 46), 131.
49 A. T. Clay, Miscellaneous Inscriptions. Yale Oriental Series Babylonian Texts Bd. I (1915) 62ff., 69ff.
50 S. Langdon, New Inscriptions of Nabunaid, in: American Journal of Semitic Languages 32, 1915/16, 105.
51 Brinkman, Post-Kassite Babylonia (vgl. oben Kapitel 4 Anm. 36) 145 Anm. 874; vgl. S. 301, Anm. 1975; H. Weiss, Kish, Akkad and Agade, in: Journal of the American Oriental Society 95, 1975, 446f.
52 H. V. Hilprecht, Explorations in Bible Lands (1903) 516ff. (eine Abbildung des Abklatsches der Inschrift auf S. 517); E. Sollberger – J.-R. Kupper, Inscriptions Sumériennes et Akkadiennes (1971), 112f.
53 A. L. Oppenheim, Letters form Mesopotamia (1968), 87.

Zu Kapitel 6

1 A. L. Oppenheim, A Note on the Scribes im Mesopotamia, in: Assyriological Studies 16, 1965, 254; Archives Royales de Mari Bd. II 132.
2 Für Fragen der Erziehung in Mesopotamien im Allgemeinen vgl. C. J. Gadd, Teachers and Students in the Oldest Schools (1956); S. N. K. Kramer, The Sumerians (1963), Kapitel 6; Å. Sjöberg, The Old Babylonian Eduba, in: Assyriological Studies 20, 1976, 159–79.
3 Vgl. Gadd a.O. (vgl. vorige Anmerkung) 20.
4 B. Landsberger, Scribal Concepts of Education, in: C. H. Kraeling – R. M. Adams (Hrsg.), City Invincible (1960), 100f.
5 Vgl. oben Kapitel 4 Anm. 33.
6 S. N. Kramer, Two British Museum iršemma ›Catalogues‹, in: Studia Orientalia 46, 1975, 141–66. Vgl. auch W. W. Hallo, Toward a History of Sumerian Literature, in: Assyriological Studies 20, 1976, 181–203.
7 W. G. Lambert, Babylonian Wisdom Literature (1960). Vgl. auch J. B. Pritchard, Ancient Near Eastern Texts (3. Aufl. 1969).
8 Lambert a.O. (vorige Anmerkung) 259; vgl. auch The Assyrian Dictionary of the Oriental Institute (Chicago) unter: kinattūtu.
9 Lambert a.O. (Anm. 7) 16.
10 Vgl. unter anderem Pritchard, Ancient Near Eastern Texts (3. Aufl. 1969); T. Jacobsen, The Treasures of Darkness (1976).
11 H. Frankfort et al., The Intellectual Adventure of Ancient Man (Chicago 1946). Vgl. die Ausgabe unter dem Titel: Before Philosophy (Harmondsworth 1949), 226.
12 Vgl. Anm. 10.
13 Vgl., u. a., E. Dhorme, Les religions de Babylonie et d'Assyrie (1949); J. Bottéro, La religion babylonienne (1946); Frankfort et al. (vgl. Anm. 11); A. L. Oppenheim, Ancient Mesopotamia (1964), Kapitel 4; Jacobsen a.O. (vgl. Anmerkung 10).
14 Oppenheim a.O. (vgl. vorige Anmerkung) 172.
15 T. Jacobsen, Mesopotamian Gods and Pantheons, in: Toward the Image of Tammuz (hrsg. v. W. L. Moran,

1970), 16–38; S. N. Kramer, Sumero-Akkadian Interconnections: Religious Ideas, in: Genava 8, 1960, 272–83.
16 Nach den Zeugnissen von Lagasch war Enlil bereits im 24. Jahrhundert zur führenden Gottheit aufgestiegen, vgl. Kramer a.O. (vorige Anmerkung) 277 Anm. 25.
17 T. Jacobsen, The Treasures of Darkness (1976), 235.
18 Jacobsen a.O. (vorige Anmerkung), 25ff. S. N. Kramer, The Sacred Marriage Rite (1969), 107–33; O. R. Gurney, Tammuz Reconsidered, in: Journal of Semitic Studies 7, 1962, 147–160; vgl. auch W. von Soden, in: Zeitschrift für Assyriologie, Neue Folge 17, 1955, 130–66.
19 S. N. Kramer, Death and Nether World According to the Sumerian Literary Texts, in: Iraq 22, 1960, 59–68.
20 S. Smith, The Babylonian Ritual for the Consecration and Induction of a Divine Statue, in: The Journal of the Royal Asiatic Society of Great Britain and Ireland, 1925; vgl. auch oben Kapitel 4 Anm. 46.
21 R. F. Harper, Assyrian and Babylonian Letters 366; die Übersetzung in: L. Waterman, Royal Correspondance of the Assyrian Empire (1930).
22 A. L. Oppenheim, Ancient Mesopotamia (1964), 183–98; F. Thureau-Dangin, Rituels Akkadiens (1921) 89ff.
23 J. B. Pritchard, Ancient Near Eastern Texts (3. Aufl. 1969) 343–345; Thureau-Dangin, a.O. 62ff.
24 Pritchard a.O. (vorige Anmerkung) 339.
25 Pritchard a.O. (vorige Anmerkung) 390–91; E. Reiner, Šurpu, The Collection of Sumerian and Akkadian Incantations, (1958).
26 O. R. Gurney, Babylonian Prophylactic Figures and their Ritual, in: Annals of Archaeology and Anthropology (Liverpool) 22, 1935, 31–96.
27 S. Dalley – C. B. F. Walke – J. D. Hawkins, The Old Babylonian Tablets from Tell al Rimah (1976), 33.
28 A. L. Oppenheim, The Interpretation of Dreams in the Ancient Near East, in: Transactions of the American Philosophical Society 1956, 46; zur Traumdeutung allgemein vgl.: La Divination en Mesopotamie Ancienne (Paris 1966).
29 E. Leichty, Šumma izbu (1970).
30 A. L. Oppenheim, Divination and Celestial Observation in the last Assyrian Empire, in: Centaurus 14, 1969, 97–135 (die Zitate auf S. 115, 118. 120).
31 A. L. Oppenheim, Ancient Mesopotamia (1964) 227.
32 R. Labat, Mesopotamia, in: R. Taton (Hrsg.), Ancient and Medieval Science (1963), 78–89; A. L. Oppenheim, Mesopotamian Medicine, in: Bulletin of the History of Medicine 36, 1962, 97–108.
33 S. N. Kramer, From the Tablets of Sumer (1956) 100–04; M. Civil, Prescription médicales sumérienne, in: Revue Assyriologique 54, 1960, 57–72.
34 Labat a.O. (Anmerkung 32) 79f.
35 R. Labat, Traité akkadien de diagnostics y prognostics médicaux (1951).
36 E. K. Ritter, Magical-Expert (= Ašipu) and Physician (= Ašu), in: Assyriological Studies 16, 1965, 308. 315. 320.
37 Lambert a.O. (vgl. oben Anmerkung 7), 39. 45.
38 I. Hijara, Ausgrabungen in Arpachiyah, 1976.
39 A. L. Oppenheim, Ancient Mesopotamia (1964) 376 Anm. 14.
40 O. R. Gurney, The Tale of the Poor Man of Nippur, in: Anatolian Studies 6, 1956, 145–164.
41 O. Neugebauer, The Exact Sciences in Antiquity (1952); vgl. auch Labat a.O. (oben, Anm. 32); M. A. Powell, Sumerian Area Measures and the Alleged Decimal Substratum, in: Zeitschrift für Assyriologie 62, 1973, 165–221.
42 Neugebauer a.O. (vorige Anmerkung), 48.
43 H. W. F. Sachs, A Babylonian Geometrical Text, in: Revue Assyriologique 54, 1960, 141.
44 Neugebauer a.O. (Anmerkung 41) 27 Anm. 14.
45 Vgl. The Assyrian Dictionary of the Oriental Institute (Chicago), unter: ze'pu; D. D. Luckenbill, Ancient Records of Assyria and Babylonia II (1927) 176.
46 A. L. Oppenheim, Ancient Mesopotamia (1964), 88.
47 Vgl. oben Kapitel 4, Anmerkung 48.
48 A. Sachs, in: Journal of Cuneiform Studies 2, 1948, 271–90.
49 A. Sachs, Sirius Dates in Babylonian Astronomical Texts, in: Journal of Cuneiform Studies 6, 1952, 114.
50 Vgl. oben Kapitel 5, Anm. 37.
51 H. W. F. Saggs, The Greatness that was Babylon (1962) 455.
52 A. Sachs, Babylonian Horoscopes, in: Journal of Cuneiform Studies 6, 1952, 49–75; B. L. van der Waerden, History of the Zodiac, in: Archiv für Orientforschung 16, 1952/53, 216–30; derselbe, Babylonian Astronomy II, the 36 Stars, in: Journal of Near Eastern Studies 8, 1949, 6–26.
53 Über die babylonische Technologie ist bislang wenig gearbeitet worden; am ausführlichsten ist die Darstellung bei M. Levey, Chemistry and Chemical Technology in Ancient Mesopotamia (1959); vgl. auch A. L. Oppenheim, Glass and Glass Making in Ancient Mesopotamia (1970).
54 Levey a.O. (vorige Anmerkung) 142f.
55 Levey a.O. (Anmerkung 53) 67; zum Färber-Handwerk vgl. V. E. Crawford, Sumerian Economic Texts from the First Dynasty of Isin (1954).
56 D. Oates – J. Oates, The Rise of Civilization (1976) 42; M. S. Tite – Y. Maniatis, Examination of Ancient Pottery Using the Scanning Electron Microsccope, in: Nature 257, 1975, 122f.
57 Vgl. die allgemeine Erörterung dieses Problemkreises bei Oates – Oates a.O. (vorige Anmerkung); das älteste bekannte bearbeitete Metall stammt aus Çanönü in der Türkei, vgl. R. J. Braidwood u. a., Beginnings of Village-Farming Communities in Southeastern Turkey, in: Proceedings of the National Academy of Sciences of the USA 71, Febr. 1974, 568–72; frühe Zeugnisse für Metallguß kommen aus Arpachiyah (M. E. L. Mallowan – J. C. Rose, in: Iraq 2, 1935 Taf. 10); hierher gehören auch Ton-Formen für metallene Schaftloch-Äxte von Tell 'Uqair, vgl. S. Lloyd – F. Safar, in: Journal of Near Eastern Studies 2, 1943 Taf. 18.
58 E. R. Eaton – H. McKerrell, Near Eastern Alloying and Some Textual Evidence for the Early Use of Arsenic Copper, in: World Archaeology 8, 1976, 169–91; J. D. Muhly, The Copper Ox-Hide Ingots and the Bronze Age Metals Trade, in: Iraq 39, 1977, 74ff.
59 A. H. Al-Fouadi, Bassetki Statue, in: Sumer 32, 1976, 65f.
60 L. Al-Gailani, Tell edh-Dhiba'i, in: Sumer 21, 1965, 37f.
61 Vgl. zuletzt W. van Zeist, On Macroscopic Traces of Food Plants in Southwestern Asia, in: Early History of Agriculture. Transactions of the Royal Philosophical

Society, London 1976, 27–41; S. Bökönyi, Development of Early Stock Rearing in the Near East, in: Nature 264, 1976, 19–23; eine allgemeine Darstellung bei Oates – Oates a.O. (vgl. oben Anmerkung 56).

62 T. Jacobsen – R. M. Adams, Salt and Silt in Ancient Mesopotamian Agriculture, in: Science 128, 1958, 1251–58; vgl. auch D. Oates – J. Oates, Early Irrigation Agriculture in Mesopotamia, in: G. de G. Sieveking – I. H. Longworth – K. E. Wilson (Hrsg.), Problems in Economic and Social Archaeology (1976), 109–35.

63 M. Civil, A Hymn to the Beer Goddess and a Drinking Song, in: Studies Oppenheim (1964),74; zum Brauwesen vgl. L. F. Hartman – A. L. Oppenheim, On Beer and Brewing Techniques in Ancient Mesopotamia. Journal of the American Oriental Society Suppl. 10 (1950).

64 H. Helbaek, The Plant Remains from Nimrud, in: Sir Max Mallowan, Nimrud and its Remains Bd. II (1966), 616; Sesam-Pollen sind in Chusistan beobachtet worden (persönl. Mitteilung von F. Hole).

65 D. D. Luckenbill, Ancient Records of Assyria and Babylonia Bd. II (1927) 173 (403).

66 Vgl. hierzu D. Zohary – P. Spiegel-Roy, Beginnings of Fruit Growing in the Old World, in: Science 187, 1975, 323.

67 Levey a.O. (vgl. oben Anmerkung 53), 94f.; J. A. Brinkman, A Political History of Post-Kassite Babylonia, Analecta Orientalia 53 (1968), 219.

68 Vgl. oben Kapitel 3 Anmerkung 8.

69 A. L. Oppenheim, Ancient Mesopotamia (1964), 46.

70 Oppenheim a.O. (vorige Anmerkung) 317.

Abbildungsnachweis

Nachweis der Abbildungen
Die Vorlagen für die im Nachstehenden aufgeführten Abbildungen werden den folgenden Personen und Institutionen verdankt:
Archives Photographiques, Louvre (Paris): 14, 24, 25, 34, 40, 44, 47, 50; The Trustees of the British Museum (London): 16, 18, 19, 72–74, 81, 82, 89, 92, 93, 117–119, 126, 135; M. Chuzeville: 114; Deutsche Orient-Gesellschaft: 71, 90, 91, 95, 96; Directorate-General of Antiquities, Bagdad: 7, 8, 12, 15, 17, 36–38, 48, 52, 55, 56, 60, 63, 64, 86, 97, 99, 105, 111, 112, 120; Giraudon: 41, 45, 70; Hirmer Verlag, München: 115; H. Lenzen: 30; L. Majewski: 113, 128, 133; Metropolitan Museum of Art, New York, Rogers Fund: 31, 84, 104, 122; M. Munn-Rankin: 94; D. Oates: 13, 28, 59, 68, 75, 76, 85, 103, 106, 107; J. Oates: 65, 109, 110; Oriental Institute, University of Chicago: 20, 21, 22, 35, 39, 46, 49, 121, 123; A. Parrot: 33, 53, 124; E. Porada: 87; Staatliche Museen Berlin: 62, 78, 83, 102, 108, 116, 125, 129; University Museum, University of Pennsylvania, Philadelphia: 23.

Die Zeichnungen für Abbildung 2 und 100 fertigte P. Bridgewater, für Abbildung 42, 54 und 69 S. Ebrahim, für Abbildung 79, 80, 130 und 136 T. Holland; die übrigen Karten und Zeichnungen stammen von der Autorin, sofern in den Bildlegenden nicht anders vermerkt.

Register